本书出版得到四川师范大学学术著作出版基金资助

西北马政研究

何毅　姚博◎著

科学出版社

北京

内 容 简 介

在中国古代，马政系国家重务，是对官用马匹的采办、牧养、训练和使用所实施的管理制度，一直也是历代兵制、驿传和财赋制度的重要组成部分。古之马政，滥觞于周，告罄于清。又因地理、民族和军事状况，汉、唐、明、清马政的重心即在西北，从中可窥历代统治者经营西北地区的状况。本书分上下二编，大略明清各半，是第一部旨在系统反映明清西北马政面貌的学术研究之作，力图有裨于明清兵制、驿传和财赋制度以及西北民族史和地方史的深入考察。

本书适合历史学及对马政感兴趣的读者参阅。

图书在版编目（CIP）数据

明清西北马政研究 / 何毅，姚博著. —北京：科学出版社，2021.11
ISBN 978-7-03-070057-5

Ⅰ. ①明⋯ Ⅱ. ①何⋯ ②姚⋯ Ⅲ. ①马-管理-研究-西北地区-明清时代 Ⅳ. ①D691.22

中国版本图书馆 CIP 数据核字（2021）第 206561 号

责任编辑：王　媛　杨　静 / 责任校对：韩　杨
责任印制：张　伟 / 封面设计：润一文化
联系电话：010-64011837
电子邮箱：yangjing@mail.sciencep.com

科学出版社 出版
北京东黄城根北街 16 号
邮政编码：100717
http://www.sciencep.com

北京中石油彩色印刷有限责任公司 印刷
科学出版社发行　各地新华书店经销

*

2021 年 11 月第 一 版　　开本：720×1000　1/16
2021 年 11 月第一次印刷　印张：16 1/4
字数：320 000

定价：128.00 元

（如有印装质量问题，我社负责调换）

目 录

绪论 ·· 1

上 编

第一章 明代马政视野下的西北马政 ·· 16
 一、明代君臣重视马政 ·· 16
 二、明代的马政体系 ·· 18
 三、西北马政的主要机构 ·· 20

第二章 明代西北仆苑变迁与茶马职官演变 ·· 27
 一、中晚明行太仆寺的职官演变 ······································ 27
 二、中晚明苑马寺的变迁与成因 ······································ 28
 三、督理西北茶马的差官变化 ·· 37

第三章 明代西北的仆苑官牧之制 ·· 39
 一、牧马草场 ·· 39
 二、牧马军人 ·· 41
 三、马价 ·· 44
 四、营卫放牧 ·· 48
 五、仆苑孳牧 ·· 49
 六、印烙 ·· 51
 七、关换 ·· 53
 八、比较 ·· 54
 九、买补 ·· 55
 十、禁约 ·· 57

第四章 明代西北官用马匹之采办途径 ··· 59
 一、茶马与贡马 ··· 59
 二、商人中盐纳马 ·· 63

三、银钞市马 ·· 66
　　四、丝绸布帛易马 ·· 68
　　五、马市互易 ··· 69

第五章　明代的茶马、贡马制度及性质 ·································· 77
　　一、茶价、马价与茶马易例 ·· 77
　　二、番族纳马之制 ·· 79
　　三、番族贡马之制 ·· 84
　　四、纳马与贡马性质 ·· 86

第六章　中晚明对西北马政的整饬 ·· 88
　　一、中晚明西北马政之弊端与缘由 ······································ 88
　　二、弘治、正德朝杨一清对西北马政的修复 ························ 95
　　三、嘉靖以降西北马政的失控之势 ···································· 103

下　编

第七章　清代马政视野下的西北马政 ···································· 115
　　一、清代君臣重视马政 ·· 115
　　二、清代的马政体系 ·· 121
　　三、西北马政的主要内容 ··· 125

第八章　清代西北茶马与官牧之制 ······································ 127
　　一、茶价、马价与茶马易例 ·· 127
　　二、西北茶马司的嬗变 ·· 129
　　三、对西北现役军马的管理 ·· 133
　　四、绿营、八旗马厂之制 ··· 136

第九章　清代西北官马的采办途径 ······································ 145
　　一、贡马 ·· 145
　　二、租马 ·· 147
　　三、捐输马 ·· 147
　　四、绢马贸易 ··· 148
　　五、茶马互市 ··· 149

第十章　清代西北官牧马厂的变迁 ··· 154
 一、西北马厂的性质与类型 ··· 154
 二、宁夏的马厂 ··· 155
 三、甘肃的马厂 ··· 156
 四、青海的马厂 ··· 159
 五、新疆的马厂 ··· 162

第十一章　中晚清对西北马政的整饬 ··· 169
 一、清代西北马政的兴盛之因 ··· 169
 二、清代西北马政的衰败之由 ··· 172
 三、中晚清对西北马政的失控 ··· 179

第十二章　明清西北马政的特点、地位与作用 ··· 183
 一、明清西北马政之时代特点 ··· 183
 二、明清西北马政与西北边防 ··· 185
 三、明清西北马政与社会经济 ··· 187

附录 ··· 190
 杨一清与西北马政 ··· 190
 明代西北马政机构置废考 ··· 199
 试论明代西北马政的衰败原因 ··· 208
 明代西北马市述略 ··· 215
 明代西北官牧制度中的"马价"问题 ··· 222
 明代茶马互市中的"勘合制"问题 ··· 228
 明代西北马政中的中盐马制度 ··· 235
 明代西北仆苑官牧制度及其演变 ··· 240

参考文献 ··· 249

后记 ··· 252

绪　　论

马政，从本质上说，是一种国家的行政制度，即国家对官用马匹的采办、牧养、训练和使用所实施的管理制度。自秦汉以降，迄于明清，它一直是历代兵制、驿传和财赋制度的重要组成部分。

一、马政与它的性质

马，是人类社会前行的重要拉动力。早先，还有"问国之富，数马以对"的说法，把它当成衡量国家富强与否的标准之一。

在古代，马的用途远比近现代要广泛和重要得多，它不独是当时社会生产与社会生活的主要畜力，同时也是驿传交通和军事战争的重要工具。即以后者而论，在近代战争手段出现之先，即冷兵器时代，战争的胜负在很大程度上取决于战马的多寡与优劣。正如东汉马援所说："马者甲兵之本，国之大用"；他还深刻揭示了这种"用"的实质，即"安宁则以别尊卑之序，有变则以济远近之难"。①至于宋人文彦博说"国之大事在祀与戎，戎事之中马政为重"②，明人徐恪谓"兵政莫急于马"③，实际上是先秦以来"国之大事，在祀与戎"④思想的自然延伸。所以，历代统治者无不特别重视马政。

古之马政，滥觞于周，告罄于清。

"马政"一词，语出《周礼》："马质掌质马。马量三物，一曰戎马，二曰田马，三曰驽马，皆有物贾。"⑤"校人掌王马之政，辨六马之属，种马一物，戎马一物，齐马一物，道马一物，田马一物，驽马一物"，"天子十有二闲，马六种；邦国六闲，马四种；家四闲，马二种。"⑥在这里，"闲"即马厩。《礼记》又云：仲夏之

---

① 《后汉书》卷24《马援传》，北京：中华书局，1965年，第840页。
② （宋）文彦博：《潞公文集》卷21《论监牧事》，《景印文渊阁四库全书》，台北：商务印书馆，1986年，第1100册，第707页。
③ 《明经世文编》卷81《宽民力以修马政疏（徐恪）》，《续修四库全书》，上海：上海古籍出版社，2002年，第117页。
④ 《十三经注疏·左传·成公十三年》，北京：中华书局，1979年，第209页。
⑤ 《十三经注疏·周礼·夏官·马质》，北京：中华书局，1979年，第204页。
⑥ 《十三经注疏·周礼·夏官·校人》，北京：中华书局，1979年，第222页。

月,"游牝别群,则絷腾驹,班马政";季秋之月,"天子乃教于田猎,以习五戎,班马政"。东汉郑玄解释道:"马政,谓养马之政教也。"①

另外,《尚书》中"穆王命伯冏为周太仆正"②一语,透露出了这样一些信息:穆王为周代的第五位天子,生活的时代为公元前十世纪前后③;伯冏是史上最早有名有姓的马政官员,而周代的马政主官谓之"太仆正"。所以,后来的马政主官太仆(寺)卿,又有"冏卿"之称,马政也有"冏政"之谓。

《周礼》上还说:周有六官,即天官冢宰、地官司徒、春官宗伯、夏官司马、秋官司寇和冬官司空。他们属于"卿"一类的内服④官员,地位仅次于"公"一级的太师和太保。夏官"司马",主管军队和军赋,自然也包括军用马匹;而其属下的"马质"和"校人",大略是分管区分马之品相、价值和教养事务的官员;在内服的低级事务性官员中,还有"趣马"和"仆"这类人员,具体负责周王用马和驾车出行;而"巫马"、"牧师"、"庾人"和"圉师",则分管治疗、牧厂⑤和放牧。至于"圉师"之下的"圉人",则纯属服役的牧马人,自然也不在官员的行列了。

成书于战国的《周礼》,所记自然不是周代制度的原貌,可也并非完全是空穴来风。书中还有一些涉及马政的条文,包括养马、牧地、交配、执驹、医疗以及祭祀之类的制度,对考察马政的源头和内含不乏参证价值。

春秋战国,战事频仍,骑兵与战车成了军队的主力,从而也凸显了马的作用;"千乘之国""万乘之国",往往也成了国力大小的一个重要标志。各国设官虽不尽相同,可也大略仿效周朝制度。于辅佐诸侯的执政"卿"之下,一般也设立司徒、司马、司寇和司空之类的政务官员。而作为武官的"司马",和先前一样,还是主管军队、军赋和军马;后来,在"郡"、"县"⑥这些新区,也有负责类似事务的"司马"。总的说来,这时候的官马,大体与周代一样,主要用于王室、战争和祭祀。

至秦汉,中原政权的活动范围比早先更大了。征岭南,击匈奴,入河套,开河西,通西域和守长城,也使马在军事活动和驿传交通中具有广泛的用武之地。所以,秦汉王朝十分重视马政,使之成为国家正式的军事经济制度⑦;马政职官也

---

① 《十三经注疏·礼记·月令》,北京:中华书局,1979年,第142、151页。
② 《十三经注疏·尚书·冏命序》,北京:中华书局,1979年,第134页。
③ 依据《穆天子传》所记,周穆王有八骏,即赤骥、盗骊、白义、逾轮、山子、渠黄、华骝和绿耳;八骏驾车,可日行万里,他偏好乘车四方巡游,还于昆仑会见过西王母。
④ 盘庚迁殷后,商朝实行二元统治体制,把统治区域分为内服和外服,分别采取不同的统治方式和组织方式。
⑤ "牧场"与"牧厂",全书表述不一,除引文保原貌外,其他统一用牧厂。
⑥ 这里所说的"郡""县",还不是后来的郡县制。是时,设郡晚于设县,郡的地位一般也低于县。所以,赵简子说过这样的话:"克敌者,上大夫受县,下大夫受郡。"(《左传·哀公二年》)这并不是县大郡小的缘故,而是因为郡大多设置于边地,经济发展程度也低于县。所以,"郡"也是"边郡""边地""边疆"的代名词。
⑦ 周凯军:《秦汉时期的马政》,《军事经济研究》1993年第8期。

有所细化，有关养马、用马的管理规定更为具体，成为中国古代马政第一个大发展时期。

在"三公九卿"中，"太仆"是负责全国马政的主官。《汉书》上说："太仆，秦官，掌舆马，有两丞。属官有大厩、未央、家马三令，各五丞一尉。又车府、路軨、骑马、骏马四令丞；又龙马、闲驹、橐泉、騊駼、承华五监长丞；又边郡六牧师苑令各三丞；又牧橐、昆蹄令丞皆属焉。中太仆掌皇太后舆马，不常置也。"① 不过，清人蔡方炳②考辨说："以太仆而专命司马者，始于汉代，非周官本职也。"③

综合秦汉文献，官马牧养可分两大类：一是宫廷马厩，包括大厩④、中厩、小厩、宫厩、章厩、左厩和右厩；二是地方马厩，主要集中在塞北和西北，清人钱大昭考论说："汉制，边郡牧师苑，官有六郡，谓陇西、天水、安定、北地、上郡、西河也。"⑤另外，关东也设置有马政官署，出现了像济南马丞、代郡马丞、睢陵马丞、上虞马丞、陕县马丞、傿陵马丞、鄚县马丞、赣揄马丞、圜阳马丞、虢县马丞、下密马丞、原都马丞、洽平马丞、汾阴马丞之类的马政官员。

魏晋南北朝之马政，大致沿袭了汉代体制，而实效则远不及汉代了。隋朝伊始，太仆寺设官与职司略有变化。《隋书》上说："太仆卿，位视黄门侍郎，统领南马牧、左右牧、龙厩、内外厩丞。又有弘训太仆，亦置属官。"⑥又云："太仆寺，掌诸车辇、马牛、畜产之属，统骅骝、左右龙、左右牝、驼牛、司羊、乘黄、车府等署令、丞。骅骝署，又有奉承直长二人。左龙署，有左龙局。右龙署，有右龙局。左牝署，有左牝局。右牝署，有右牝局。驼牛署，有典驼、特牛、牸牛三局。司羊署，有特羊、牸羊局。诸局并有都尉，寺又领司讼、典腊、出入等三局丞。"⑦可见，太仆寺实际上是负责全国畜牧的衙门，自然也包括对官用马匹的放养和管理。另外，又设陇右牧总监，下有二十四个军马牧厂。后来，隋炀帝仿西周之制，改骅骝署入尚乘局，下设飞黄、吉良、龙媒、驹䮭、駼駃和天苑六闲，每闲又分左右，合计十二闲，即十二处皇家马厩，以附会"天子十有二闲"之意。

至唐代，虽承隋制，可马政也发展到了一个新阶段。欧阳修总结道："马者，兵之用也；监牧，所以蕃马也，其制起于近世。"⑧这里所谓的"近世"，实际上正

---

① 《汉书》卷19《百官公卿表》，北京：中华书局，1962年，第729页。
② （清）蔡方炳（1626—1709），字九霞，号息关，江苏昆山人。晚明诸生，康熙十八年（1679）举博学鸿儒，以病辞。他工诗文，善隶草，撰有《耻存斋集》、《广舆记》、《铨政论》、《历代茶榷志》和《历代马政志》。
③ （清）蔡方炳：《历代马政志·事功》，《续修四库全书》，上海：上海古籍出版社，2002年，第6页。
④ 大厩，一作"泰厩"。
⑤ （清）钱大昭：《汉书辨疑》卷15《地理志下》，《景印文渊阁四库全书》，台北：商务印书馆，1986年，第355页。
⑥ 《隋书》卷26《百官上》，北京：中华书局，1973年，第725页。
⑦ 《隋书》卷27《百官中》，北京：中华书局，1973年，第725、第756页。
⑧ 《新唐书》卷50《兵志》，北京：中华书局，1975年，第1337页。

是唐代。具体说来，太仆寺、驾部和尚乘局，是中央马政机构，分别管理全国的畜牧业、舆辇车乘、驿传交通以及天子乘御。于地方，则有隶属于太仆寺上、中、下等牧监；另外，中晚唐的不少藩镇，还有自设的大小牧监。马政的兴衰，从一个重要的侧面反映了唐代社会的强弱。至于五代，虽还大多沿袭唐朝的做法，而实际效果毕竟难以望其项背了。

而宋代马政，又为之一变。早先，由左右飞龙院、天厩坊、左右骐骥院负责马政；尔后，太仆寺、群牧司和茶马司成为主要的马政机构。不过，比之汉唐，因国土萎缩、宜马区域狭小而马政情势走低，南渡以后则更不景气。在与长于游牧的契丹、党项、女真和蒙古族的军事对抗中，北宋与南宋每每落于下风，原因虽说是多方面的，而马政情形不理想，也是一个重要因素。

辽、夏、金、元四代，在马背上立国，十分重视马匹的牧养与管理；至于一般民众，又习惯于逐水草而居。因而，这些马背民族的王朝马政，很不同于汉唐宋这样的中原国家。在它们当中，元代马政具有一定的代表性。史书上说："国朝肇基朔方，地大以远，橐驼马牛羊莫可以限量而数计。今则牧马之地，东越耽罗，北逾火里秃麻，西至甘肃，南暨云南，凡十有四所……在朝置太仆寺，典御马及供宗庙、影堂、山陵祭祀，与玉食之㧾乳。马之在民间者，有抽分之制，数及百者取一，及三十者亦取一……或遇征伐及边围乏马，则和市拘括，以应仓卒之用。"① 入主中原后，元朝统治者主要通过"和买"、"拘括"②和"牧养"方式采办官用马匹。而"和买""拘括"之类手段，实则是对民众的一种变相掠夺，从而也激化了民族与社会矛盾。③

明代马政，既兼用了唐宋成制，又有所变通发展，以至于更加完备缜密。用弘治朝大学士丘濬④的话来说："按古今马政，汉人牧于民而用于官，唐人牧于官而给于民；至宋朝，始则牧之在官，后则畜之民，又其后则市之于戎狄。惟我朝则兼用前代之制，在内则散之于民，即宋人户马之令也；在边地则牧之于官，即唐人监牧之制也；而于川陕又有茶马之设，岂非宋人之市于夷者乎？"⑤《明史》上这样解释道："明制，马之属内厩者曰御马监，中官掌之，牧于大坝，盖仿《周礼》十有二闲意。牧于官者，为太仆寺、行太仆寺、苑马寺及各军卫，即唐四十

---

① 佚名：《大元马政记》，《广仓学窘丛书》，民国五年（1916），仓圣明智大学刊本，第5页。
② 拘括者，又作"括马""拘刷"，征集民马之谓也。
③ 郭庆昌：《关于元代的马政》，《历史教学》1960年第5期。
④ 丘濬（1418—1495），字仲深，号深庵、玉峰，别号"海山老人"，琼州琼山（今属海南）人。景泰五年（1454）进士，官至翰林院编修、经筵讲官、侍讲学士、翰林学士、国子监祭酒、礼部侍郎、礼部及户部尚书、文渊阁及武英殿大学士。他学识渊博，撰有《投笔记》、《朱子学》、《丘文庄集》、《琼台会稿》和《大学衍义补》。
⑤ （明）黄训：《皇明名臣经济录》卷14《牧马之政（丘濬）》，台北：文海出版社，1984年，第938页。

八监意。牧于民者,南则直隶应天等府,北则直隶及山东、河南等府,即宋保马意……官牧给边镇,民牧给京军,皆有孳生驹……边卫、营堡、府州县军民壮骑操马,则掌于行寺卿。边用不足,又以茶易于番,以货市于边……此其大凡也。"① 大略说来,按其牧养形式,一般可分为官牧、民牧和京府寄牧;对官牧、民牧和寄牧马,自有不同的管理办法,早先的效果应该说也不错。不过,《明史》上又说:"盖明自宣德以后,祖制渐废,军旅特甚,而马政其一云。"②

明代马政,既有官府经营的监苑官牧,又有南北两畿③、鲁豫编户养马的民牧。而后者比之北宋保马法,让民户深感负担更为沉重,丘濬即云:"编户养马之害,甚于熙宁保马之法。"④入清,即对这种不得人心的做法进行了调整。先是,顺治元年(1644),改为额征马价钱粮;而后,康熙二年(1663),又将马价钱粮编入条银⑤征收。这样一来,直隶、江南、河南和山东四省的汉人,只需缴纳赋税即可,这在很大程度上缓解了民养官马之苦。

对周秦至明代马政,蔡方炳总结道:"历考古今马政之变,其官民通牧者,周也;其于民而用于官者,汉也;牧于官而给于民者,唐也;其始则牧之在官,后则畜之于民,而又市之于边境者,宋也;其内地散之于民,在边地则牧之于军,而专易之于西番者,明也。其得失利病,有不难历数而见焉。"⑥蔡氏之说,未必真切,不过也大略可取,足备有关研究者体悟参考。

清代马政之于明代,也是既有承袭又有变通。从所及内容来看,主要包括上驷院职司及牧厂、太仆寺职司及牧厂、八旗马政与绿营马政、除官牧外官马之来源途径四个方面。

上驷院的前身,是御马监,具体的职司,一是管理、供养宫内马匹;二是负责骑试、挑选御马,以供帝后、嫔妃和皇子之用;三是主管治疗皇家马驼疾病;四是经营大凌河和察哈尔的商都、达布逊诺尔、达里冈爱牧厂。太仆寺与上驷院一样,同属中央马政机构,专司左右两翼牧厂事务。八旗、绿营马政,是对军队战马的管理。而清代官用马匹的来源,除官牧外,主要是贡马、租马、捐输马、绢马贸易和茶马互市。贡马者,大略是蒙古王公、台吉⑦、四川

---

① 《明史》卷92《兵志·马政》,北京:中华书局,1974年,第2269—2270页。
② 《明史》卷92《兵志·马政》,北京:中华书局,1974年,第2277页。
③ 两畿即两京,在明代,包括北京和南京,这里主要是说直隶和江南二省。
④ (清)龙文彬:《明会要》卷62《兵·马政》,《续修四库全书》,上海:上海古籍出版社,2002年,第550页。
⑤ 条银者,俗称"大条银",即清代用于铸造宝银之原料银。
⑥ (清)蔡方炳:《历代马政志·事功》,《续修四库全书》,上海:上海古籍出版社,2002年,第13页。
⑦ 台吉:源于汉语中皇太子、皇太弟,为清朝对蒙古贵族的封爵,位次辅国公,分四等,自一等台吉至四等台吉,略当于一品至四品官。一般说来,有黄金家族血统的首领称"台吉",而黄金家族女婿身份的首领则称"塔布囊"。

土司①、甘肃唐古特七族以及青海和凉州番族②的少数民族上层分子；租马者，主要是针对新疆的少数民族；捐输马者，则主要来自蒙古各旗王公、台吉；绢马贸易者，则主要来源于准噶尔部和哈萨克人；至于茶马互市，它先是沿袭了明代的做法，又渐次于雍正、乾隆朝终结。至中晚清，在西方列强"船坚炮利"的打击下，对马政经营的兴趣锐减以至于它几乎一蹶不振。

二、西北马政的源与流

西北广袤无垠，宜牧区域辽阔。所以，由马政产生伊始，直至晚清、民国，西北马政在中国马政史上一直占有十分突出的地位。

周、秦京师偏西，又重王室和军队马政。不难理解，关中和陇右是其马政的重心所在。即以秦而论，它的崛起也与养马有关。司马迁追述说：秦先祖非子"居犬丘，好马及畜，善养息之。犬丘人言之周孝王，孝王召使主马于汧渭之间，马大蕃息……于是，孝王曰：'昔伯翳为舜主畜，畜多息，故有土，赐姓嬴。今其后世仍为朕息马，朕封其土为附庸。'"③犬丘，即今陕西兴平。郑玄《毛诗·秦谱》云："周孝王使其末孙非子，养马于汧渭之间。"汧即汧水，是渭水的一大支流。非子因养马而受封侯，也成了秦人立国的开端。秦霸西戎后，兵马日多，国势日盛。至战国，张仪游说韩王称："秦马之良，戎兵之众，探前趹后，蹄间三寻者，不可称数也"④；与后之秦始皇兵马俑坑，俱已表明立足于关中、陇右的秦人马政之恢宏气象。

西汉承秦，也立足于关中、陇右。击匈奴，开河西和通西域，刺激了统治者关注马政的热情。而牧师苑之设，则表明西北已成为马政的重心所在。东汉应劭说："牧师诸苑，三十六所，分置西北边，养马三十万头。"⑤司马彪又云："又有牧师苑，皆令官主养马，分在河西六郡界中。"⑥而河西六郡，按钱大昭的说法，即陇西、天水、安定、北地、上郡、西河。陇西郡，治狄道（今甘肃临洮）；天水

---

① 土司：始设于元朝，封授给西北、西南的少数民族首领，分为宣慰使、宣抚使、安抚使三种武官职务，职位可以世袭。明清沿置土司，增设土知府、土知州、土知县三种文官职务。土司对朝廷承担一定的赋役、征发义务，对族内维持作为部族首领的统治权力。至雍正朝，实行改土归流；民国以后，西北、西南土司渐次废止。

② "番"、"番人"和"番族"，原为中原人对外国、少数民族的旧称；"西番""西蕃"，即西北番族，原本是北魏至隋朝对党项、吐谷浑和西域的民族和国家的泛称；唐代又为吐蕃的别称；而宋元以来，则是以藏族为主体的甘青、川西北少数民族的泛称。

③ 《史记》卷5《秦本纪》，北京：中华书局，1959年，第177页。

④ 《战国策·韩策一》，《（文渊阁）四库全书》，台北：商务印书馆，1986年，第417页。

⑤ （汉）应劭：《汉官仪》卷上，《丛书集成初编》，北京：中华书局，1985年，第14页。

⑥ 《后汉书》卷25《百官二》，北京：中华书局，1965年，第3582页。

郡，治平襄（今甘肃通渭）；安定郡，治高平（今宁夏固原）；北地郡，治马岭（今甘肃庆阳）；上郡，治肤施（今陕西延安）；西河郡，治平定（今陕西府谷）。可见，西汉之牧师苑，大略集中在今陕甘宁三省区毗邻处。

至东汉，一度也接续擘画牧师苑。不过，因史料阙如，大略可知除西南的越嶲郡长利、高望和始昌苑，益州郡万岁苑，犍为郡汉平苑外，西北汉阳郡、金城郡、武都郡也设有养马苑。汉阳郡，即原天水郡，有东西留马二苑，地当今之甘肃榆中县境。①

魏晋南北朝，中原动荡，西北割据，政治经营受到影响，马政也非良性发展。尔后的隋朝短祚，西北马政的效果也不明显。王室御用、驿传交通和军事战争所需马匹，主要来自陇右，即今之甘肃和青海。不过，甘南和青海也是吐谷浑②故地，双方在这里的战事不断，严重影响到了陇右养马业的健康发展。

至唐代，重振大汉雄风，情形为之大变。击突厥，征青海，复河西和通西域，再一次刺激了统治者重视马政的热情。按唐制，全国府兵六十八万人，十人为一火，备六匹驮马，计有四十二万八千匹，要是算上王室御用、官员骑乘和驿传交通所需，当至少不下六十万匹。于是，初唐以来把马政重心移向了陇右。

贞观十五年（641），以太仆寺少卿张万岁领群牧；唐高宗和武则天，又先后用太仆少卿鲜于匡俗、右卫中郎将邱义为检校陇右群牧监，太仆少卿李思文为检校陇右诸牧监使。从长安到陇右，在岐州（治今陕西凤翔）、豳州（治今陕西彬县）、泾州（治今甘肃泾川）、宁州（治今甘肃宁县），设有保乐、甘露、南普闰、北普闰、岐阳、太平、宜禄、安定八个马坊，占地一千二百三十顷，为马匹生产刍料；牧监管理的牧厂，分上中下三等，即五千匹为上监，三千匹为中监，不足三千为下监。贞观以来的四十年间，八坊发展到七十万六千匹；因不足以容纳，又扩展至陇右（治今青海乐都）、金城（治今甘肃兰州）、平凉（治今甘肃华亭）、天水（治今甘肃天水）四郡，设置四十八监；随后，再分出八监，扩展到河曲（今河套）地区。

欧阳修总结道："唐世牧地，皆与马性所宜。西起陇右、金城、平凉、天水，外厩河曲之野，内则岐、邠、宁、泾，东接银夏，又东至于楼烦，皆唐养马之地也。"③欧氏勾画出了唐代监牧的地域分布，自秦汉以来这里就是丰茂的畜牧场所，

---

① 陈宁：《秦汉马政研究》，北京：中国社会科学出版社，2015年，第126—127页。
② 吐谷浑：人名、古族名及古国名。原为辽东鲜卑族涉归之子，先后西迁至阴山、陇山、大夏河、溻川（今甘肃洮河上游）。建武元年（317），后人以"王父字为氏"，吐谷浑遂成民族称谓，以后又为国家政权之名。吐谷浑人在青藏高原活动长达三个半世纪，早期在川甘青三省交界处，中期在青海境内的黄河以南，后期则以青海湖为中心。龙朔三年（663），为吐蕃所灭而国亡族散。五代以后，史文多称"吐浑""退浑"。
③ （宋）欧阳修：《文忠集·论监牧札子》，《景印文渊阁四库全书》，台北：商务印书馆，1986年，第145页。

也自然成了唐代官府畜牧业勃兴的优良载体。①不过，安史之乱后，唐朝军政退出陇右，尽废八马坊监牧使，土地归闲厩使管理，旋即贷给贫民、军吏耕种，还有一部分赐给了佛寺和道观。至中晚唐，鉴于西北大部沦陷，牧厂只好向内地发展，景象自然也远不如前了。

五代和两宋，西北大部为少数民族所据。逐水草而居的吐蕃、吐浑、党项、契丹和女真，拥有自身亦兵亦民的军事力量，不像汉家王朝那样打理马政，只不过因史料不足而难以细论详说了。北宋为了备御辽、金和西夏，经营西北，既发动过熙河之役②，又与吐蕃展开了大规模的茶马互市。至于南宋，在退守江淮以后，当然也就谈不上西北马政了。

明清接踵而来，这两个朝代的西北马政，也赓续而至。不过，它们既有不少的沿袭，也有不小的变通。

第一方面，明初官牧来得快，也走得速；至晚明，官府经营的监苑已所剩无几，主要集中在今之陕甘宁毗邻地区。清初先是继承了这些遗产，而后鉴于大统一格局下的这些地方已非边防要冲，几乎无补于巩固边防的战争之需，所以，很快放弃了对它们的经营而另谋他途。不过，雍正朝以后，为有效管控西藏和新疆，又先后设立河西、青海和新疆的马厂，实际上也还是借鉴了明代监苑官牧的做法。

第二方面，对军队现役马的管理，明清两朝的做法，形式上虽也有别，而本质上并没有大的不同，即部队按有关规定自行管理。只是，明朝对西北沿边官军骑操马，还有一个行太仆寺负责督察；而鉴于它的实际效果并不理想，所以，清朝也就不再设这样的衙门了。

第三方面，从官马的采办途径来看，明朝显然要比清朝多一些。具体说来，明朝有银钞市马、丝绸布帛市马、贡马、中盐马、开马市和茶马互市六种途径，而又以茶马互市为主；清朝则主要有贡马、捐输马和茶马互市三种途径，早先以茶马互市为主，乾隆以后还保持贡马和捐输马这两种形式。至于西北官用马匹的来源，则主要仰仗于宁夏、河西、青海和新疆的马厂。

总体说来，清代西北马政所及范围、实际内容乃至延续时限，比明代西北马政要小很多、少很多和短得多。这是明清西北不同的民族格局和政治形势所造成的。应该看到，纳入清代管理的西北区域更广，西北民族更多，又涉及更漫长的边疆，西北边防更为疏阔，巩固统一多民族国的任务也更重。从这些角度来看，

---

① 乜小红：《唐五代畜牧经济研究》，北京，中华书局，2006年，第48页。
② 熙宁四年（1071），宋以王韶为秦凤路安抚使，招抚吐蕃俞龙珂部，入据青唐（今青海西宁）地区。次年，又出征吐蕃木征辖地，设镇洮军（今甘肃临洮），旋升熙州，设熙河路。随后，再败木征，攻占河州（今甘肃临夏），招降岷（今甘肃岷县）、宕（今甘肃宕昌）、洮（今甘肃临潭）、叠（今甘肃卓尼）州。是役，为北宋拓地两千里，史称"熙河之役"，又谓"熙河开边"。

清代西北马政所承载的历史作用，自然也是不可小觑的。

三、有关文献与学术回顾

从历史文献的角度来看，关于明清西北马政研究，当从不同的侧面来考虑。以明代西北马政而言，主要有《明实录》《明会典》《明会要》《明史》《国朝典汇》《明经世文编》《西园闻见录》以及有关的地方志书和历事官员的笔记之文；以清代西北马政而论，主要有《清实录》《清会典》《大清会典则例》《清会典事例》《皇朝政典类纂》《清史列传》《清经世文编》《清经世文续编》以及有关的地方志书和历事官员的笔记之文。另外，陈讲[①]《马政志》四卷，即"茶马"一卷、"盐马"一卷、"牧马"一卷、"点马"一卷，分记以茶易番马、纳马中盐、寺苑监畜牧、行太仆寺各军卫稽核马匹之制；归有光[②]《马政志》一卷，简述周秦以来马政，又详于明朝；杨时乔[③]《皇朝马政纪》十二卷，分记户马、种马、俵马、寄养马、折粮、兑马、挤乳、御用、上陵、出府、驿马、库藏、蠲恤、政例、草场、各边镇、行太仆寺、苑马寺和茶马司；蔡方炳《历代马政志》，原书四卷，今存"事功"一卷，综述了历代马政的沿革演变，也是有关明清马政的系统记录；徐彦登和廖攀龙分别作《历朝茶马奏议》，对研究明清茶马互市具有重要参考价值。

在学术史上，马政不大为人所重。不过，半个多世纪以来，学界还是取得了一些不俗的成就。一方面是出现了一批有关的论著，主要有谢成侠的《中国养马史》（科学出版社，1959年版）、陈宁的《秦汉马政研究》（中国社会科学出版社，2015年版）、马俊民和王世平的《唐代马政》（西北大学出版社，1995年版）、乜小红的《唐五代畜牧经济研究》（中华书局，2006年版）和（日）谷光隆的《明代马政的研究》（东洋史研究会，1972年版）；另一方面是出现了一批有关的论文，主要有文会堂的《"马政"源流考》（《周口师专学报》1990年第2期）、昌彼得的《西汉的马政》（《大陆杂志》1952年第3期）、陈直的《汉代的马政》（《西北大学学报（哲学社会科学版）》1981年第3期）、沈得明的《汉代马政研究》（台湾中兴大学2005年博士学位论文）、米寿祺的《先秦至两汉马政述略》（《社会科学》1990

[①] 陈讲（？），字子学，号中川，四川遂宁人。正德十五年（1520）进士，官至翰林院庶吉士、监察御史、山西提学使、河南布政使、右副都御史、山西巡抚，撰有《中川集》《马政志》《陕西茶马志》和《遂宁县志》。

[②] 归有光（1506—1571），字熙甫、开甫，别号"震川"，江苏昆山人。嘉靖四十四年（1565）进士，官至长兴知县、顺德通判、南京太仆寺丞。他与王慎中、唐顺之诗文唱和，合称"嘉靖三大家"，撰有《震川集》、《震川尺牍》和《三吴水利录》。

[③] 杨时乔（1531—1609），字宜迁，号止庵，信州上饶（今属江西）人。嘉靖四十四年（1565）进士，官至工部主事、礼部员外郎、吏部左侍郎，撰有《端洁集》和《皇朝马政纪》（《四库全书》改作《马政纪》）。

年第 2 期)、周凯军的《秦汉时期的马政》(《军事经济研究》1993 年第 8 期)、何平立的《略论西汉马政与骑兵》(《军事历史研究》1995 年第 2 期)、宋常廉的《唐代的马政》(《大陆杂志》1963 年第 29 卷)、郭天祥的《论唐代马政的盛衰》(《宝鸡师范学院学报(哲学社会科学版)》1992 年第 2 期)、朱利民和张宪民的《唐代马政》(《唐都学刊》1994 年第 2 期)、陈玲的《论唐代的马政思想》(《厦门大学学报(哲学社会科学版)》2008 年第 4 期)、余和祥的《唐宋时期的马政初探》(《中南民族大学学报(人文社会科学版)》2007 年第 5 期)、顾士娟的《唐代太仆寺研究》(山东大学 2010 年硕士学位论文)、宋常廉的《北宋的马政》(《大陆杂志》1962 年第 12 期)、杜文玉的《宋代马政研究》(《中国史研究》1990 年第 2 期)、郭庆昌的《关于元代的马政》(《历史教学》1960 年第 5 期)和王磊的《元代的畜牧业及马政之探析》(中国农业大学 2005 年硕士学位论文)。

至于明清马政研究,近三十来年渐成热点,论文也有一定的数量,又不乏拾人牙慧之作。而具有学术价值的,主要有吴仁安的《明代马政概述》(《安徽师大学报(哲学社会科学版)》1983 年第 3 期)和《明代马政制度述论》(《西北大学学报(哲学社会科学版)》1989 年第 2 期)、唐克军的《略论明代的马政》(《史林》2003 年第 3 期)、南炳文的《明代两畿鲁豫的民养官马制度》(《中华文史论丛》1981 年第 2 辑)和《明代的苑监官牧》(《南开学报(哲学社会科学版)》1982 年第 5 期)、罗杰的《明代俵马制度研究》(辽宁师范大学 2012 年硕士学位论文)、王复兴的《简论明成祖时期的马政》(《齐鲁学刊》1987 年第 4 期)、石鉴的《明代西北马政考略》(《兰州学刊》1986 年第 5 期)、薛正昌的《历代马政在固原》(《固原师专学报》1996 年第 2 期)和《明代宁夏马政》(《宁夏大学学报(人文社会科学版)》2003 年第 6 期)、罗丰的《明代陕西苑马寺》(《西北民族论丛》第 1 辑,中国社会科学出版社,2002 年)、杨登保的《杨一清与明代陕西马政》(中央民族大学 2005 年硕士学位论文)、吴仁安的《清代马政制度述论》(《淮北煤师院学报(社会科学版)》1991 年第 3 期)、牛贯杰的《清代马政初探》(《燕山大学学报(哲学社会科学版)》2006 年第 2 期)、李群的《清代畜牧管理机构考》(《中国农史》1998 年第 3 期)、王希隆的《清代西北马厂述论》(《西北民族大学学报(哲学社会科学版)》1991 年第 3 期)、王东平的《清代新疆马政述评》(《中国边疆史地研究》1995 年第 2 期)和《清代新疆马厂制度研究》(《黑龙江民族丛刊》1995 年第 2 期)及《晚清新疆马政述论》(《西北民族研究》1995 年第 2 期)、李三谋的《清代北部边疆的官牧场》(《中国边疆史地研究》1999 年第 1 期)、邢誉田的《论道光西北绿营马政——以杨忠武公(遇春)年谱为中心的考察》(《伊犁师范学院学报(社会科学版)》2012 年第 3 期)、陈振国的《对清代前期马政兴盛原因的考察》(《信阳师范学院学报(哲学社会科学版)》2013 年第 2 期)和《困厄中的挣扎:清朝中叶之后的马政》(《青海社会科学》2009 年第 4 期)、赵珍的《道光朝陕甘总督杨遇春变革马政的环境史考察》(《中国边疆史地研究》2014 年第 2 期)以及宝音朝克图的《清代蒙古捐纳初探》(《西部蒙古论坛》2010 年第 2 期)。

明清茶马互市是一个大话题,从性质上说,它又是西北马政的重要组成部分。所以,它一直也很引人关注,产生了可观的研究成果,像竞凡的《历代汉藏茶马互市考》(《开发西北》1935 年第 5 期)、徐方干的《历代茶叶边贸史略》(《边政公论》1944 年第 11 期)、佚名的《边茶与边政》(《边政公论》1944 年第 11 期)、马金的《略论历史上汉藏民族间的茶马互市》(《中国民族》1963 年第 12 期)、白振声的《茶马互市及其在民族经济发展史上的地位和作用》(《中央民族学院学报》1982 年第 3 期)、贾大泉的《汉藏茶马贸易》(《中国藏学》1988 年第 4 期)和《川茶输藏与汉藏关系的发展》(《社会科学研究》1994 年第 2 期)、象多杰本的《略论茶马互市的历史演变》(《青海社会科学》2007 年第 5 期)、吴仁安的《明代中期杨一清"修复茶马旧制"浅说》(《华东师范大学学报(哲学社会科学版)》1983 年第 2 期)和《明代川陕茶马贸易浅说》(《中国社会经济史研究》1984 年第 2 期)、石鉴的《明初甘肃地区汉藏茶马互市初探》(《社会科学》1984 年第 3 期)、解秀芬和文韬的《试论明初茶马贸易的"金牌制"》(《甘肃民族研究》1986 年第 4 期)、陈一石的《明代茶马互市政策研究》(《中国藏学》1988 年第 3 期)、郭孟良的《略论明代茶马贸易的历史演变》(《齐鲁学刊》1989 年第 6 期)和《试论明代的"以茶治边"政策》(《中国边疆史地研究导报》1990 年第 3 期)、叶依能的《明代的茶叶专卖与茶马贸易》(《农业考古》1992 年第 2 期)、刘淼的《明代茶马贸易价格结构分析》(《史学集刊》1997 年第 3 期)、王晓燕的《明代官营茶马贸易体制的衰落及原因》(《民族研究》2001 年第 5 期)、敏政的《明代茶马互市若干问题研究》(西北师范大学 2011 年硕士学位论文)、林永匡的《明清时期的茶马贸易》(《青海社会科学》1983 年第 4 期)、解秀芬的《明清茶马贸易中的价格问题》(《西北民族大学学报(哲学社会科学版)》1990 第 1 期)、陈世民的《明清河州"招茶中马十九族"及其茶马贸易》(《甘肃民族研究》1991 年第 4 期)、李三谋的《明清茶马互市探析》(《农业考古》1997 年第 4 期)、朴永焕的《明清时期汉藏茶马贸易》(台湾东海大学 1997 年硕士学位论文)、李绍祥的《论明清时期的茶叶政策》(《东岳论丛》1998 年第 1 期)、朴永焕的《汉藏茶马贸易对明清时代汉藏关系发展的影响》(四川大学 2003 年博士学位论文)、郭孟良的《清初茶马制度述论》(《历史档案》1989 年第 3 期)、鲁子健的《清代藏汉边茶贸易新探》(《中国藏学》1990 年第 3 期)、吕维新的《清代的茶马贸易》(《茶叶机械杂志》1997 年第 3 期)、朴文焕的《清代茶马贸易衰落及其原因探析》(《西南民族学院学报(哲学社会科学版)》2003 年第 2 期)、王晓燕的《论清代官营茶马贸易的延续及其废止》(《中国边疆史地研究》

2007年第4期)、李英华和姚继荣的《康熙、雍正年间的茶马互市与民族关系》(《青海民族大学学报(社会科学版)》2010年第2期)。还有像李清凌的《西北经济史》(人民出版社，1997年)和《甘肃经济史》(兰州大学出版社，1996年)、徐安伦和杨旭东的《宁夏经济史》(宁夏人民出版社，1998年)、崔永红的《青海经济史(古代卷)》(青海人民出版社，1998年)、林永匡和王熹的《清代西北民族贸易史》(中央民族学院出版社，1991年)等，对明清茶马互市也广有论及。

另外，笔者早年作《明代西北马政研究》(青海师范大学1988年硕士学位论文)，又随后发表有关的系列论文，像《杨一清与西北马政》(《西北史地》1988年第4期)、《明代西北马政机构置废考》(《青海师范大学学报(哲学社会科学版)》1993年第2期)、《明代西北诸茶马司的置废及管理》(《青海师专学报》1993年第3期)、《试论明代西北马政的衰败原因》(《青海社会科学》1994年第3期)、《明代茶马互市中的"勘合制"问题》(《青海民族学院学报》1994年第3期)、《明代西北马市述略》(《青海民族学院学报》1995年第2期)、《明代西北马政述论》(《青海师专学报》1996年第1期)、《明代西北官牧制度中的"马价"问题》(《西北史地》1996年第4期)、《明代西北马政中的中盐马制度》(《宁夏大学学报(社会科学版)》1997年第1期)、《明代宣大马市与民族关系》(《河北学刊》1997年第6期)、《明代辽东马市述论》(《辽宁师范大学学报》1998年第4期)、《明代西北仆苑官牧制度及其演变》(《青海师范大学学报(哲学社会科学版)》2000年第3期)，《顺治年间的茶马互市与民族关系》(《青海民族学院学报》2009年第4期，以及《明代西北马政中的纳马与贡马制度》(《青海师专学报》1992年第1期)。近年，又指导李英华作《清代的茶马互市与民族关系》(青海民族大学2010年硕士学位论文)、岳远晟作《明代甘青长城、边墙与边政》(青海民族大学2012年硕士学位论文)、赵永作《明代地方志与甘青宁民族史研究》(青海民族大学2013年硕士学位论文)、吴承军作《清代西北马政研究》(青海民族大学2016年硕士学位论文)，为系统、深入研究明清西北马政做了必要的准备。

上 编

明代西北不同于先前的汉唐,也不同于后来的清代。从所及地域上说,它远不及汉唐和清代;从政治形势和民族关系来看,也与汉唐和清代有很大的不同。

明代元而兴,刷新政治。洪武九年(1376),改行中书省为承宣布政使司,合为十二行省,即北平、山西、山东、河南、陕西、四川、江西、湖广、浙江、福建、广东和广西;永乐至宣德朝,渐次形成二直隶十三布政使司的格局,即北直隶、南直隶、山西、山东、河南、陕西、四川、江西、湖广、浙江、福建、广东、广西、云南和贵州。

从行政区划上说,陕西布政使司治西安府,是明代西北之最高行政机关,下辖八府二州,即西安府、凤翔府、汉中府、延安府、庆阳府、平凉府、巩昌府、临洮府和灵州、兴安州。

另外,在军事驻防上,明朝又推行都司①、卫所②之制。洪武十三年(1380),废大都督府,于京师改设五军都督府,即中军、左军、右军、前军和后军都督府,以统全国的都司和卫所。就西北而言,陕西都司和陕西行都司,是明代西北最高的军事机关。陕西都司治西安府(今西安),下辖十卫,即宁夏卫、前卫、左屯卫、

---

① 为都指挥使司的省称。在四川和陕西,还有它的派出机关,即行都司。明代于地方设"三司",即布政使司、按察使司和都指挥使司,分管民政、司法和军事。

② 明初实行卫所兵制,以几个府为一个防区,设卫;而于卫之下,又设千户所、百户所。大抵以5600人为卫,1120人为千户所,112人为百户所;于永乐朝,全国总兵力不下270万。兵士称"军",另编世袭军籍。卫的主官为指挥使,所的主官为千户、百户;卫所分属一省都指挥使司,又由中央的五军都督府统辖。卫所为自给自足的军屯类型,于和平年代,以大部分屯田、小部分驻防。

右屯卫、中卫、后卫、洮州军民卫、岷州军民卫、河州军民卫和靖虏卫；陕西行都司治甘州左卫（今张掖），下辖十二卫四所，即甘州左卫、右卫、中卫、前卫、后卫、肃州卫、山丹卫、永昌卫、凉州卫、镇番卫、庄浪卫、西宁卫和碾伯所、镇夷所、古浪所、高台所。①

又蒙古北据边外，始终让明朝缺乏一种安全感。虽经明太祖三犁漠庭，明英宗北狩土木，可并没有解除来自塞外的威胁。明初御边，沿长城布置重兵，先设辽东、宣府、大同和延绥四镇，以为兵备之所；旋设宁夏、甘肃和蓟州三镇，以补先前之不足；寻设太原镇巡统偏头、宁武和雁门三关，陕西镇巡统驻固原，因有"九边"②之称。九边之兵各统于总兵，以副总兵为之贰，下佐以参将、游击、守备和提督，分兵伺守一堡一寨，形成一套完备的防御体系。为强化沿边战守，又派大员巡抚，即始设于宣德十年（1435）的延绥巡抚，始设于正统元年（1436）的辽东、宣化和宁夏巡抚，始设于正统十三年（1448）的山西巡抚，始设于景泰元年（1450）的陕西、甘肃巡抚，始设于成化二年（1466）的顺天巡抚，始设于成化十年（1474）的大同巡抚；巡抚而外，又设总督，即始设于弘治十年（1497）的陕西三边③总督，始设于嘉靖二十九年（1550）的宣大和蓟辽总督。④在这些为沿边而设巡、督当中，延绥、宁夏、陕西、甘肃巡抚和陕西三边总督，在西北拥有很大的军政权力。

从明朝对西北的军政管控区域来看，只及今之陕甘宁青四省区，而不及新疆；在青海只限于河湟流域，在甘肃只限于嘉峪关内，而不及今之甘肃和青海全省；又因分属于陕西布政使司、陕西都司和陕西行都司，所以，明人史书上的"陕西"一词，几乎是今之所谓明代西北的代名词。

明代的西北边防，东起东胜关（今内蒙古托克托）、偏头关（今山西偏关），西至肃州（今甘肃酒泉）和嘉峪关，约占明朝整个北部边防的三分之二，分设延绥、固原、宁夏、甘肃四个边镇。

关于西北四镇的兵马实情，据嘉靖朝巡抚陕西的王纶⑤统计，明初延绥镇官兵

---

① 碾伯、镇夷、古浪、高台四所为守御千户所。
② 九边：辽东、蓟州、宣府、大同、山西、延绥、宁夏、固原及甘肃。《明史·边防》云："元人北归，屡谋兴复。永乐迁都北平，三面近塞。正统以后，敌患日多，故终明之世，边防甚重，东起鸭绿，西抵嘉峪，绵亘万里，分地守御。初设辽东、宣府、大同、延绥四镇，继设宁夏、甘肃、蓟州三镇，而太原总兵治偏头，三边制府驻固原，亦称二镇，是为九边。"太原镇又称山西镇，延绥镇又称榆林镇。以各边长城的长度论，辽东镇为1950里，蓟州镇为1200里，宣府镇为1023里，大同镇为647里，山西镇为2000里，延绥镇为1770里，宁夏镇为2000里，固原镇为2000里，甘肃镇为1600里。
③ 古以幽州、并州和凉州为"三边"；于抗战中，以陕北安边、定边和靖边为"三边"；而明代之"三边"，即延绥、甘肃和宁夏三镇，陕西三边总督府治固原（今属宁夏）。
④ 顾颉刚、史念海：《中国疆域沿革史》，北京：商务印书馆，2015年，第193页。
⑤ 王纶（？），字汝言，号节斋，浙江慈溪人。于弘治朝，为礼部郎中，官至右副都御史。他又留心医学，撰有《本草集要》、《名医杂著》、《医论问答》和《节斋医论》。

六万六千余人，战马二万九千余匹；固原镇官兵七万九千余人，战马三万五千余匹；宁夏镇官兵四万四千余人，战马二万四千余匹；甘肃镇官兵四万五千余人，战马二万七千余匹①，大体沿长城及黄河布防。通计，西北四镇官兵二十三万四千余人，战马十一万五千余匹。

另外，吴晗据《明会典》统计，万历朝西北四镇兵马分别为：

  延绥镇官兵原额80 196名，现额53 254名；战马原额45 940匹，现额32 133匹。宁夏镇官兵原额71 693名，现额27 934名；战马原额22 182匹，现额14 657匹；固原镇官兵原额126 919名，现额90 412；战马原额32 250匹，现额33 842匹；甘肃镇官兵原额97 571名，现额46 901名，战马原额29 318，现额21 630匹。②

即是说，万历朝西北四镇兵马，通计官兵二十一万八千五百零一人，战马十万零六百七十匹。它们大多虽未及原额，而实际也与明初相差无几。

不难看出，骑兵在西北边镇中占有很大的比重，大略在一半左右。所以，弘治重臣杨廷和③说："边守之务，西北为重，而陕居其半；三边之用，兵马为急，而马居其半。"④

鉴于西北边防"禁防疏阔"⑤，明朝另设陕西都司和陕西行都司两个地方军事机构。与之相应，又设立陕西行太仆寺，管理陕西都司所属卫所官军的现役马匹；另设立甘肃行太仆寺，管理陕西行都司所属卫所官军的现役马匹。

---

① （明）余继登：《典故纪闻》卷17，北京：中华书局，1981年，第316页。
② 吴晗：《读史札记·明代的军兵》，天津：天津人民出版社，2018年，第95页。
③ 杨廷和（1459—1529），字介夫，号石斋，四川新都人。成化十四年（1478）进士，官至翰林院检讨、左春坊大学士、南京户部尚书、吏部尚书，文渊阁及谨身殿大学士，正德朝首辅，撰有《石斋集》、《杨廷和奏议》和《杨文忠公三录》。
④ 《明经世文编》卷121《赠都御史邃庵杨公序（杨廷和）》，《续修四库全书》，上海：上海古籍出版社，2002年，第554页。
⑤ 《明太祖实录》卷249，洪武三十年春正月丁卯，台北："中央研究院"历史语言研究所，1962年，第3607页。

第一章　明代马政视野下的西北马政

马政兴废之于战争胜败，在明朝君臣那里形成了符合逻辑又一以贯之的共识。明代马政，承前启后，形成了互不辖属、各成系统的马政机构，把自周秦以来的有关制度推向了巅峰。

一、明代君臣重视马政

明代疆域辽阔，民族关系复杂，而蒙古北据，更不乏战争威胁，这是明朝君臣关注马政的主要因由。

以君而论，应该说，明初君主的认识最具代表性。于立国之先的吴元年（1367），朱元璋即云："攻战之际，马功居多。"①洪武八年（1375），他又令刑部尚书刘惟谦②申明马政："马政，国之所重。近命设太仆寺，俾畿甸之民养马，期于蕃息。恐所司因循牧养失宜，或巡视之时，扰害养马之民，此皆当告戒之。昔汉初一马直百金，天子不能具均驷，及武帝时众庶街巷有马，阡陌成群，遂能北伐强夷，威服戎狄。此非官得其人，马政修举故耶？"他还强调说："其为朕申明马政，严督有司，尽心刍牧，务底蕃息，违者罪之。"③随后的朱棣，于登大位伊始，即询问兵部尚书刘儁④："'今天下畜马几何？'儁对以：'兵兴耗损，所存者二万三千七百余匹。'成祖曰：'古者掌兵政，委之司马，问国君之富，数马以对，是马于国为重。我朝置太仆，专理马政，各军卫皆令孳牧，卿等宜严督有司，庶有蕃息之效。'"⑤

至于大臣的有关议论，终明一代，则在在有之。像洪武朝黔国公沐英⑥即

---

① 《明太祖实录》卷 25，吴元年九月戊子，台北："中央研究院"历史语言研究所，1962 年，第 368 页。
② 刘惟谦（？），生卒年、字号、爵里俱不详。洪武元年（1368），奉命制《大明令》；六年后，又奉命编《大明律》，官至大理寺卿、刑部尚书。
③ （清）龙文彬：《明会要》卷 62《兵·马政》，《续修四库全书》，上海：上海古籍出版社，2002 年，第 548—549 页。
④ 刘儁（？—1408），字子士，中兴路江陵（今属湖北）人。洪武十八年（1385）进士，官至翰林院庶吉士、兵部右侍郎、兵部尚书。后征战安南，参赞沐晟军务，后因袭寇无援而被俘，又不屈投降而被杀。
⑤ （明）余继登：《典故纪闻》卷 6，北京：中华书局，1981 年，第 102 页。
⑥ 沐英（1344—1392），字文英，濠州定远（今属安徽）人，朱元璋义子，洪武九年（1376），以副帅之职征讨伯蕃；随后，以主帅之职大败元军。明朝立国后，他镇滇十年，大兴屯田，劝课农桑，礼贤兴学，传播中原文化，对西南安定做出杰出贡献，晋封黔国公，死后追赠黔宁王。

云:"天用莫如龙,地用莫如马。"①又景泰朝兵部尚书孙原贞②云:"治兵以备戎狄,畜马为先。"③又弘治朝兵部尚书马文升④云:"武备之修,固在乎军,尤在乎马。"⑤又弘治朝陕西三边总督杨一清⑥云:"惟国之大事,莫急于兵;兵之大要,莫先于马。"⑦又正德朝南京光禄寺卿张衮⑧云:"马者,兵之资也。"⑨又弘治、正德朝大学士李东阳⑩云:"马者,士之所以资,况与虏战,尤为急务。"⑪又嘉靖朝兵部尚书毛伯温⑫云:"国家莫大于戎,军政莫急于马。"⑬而嘉靖朝首辅夏言⑭也强调:"国之大事在戎,戎之大用在马。"⑮还有人认为:"马者,兵之大用,兵非马决不

---

① (明)张萱:《西园闻见录》卷71《马政后·沐英》,《续修四库全书》,上海:上海古籍出版社,2002年,第604页。

② 孙原贞(1388—1474),名瑀,字原贞,字以行,江西德兴人。永乐十三年(1415年)进士,官至礼部主事、河南右参政、浙江布政使、兵部左侍郎、兵部尚书,撰有《岁寒集》。

③ (明)张萱:《西园闻见录》卷70《马政前·孙原贞》,《续修四库全书》,上海:上海古籍出版社,2002年,第579页。

④ 马文升(1426—1510),字负图,号约斋,自署"三峰居士""友松道人",河南钧州(今禹州)人。景泰二年(1451)进士,官至大理寺少卿、右副都御史、左都御史、兵部尚书、福建按察使,有代宗、英宗、宪宗、孝宗和武宗"五朝元老"之誉,撰有《约斋集》、《端肃奏议》、《西征石城记》、《抚安东夷记》和《镇克哈密国王记》。

⑤ (明)张萱:《西园闻见录》卷70《马政前·马文升》,《续修四库全书》,上海:上海古籍出版社,2002年,第581页。

⑥ 杨一清(1454—1530),字应宁,号邃庵,别署"石淙",南直隶丹徒(今属江苏)人。成化八年(1472)进士,官至中书舍人、南京太常寺卿、陕西督学副使、左副都御使、陕西三边总制、官至内阁首辅,史称"其才一时无两,或比之姚崇",撰有《关中奏议》、《督府奏议》、《纶扉奏议》、《吏部献纳稿》、《吏部题稿》、《通家杂述》、《石淙诗稿》和《文襄石淙集》。

⑦ 《明经世文编》卷115《为总奏修理马政疏(杨一清)》,《续四库全书》,上海:上海古籍出版社,2002年,第468页。

⑧ 张衮(?),字补之,江阴(今属江苏)人。正德十六年(1521)进士,官至南京光禄寺卿,撰有《水南集》。

⑨ 《明经世文编》卷195《题为酌处时宜以期修马政疏(张衮)》,《续修四库全书》,上海:上海古籍出版社,2002年,第686页。

⑩ 李东阳(1447—1516),字宾之,号西涯,湖广茶陵(今属湖南)人。天顺八年(1464)进士,官至翰林院编修、侍讲学士、东宫讲官、礼部侍郎及尚书、文渊阁大学士。他工文善书,撰有《燕对录》、《怀麓堂稿》和《怀麓堂诗话》,后人又集有《怀麓堂集》。

⑪ (明)张萱:《西园闻见录》卷70《马政前·李东阳》,《续修四库全书》,上海:上海古籍出版社,2002年,第585页。

⑫ 毛伯温(1482—1545),字汝厉,号东塘,江西吉水人。正德三年(1508)进士,官至绍兴府推官、大理寺丞、左副都御使、工部及兵部尚书。他工于诗,撰有《平南录》、《毛襄懋集》、《东塘诗集》和《毛襄懋奏议》。

⑬ 《明经世文编》卷159《修举马政疏(毛伯温)》,《续修四库全书》,上海:上海古籍出版社,2002年,第287页。

⑭ 夏言(1482—1548),字公谨,号桂洲,江西贵溪人。正德十二年(1517)进士,官至兵科给事中、礼部尚书、武英殿大学士、嘉靖朝首辅。他诗文严整,撰有《桂洲集》和《南宫奏稿》。

⑮ 《明经世文编》卷202《议处下场马匹疏(夏言)》,《续修四库全书》,上海:上海古籍出版社,2002年,第90页。

能以制胜。"①另外，丘濬还说过这样的话："至于边方之马，所系尤大，与其得驽马而乘之以御虏，又不若不乘之为愈也。盖骑战非中国之所长，而中国之马比胡马为劣，以非长之技而骑下劣之马，以角虏人之所长，非计之得也。"②

明朝君臣特重马政，主要是出于抵御蒙古南下扰夺的需要。终明之世，既设"九边"重镇备御，缮葺长城、边墙以便战守，同时又积极筹措沿边马政。具体说来，一方面，强化对军队现役马的管理；另一方面，设苑牧马以确保边军供给；再一方面，通过多种途径采办军用马匹，像设茶马司开展茶马互市，让盐课司负责中盐纳马，立马市与蒙古交换马匹，还以实银现钞购买和用丝绸布帛交换的形式采办马匹。上述三个方面，也是明代马政的主要内容。

二、明代的马政体系

明代的马政组织，主要有五套系统，即御马监、太仆寺、行太仆寺、苑马寺和茶马司。

1. 御马监

御马监，为明代宦官二十四衙门③之一。洪武十七年（1384），由御马司改设，以正四品太监一人为主官，下设左、右少监，左、右监丞，典簿、长随、奉御官，职司御厩、兵符事宜，所属有二十四马房、鹰房、豹房、百鸟房以及天师庵、旧都府草场。《明史》上说："明制，马之属内厩者曰御马监，中官掌之，牧于大坝，盖仿《周礼》十有二闲意。"④

2. 太仆寺

太仆寺，是主管全国马政的部门。洪武六年（1373），由滁州群牧监改设；永乐十九年（1421），京师北迁后，以北京行太仆寺为本寺。因有南北两京而分为二，南直隶、两淮及江南马政属于南，北直隶、鲁豫马政则属于北。寺设卿一员、少卿三人，寺丞二人（隆庆中，革少卿一人、寺丞一人），主簿一人。⑤职司牧马政

---

① 《明经世文编》卷75《牧马之政（丘濬）》，《续修四库全书》，上海：上海古籍出版社，2002年，第42页。
② （明）张萱：《西园闻见录》卷70《马政前·丘濬》，《续修四库全书》，上海：上海古籍出版社，2002年，第581页。
③ 二十四衙门，是明代由宦官伺奉皇帝及家族的机构，内设"十二监"、"四司"和"八局"，即司礼、内官、御用、司设、御马、神宫、尚膳、尚宝、印绶、直殿、尚衣和都知监，惜薪、钟鼓、宝钞和混堂司，兵仗、银作、浣衣、巾帽、针工、内织染、酒醋面和司苑局。
④ 《明史》卷92《兵志·马政》，北京：中华书局，1974年，第2269页。
⑤ 《明史》卷75《职官·太仆寺》，北京：中华书局，1974年，第1835页。

令，京营和畿甸马匹以及京卫、畿内及山东、河南六郡的孳牧、寄牧马匹。

3. 行太仆寺

行太仆寺，是太仆寺的派出机构，始设于洪武三十年（1397）。明置行太仆寺五，即北京①、辽东、山西、陕西和甘肃行太仆寺。寺设卿一人（从三品）、少卿一人（正四品）、寺丞无定员（正六品）、主簿一人（从七品）；职司"各边卫所营堡之马政，以听于兵部。凡骑操马匹印烙、俵散、课掌、孳牧，以时督察之。岁春秋，阅视其增耗、齿色，三岁一稽比，布、按二司不得与。有瘠损，则听兵部参罚。苑马寺亦如之"。②

4. 苑马寺

苑马寺，是地方设苑牧马的机构，始设于永乐四年（1406）。苑马寺之设，应是出于这样的理念，即"威远之策，莫先于修武备；而武备之修，莫要于蕃畜牧"③。

明置苑马寺四，即北京（初称北平）、辽东、陕西和甘肃苑马寺，职司所属监苑马政。寺设卿一人（从三品）、少卿一人（正四品）、寺丞无定员（正六品）、主簿一人（从七品）。初制，苑统六监，监领四苑；各监设监正一人（正九品）、监副一人（从九品）、录事一人；各苑设圉长一人（从九品），职司"六监二十四苑之马政，而听于兵部。凡苑，视广狭为三等：上苑牧马万匹，中苑七千，下苑四千。凡牧地，曰草场，曰荒地，曰熟地，严禁令而封表之。凡牧人，曰恩军，曰队军，曰改编之军，曰充发之军，曰召募之军，曰抽选之军，皆籍而食之。凡马驹，岁稽其监苑之数，上于兵部，以听考课。监正、副掌监苑之牧事，圉长帅群长而阜蕃马匹"④。

早先，行太仆寺所属各边官军骑操马，主要仰给于番族的纳马与贡马，以及采用银钞市马、丝绸布帛交易之类方式采购适宜军用的马匹。所以，苑马寺的设置，采取监苑集中牧放的形式，无疑又为各边官军骑操马的需求开辟了另一个重要来源。

5. 茶马司

茶马司，始设于洪武五年（1372），职司"市马之事"。司设司令（正六品）一人、司丞（正七品）一人。洪武十六年（1383），改大使一人（正九品），为茶

---

① 北京行太仆寺，初谓"北平行太仆寺"。
② 《明史》卷75《职官·行太仆寺》，北京：中华书局，1974年，第1845页。
③ （明）黄训：《皇明名臣经济录》卷14《陕西马政四（徐蕃）》，台北：文海出版社，1984年，第936页。
④ 《明史》卷75《职官·苑马寺》，北京：中华书局，1974年，第1845—1846页。

马司的主官；副使一人（从九品），为大使的副贰官；后来，又添设仓副使一人，专门负责管理茶马司的官茶仓储事宜。

至嘉靖朝，陈讲追忆西宁茶马司设置情形说："洪武三十年，自秦州改建，俱设有大使、副使、司典吏各一焉。"[1]

检索史文，明朝先后设茶马司十一处，即秦州、洮州、河州、西宁、甘肃、庄浪、岷州、永宁、碉门茶马司和庆远裕民司。

明朝设茶马司的目的，主要在于便利与西北番族的茶马互市。对茶易番马之于监苑之政、监苑之政之于官军骑操，杨一清说了一段很经典的话：

  茶司之所易，即监苑之所牧；监苑之所牧，即官军之所给。[2]

杨氏之言，道出了明番茶马互市对于西北边防的重要性。从总体上说，明朝君臣对此是有比较清醒的认识的，所以，一直也十分重视茶马互市的修举。

另外，在今之宁夏灵武，始设于洪武朝的灵州盐课司，于正统朝一度也职司中马，作为供边军骑操之补充。

在这些马政机构中，御马监、太仆寺设于中央，行太仆寺、苑马寺和茶马司则设于地方。从体制上说，除了御马监之外，太仆寺、行太仆寺、苑马寺和茶马司事务，一般俱统于兵部。从内容上说，明代马政有官牧和民牧之分，而又有所谓"官牧给边镇，民牧给京军"[3]之说。

三、西北马政的主要机构

行太仆寺、苑马寺、茶马司和盐课司，是明代西北的马政机构；它们互不辖属，各有所司，又相互配套，相得益彰，从而形成了西北马政机构独特的完备体系；它们大多创置于洪武、永乐朝，目的在于保障西北各边卫所官军骑征备御的需要，以及对官牧马匹实行有效的管理。

1. 陕西、甘肃行太仆寺

陕西、甘肃行太仆寺，同置于洪武三十年（1397）。关于二寺的设置缘起，《明实录》上说："洪武三十年正月，置行太仆寺于山西、北平、陕西、甘肃、辽东。

---

[1] （明）陈讲：《马政志》卷1《茶马·差发》，《续修四库全书》，上海：上海古籍出版社，2002年，第17页。

[2] 《明经世文编》卷115《为修复茶马旧制以抚驭番夷安靖地方事（杨一清）》，《续修四库全书》，上海：上海古籍出版社，2002年，第468页。

[3] 《明史》卷92《兵志·马政》，北京：中华书局，1974年，第2270页。

上虑西北边卫所蓄马甚蕃息，而禁防疏阔，乃设行太仆寺以掌其政。"①

陕西行太仆寺衙门，与陕西都司衙门同治于平凉府城（今甘肃平凉）；甘肃行太仆寺衙门，洪武十二年（1379），先设于庄浪（今甘肃永登）；洪武二十六年（1393），迁往甘州（今甘肃张掖），与陕西行都司衙门同治一城。

关于行太仆寺的职司，洪武三十年（1397）二月，朱元璋召见五军都督府官员，强调行太仆寺"职专提调马匹、比较孳生，但有作弊亏欠马匹，许令本寺举问。品职虽小，所掌事重，如同御史出巡按治。该管指挥、千百户、卫所镇抚首领官吏，务要将所养一应马骡，尽数开报，听从本寺官员点视、提督。敢有非礼抗拒，许本寺官奏闻拿问"②。从这段话中不难看出，行太仆寺是一个特设的职司马政的机构，寺官有如御史出巡按治一样的特权。

行太仆寺设寺伊始，寺的主要官员设置颇简。陕西行太仆寺仅有少卿一人和寺丞三人；甘肃行太仆寺则更少，仅有少卿和寺丞各一人。起初，这些官职是由那些辞官赋闲在家的指挥、千百户来担任的；后来，又添设了卿、主簿之类的官员。

就行太仆寺的具体职司而言，陕西行太仆寺负责的是陕西都司所属西安等四十八卫所、清水等七十四营堡官军现役马匹的提调，固原、平凉、庆阳、秦州四卫官军现役马匹孳生情况的比较，陕西苑马寺所属监苑官牧马匹以及陕西都司所属卫所官军现役马匹的印烙。

行太仆寺设员，时有变化，通常是卿一人（从三品），为寺的主官，每年的俸禄为三百一十二石，另有柴薪隶银一百二十两，配备门者四人、皂隶十四人、禁狱四人，司库八人；少卿一人（正四品），为寺的副贰官，岁俸二百八十八石，另有柴薪隶银七十二两，配备门者二人、皂隶十二人；寺丞无定员（正六品），岁俸一百二十石，另有柴薪隶银四十八两，配备门者二人、皂隶八人；主簿一人（从七品），岁俸八十四石，另有柴薪隶银二十四两，配备门者一人、皂隶四人。

少卿和寺丞的职责是"佐卿之治"，即协助寺卿处理本寺的日常事务，主簿专门负责颁布和晓谕寺卿的政令。行太仆寺之下，又设马政、杂行、承发三科。马政及杂行二科，各设令史一人和典吏三人，承发科则仅设令史一人；令史岁俸二十四石，典吏岁俸十三石。

关于陕西行太仆寺官员的岁俸、柴薪隶银及门者、皂隶和禁狱来源，一般说来，俸禄征于汉中府的城固（今陕西城固）和洋县（今陕西洋县），由平凉府的雄赡仓支给；柴薪隶银，征于凤翔、岐山和扶风三县的徭银；门者、皂隶和禁狱，

---

① 《明太祖实录》卷249，洪武三十年春正月丁卯，台北："中央研究院"历史语言研究所，1962年，第3607页。

② （明）杨时乔：《马政纪》卷12《行太仆寺》，《景印文渊阁四库全书》，台北：商务印书馆，1986年，第628页。

则从平凉、凤翔二府所属州县应当服差役的人中间征用；令史、典吏的岁粮，也由平凉府的雄赡仓支给。①

甘肃行太仆寺负责的是凉州等十二卫、镇夷等三所官军骑操马的提调、比较和印烙等项事务，凡寺设员、俸禄、杂役差使等项，一如陕西行太仆寺例。②不过，该寺衙门及官员的岁俸、柴薪隶银及门者、皂隶和禁狱来源不详。

从官员品秩和俸禄来看，陕西、甘肃行太仆寺与中央太仆寺一样，它们的主官行太仆寺卿已属堂上官。③而像国子监祭酒，官级为从四品，与行太仆寺少卿比同。可见，行太仆寺官员的品秩和俸禄，从一个侧面反映了明朝统治者颇重沿边马政的用意。

2. 陕西、甘肃苑马寺

陕西、甘肃苑马寺，同置于永乐四年（1406）。归有光说："秦汉以来，唐马最盛，皆天子所自置监牧，其扰不及于民，而马之盛如此。我国家苑马之设，即其遗意。"④这就是说，明代苑马寺之设，是仿汉唐之制而来的。

关于陕西、甘肃苑马寺的设置缘起，《明实录》说：是年九月，明成祖敕谕甘肃总兵宋晟⑤、宁夏总兵何福⑥："今设苑马寺以广孳牧，每寺统六监，监统四苑。寺置卿、少卿、寺丞，监置正副，苑立圉长以率牧马之夫。春日草长，纵马于苑，迨各草枯则收饲之。今先设四监，尔处应有牝马，宜分配与之。凡回回、鞑靼以马至者，或全市，或市其半，牝马则尽市之，以给四监。其监之未设者，即按视水草便利可立处，遣人以闻。……有可行者，悉宜条奏，毋有所隐。"⑦

朱棣之所以重视于行太仆寺外又添设苑马寺，首先是考虑到单靠各边卫所官马的自身繁殖是难以保障各边需要的；其次又与洪武以来番族纳马和贡马的源源有关，认为确实有必要借鉴前代特别是汉唐的经验，充分利用西北水草便利、

---

① 《明史》卷92《兵志·马政》，北京：中华书局，1974年，第2270—2271页；（明）杨时乔：《马政纪》卷12《行太仆寺》，《景印文渊阁四库全书》，台北：商务印书馆，1986年，第629页；《（嘉靖）平凉府志》卷1《官师》，《四库全书存目丛书》，济南：齐鲁书社，1996年，第677页。

② （明）杨时乔：《马政纪》卷12《甘肃行太仆寺》，《景印文渊阁四库全书》，台北：商务印书馆，1986年，第629页。

③ 堂上官：即堂官，明清对中央衙署长官的通称；一般说来，主要是六部尚书、侍郎及各院、司、寺之长。

④ 《明经世文编》卷294《马政议（归有光）》，《续修四库全书》，上海：上海古籍出版社，2002年，第362页。

⑤ 宋晟（？—1407），字景阳，皖东定远（今属安徽）人。早年，与父、兄随从朱元璋征战，后来长年镇守凉州，官至凉州卫指挥使、平羌将军、甘肃总兵，晋封西宁侯。子孙世袭。

⑥ 何福（？），湖南湘潭人，生卒年、字号不详。早年，以智勇授都指挥，官至左军督前将军、宁夏及甘肃总兵，晋封宁远侯。

⑦ 《明太宗实录》卷59，永乐四年九月壬戌，台北："中央研究院"历史语言研究所，1962年，第857页。

宜于孳牧的得天独厚的自然条件，设苑牧马，以求繁衍蕃息，从而确保西北各边官军骑操马的源源供给。

至于苑马寺的职司，在朱棣的这道敕谕中已说得很清楚了，即设苑牧马，务求所属监苑牧马的繁衍蕃息。

陕西苑马寺衙门，与陕西都司、陕西行太仆寺衙门同治于平凉府城（今甘肃平凉）；先于平凉卫指挥杜谅的宅院内治事，永乐十五年（1417）迁至平凉府治东侧，大致与陕西行太仆寺相邻。甘肃苑马寺衙门，初设于西宁卫治（今青海西宁）；旋即，又改置于碾伯所（今青海乐都）。《西宁府新志》即称："永乐四年，置苑马寺于碾伯城。"①后来，又迁至甘州卫，与陕西行都司、甘肃行太仆寺衙门同治于甘州卫城（今甘肃张掖）。

苑马寺由苑、监、苑三级机构组成。

寺官同于行太仆寺，主要有卿、少卿、寺丞和主簿。初设卿、少卿、寺丞和主簿各一人，他们的品秩、俸禄、差役杂使各项，俱视行太仆寺例。寺统六监，监置监正（正七品）一人、监副（正八品）二人、录事（未入流）一人；监统四苑，苑设圉长（从九品），无定员。②

关于陕西苑马寺，史书上说："卿一员，少卿一员，寺丞二员，主簿一员，品、俸、柴薪、门皂、吏役之等，支出之方，多寡之数，俱视太仆，禁狱四人、司库八人，俱取西、凤二府之力役。"③

从苑马寺官员的品秩和俸禄来看，卿、少卿、寺丞和主簿这些主要官员，完全与中央太仆寺和行太仆寺并列无异，表明他们的地位也是相当高的。苑马寺作为一个专职设苑牧马的曹司，与行太仆寺一样，同属于兵部的派遣机构，接受兵部的节制而非委属于地方军卫有司。从这个角度上说，明朝统治者也是颇为重视设苑牧马之政的。

3. 秦州、洮州、河州、西宁、甘肃、甘州、庄浪、岷州茶马司

明朝以茶易马，主要施行于西北，茶马司大多也集中分布于西北，先后有秦州、洮州、河州、西宁、甘肃、庄浪与岷州八处；在行政管理上，它们委属于陕西布政使司。

秦州、西宁茶马司，前者始设于洪武五年（1372），治秦州卫（今甘肃天水）。这是明朝在西北设立的第一个茶马司。后来，鉴于它的处所远离番族，不便于

---

① 《（乾隆）西宁府新志》卷31《纲领志下》，西宁：青海人民出版社，1988年，第802页。
② 《明太宗实录》卷59，永乐四年九月壬戌，台北："中央研究院"历史语言研究所，1962年，第856—857页。
③ 《（嘉靖）平凉府志》卷1《官师》，《四库全书存目丛书》，济南：齐鲁书社，1996年，第677页。

互市，所以洪武三十年（1397），采纳了长兴侯耿炳文①的建议，"改秦州茶马司为西宁茶马司，迁其治于西宁"②。至此，裁撤了存在二十五年的秦州茶马司，取而代之的西宁茶马司，治西宁卫（今青海西宁）。茶马司设在西宁城内北隅，不过，互市地点并不在城中，而是在城西的镇海堡（今湟中多巴通海）。

洮州茶马司，始设于洪武七年（1374），治洮州卫（今甘肃临潭）。《续文献通考》云，是年七月，"置河州茶马司，官制与秦州同，外又有洮州茶马司"。洪武十六年（1383），明朝一度裁撤了该司，使之并入河州茶马司。《明实录》上说：是年七月，"罢洮州茶马司，以河州茶马司总之"。③不过，这一记述太过简略，所以，很难弄清个中的缘由。陈讲又云：洮州茶马司，"在卫西，永乐九年建。"④在这里，应当是说永乐九年（1411）重又恢复了它的设置。从当时的形势看，很明显，洮州茶马司的初置及废而复置，是因洮河上游的洮岷地区始终是番族聚居区的缘故。

河州茶马司，始设于洪武七年（1374），治河州卫（今甘肃临夏）。陈讲也说："河州茶马司，在卫东南，洪武七年建。"⑤《明实录》上说得更明白：是年九月，"置河州茶马司，官制与秦州茶马司同。"⑥茶马司设在河州城内，不过，互市地点也不在城中，而是在距积石山以东六十里的积石关。

甘肃、甘州茶马司，前者始设于永乐十一年（1413），治甘州卫（今甘肃张掖）。正统七年（1442），右金都御史程富⑦请准朝廷裁撤了该司。对这件事情，《明实录》上说：是年春正月，"革陕西甘肃茶马司。初设茶马司收茶，召商纳马给边，以茶偿之。其后，商贩私茶自足获利，不复以马来易官茶，由此官茶积久泡烂。右金都御史程富以为言，事下户部，会官议：请革去官员印信送部，茶课盘与见任官吏收支，仍令布政司管粮官提督。"⑧与别的茶马司易马于番不同，甘肃茶马司主

---

① 耿炳文（1334—1403），濠州（今安徽凤阳）人。为明朝开国功臣，官至管军总管、总兵都元帅、永兴卫亲军指挥使、大都督府佥事，封长兴侯。
② 《明太祖实录》卷252，洪武三十年夏四月己丑，台北："中央研究院"历史语言研究所，1962年，第3641页。
③ 《明太祖实录》卷155，洪武十六年秋七月辛亥，台北："中央研究院"历史语言研究所，1962年，第2417页。
④ （明）陈讲：《马政志》卷1《茶马·差发》，《续修四库全书》，上海：上海古籍出版社，2002年，第17页。
⑤ （明）陈讲：《马政志》卷1《茶马·差发》，《续修四库全书》，上海：上海古籍出版社，2002年，第17页。
⑥ 《明太祖实录》卷93，洪武七年九月己未，台北："中央研究院"历史语言研究所，1962年，第1628页。
⑦ 程富（1389—1458），字好礼，安徽歙县人。永乐十二年（1414），领乡荐而拜监察御史，官至大理寺少卿、右金都御史、左金都御史、右副都御史）。
⑧ 《明英宗实录》卷88，正统七年春正月庚午，台北："中央研究院"历史语言研究所，1962年，第1762—1763页。

要负责召商纳马，采取由商人交纳马匹，而茶马司则兑给茶叶，准许商人在限定的区域内贩卖的做法。可能是因官府所定的中茶纳马则例过于亏商，相应的环节和手续又比较烦琐，所以商人渐渐不大乐意赴茶马司交易，而是纷纷从事起私盐的贩卖来，以至茶司储备的官茶大量积压和腐烂变质，这样，门庭冷落的茶马司也就没有必要存在下去了。嘉靖四十一年（1562），明朝又复置茶马司于甘州，改称"甘州茶马司"。

庄浪茶马司，始设于万历初年，治庄浪卫（今甘肃永登）。按《庄浪汇纪》，茶马司由庄浪草场大使兼管，下设草场吏和茶马司吏各一人。①从其行政管理来看，它并非直接委属于陕西布政司，这与其他茶马司略有不同。草场大使是明朝为沿边军卫所设负责牧马草场管理的官员，品秩与茶马司大使相同。茶马司由草场大使兼管，近似现在的某一直属上级的机构由地方某一机构代管的道理一样。庄浪位于蒙古部落频繁活动的河套与青海间的要冲，蒙、藏等民族杂处，设置茶马司，也是适应与这些民族进行茶马互市的实际需要。

岷州茶马司，始设于万历初年，治岷州卫（今甘肃岷县）。正德、嘉靖以降，伴随河套蒙古频繁地穿梭于河套与青海间，西北边防渐趋废弛，明朝对河西及青海的控制日益削弱。到万历朝，这种态势进一步加强，明朝所需军用马匹的来源，主要仰仗于川甘青三省毗邻地区，自然也包括甘南的洮岷地区，于洮州茶马司外增设岷州茶马司，也正是出于这样的考虑。

在明代西北的茶马司中，以洮州、河州和西宁三司最为重要。这主要是因为，洮州、河州和西宁三卫，地当今甘肃南部和青海东部，是以藏族为主体的西北番族的聚居处；明朝与西北番族在这些地方展开大规模茶马互市，而西北仆苑官牧马匹的来源，也主要仰赖于洮州、河州和西宁三个茶马司的茶易番马。

4. 灵州盐课司

灵州大小盐池产量，占西北产盐地方的百分之八十以上，所以，洪武朝置灵州盐课司，治灵州千户所（今宁夏灵武县）。明制：盐课司设大使（正九品）一人，为司的主官；副使（从九品）一人，为大使的副贰官。与西北的茶马司一样，在行政管理上也委属于陕西布政使司。明初以来的数十年间，灵州盐课司所属大、小盐池的课税收入，虽也用于边储，可又主要作为沿边官军饷银的一部分，轮年支给延绥、固原和宁夏三镇，很少用于采办马匹。

正统三年（1438），宁夏总兵官史昭②奏准朝廷，始行商人中盐纳马之法，即

---

① （明）王之采：《庄浪汇纪》卷1《吏类》，《中国西北稀见方志》，北京：中华全国图书馆文献缩微复制中心，1994年，第434页。

② 史昭（？—1444），字号不详，庐州合肥（今属安徽）人。于永乐朝，因功为都指挥佥事；至英宗朝，官至总兵官、都督佥事、右都督。

商人纳马于官，取得凭证，由盐课司兑给现盐，准许在限定的区域内贩卖。后来，又改纳马为纳银，所收中盐银作为买马的专项收入。不过，它并没有形成一种永行不废的制度，而是时有时无。灵州盐课司原本不为马而设，嘉靖中以后它的职司仍为筹措边饷，而中盐纳马也随之废止了。所以，严格说来，它算不上一个真正的马政机构，只因正统至嘉靖朝的百余年间也职司过马匹的采办，在这里不妨姑且列入。

综上所述，在明代西北马政机构中，就其职司而论，行太仆寺和苑马寺是主要的马政机构，属于官牧的范畴；而茶马寺和盐课司是附设的马政机构，致力于马匹的采办。所以，明代西北马政，实际上包括仆苑官牧和马匹采办两方面的内容。这些机构的设置与损益，记录了明代西北马政始盛终衰的发展过程；它们又是与明代西北边防的巩固和废弛相联系和相沉浮的，从一个重要的侧面反映了明朝对西北政治经营的当否。

明代"九边"，西北即有其四：延绥、固原、宁夏和甘肃，边防漫长，直接承受瓦剌、河套蒙古的巨大压力。所以，明朝君臣素重西北军政。永乐以后，北平、辽东、山西行太仆寺以及北京、甘肃苑马司因故多所裁并，沿边的行太仆寺、苑马寺得以长期保留下来的，以西北居多，因而仆苑官牧的重心实际是在西北。在明代马政中，通过茶盐专卖来采办马匹也主要施行于西北，而后者不独直接关系西北各边军用马匹的保障供给，同时也攸关"羁縻"以藏民族为主体的西北番族、阻断蒙藏两族交通联结以保障西北边防的政治和军事控制的军国大政。所有这些，又使明朝君臣十分关注西北马政的盛衰得失，从而凸显了西北马政在明代马政中的地位。

嘉靖三年（1524），陈讲即有过这样的赞叹：

> 明兴，酌古创制，南北太仆之政因革不同，然咸未有如陕之制也。牧马在官而不在民，盐马在商而不在官，茶马在夷而不在中国，仆寺以稽之，宪臣以督之，矩度之宏，综理之密，此岂前代所有哉！①

这里所谓的"陕之制"，自然是说西北马政。不难看出，研究明代西北马政，也是研究整个明代马政特别是其官牧制度、加深认识明朝对西北政治经营等的重要课题之一。

---

① （明）陈讲：《马政志》（序），《续修四库全书》，上海：上海古籍出版社，2002年，第15页。

第二章　明代西北仆苑变迁与茶马职官演变

明代西北的行太仆寺、苑马寺，职官有演变，监苑有变迁，与西北的政治、经济和军事形势有关，对西北马政乃至于西北边防产生了重要影响。

一、中晚明行太仆寺的职官演变

陕西、甘肃行太仆寺设员，在中晚明发生了一些看似细微的变化。

先是，弘治二年（1489），巡抚陕西右副都御史萧祯①，以行太仆寺事简官繁为由，请准裁撤陕西行太仆寺少卿和寺丞各一人。这样，在以后的三十五年里，陕西行太仆寺就没有了副贰官。然而，正德以来，河套蒙古屡屡犯边，使明朝君臣深刻认识到西北边防至关重要；而各边官军骑操马的倒失日甚一日的现状，又使之觉得确有必要加强行太仆寺对各边官军骑操马的监督管理职能。所以，嘉靖三年（1524），御史陈讲又请准恢复了陕西、甘肃行太仆寺少卿的设置，还各自把名额增加了一人，分管延绥和宁夏二镇。②从那时候起，陕西、甘肃行太仆寺各设少卿两员便成了一种定例。除上述分管延绥、宁夏的少卿外，陕西行太仆寺的另一少卿，协助寺卿处理本寺事务，又代管固原镇马政；而甘肃行太仆寺的另一少卿，除协助寺卿处理本寺事务外，又代管甘肃镇马政。

最值得注意的是，是万历之际的职官变化。各边军卫及府州县官军自成系统，各有所属，既不听行太仆寺的提调，又无视行太仆寺的监管，以至于行太仆寺对它们约束不力、很难行使职能而几于形同虚设，自然难以有效遏制官军骑操马倒损严重的势头。鉴于这种状况，万历朝采取了以行太仆寺官员兼任司道③、代管兵备事务的做法，借以加强行太仆寺的权力，以图借以保障它对各边军卫及府州县官军骑操马的监管职能。明制，于各省重要地方设整饬兵备之道员，谓之"兵备道"。

关于"司道"，在《万历野获编》一书中，有一段很值得玩味的话：

---

① 萧祯（1431—1501），字彦祥，号寅庵，江西泰和人。天顺八年（1464）进士，官至南京刑部主事、湖广按察司佥事、河南左布政使、右副都御史、陕西巡抚、南京工部右侍郎、刑部及工部尚书。

② （清）龙文彬：《明会要》卷38《职官·行太仆寺》，《续修四库全书》，上海：上海古籍出版社，2002年，第319页。

③ 司道：明清隶属于巡抚专设机构。

太祖平定天下，分十二布政司，十五年增云南以至按察都指挥司下及府州县授方印。此外则每省列分巡为四十二道，亦以方印治事，其事权特重，俱列衔按察使。其后废北平，增贵州、交趾亦然。若分守虽云道，然而无钦降方印。犹记正德、嘉靖间，内地分守，尚刻私印条记，今则外藩大吏，未有不钦降关防者，自是事体宜然，但亦国初额设，无改颁方印者。唯都转运盐使司僚佐为同知、为副使、为判官，各有分地，亦得用方印，盖太祖特重盐政，以事关军国，非他官比，亦犹宋转运副使得与其长均体治事，名曰漕司，其遗意尚存。今运司下夷于州郡，为二司官，以知府劣考者为之，其诸僚则俱赀郎杂流、潦倒不堪者充之，盐政因之大坏……是则圣谕森严，尚藐然不遵，为运使者安能更展布哉？又如行太仆苑马一司，其体与京卿颉颃，亦复视为冗散，以处藩臬中之有议者，后以所属不奉约束，特加兼按察佥事，而州县之弁麾如故也。近日因人情厌薄，尽数革去，但属分巡及兵备兼摄，普天唯存平凉一苑马而已。盐政、马政，俱属国家最切最大事，而废弛至此，贾生而在，何止叹息！①

万历朝的做法，使行太仆寺官员身兼二任，自然也就提高了他们的地位，扩大了他们的职掌权限，有利于对官军骑操马的管理。至于具体的做法，一是陕西行太仆寺卿兼司道，总理中路马政，驻平凉府；少卿一人兼司道，分管东路，亦驻平凉；少卿一人兼司道，分管延绥，驻定边营；另外，又以靖虏兵备司道员分管固原镇。二是甘肃行太仆寺也大体如此，可又略有一些变通。《明实录》上说：万历十一年（1583）七月，"命甘肃行太仆寺……少卿不必复设，改设陕西副使一员，驻扎庄浪，整饬兵备，兼理庄、西二道马政，换给敕书，并铸关防一颗"②。总的格局是，寺卿兼司道，总理甘肃马政，驻甘州卫；另以陕西副使兼庄浪兵备司道员分管庄浪和西宁二卫，驻庄浪卫（今甘肃永登）。③

中晚明陕西、甘肃行太仆寺职官的这些变化，从一个重要的侧面反映了行太仆寺所属官牧马政的日趋衰败和西北边备及边防愈益废弛的实际。

二、中晚明苑马寺的变迁与成因

苑马寺设寺之初规定："凡苑视其广狭为三等，上苑牧马万匹，中苑七千匹，

---

① （明）沈德符：《万历野获编》卷22《方印分司》，北京：中华书局，1959年，第565—566页。

② 《明神宗实录》卷139，万历十一年七月丙午，台北："中央研究院"历史语言研究所，1962年，第2598页。

③ （明）杨时乔：《马政纪》卷12《甘肃行太仆寺》，《景印文渊阁四库全书》，台北：商务印书馆，1986年，第629页。

下苑五千匹;苑有圈长从九品,一圈长率五十夫,每夫牧马十匹。"①即是说,苑马寺下属的牧马场,大的可放牧上万匹,次之七千匹,小的也有五千匹;一个圈长管理牧卒五十人,又规定每个牧卒放养十匹马。换句话说,每个圈长负责五百匹军马的牧养。若折中计算,陕西、甘肃二寺所属十二监四十八苑,各苑圈长十四人,通计要牧马三十三万六千匹。不过,制度规定归制度规定,与执行中的具体实际总也存在差异,乃至于相去甚远。即以陕西苑马寺所属监苑为例,从来就没有达到过制度所规定的那样高的牧马数目,各苑圈长通常是一至三人不等。所以,折算下来,陕西、甘肃所属监苑牧马数额,大约当在两三万匹。

1. 陕西苑马寺所属监苑的损益

陕西苑马寺下辖长乐、灵武、同川、威远、熙春和顺宁六监二十四苑。不过,这些监苑并非设置于同时。永乐四年(1406),先设长乐、灵武二监,各监又先分设两苑,分别是隶属于长乐监的开城苑和定安苑,隶属于灵武监的清平苑和万安苑。另外的四监二十苑,具体设置于何时,今已无从确切查考。不过,《明实录》提供了一些可资参考的线索。永乐八年九月,朱棣在敕谕中说:陕西、甘肃苑马寺设置之初,各寺先设二监,每监又先设二苑,"余八监四十苑,命甘肃总兵官西宁侯宋晟、宁夏总兵官左都督何福,度地势次第设置"②。

陕西苑马寺所属监苑,分别设置于平凉、庆阳、延安、巩昌和临洮五府境内,主要分布在今陕北、陇东和甘南。然而,它们的具体位置大多已很难确定。兹据有关史文、踏勘情形,大略考述于次:

长乐监,治今宁夏固原城内,下辖开城、安定、弼隆、广宁四苑。开城苑,在今固原市开城乡,明朝于此设开城县,即今固原头营。关于安定苑,杨一清说:"长乐监广宁、开城、黑水三苑,俱在平凉府固原州地方……安定苑,坐落巩昌府通渭县地方。"③清人顾祖禹④说:"华川水县西八十里。东流经城南,入于渭。其间,四围平坦,草茂水清。明置安定苑,为牧圈之所,隶苑马寺。又有海子川,在城东三十里。中川,在城西十五里。俱合华川水流入于渭。"⑤可知,安定苑在

---

① 《明太宗实录》卷59,永乐四年九月壬戌,台北:"中央研究院"历史语言研究所,1962年,第857页;(《万历》明会典》卷150《兵部·马政》,《续修四库全书》,上海:上海古籍出版社,2002年,第544页。
② 《明太宗实录》卷59,永乐四年九月壬戌,台北:"中央研究院"历史语言研究所,1962年,第857页。
③ 《明经世文编》卷114《为处置马营城堡事(杨一清)》,《续修四库全书》,上海:上海古籍出版社,2002年,第453页。
④ 顾祖禹(1631—1692),字复初,号景范,人称"宛溪先生",江苏无锡人。他出身舆地世家,自顺治十六年(1659)起,参考二十一史、上百种地方志和其他大量文献,又"览城廓,按山川,稽道里,问关律",实地考核异同,撰成《读史方舆纪要》130卷,考订古今郡、县的变迁,推论山川关隘战守的利害,是最具代表性的中国沿革地理之作,对研究中国历史和军事地理具有重要参考价值。
⑤ (清)顾祖禹:《读史方舆纪要》卷59《陕西》,《续修四库全书》,上海:上海古籍出版社,2002年,第625页。

今甘肃通渭县境；一说在今宁夏盐池安定堡。弼隆苑，今址无考。关于广宁苑，《明实录》说："陕西苑马寺言，开城县境乃长乐监所属故广宁苑。"①结合杨一清的说法可知，广宁苑也设在今固原市开城乡。

灵武监，治今宁夏灵武县境，下辖清平、万安、定边、庆阳四苑。清平苑，初设于今甘肃环县北。万安苑，初设于环县万安村。定边苑，在今陕西定边县境，因明朝设定边营而得名。庆阳苑，在今甘肃华池县庆阳牧厂。鉴于清平、万安二苑紧靠河套，屡遭南下的蒙古抢掠的缘故，正统四年（1439）三月，遂将灵武监迁至镇原县境，清平苑和万安苑则迁至今固原市开城乡。②

同川监，治今甘肃庆阳市境，下辖天兴、永康、嘉静、安胜四苑。杨一清说："同川监天兴等苑，在开城县及庆阳府安化县地方。"③明代安化县即今庆阳市，县有同川里，故名。可知，同川监所属各苑大致分布于今庆阳市至固原市一线。

威远监，治今宁夏隆德县境，下辖武安、陇阳、保川、泰和四苑。杨一清说："威武（远）监武安等苑，在平凉府开城、隆德二县地方。"④明代隆德县即今宁夏该县。可知，威远监所属各苑大致分布于今固原、隆德一线。

熙春监，治今甘肃临夏县境，下辖康乐、凤林、香泉、会宁四苑。陕西苑马寺卿车霆⑤说："先时创建本寺，原设有熙春监康乐等苑，在临洮府地方。"⑥杨一清说："熙春监康乐等苑，在临巩二府陇西、会宁、狄道、金县地方。"⑦明代临洮府治今甘肃临洮县，巩昌府治今甘肃陇西县，陇西县即今甘肃该县，会宁县即今甘肃该县，狄道县即今甘肃临洮县，金县即今甘肃榆中县。可知，康乐苑，在今甘肃康乐县境。会宁苑，在今会宁县境。凤林苑和香泉苑，大致分别在今临洮县和榆中县境。

顺宁监，治今陕西志丹县境，下辖云骥、升平、巡宁、永昌四苑。杨一清说："顺宁云骥等苑，在延安府保安县及庆阳府安化县地方。"⑧明代保安县即今陕西志

---

① 《明宣宗实录》卷86，宣德七年春正月甲申，台北："中央研究院"历史语言研究所，1962年，第1990页。

② 《明英宗实录》卷52，正统四年闰二月己丑，台北："中央研究院"历史语言研究所，1962年，第997页。

③ 《明经世文编》卷114《为修举马政事（杨一清）》，《续修四库全书》，上海：上海古籍出版社，2002年，第448页。

④ 《明经世文编》卷114《为修举马政事（杨一清）》，《续修四库全书》，上海：上海古籍出版社，2002年，第448页。

⑤ 车霆（1437—?），字震卿，山西离石人。成化十七年（1481）进士，官至平凉知州、陕西苑马寺卿和宣府巡抚。

⑥ 《明孝宗实录》卷220，弘治十八年正月丙午，台北："中央研究院"历史语言研究所，1962年，第4148页。

⑦ 《明经世文编》卷114《为修举马政事（杨一清）》，《续修四库全书》，上海：上海古籍出版社，2002年，第448页。

⑧ 《明经世文编》卷114《为修举马政事（杨一清）》，《续修四库全书》，上海：上海古籍出版社，2002年，第448页。

丹县。明朝设顺宁堡于该县西北高家湾，顺宁监应该也设于此。可知，顺宁监所属各苑大致分布于今志丹县至庆阳市之间的洛河上游两岸。升平苑，在今陕西宜君县升平镇，因宋朝设升平县而得名。

至正统朝，陕西苑马寺所属监苑多所废损，统计裁撤了同川、威远、熙春和顺宁四监及所属十六苑和长乐监所属的弼隆苑、灵武监所属的定边苑和庆阳苑，幸存下来的仅有长乐、灵武二监以及所属的开城、安定、广宁、清平和万安五苑。

正统二年（1437），明朝先行裁撤了甘肃苑马寺。于成化朝，陕西都御史余子俊[①]请准，将甘肃苑马寺所属牧马军人迁至黑水口（今宁夏清水河畔黑城镇），另设黑水苑，隶属于长乐监。[②]黑水苑，当在今固原黑城。弘治末，杨一清督理陕西马政，又恢复了威远监所属的武安苑，使之隶属于灵武监。至此，形成了陕西苑马寺监苑设置的新格局——所属二监七苑大体集中在固原和平凉府附近，这种格局一直维持到晚明。兹据有关史文，对中晚明陕西苑马寺所属监苑的隶属、设员即官吏俸禄，大略考述于次：

长乐监，治今宁夏固原市境，下辖开城、安定、广宁、黑水四苑。监设监正一人，从七品，柴薪隶银二十四两；录事一人，未入流，柴薪隶银十二两，职责是"布监之政令"。至于苑一级的管理人员，具体说来，开城苑设圉长三员，另属吏二人；安定苑设圉长二员，另属吏二人；广宁苑设圉长二员，另属吏二人；黑水苑设圉长二员，另属吏二人。圉长品秩为从九品，柴薪隶银二十四两；每年支给监苑官吏俸粮七百二十石，征于庆阳府固原州会宁县。

灵武监，治今宁夏宁武县境，下辖清平、万安和武安三苑。监设监正一人，柴薪隶银二十四两；录事一人，未入流，柴薪隶银十二两，职责也是"布监之政令"，一同于长乐监。至于苑一级的管理人员，具体说来，清平苑设圉长三员，另属吏二人；万安苑设圉长二员，另属吏二人；武安苑设圉长二员，另属吏二人。圉长品秩、柴薪隶银，也一同于长乐监。每年支付给监苑官吏俸粮四百五十六石，征于庆阳府固原州属县，而隶银则出自凤翔州县之镏。[③]

二监七苑牧马草场，计有荒熟地十七万七千一百六十一顷六十二亩，还设置了一百三十九个碑标。兹据《（嘉靖）平凉府志》，略述有关具体情况于次：

开城苑三万六千四百七十顷四十三亩，东至可可川天城山私监路，南至古黑城广宁苑草场，西至须弥都把关山，北至群牧所中营儿湾三峰堆；额军七百人，

---

① 余子俊（1428—1489），字士英，四川青神（今夹江青州）人。景泰二年（1451）进士，官至户部主事、西安知府、陕西右参政及右布政使、浙江左布政使、右副都御史、户部及兵部尚书，撰有《余肃敏公奏议》。

② 《明经世文编》卷114《为修举马政事（杨一清）》，《续修四库全书》，上海：上海古籍出版社，2002年，第446页。

③ 《（嘉靖）平凉府志》卷1《官师》，《四库全书存目丛书》，济南：齐鲁书社，1996年，第676—677页。

马、驹原额二千六百三十八匹,现存二千六百二十二匹。

安定苑五万二千六百零四顷五十二亩,东至锁龙山沟,南至尖岗山,西至蟾母山白马庙,北至蒸饼山索驼峪;额军四百二十七人,马、驹原额三千五百六十九匹,现存二千九百三十五匹。

广宁苑二万五千八百八十顷五十三亩,东至小河川黄奈墩,西至武延川,南至木厂沟,北至开城苑头营;额军五百人,马、驹原额一千二百五十六匹,现存一千二百二十七匹。

黑水苑一万一千六百二十七顷九十六亩,军民地相交;额军二百七十六人,马、驹原额一千四百匹,现存九百六十九匹。

清平苑二万五千九百一十顷三十一亩,东至固原州彭阳里雨水川岭,西至本里打石沟口,南至本州新兴里南川,北至固原卫右所;额军五百四十二人,马、驹原额二千五百一十九匹匹,现存二千六百六十七匹。

万安苑二万一千七百一十顷四十一亩,东至杏林沟胜旗寨,西至三角城,南至拽角嘴,北至沙井;额军四百七十六人,马、驹原额二千四百七十四匹,现存二千六百六十九匹。

武安苑二千九百五十七顷四十三亩,军民地相交;额军四百四十八人,马、驹原额一千九百四十九匹,现存一千六百七十三匹。二监七苑额军合计三千三百六十九人,见在马、驹一万四千三百六十二匹,岁征地亩银三千三百七十六两。①

2. 甘肃苑马寺所属监苑的损益

甘肃苑马寺所属六监二十四苑,亦非设置于同时。永乐四年,先设祁连、甘泉二监,各监又先分设两苑,分别是隶属于祁连监的西宁苑和大通苑,隶属于甘泉监的广牧苑和麒麟苑。《明实录》上说:永乐六年(1408)八月,增设武威、安定、临川和宗水四监及所属十六苑;又添置古城苑、永安苑隶属于祁连监,温泉苑和红崖苑隶属于甘泉监。②

甘肃苑马寺所属监苑,分别设置于西宁、甘州、凉州、山丹和庄浪卫境内,主要分布在青海河湟谷地和甘肃河西走廊。然而,它们的具体位置同样大多已很难确定。不过,尚可利用有关史文的记述做一些大略的推测。

在《(万历)甘镇志》中,对甘肃苑马寺情形有这样的记录:

> 辖六监二十四苑,一曰甘泉监,广牧川东岸开署,辖四苑:广牧、麒麟、红崖、温泉;二曰祁连监,广牧川西岸开署,辖四苑:西宁、大通、永安、

---

① 《(嘉靖)平凉府志》卷1《官师》,《四库全书存目丛书》,济南:齐鲁书社,1996年,第677—679页。
② 《明太宗实录》卷82,永乐六年八月丙申,台北:"中央研究院"历史语言研究所,1962年,第1107页。

古城；三曰临川监，原拟西宁暖州开署，辖四苑：岔水、巴州、暖川、大河；四曰武威监，原拟山丹卫开署，辖四苑：和西、大川、宁番、洪水；五曰宗水监，原拟西宁卫三川里开署，辖四苑：永川、黑城、清水、美都；六曰安定监，原拟庄浪卫安远递运所开署，辖四苑：武胜、永宁、青山、大山。①

广牧川，张雨《边政考》作"广牧川"②，即今青海互助县境的沙塘川。《西宁志》上说：广牧川，"旧名沙塘川，永乐四年冬十月改今名"③。显然，改名与时兴的牧政有关。暖州，明西宁卫有"巴暖三川"④，暖州即暖川，巴川即巴州，俱在今青海民和县境内。宗水，又称宗哥川，即今青海湟水河。三川里，大致在今青海平安、乐都二县间的湟水以南。安远，明清之际设有递运所，是由甘肃入青海的重要孔道，在今甘肃庄浪县南。

今据《明会典》及有关史文、踏勘情形，对甘肃苑马寺所属监苑设置情况，大略考述于次：

甘泉监，治今青海互助县境，下辖广牧、麒麟、温泉、红崖四苑。广牧苑，在今互助东山乡；红崖苑，在今互助红崖子沟。

祁连监，治今青海互助县境，下辖西宁、大通、永安、古城四苑。西宁苑，在今西宁西川马坊；红崖苑，在今互助双树大通苑村；永安苑，在今门源永安城；古城苑，大略在今祁连县俄博村。

临川监，治今青海民和县境，下辖岔山、巴川、暖川、大河四苑。岔山苑⑤，《（万历）甘镇志》作"岔水苑"，大略在今民和上川口⑥镇。巴川苑，在今民和巴州乡。暖川苑，在今民和官亭乡。大河苑，在今民和中川乡，大略因濒临黄河而得名。

武威监，治今甘肃山丹县境，下辖和宁、大川、宁番、洪水四苑。和宁苑，《（万历）甘镇志》作"和西苑"，今依《明会典》《皇朝马政纪》，在今山丹县南和宁山口。大川苑，在今山丹县西大河畔。宁番苑，处所不详。洪水苑，在今甘肃民乐县三堡乡，因明朝设洪水三堡而得名。

宗水监，治今青海乐都县境，下辖清水、美都、永川、黑城四苑。清水苑，

---

① 《重刊甘镇志·兵防·马政》，兰州：甘肃文化出版社，1996年，第318页。
② （明）张雨：《边政考》卷4《西宁图》，《续修四库全书》，上海：上海古籍出版社，2002年，第72页。
③ 《（顺治）西宁志》卷1《地理·山川》，西宁：青海人民出版社，2020年，第50页。
④ 今青海东部黄河沿岸，一块三面环山、一面临水的小盆地，因三条季节性河流（赵木川河、大马家河、桑不拉河）汇入黄河而有"三川"之称，包括今官亭、中川、杏儿、甘沟、前河、满坪六个乡镇，三百个自然村，为汉族、土族、回族、藏族、东乡族和撒拉族杂居之地。
⑤ 《（万历）明会典》卷150《兵部·马政》，《续修四库全书》，上海：上海古籍出版社，2002年，第545页；（明）杨时乔：《马政纪》卷12《甘肃苑马寺》，《景印文渊阁四库全书》，台北：商务印书馆，1986年，第630页。
⑥ 今之民和上川口，因在巴州沟口而得名。

在今青海隆务河口，因明清河称"清水河"而得名。美都苑，在今民和美都沟，《西宁府新志》、《甘肃通志稿》俱称："前明设美都监（苑）以此"①；永川苑，处所不详。黑城苑，在今民和中川黑城。

安定监，治今甘肃古浪县境，下辖武胜、永宁、青山、大山四苑。武胜苑，在今甘肃永登庄浪河畔，因明设武胜驿堡而得名；永宁苑，处所不详；青山苑，在今永昌和武威两县间的青山。大山苑，在今甘肃天祝县境，大略因设苑于乌鞘岭而得名。

不过，还应注意到，《（万历）甘镇志》对临川、武威、宗水、安定四监设置情况的表述，还使用"原拟……开署"的文字。《明实录》上说：正统元年（1436）春正月，"减陕西苑马寺官吏。先是，少卿姜荣言本寺并所属监苑官吏五十六员名，事简官繁，乞量裁减。事下行在吏部，覆奏以为本寺宜留卿一员、寺丞一员、主簿一员；甘泉、祁连二监，各留监正一员、录事一员；广牧、麒麟、西宁、大通四苑；各留圉长一员。从之，凡减去官吏三十余人"②。结合二文，很可能表明永乐六年添设监苑的预想并没有实现。因为，在这份奏折中，姜氏所谈甘肃苑马寺所属监苑情况，只涉及永乐四年设置的祁连监及所属的西宁苑和大通苑与甘泉监及所属的广牧苑和麒麟苑。这就是说，不仅临川、武威、宗水、安定四监的添设计划流产了，而且温泉及红崖苑、永安及古城苑很可能也没有再添设。所以，甘肃苑马寺所属监苑恐怕一直是二监四苑（即甘泉监及所属的广牧和麒麟苑、祁连监及所属的西宁和大通苑）的格局。从这个角度上看，甘肃苑马寺所属监苑的规模、数量以及对明代西北边防的贡献率，要比陕西苑马寺所属监苑小得多。

正统三年（1438），陕西右佥都御史罗亨信③请准朝廷，裁撤了甘肃苑马寺。至成化朝，又把牧马军人迁往宁夏清水河畔的黑水口，另设黑水苑，隶属于灵武监。甘肃苑马寺从设置到裁撤，实际上只存在三十年左右的时间。

3. 中晚明苑马寺的职官演变

陕西、甘肃苑马寺设员，自建寺以来也有一些类似于行太仆寺职官的变化。先是，正统元年（1436），苑马寺少卿姜荣上奏朝廷，说甘肃苑马寺"事简官繁，乞量裁减"。经过吏部讨论，决定寺官职保留卿、寺丞、主簿各一人，甘泉、祁连二监各保留监正、录事各一人，广牧、麒麟、西宁、大通四苑各保留圉长一人，

---

① 《（乾隆）西宁府新志》卷5《地理·山川》，西宁：青海人民出版社，1988年，第171页；《（民国）甘肃通志稿》卷11《舆地·水道》，《中国西北稀见方志》，北京：中华全国图书馆文献缩微复制中心，1994年，第420页。

② 《明英宗实录》卷13，正统元年春正月甲午，台北："中央研究院"历史语言研究所，1962年，第245页。

③ 罗亨信（1378—1457），字用实，广东东莞人。永乐进士，官至翰林院庶吉士、工科给事中、吏科右给事中、右佥都御史、左副都御史，撰有《觉非集》。

而裁减了包括少卿、寺丞、监副、圈长在内的寺监苑各级官员三十人以上。经过这次调整，甘肃苑马寺各级官员已所剩无几，牧马之政显得十分零落与萧条。一年后，甘肃苑马寺又整体裁撤，寺监苑各级官员随即尽行调往他用。

至于陕西苑马寺，同样也存在"事简官繁"的问题。苑马寺少卿严信，以"官多事少，奏准革少卿一、寺丞二、监副四、圈长十三"①。又，弘治二年（1489），萧祯请准裁撤少卿一人、寺丞三人以及长乐和灵武监监副各二人。②这样，陕西苑马寺一度不再设置少卿，而监副一职至此则永行废止了。弘治十七年（1504），杨一清督理陕西马政，一改西北马政不景气的局面，认为有必要添置官员以加强对寺监苑的管理，所以重又恢复了寺丞两人。大致在正德、嘉靖之际，又复废寺丞，寺丞这一官职至此也永行废止了。

最值得注意的，也是万历朝的变化。鉴于苑马寺政事多与地方有涉，地方官民往往无视禁令，肆意耕占监苑牧厂，盗卖、宰杀监苑牧马，而苑马寺又难以纠治的具体情况，采取了与以行太仆寺官员兼任司道相类似的做法，以苑马寺官员兼按察司佥事职衔，来加强苑马寺对违反牧马之政禁令的纠治权力。具体的做法是，陕西苑马寺卿兼按察司佥事，驻平凉府，总理本寺事务；少卿同样也兼按察司佥事，分管东路马政。③

陕西、甘肃苑马寺职官的这些变化，是伴随监苑官牧的日益不景气而来的，透露出了祖宗旧制渐废和监苑官牧之政日益荒毁的端倪。

4. 寺监苑大裁革的原因

行太仆寺和苑马寺，是明代西北马政的主要机构。正统年间陕西、甘肃苑马寺寺监苑大裁革，是明代西北马政中的大事件。所以，说明寺监苑大裁革的原因，是研究明代西北马政中重要课题之一。

然而，明代有关史文对陕甘两寺寺监苑大裁革的记述十分简略，大多只有寥寥数语，总给人一种语焉不详的感觉。对于甘肃苑马寺的裁撤，杨时乔只记述说：寺监苑"俱裁革，并于陕西行太仆寺，于是二寺合一"④。而《明实录》上也仅有短短的三言两语：正统二年二月，"革甘肃苑马寺及西宁卫递运所，并甘肃所牧马，

---

① （明）徐学聚：《国朝典汇》卷78《吏部·苑马寺》，《四库全书存目丛书》，济南：齐鲁书社，1996年，第475页。
② 《明孝宗实录》卷24，弘治二年三月丙寅，台北："中央研究院"历史语言研究所，1962年，第542页。
③ （明）杨时乔：《马政纪》卷12《陕西苑马寺》，《景印文渊阁四库全书》，台北：商务印书馆，1986年，第630页。
④ （明）杨时乔：《马政纪》卷12《甘肃苑马寺》，《景印文渊阁四库全书》，台北：商务印书馆，1986年，第632页。

隶陕西苑马寺，从右佥都御史罗亨信言也"①。遍查诸史，没有能够找到罗亨信的奏疏，从而无从可知罗氏何以要奏请裁撤甘肃苑马寺，自然也就难以弄清裁撤甘肃苑马寺的真正原因。

尽管因史料阙如使探究寺监苑大裁革之由存在难度，不过，至少有两个方面应该是可以肯定的：

一方面，由于宣德、正统以来西北边防日益松弛，部分监苑的设置又过于靠近沿边，经常遭到南下蒙古的抢掠，因而必然有出于安全方面的考虑。以灵武监为例，监苑位置正当河套蒙古犯边南来的孔道，因而累受蒙古的抢掠之患。所以，正统四年，陕西三司官员请准朝廷，把灵武监南迁至镇原县，所属的清平、万安二苑也随之迁往靠近固原的开城，而定边、庆阳二苑大致就在这前后被裁撤了。对于陕西苑马寺一些监苑的裁革，弘治二年（1489）三月，兵部官员说得再明白不过了："正统以后，边备渐弛，北虏知平凉饶马，屡入寇，掠马以去，马遂日耗。久之，遂裁革同川等四监、泰和等十九苑。"②具体来说，在这次裁革之列的，包括同川监及所属天兴、永康、嘉静和安胜四苑，威远监及所属陇阳、保川和泰和三苑，熙春监及所属康乐、凤林、香泉和会宁四苑，顺宁监及所属云骥、升平、巡宁和永昌四苑。

另一方面，因明朝在民族政策上的偏颇以及对茶叶的走私贩私和茶马的民间交易打击和控制不力，致使与以藏族为主体的西北番族的茶马互市受阻，直接导致了监苑牧马的来源急剧萎缩，从而造成许多监苑无马可牧的局面而坐待裁撤。洪武、永乐之际，推行与西北番族进行茶马互市的"金牌"制，规定洮州、河州、西宁各处近边番族，每三年一次赴茶马司合符交易，以马换茶。而洪熙以来，这种制度再也没有得到很好的贯彻，从而严重阻碍了茶马互市的顺畅进行。而对苑马寺来说，这种茶易番马几乎是各监苑牧马的唯一来源。对于茶易番马，明朝规定儿、骟马③送至行太仆寺，以备随时补充到前线部队；牝马④则送至苑马寺，以便分拨到各监苑牧养繁殖。按照明朝的制度和预先的构想，陕西、甘肃苑马寺所属十二监四十八苑，除了保障源源供给各边官军骑操马而外，监苑牧养的马匹一般要保持在五万匹左右。洪熙以来，茶马互市的渠道阻滞，断了监苑牧马的主要

---

① 《明英宗实录》卷27，正统二年二月戊子，台北："中央研究院"历史语言研究所，1962年，第550页。

② 《明孝宗实录》卷24，弘治二年三月丙寅，台北："中央研究院"历史语言研究所，1962年，第542—543页。

③ 骟马：即去势之马，蒙古语称谓之"阿塔思"；骑乘之马，大多即为去势之骟马。

④ 牝马：即母马。

来源，各监苑除按例为各边官军提供马匹外，下场的见在马匹逐年递减，监苑官员及牧马军人越来越无所事事。所以，正统元年（1436），因不少监苑"事简官繁"，于是就把甘肃苑马寺的各级官员裁减过半；时隔一年，又索性把该寺及所属监苑尽行裁撤。应该说，这正是这种状况的反映。

经正统朝寺监苑两度大裁革以后，甘肃苑马寺及所属监苑已不复存在，而陕西苑马寺所属监苑也所剩无几了。弘治、正德以降百来年里，西北各边官军骑操马的直接来源，主要仰仗于陕西苑马寺所属的长乐、灵武二监及所属的开城、安定、广宁、黑水、清平、万安和武安七苑。

三、督理西北茶马的差官变化

明朝实行茶盐国家专卖的制度，一直也在制度层面厉行严禁。以茶禁来说，朱元璋即有这样的严令："有以私茶出境者斩，关隘不觉察者处极刑。"①可因私贩茶盐能够获得重利，纵有禁令，却也终难遏止私贩茶盐的泛滥。有识之士认识到，"茶禁愈严"，"茶利愈厚"②，私茶商贩乃至官员、军人在厚利的驱动下，不惜冒禁而为。同时，较之官茶，私茶的价格偏低，少数民族也乐与私茶商贩交易。私茶的泛滥，有力冲击着官茶贸易的垄断地位，破坏了明番之间茶马互市的顺利进行，直接影到西北各边官军骑操马的保障供给，从而也威胁到西北边防的安全。

明代私茶之所以泛滥，又与商业贿赂直接关联。私贩者大多用钱开路，贿赂买通地方官员和关津隘口的守军，从而使私茶畅行无阻。更为严重的是，一些地方官员和关津隘口的守军，见私茶获利而眼红，也纷纷加入到私贩牟利的行列之中。就连身为驸马的欧阳伦③，也不惜犯险走私贩私。

因茶马互市事关重大，明朝君臣对私茶盛行深以为忧，十分重视加强对它的管理。又私茶泛滥涉及地方的军卫有司，而茶马司官员位卑权轻，自然是很难去过问和纠治的。所以，为了有效遏止私茶泛滥的势头，明朝特地差遣行人、御史之类的官员往来巡察督理。这些官员的品秩一般虽不高，可他们秉承皇命，权力却很大。

先是，洪武三十年（1397），"月遣行人四员"巡督茶马；巡察地方包括陕西的河州、洮州以及四川的碉门、黎州和雅州；在三至九月的半年内，通计差遣了二十四人次。到宣德十年（1435），差遣行人的密度有所减弱，从每月一次改为"每

---

① 《雍正）陕西通志》卷42，《景印文渊阁四库全书》，台北：商务印书馆，1986年，第421页。
② 《明经世文编》卷115《为修复茶马旧制以抚驭番夷安靖地方事（杨一清）》，《续修四库全书》，上海：上海古籍出版社，2002年，第462页。
③ 欧阳伦（1358—1397），朱元璋之婿。洪武十四年（1381）进士，娶安庆公主，官至都尉。洪武三十年（1397），他奉使至川、陕，"数遣私人贩茶出境"牟利，地方官员不敢过问。又家奴周保蛮横，殴打蓝田河桥司巡检税吏。朱元璋知悉后，下令诛杀周保，赐死欧阳伦。

三月一遣"①。

　　作为官名的"行人",出自《周礼·秋官》,有大行人、小行人之分,职司迎送接待宾客之礼。至秦汉,设行人令,后改大行令,负责接待少数民族宾客；十六国和南北朝,职司出使聘问。洪武十三年（1380）,设立行人司,职司传旨、册封事宜；以行人为主官（正九品）,下设左、右行人（从九品）。后来,改行人为司正（正七品）,改左、右行人为左、右司副（从七品）,另置行人（正八品）三十七人,具体负责奉使之事。②

　　永乐十三年（1415）,改"遣御史三员巡督陕西茶马"③。旋即,又恢复了差遣行人的制度。景泰朝再废行人巡察督理,成化三年（1467）,重又差遣御史前往。后因"番人不乐御史",赴茶马司交易的急剧减少,明朝只好撤回御史,仍恢复差遣行人。成化末,终因"行人职轻,难以革弊",最终废止了差遣行人的做法。④为此,巡抚陕西都御史项忠⑤上奏朝廷,请准专差御史,具体负责茶马事宜。至此,在明朝有了专司巡茶的御史。巡茶御史一般为正七品,与先前的行人和御史不同,朝廷明确了他们领敕专理茶马的使命,从而加强了他们巡察督理、纠治违禁的权力。

　　弘治末,杨一清受命处理陕西仆苑、茶马及盐课事务,朝廷因而一度召回了巡茶御史。在仔细考察西北马政的现状后,杨氏认为,自己的职责重在仆苑马政的修举和重新疏通茶马互市的渠道,又兼理巡茶事宜确实难免力不从心。所以,正德元年（1506）,他奏准朝廷恢复了巡茶御史,还给予他们"兼理马政、茶法"和提督仆苑官员⑥的很大权力。至此,巡茶御史兼管仆苑马政成了中晚明的定制。

　　明朝对专司巡茶官员的差遣,从洪武至正德朝的百余年间变化很大。从现象上看,好像是走马灯似的,忽差行人,忽换御史；而这种变化,从一个侧面反映了长期以来私茶盛行难以遏止和明朝君臣为此而深感忧虑的实际。

---

① 《明史》卷80《食货·茶法》,北京：中华书局,1974年,第1949页。
② 《明史》卷74《职官·行人司》,北京：中华书局,1974年,第1809—1810页。
③ （明）陈讲：《马政志》卷1《茶马·巡察》,《续修四库全书》,上海：上海古籍出版社,2002年,第18页。
④ 《明经世文编》卷115《为修复茶马旧制以抚驭番夷安靖地方事（杨一清）》,《续修四库全书》,上海：上海古籍出版社,2002年,第462页。
⑤ 项忠（1421—1502）,字荩臣,浙江嘉兴人,正统进士,官至刑部主事、员外郎、广东副使、陕西按察使、右副都御史、右都御史、左都御史、刑部及兵部尚书。
⑥ 《明经世文编》卷115《为总奏修理马政疏（杨一清）》,《续修四库全书》,上海：上海古籍出版社,2002年,第469页。

第三章　明代西北的仆苑官牧之制

《明会典》上说:"国朝马政,有太仆寺、苑马寺专理,而统于兵部。按诸司职掌,其目有四:曰厩牧,曰关换,曰折粮,曰收买。而厩牧中,有孳牧,有寄牧,有放牧;孳放之处,各有草场。类列其事,则关换外,如起解、印俵、买补、禁约、比较以及收买,皆马政之大凡也。"①

从明代西北马政的实际来说,行太仆寺和苑马寺,职司虽各不同,可仆苑马政又同属于官牧的范畴。明朝对西北仆苑官牧的管理,从制度的层面上说,主要涉及牧马草场、牧马军人、马价、营卫放牧、仆苑孳牧、官马印烙、关换、比较、买补和禁约十个方面。

一、牧马草场

明朝对官府用马、官军骑操马和监苑牧马,划拨有专门的牧放场所,谓之"牧马草场"。明代官牧草场分为三类:一是南北两京太仆寺所属孳牧草场,二是行太仆寺所属营卫放牧草场,三是苑马寺所属监苑牧马草场。马文升说:"战马为国家所重,草场乃战马所资。"②可见,牧马草场对仆苑马政的重要性。《明史》上说:

> 官牧之地曰草场,或为军民佃种曰熟地,岁征租佐牧人市马。③

《明会典》又说:"南北两太仆寺,及京营各边孳牧马匹,皆有草场。其后,场地多为豪强所侵。成化末,乃以不堪种者牧马,勘种者征租。"④按照明朝的制度,牧马草场一般分为荒地和熟地两种,荒地用于牧马,熟地则由附近的军民佃种,官府对熟地每年要征收一定量的地亩银,作为买马之用的专项收入。

洪武三十年(1397),明朝初定北边牧马草场。关于它的范围,史书上说:"自

---

① 《(万历)明会典》卷150《兵部·马政》,《续修四库全书》,上海:上海古籍出版社,2002年,第543页。
② (明)张萱:《西园闻见录》卷70《马政前·马文升》,《续修四库全书》,上海:上海古籍出版社,2002年,第581页。
③ 《明史》卷92《兵志·马政》,北京:中华书局,1974年,第2270页。
④ 《(万历)明会典》卷151《兵部·牧马草场》,《续修四库全书》,上海:上海古籍出版社,2002年,第553页。

东胜以西至宁夏、河西、察罕脑儿；东胜以东至大同、宣府、开平，又东至大宁，又东至辽东，又东至鸭绿江，又北去不知几千里，而南至各卫分守地；又自雁门关外，西抵黄河，渡河至察罕脑儿，又东至紫荆关，又东至居庸关及古北口，又东至山海卫外。"①东胜，即今内蒙古托克托；河西，即今河西走廊；察罕脑儿，即今内蒙古乌审旗；宣府，即今河北张家口；开平，即今内蒙古多伦、正蓝旗；大宁即今内蒙古宁城。可见，在明朝初年，北边军卫的牧马草场，大致是沿长城一线而分布于关内关外；而西北边各军卫的牧马草场是"自东胜以西至宁夏、河西、察罕脑儿"，大致集中在河套内、宁夏与河西走廊。正统以来，西北边防日渐松弛，河套蒙古活动颇盛，明朝被迫退守长城，原来设置于河套内的草场也就随之废弃了。

对于沿边牧马草场，早先还有这样的规定："凡军民屯种田地，不许牧放孳畜；其荒闲平地及山场腹内，诸王驸马及极边军民，听其牧放、樵采；其在边所封之王，不许占为己场，而妨军民。"②

对永乐朝新设的苑马寺，也专门划拨了牧马草场，设苑牧马。由于史料的阙如，明初陕西、甘肃苑马寺所属监苑草场的情况已不明晰。经正统朝寺监苑的大裁革后，幸存的陕西苑马寺所属长乐、灵武二监，牧马草场面积也大为缩水。兹据有关史文，略述嘉靖朝陕西苑马寺所属长乐、灵武二监七苑牧马草场数额胪列于表3-1：

表3-1 嘉靖朝陕西苑马寺所属牧马草场数

监名	苑名	荒熟地/顷
长乐监	开城苑	36 470.43
	安定苑	52 604.52
	广宁苑	25 880.53
	黑水苑	11 627.96
灵武监	清平苑	25 910.31
	万安苑	21 710.41
	武安苑	2 957.43

可见，长乐监的开城、安定、广宁、黑水四苑，荒熟地合计十二万六千五百八十三顷；灵武监的清平、万安、武安三苑，荒熟地合计五万零五百七十八顷；二监七苑荒熟地总计十七万七千一百六十一顷。③

---

① 《明太祖实录》卷249，洪武三十年春正月庚辰，台北："中央研究院"历史语言研究所，1962年，第3613—3614页；《(万历)明会典》卷151《兵部·各边草场》，《续修四库全书》，上海：上海古籍出版社，2002年，第562页。

② 《明太祖实录》卷249，洪武三十年春正月庚辰，台北："中央研究院"历史语言研究所，1962年，第3613—3614页。

③ 《(嘉靖)平凉府志》卷1《官师》，《四库全书存目丛书》，济南：齐鲁书社，1996年，第677—679页。

明朝为军卫和监苑设置草场，并非一开始就有荒熟的区别，只是专为牧马而设，所以，明初并没有对熟地征收地亩银的制度。荒熟地的划分以及对熟地征收地亩银，始于成化末。这种划分的出现，主要是为了解决正统以来军卫和监苑粮饷不济的问题。于是，把草场中那些适宜于耕种的部分划为熟地，由附近军民佃种；不适宜于耕种的部分则成为荒地，依旧用于牧马。对熟地的佃种又有军民之分。由军卫士兵和监苑牧马军人耕种的，类似于过去的军屯，收获充公，衣粮则由国家供给；由附近民户佃种的，类似于过去的民屯，要按规定量向国家交纳地租。由于草场本为马而设，所以明朝规定要从民户佃种熟地中的收获中征收一定量的地亩银，作为军卫和监苑买补马匹的专项价银，即所谓"取诸于马"而又"用诸于马"。

对于各边牧马草场，明朝严厉禁止私自耕占。洪武三十年（1397），于划定北边牧马草场之初，朱元璋即有这样的明令："在边所封之王，不得占为己场。"①对各边封王尚且如此，而沿边军民自然更是不许随意耕占草场的。成化十年（1474），明朝又下令榆林等处勘实草场，重申禁令，对敢有违禁盗耕草场者，要依律问罪，还要处以罚银。其中，对官吏中的违禁者，要给予降职并调往他处的处理；对甘肃各卫军民中的违禁者，要给予充军的处罚，具体规定是：籍贯属外地者要发配榆林充军，籍贯属本地者则要发配甘肃充军。②

中晚明，西北各边军卫和监苑所属的草场呈日益减少的下降趋势。自成化朝有荒熟地的划分以来，熟地在草场中所占比重日益增大，而专供牧马的荒地则明显萎缩。弘治十七年（1504），杨一清提督西北马政，清复草场十二万八千四百余顷，其中，熟地八千三百余顷，占监苑草场总数不足一成；至嘉靖朝，二监七苑草场虽增至十七万七千一百余顷，而熟地也上升至三万三千七百余顷，占监苑草场总数已接近两成；至隆庆朝，二监七苑草场锐减至八万顷，然而，其中熟地也上升至五万顷③，占监苑草场总数的比重高达六成以上。

二、牧马军人

对行太仆寺所属各边军卫官军骑操马和苑马寺所属监苑官牧马匹，明朝划拨有专门的牧马军人。关于这些牧马军人，《明史》上说：

---

① 《（万历）明会典》卷151《兵部·牧马草场》，《续修四库全书》，上海：上海古籍出版社，2002年，第562页。

② 《（万历）明会典》卷151《兵部·牧马草场》，《续修四库全书》，上海：上海古籍出版社，2002年，第562—563页。

③ 《（万历）明会典》卷151《兵部·牧马草场》，《续修四库全书》，上海：上海古籍出版社，2002年，第562页。

>牧之人曰恩军，曰队军，曰改编军，曰充发军，曰抽发军。①

在这些身份的牧马军人中，又以恩军和队军为主。关于"恩军"，《明实录》上说："凡以罪谪充军者，名为恩军。"②《续文献通考》上说：洪武二十七年（1394），"命罪谪充军者为恩军"③。《明会要》上又说：宣德七年（1432），"发杂犯死罪应充军者，于陕西行太仆寺养马"④。史书中的这些记述，表明了"恩军"之名始于洪武二十七年；他们是由有罪之人充发组成的牧马军人，对他们不加刑狱，而代之以为国家牧马，以示恩典，"恩军"因以得名。所谓"队军"，是由各处军卫抽调部分士兵组成的牧马军人。

而"改编军"，大略是由别的军事人员改编而成；"充发军"，大略是由充军发配的人员组织而成；至于"抽发军"，不宜望文生义，大略也与抽调、选派有关。

一般说来，行太仆寺所属各边卫所官军骑操马和军卫孳牧马匹，多由各军卫所抽调士兵组成队军牧养；而苑马寺所属监苑官牧马匹，则由各处有罪之人充发组成的恩军牧养。当然，任何事物不可能绝对的整齐划一。像宣德七年，明朝即令陕西布政使司和按察使司，把那些应该充军的有罪之人，发配到陕西行太仆寺养马。⑤恩军的来源也是这样，并非都是官府认定的有罪人犯。弘治末，杨一清督理西北马政，就采取了招募流民的办法来充实牧马者的队伍。对于这些生活无着的流民，国家给之以衣粮，让他们的生活有所保障。这既为军卫和监苑牧养官马补充了人手，又消除了因他们游荡所产生的不稳定因素。在明朝统治者看来，这同样是对他们施之以朝廷的恩典，所以也称之为"恩军"。

不过，有一点是可以肯定的，这就是明代的牧马军人，一律入军籍；而按有关制度，还应是世袭牧马的军人。

陕西、甘肃行太仆寺所属各边卫所的牧马军人，在明朝各个时段的确切人数已无从查考。不过，明代西北边防布置有二三十万的重兵，官军骑操马又大体保持在十数万匹之多。史学家吴晗对永乐朝和万历朝的兵马数做过统计，兹列西北边防四镇的兵马情况于表3-2：

---

① 《明史》卷92《兵志·马政》，北京：中华书局，1974年，第2270页。
② 《明太祖实录》卷232，洪武二十七年三月癸酉，台北："中央研究院"历史语言研究所，1962年，第3393页。
③ 《续文献通考》卷122《兵·兵制》，杭州：浙江古籍出版社，1988年，第3892页。
④ （清）龙文彬：《明会要》卷38《职官·行太仆寺》，《续修四库全书》，上海：上海古籍出版社，2002年，第319页。
⑤ （明）杨时乔：《马政纪》卷12《陕西行太仆寺》，《景印文渊阁四库全书》，台北：商务印书馆，1986年，第629页。

表 3-2　西北边防四镇兵马情况

镇名	延绥镇	宁夏镇	固原镇	甘肃镇
永乐人数/人	80 196	71 693	126 919	91 571
万历人数/人	53 254	17 934	90 412	46 901
永乐马数/匹	45 940	22 182	32 250	29 318
万历马数/匹	32 133	14 657	33 842	21 660

可知，永乐之际，西北四镇总兵力为三十七万零三百七十九人，战马为十二万九千六百九十匹；万历之年，西北四镇总兵力为二十一万八千五百零一人，战马为十万零二千二百六十二匹。①从有关战马数额的统计来看，除在营上哨的官军照料喂养外，专事牧马的军人肯定不是一个小数目。

陕西、甘肃苑马寺所属监苑的牧马军人，按照永乐四年（1406）的制度，以一般年份各苑圉长设二人、一圉长率五十个牧马军人计算，二寺预计设置十二监四十八苑，苑均一百人，通计应有牧马军人四千八百人左右。另外，甘肃苑马寺实际仅设置过二监四苑，则陕西、甘肃苑马寺实际设置八监二十八苑，仍以苑均一百人推算，通计应有牧马军人二千八百人左右。不过，这是按制度规定所推算出来的大致数字，在具体实施中难免有一些出入。中晚明监苑的牧马军人数额，即与永乐之制的规定大相径庭。正统年间寺经监苑大裁个以后，幸存的陕西苑马寺所属长乐、灵武二监六苑的牧马军人为一千二百二十人，苑均二百零三人；弘治末减少至七百四十五人，苑均一百二十四人；正德初，另招募流民二千三百余人，连同旧额，长乐、灵武二监七苑（含武安苑）通计三千零五十人左右，苑均四百三十六人左右；嘉靖朝，长乐、灵武二监七苑又增至三千三百六十九人，苑均四百八十一人左右。兹列嘉靖朝长乐、灵武二监各苑牧马军人于表 3-3：

表 3-3　嘉靖朝长乐、灵二监各苑牧马军人数

监名	长乐监				灵武监		
苑名	开城苑	安定苑	广宁苑	黑水苑	清平苑	万安苑	武安苑
人数	700	427	500	276	542	476	448
合计	1903（人）				1466（人）		

牧马军人系军籍，素来生活清苦，处境艰辛，而尤以西北边的牧马军人为最。西北地处高寒，土地贫瘠，鲜收五谷。弘治以前，仆苑缺少营房马厩，牧马军人牧马于荒山野岭之间，往往像游牧民族一样，逐水草而居，很多时候还不得不借宿于山崖洞窟。另外，按照明朝的制度，这些牧军每人每月仅关支口粮六斗。自草场有荒熟之分以来，屯耕熟地的牧军，处境也不怎么好，遇上灾荒之年更是苦

---

① 吴晗：《读史札记·明代的军兵》，天津：天津人民出版社，2018 年，第 95 页。

不堪言，虽少有收成而官府仍责成按亩纳银。对于牧马军人来说，他们最为惧怕的是，凡遇官马倒失和亏欠孳驹，上官总是不问情由，一律严格责成他们按例赔补。所以，牧马军人素来不堪重累，他们纷纷以逃亡的方式来躲避这种惩罚性的赔补。成化二十二年（1486），黄绂①以右副都御史的身份巡抚延绥，他看到沿边士兵的妻儿衣不蔽体，不禁感叹道："健儿家贫至是，何面目临其上？"②一般边防军人的家境尚且如此，而有赔补之累的牧马军人的境况，更是可想而知了。谈及陕西苑马寺监苑及牧军的情况，杨一清也说："各苑天气高寒，地土硗燥，生理素少。又鲜有居室，多在崖窑堡洞住坐。腹里军人鲜补者，随到随逃，不安其业。马政废弛，亦多由此。"③

三、马价

"马价"一词，语出《战国策·燕策二》："人有卖骏马者，比三旦立市，人莫之知……伯乐乃还而视之，去而顾之，一旦而马价十倍。"④可见，"马价"原本的含义，是马匹的价格；至明清，它又为官府用于买马的价银。

在明代，马价最早出现于成化之际。鉴于两京太仆寺所属南北二畿、鲁豫、两淮及江南之"民牧"地方，大多并不适宜于养马，所以，从成化二年（1466）起，一改过去对领养种马的民户征收本色马匹的做法，而代之以折征银两，规定每马一匹征银十两，谓之"折色"。两年后，太仆寺又相应设立了"常盈库"，专门收贮这项折色银两，作为各处奏讨买补马匹的专项价银，谓之"马价银"⑤。明代西北马政则不然，由于不存在"民牧"之马，所以，马价银的来源也就有所不同。一般说来，在西北马政中，马价的来源主要有二：一是地亩银，二是桩朋银。

1. 地亩银

关于地亩银的产生缘起，《明会典》上说："南北两太仆寺及京营、各边孳牧马匹，皆有草场，其后场地多为豪强所侵。成化末，乃以不堪种者牧马，堪种者

---

① 黄绂（1422—1493），字有章，贵州平越卫（今贵州福泉）人，正统进士，官至南京刑部员外郎郎中，四川左参议及左参政，四川及湖广左右布政使、右副都御史、南京户部尚书兼左都御史。
② 《明史》卷185《黄绂传》，北京：中华书局，1974年，第4897—4898页。
③ 《明经世文编》卷114《为修举马政事（杨一清）》，《续修四库全书》，上海：上海古籍出版社，2002年，第450页。
④ 《战国策·燕策二》，《景印文渊阁四库全书》，台北：商务印书馆，1986年，第446—447页。
⑤ （明）杨时乔：《马政纪》卷3《俵马》，《景印文渊阁四库全书》，台北：商务印书馆，1986年，第548页；（清）龙文彬：《明会要》卷38《职官·太仆寺》，《续修四库全书》，上海：上海古籍出版社，2002年，第318页。

征租。"①具体到明代西北马政，关于"地亩银"的征收数额和征收办法，正德朝陕西三边总制王琼②说："成化年间，兵部奏准事例：每屯田二顷，除该纳子粒外，加征银一钱，随屯粮带征，以备本卫官军买马之用，名为买马地亩银。"③这些做法，同样也适用于苑马寺所属的监苑牧厂。后来，在数额上稍有变化，由每屯田二顷征银一钱改为每屯田一顷征银一钱，实际上是比原来提高了一倍。这个变化，一方面，是明朝财政拮据、边费紧张的一个反映；另一方面，无疑也大大加重了包括牧军在内的典种者的负担。

对陕西、甘肃行太仆寺所属军卫草场中的熟地征收地亩银的情况，因史料的阙如而已难以确考了。不过，王琼又说："今后西安左等四卫，收完地亩租银，解陕西都司收库，呈巡抚衙门查明动支；各处卫所俱解本卫收库，具呈该管兵备、边备副使查明动支。内有拖欠地亩租银者，移文各该分守巡官，与拖欠屯粮一例比较完纳。其前项卫所或营堡，除原征收桩朋银两外，旧例改收桩朋银两，卫所营堡俱照旧征收寄库，亦该听各兵备副使、管粮佥事等官查考收支。"④

至于对苑马寺所属监苑草场中的熟地征收地亩银，出现在寺监苑大裁革之后，所以，它仅仅涉及幸存的陕西苑马寺所属长乐、灵武二监七苑。今据有关史文，略述对各边军卫及长乐、灵武二监七苑征收地亩银的情况于次：

于弘治朝，长乐、灵武二监七苑荒熟地凡十二万八千四百余顷，含熟地八千三百一十六顷，每年通计征收地亩银八百三十一两六钱两；嘉靖之际，长乐、灵武二监七苑荒熟地凡十七万七千一百余顷，含熟地三万三千七百六十顷，每年通计征收地亩银三千三百七十六两。⑤

从一开始，作为军卫和监苑买补马匹的专项价银，地亩银一般是不许挪作他用的。然而，这种一贯做法最终还是被破坏了。嘉靖十五年（1536），陕西苑马寺卿贾启⑥奏准朝廷，用本寺所属监苑熟地的地亩银收入，作为寺监院"公需百役"⑦

---

① 《（万历）明会典》卷151《兵部·牧马草场》，《续修四库全书》，上海：上海古籍出版社，2002年，第553页。
② 王琼（1459—1532），字德华，山西太原人，成化进士，历仕明成化、弘治、正德及嘉靖四朝，官至工部主事、户部及吏部右侍郎、户部及兵部尚书、右都御史，后以吏部尚书致仕。
③ （明）张萱：《西园闻见录》卷70《马政前·王琼》，《续修四库全书》，上海：上海古籍出版社，2002年，第583页。
④ （明）张萱：《西园闻见录》卷70《马政前·王琼》，《续修四库全书》，上海：上海古籍出版社，2002年，第583页。
⑤ 《明经世文编》卷386《乞勘新增牧地银两疏（褚鈇）》，《续修四库全书》，上海：上海古籍出版社，2002年，第40页。
⑥ 贾启（？），生卒年、字号、爵里及事迹行状俱不详，官至陕西苑马寺卿、监察御史、光禄寺少卿、巡抚延绥副都御使。
⑦ 《（嘉靖）平凉府志》卷1《官师》，《四库全书存目丛书》，济南：齐鲁书社，1996年，第679—681页。

的支出，从而开了地亩银挪作他用的先例。不过，在这之前，大概是有类似的做法可以援引的。像《明史》上说：弘治十四年（1501），"以西北诸边所募士兵，多不及五千，遣使赍银二十万及太仆寺马价银四万往募。"[1]这似乎表明，既然中央太仆寺的马价银可以挪作他用，那么，挪用地亩银用于本寺的"公需百役"，自然也就更名正言顺一些了。

万历、隆庆之交，西北各边军饷日益紧张，明朝为此采取了沿边军民耕垦草场和征收屯粮地租和地亩银的做法，以弥补军饷的不足。隆庆五年（1571），让陕西苑马寺除保留牧马草场三万顷而外，余下的五万顷则分别划分为川地、坡地和山地三等，予民耕种，每年征银四万五千两（含地租折银和地亩银）。按照明朝的制度，每顷征收地亩银一钱，通计为五千两；每顷征收地租折银平均为八钱，通计为四万两。这一部分收入由固原兵备道收贮，作为固原镇官兵的饷银的一部分。次年，朝廷又让宁夏镇堪实军卫草场，划出一千四百四十余顷归庆阳府，连同平房千户所（今宁夏平罗）的二千八百九十余顷，总计四千三百三十余顷，同样划分为川地、坡地和山地三等予民耕种；又规定川地每顷征银一两五钱两，坡地每顷征银一两，山地每顷征银五钱，每年征银四千三百三十余两（含地租折银和地亩银）。照例每顷征收地亩银一钱，通计为四百三十三两；每顷征收地租折银平均为一两，通计为三千八百九十七两。这一部分收入由固原兵备道收贮，作为固原镇官兵的饷银。这一部分收入由宁夏兵备道收贮，作为宁夏镇官兵的饷银的一部分[2]。

至万历朝，西北各边军卫及陕西苑马寺所属监苑草场，每年通计征收地亩银一万零七百七十九两四钱七分。[3]这一部分收入，同样是沿袭隆庆以来的做法，由各处兵备道收贮，作为各镇官军饷银的一部分。不难看出，地亩银作为买马专项价银，从成化末到嘉靖朝，实际上只存在五十年左右的时间。

中晚明的这些做法，既反映了西北各边边储的匮乏的实际，以至于不得不用耕垦牧马草场以征收地租和地亩银的办法来补充军饷；而这样做的结果，又导致仆苑牧马草场的急剧锐减和仆苑马政的愈不景气。所以，从一定意义上说，明朝的这种做法确实无异于挖肉补疮。

2. 桩朋银

洪武、永乐以来，明朝规定，无论民牧还是官牧，凡是遇到倒失官马的情况，一律要责成有关当事人赔补还官。所谓倒失官马，说的是一种官马的非自然死亡

---

[1] 《明史》卷91《兵志·土兵》，北京：中华书局，1974年，第2250页。
[2] 《（万历）明会典》卷151《兵部·牧马草场》，《续修四库全书》，上海：上海古籍出版社，2002年，第679—680页。
[3] 《（万历）陕西通志》卷10《马政·马价》，北京：国家图书馆出版社，2017年，第547页。

现象；而赔补还官，即是对有关责任人的经济责罚。

从成化十年（1474）起，明朝又推行桩朋法——对倒失现役战马和孳牧马匹，责成官兵分别出银赔偿之法。这种由官兵分别出银专供买补倒失官马的"价银"，称之为"桩朋银"。在这里，"桩"是主要的责任者，而"朋"为次要的当事人；所谓"桩朋"，自然就是所有的当事者。一般说来，对军卫现役战马而言，骑操者就是"桩"，喂养者就为"朋"；对监苑官牧马匹而言，圉长就是"桩"，牧马军人就是"朋"。

可见，所谓"桩朋银"，实际上是"桩银"和"朋合银"的合称。关于桩朋银的征收数额和征收办法，《明会典》上说：成化十三年（1477）奏准，"京营倒失官马，其马主系都指挥者出银三两，指挥出银二两五钱，千百户、镇抚二两，旗军一两五钱，走失、彼盗者各加五钱，谓之桩头。又令各营马队官军每岁朋合出银，岁以六个月为率，每月都指挥、指挥出银一钱，千百户、镇抚七分，旗军五分，遇马倒失、贴助买补。在外各边，悉照此例"①。按照这个规定，无论倒失官马与否，官兵每年要"朋合"出银；遇到倒失官马，当事者还要另出桩银。每年官兵朋合出银分别为：都指挥、指挥六钱，千百户、镇抚四钱二分，旗军三钱。以一年倒失官马一匹计算，当事者系指挥者，要出桩银三两及朋合银六钱，合计三两六钱两；系指挥者，要出桩银二两五钱及朋合银六钱两，合计三两一钱；系千百户、镇抚者，要出桩银二两及朋合银四钱二分，合计二两四钱二分；系旗军者，要出桩银一两五钱两及朋合银三钱两，合计一两八钱。要是属于失职而使官马走失及被人盗走，当事者的赔偿数额，都指挥者为四两一钱，指挥者为三两六钱，千百户、镇抚为二两九钱二分，旗军则为二两三钱。

即是说，对于倒失官马，由马匹的代管者出银赔偿，谓之"桩银"；而"朋合银"，是从卫所军人的月粮中扣出一定的额度，用来补足重新购买马匹的银两。可见，朋合银本来是用来抵偿马匹倒失而征收的桩银的，因涉事者个人的经济条件不同，事发后再行征收实属不易，而从军人月粮中直接扣除倒失马匹应赔偿的银两，操作起来十分简便，所以，朋合银的征收即以诏令的法定形式确立下来。不过，从实践来看，官府在征收朋合银之后仍未停止对桩银的征收，而这两项因马政引起的收入也被合成了桩朋银，一直沿用到了清代。

同样，桩朋法也适用于苑马寺所属监苑的牧马军人。中晚明对监苑牧军倒失官马、亏欠孳驹而责成赔补的规定，呈现出越来越严厉的趋势。隆庆朝陕西巡按褚鈇说，从正德三年（1508）起，杨一清请准朝廷，实行监苑牧军倒失种马和亏欠孳驹一匹而赔银三两的做法，随后作为定例一直沿用下来。褚鈇认为，这样做尚不能有效遏止倒失种马和亏欠孳驹的势头，所以，他又奏准朝廷，对今后牧马

---

① 《（万历）明会典》卷152《兵部·买补》，《续修四库全书》，上海：上海古籍出版社，2002年，第574页。

军人倒失种马和亏欠孳驹,一律要追赔本色,不许纳银了事。①在明代,官用马匹的价格一般在十两左右。可见,追赔本色是对倒失种马和亏欠孳驹的一种十分严厉的处罚。所以,隆庆、万历以来,监苑牧马军人所承担的赔偿负担更加沉重了。②

自成化十三年实行桩朋法以来,有关西北各边军卫和监苑征收桩朋银的情况,在史书中的记述很少,以至于难以对它们了解得更为详尽具体。据《(万历)陕西通志》云,晚明额定西北各边军卫和监苑,每年通计征收桩朋银一万四千九百五十八两一钱二分。③

四、营卫放牧

所谓"营卫放牧",是针对现役军马管理而言的。具体到西北,是说行太仆寺所属卫所营堡官军骑操马的牧养。明初规定:官军骑操马所需草料,每年按例从民间征取,所以,驻军附近的民户要额外承担交纳草料的负担。洪武二十五年(1392),为宽舒民力,减轻民户的负担,遂罢民间纳草的旧例,规定"凡军官马,令自养;军士马,令管马官择水草丰茂之所,屯营放牧"④。洪武三十年,先后为京营及各边军划拨草场,营卫牧便有了专门的场所。

对于军卫官马的管理,一直委属于军卫官员。嘉靖九年(1530)议准,"每年牧放马匹,放操之时下场者,科官照旧查究;其在营者行内外提督大臣、在巡捕者行巡捕提督通行查究。若把总官用心提督、倒失数少者,具奏旌赏;若全不用心,致令倒失数多,径自参奏提问;甚者、坐营者,一体参究。"⑤至于官马的放牧与收饲,永乐十一年(1413)规定,"其在边者,以四月中出牧,九月初回营"。即是说,每年四月中下场放牧,九月初回营收饲。这样,每年各边军卫官马在营收饲的时间长达八个月,需要大量的过冬草料,一般由军卫士兵采办。至正统朝,又增开纳草赎罪则例。兹据有关史文,对军卫采草和纳草赎罪分述于次:

1. 军卫采草

明初以来,规定西北各边卫所凡是轮班在营的军士,每年要组织起来采集秋青草,为回营收饲在槽的官马准备充足的过冬饲料。而正统以来,西北各边军卫

---

① 《(万历)明会典》卷152《兵部·买补》,《续修四库全书》,上海:上海古籍出版社,2002年,第576页。

② 姚继荣:《明代西北官牧制度中的"马价"问题》,《西北史地》1996年第4期。

③ 《(万历)陕西通志》卷10《马政·马价》,北京:国家图书馆出版社,2017年,第547页。

④ 《(万历)明会典》卷151《兵部·营卫放牧》,《续修四库全书》,上海:上海古籍出版社,2002年,第552页。

⑤ 《(万历)明会典》卷151《兵部·营卫放牧》,《续修四库全书》,上海:上海古籍出版社,2002年,第552—553页。

"罔知边务马重,不督军士采草,以致缺用",延安、绥德、庆阳等卫一度还改拨民间草束之用。镇守陕西右副都御史陈镒①认为,这样"岁以为常,民力不堪",所以,正统三年(1438)四月,他奏准朝廷,晓谕西北各边军卫务必督促官军,趁时采草,广积备用。②成化二年(1466)十一月,陕西布政司右参政余子俊,又请准明确官军采草数额,规定凡是下哨在营的官军,每年每人采草一百二十束,各于所在卫所营堡官仓交纳收讫。③至此,这也成为中晚明定例。

2. 纳草赎罪

所谓"纳草赎罪",顾名思义,是针对有罪人犯而言的,即交纳一定量的草料而折赎刑罚。这一做法,始于正统三年(1438)。是年八月,镇守陕西右副都御史陈镒,奏准延安、庆阳等府卫"流徙以下"的轻罪人犯,于各边纳草赎罪。④次年四月,他又请准朝廷,令陕西府卫"贪赃、笞杖、流徙"等轻罪人犯,俱照兰县(今甘肃兰州)纳米例纳草,"每粮一石折谷草十五束,束重十五斤",运赴各营堡交收。同时,差陕西都司都指挥王祯、按察司副使周廉等人往来督察、比较,每年具数造册上报朝廷。⑤成化二年(1466)三月,明朝重定陕西纳草赎罪则例,规定"杂犯死罪一千束,三流五百束,五徒自四百束递减五十,止二百束"⑥。纳草赎罪,为保障各边马卫官马过冬所需草料起了一定的作用,所以,中晚明这一做法也就一直被沿用下来。

五、仆苑孳牧

所谓"仆苑孳牧",即军卫和监苑种马的孳生繁衍。早在永乐元年(1403),朱棣即谕兵部,"循洪武马政故事,严督所司用心孳牧"⑦。

《明会典》上说:"凡京在外卫所,俱有孳牧马匹,以给官军骑操。在京及南

---

① 陈镒(?—1453),字有戒,号柏轩,苏州吴县(今属江苏)人。永乐十年(1412)进士,官至监察御史,湖广、山东及浙江副使,右副都御史,左都御史。他三度镇守陕西,有很好的官声,撰有《介庵集》。
② 《明英宗实录》卷41,正统三年夏四月甲子,台北,"中央研究院"历史语言研究所,1962年,第795页。
③ 《明宪宗实录》卷36,成化二年十一月丁酉,台北,"中央研究院"历史语言研究所,1962年,第720页。
④ 《明英宗实录》卷45,正统三年八月戊午,台北:"中央研究院"历史语言研究所,1962年,第868页。
⑤ 《明英宗实录》卷54,正统四年夏四月壬辰,台北:"中央研究院"历史语言研究所,1962年,第1401页。
⑥ 《明宪宗实录》卷27,成化二年三月己未,台北:"中央研究院"历史语言研究所,1962年,第537页。
⑦ (明)徐学聚:《国朝典汇》卷157《兵部·马政》,《四库全书存目丛书》,济南:齐鲁书社,1996年,第348页。

北直隶卫所，属两京太仆寺，在外属各该行太仆寺、苑马寺及都司委官提督，每卫指挥一员，所千百户一员专管孳牧。其搭配、科驹、起解、比较等项，悉照民间事例。"①在这里，"卫指挥一员，所千百户一员"，是负责卫所马政的主官。明代西北官牧制度中的"孳牧"，大体是参照南北两直隶、鲁豫、两淮及江南民牧制度的做法。今据有关史文分述于次：

1. 搭配

所谓"搭配"，即种马的牝、牡搭配。②洪武二十八年（1395）规定：凡养儿马一匹，配骒马③四匹为一群，以便孳生繁衍。每群立群头一人，五群立群长一人。群长选用二、三人专习医药，以便治伤疗疾。④儿、骒马按一比四搭配，是一种来源于实践、有利于孳生的科学比例。

2. 科驹

所谓"科驹"，又作"课驹"，即对牧养种马定期定量科取成驹。洪武二十八年规定，对搭配成群的儿骒马，每二年纳驹一匹。成化元年（1465），改为每三年纳驹一匹；成化三年，重又恢复洪武二十八年的定例。⑤

科驹之制，"成化以前，每骒马一匹，俱是每二年纳驹一匹。数不及者，各该管官员俱有提问、降级之例"，而也难免弊端，恰如时人所云："时承平则法易湮，法易湮则官易怠；平日无提调之方，临时为逭罪之计，而纸上栽桑之弊兴焉……弘治六年，遂有倒失马驹征银三两、亏欠征银二两之例。此例施行，而马政坏矣。何者？每驹一匹，而喂养三年方可起解，草料之费，至少不下十两，水草牧放，又用一人主之，孰若纳银而费少事轻哉？"⑥

3. 起解

所谓"起解"，即每年从各处官牧马匹内征调一定数量，寄养于京府以备有事不时调兑，涉及征解备用马匹、起解南马和管解官员。《明会典》上说："国初种马课驹，俱搭配补种，余即变价入官，未有解俵者。"⑦起解，始行于正统十四年

---

① 《（万历）明会典》卷150《兵部·军卫孳牧》，《续修四库全书》，上海：上海古籍出版社，2002年，第550页。

② 即公、母或曰雌、雄搭配。

③ 儿马：即公马；骒马：即母马。

④ 《（万历）明会典》卷150《兵部·民间孳牧》，《续修四库全书》，上海：上海古籍出版社，2002年，第547页。

⑤ 《（万历）明会典》卷150《兵部·民间孳牧》，《续修四库全书》，上海：上海古籍出版社，2002年，第548页。

⑥ （明）张萱：《西园闻见录》卷71《马政后·谢汝仪》，《续修四库全书》，上海：上海古籍出版社，2002年，第592页。

⑦ 《（万历）明会典》卷152《兵部·起解》，《续修四库全书》，上海：上海古籍出版社，2002年，第563页。

(1449),"于孳牧内岁取备用马二万匹,寄养京府,以备不时调兑"①。

另外,成化七年(1471)奏准,"天下卫所孳牧马匹有埋没者,俱照原额买补,令军余朋合领养";正德十四年(1519)题准,"各处行太仆寺,并各边都司卫所,将五年一次变卖、亏欠等项马价银两,俱存留本寺并本都司库,听候明文支用,不必解京"②。

正德巡按御史谢汝仪③说:"种马之养,正欲其群;盖孳息生驹,起解以备边用。"④可见,起解马匹,虽说一般要送至京师,可又主要用于防边备御。在西北马政中,仆苑孳牧马驹解送西北各边,是官军骑操马的重要来源;从实践上来看,它很难满足西北各边骑征之需,因就近给军,自然也就不必解送京师了。

六、印烙

所谓"印烙",又作"印俵",即给马烙上印记;烙有印记的马匹,称之为"印马",涉及印马差官、印烙马驹、印马字样、免印马匹和赃罚马匹。印烙的目的,一言以蔽之,就是"以防奸弊"⑤。

印烙之制,由来已久,至少源于春秋战国。《庄子》即云:"及至伯乐曰:'我善治马,烧之,剔之,刻之,雒之,连之以羁馽,编之以皂栈,马之死者十二三矣;饥之,渴之,驰之,骤之,整之,齐之,前有橛饰之患,而后有鞭策之威,而马之死者已过半矣。'"⑥文中的"雒之",《康熙字典》释为"烙之",即为印马之事。清人解释道:"雒疑当为烙,《说文》火部新附有烙字,曰灼也。今官马以火烙其皮毛为识,即其事也。"⑦

应该说,印烙也属官印。只不过,它与一般官印也有不同:一是官印小而印烙大,隋唐官印为二点三至二点五厘米见方,明清印烙则为六至七厘米见方;二是官印内容为职名,印烙则为字号;三是官印大多用白文(阴文),而印烙一律用朱文(阳

---

① 《(万历)明会典》卷152《兵部·起解》,《续修四库全书》,上海:上海古籍出版社,2002年,第563页。
② 《(万历)明会典》卷150《兵部·军卫孳牧》,《续修四库全书》,上海:上海古籍出版社,2002年,第550页。
③ 谢汝仪(?),字国正,浙东鄞县(今宁波)人。正德九年(1514)进士,官至福建按察副使、巡海副使、巡按御史、江西按察使。
④ (明)张萱:《西园闻见录》卷71《马政后·谢汝仪》,《续修四库全书》,上海:上海古籍出版社,2002年,第592页。
⑤ 《(正德)明会典》卷122《马政·印俵》,《(文渊阁)四库全书》,台北:商务印书馆,1986年,第245页。
⑥ 《庄子·马蹄集释》,《诸子集成》,北京:中华书局,1954年,第56—57页。
⑦ 《庄子·马蹄集释》,《诸子集成》,北京:中华书局,1954年,第56页。

文）；四是官印以动物为纽制别等级，而印烙则纽制中空，上有方孔以纳木柄。①

唐代养马，有八坊四十八监，烙印字号主要有"小官"、"年辰"、"监名"、"飞"、"龙形"、"三花"、"凤"、"官名"、"赐"和"出"之类；像"小官""年辰""监名"字印的应用情形，即"凡马驹以小官字印因右髀，以年辰印印右髀，以监名依左右厢印印尾侧"②，在两宋，则有"左"、"右"、"千"、"上"、"立"、"永"、"官"、"吉"、"天"、"主"、"王"、"方"、"与"、"来"、"万"、"小官"和"退"字之类；像"左"字印的应用情形，即"左骐骥院捧日马内尾侧印，拱圣马内尾横印，骁骑马内沟正印"；又像"官"字印的应用情形，即"蕃戎所贡及岁时牧市之马初用之，牡印其项，牝印其髀，诸监牧驹生二岁亦如之，凡马骨相应图法可充御马者，止以官字印其项，令圉师调习之"；再像"退"字印的应用情形，即"凡诸州军和市马不及等及选退斥卖者，皆印之"③。

到了明朝，则有"云"、"官"、"五"、"枢"、"区"、"机"、"巡"、"捕"、"寄"、"衣"、"士"、"四"、"种"、"八"和"江"字④之类；像"五"字印为五军营专用，"枢"字印为神枢营专用；至于民养官马，嘉靖朝先用"官"字印，隆庆朝则改为"寄"字印。延至清代，则一律印烙"满"字。⑤

《明会典》上说："凡印烙马驹，旧例孳生备用骑操、折易并进纳马匹，俱印烙以防奸弊"；"京营边关马无右印，即系盗买民间官马，追究问罪"；"凡印马字样，洪武中孳生驹，用'云'字小印；俵散作种者，用大印；给军骑操者，再用'云'字印"。⑥

明朝对于官用马匹，一律加印烙记，目的是加强对官用马匹的管理以杜绝奸弊。一般说来，民牧和官牧有所不同。关于"民牧"，晚明沈榜⑦追记宛平情形说："凡点验，管马县丞不时点；县正官月点；本府管马通判季点；太仆寺提督东路少卿岁一巡历总点。凡马老，申详，允日估价变卖，计领马年月久近为差，银两贮库听解。万历十九年冬，本县变卖马价共一百七十两零七钱。验马有罚，或病，或瘦，俱责限调养，或腿瘸，或倒死，或失盗，或割鬃尾，俱问罪，申详买补。"⑧

---

① 萧高洪：《烙马印及其作用与马政建设的关系》，《农业考古》1988年第2期。
② （宋）王溥：《唐会要》卷72《兵·马政》，《景印文渊阁四库全书》，台北：商务印书馆，1986年，第101页。
③ 《宋会要辑稿》"兵"24，《续修四库全书》，上海：上海古籍出版社，2002年，第377页。
④ 《（万历）明会典》卷152《兵部·印俵》，《续修四库全书》，上海：上海古籍出版社，2002年，第567页。
⑤ 《大清律例》卷21《兵律·厩牧》，《景印文渊阁四库全书》，台北：商务印书馆，1986年，第601页。
⑥ 《（万历）明会典》卷152《兵部·印俵》，《续修四库全书》，上海：上海古籍出版社，2002年，第567页。
⑦ 沈榜（1540—1597），字二山，湖南湘临人。隆庆元年（1567）举人，官至内乡、东明、上元和宛平知县，户部主事。他留心时务，撰有《宛署杂记》和《马上口谈》。
⑧ （清）沈榜：《宛署杂记》卷9《马政》，北京：北京古籍出版社，1983年，第75—76页。

关于"官牧",明初的做法,即由兵部请旨差造公、侯、伯、附马一员,会同兵部委官一员主持印烙。从景泰朝起,废差造公、侯、伯和驸马的旧例,改差御史二员,会同太仆寺分管寺丞主持印烙。①自此,印烙官马遂成为都察院御史的外差,成化初年定制:每年九月中旬差御史二员,会同太仆寺或行太仆寺分管寺丞主持印烙,明代西北官牧制度中的"印烙",通常是在朝廷差遣的御史督察下,陕西都司所属军卫官军骑操马和孳牧马匹,以及陕西、甘肃苑骑所属监苑孳牧马匹的印烙,委属于陕西行大仆寺,而陕西行都司所属翠卫官军骑操马和孳牧马匹的印烙,则委属于甘肃行太仆寺。

关于行太仆寺、苑马寺官马的印烙之类事宜,《明史》上这样说:"凡骑操马匹印烙、俵散、课掌、孳牧,以时督察之。岁春秋,阅视其增耗、齿色,三岁一稽比,布、按二司不得与。有瘠损,则听兵部参罚。苑马寺亦如之。"②

明朝对印烙官马,还规定了一套特殊的印烙规格、方法和字样。洪武年间规定:孳生驹用"云"字小印,孳牧种马用大印,给军骑操者再用"云"字印。嘉靖年间对那些不堪做种,又不宜俵给官军骑操的老疾、矮小马匹,烫"退"字火印,就地变卖。官牧和民牧马匹的印法亦有区别,系民牧者印左,系官牧者印右。弘治四年(1491),朝廷重申民牧官马照旧印左、仆苑官马印右的旧例,并规定京营和各边官军骑操马若无右印,即认定为盗买民间官马,要追究问罪。③

七、关换

"关换",顾名思义,即官军骑操马的"关领"和"变换",涉及关换马匹、转兑马匹、调兑马匹和奏讨马价。《明会典》解释道:"官军骑操听征,例应关拨马匹。其事故及不能养者,则令转兑;如征操缺马数多,则于寄养等马内调兑。又有关领马价自行收买者,例各不同";关于关换马匹,是书又说:洪武二十六年(1393),"凡官军官拨马匹操练,行移到司,须要该卫官吏保结。关马官军,原有马匹下落,果系曾经征进惯战人数,及无马匹,方才具奏关拨。"④

宣德四年(1429),"置给马勘合,每关马一匹,给勘合一道,填写齿色、年月,付领马之人收执",作为一种凭证;正统四年(1439)奏准,"官军领马骑操,

---

① 《(万历)明会典》卷152《兵部·印俵》,《续修四库全书》,上海:上海古籍出版社,2002年,第566页。
② 《明史》卷75《职官·行太仆寺》,北京:中华书局,1974年,第1845页。
③ 《(万历)明会典》卷152《兵部·印俵》,《续修四库全书》,上海:上海古籍出版社,2002年,第567页。
④ 《(万历)明会典》卷152《兵部·关换》,《续修四库全书》,上海:上海古籍出版社,2002年,第567页。

必行本卫造册送部并太仆寺；外卫操备者，行该府造册关领"。①

说起来，关换实际上就是淘汰老弱、伤病以及补充缺额。在边营卫官马的关换，一般是通过申请而由太仆寺拨给马价，由在边营卫就近购买。弘治七年（1494），对奏讨马价还做出了这样的规定："凡各边缺马骑操、奏关银两收买者，兵部委官一员同太仆寺官，于收贮马价内照数支出，差官赴镇巡官处交收"；而鉴于逐年各边滥讨，隆庆五年（1571）又题准，"各边奏讨果系十分紧急，方准给发马价，别项滥讨即与停寝"②。

从西北各边的实际来看，延绥镇原额马二万二千二百一十九匹，甘肃镇原额马二万六千五百六十匹，陕西镇原额马一万六千一百八十三匹，宁夏镇原额马一万九千五百九十五匹，不足原额即可视情奏讨补足，以确保沿边官军骑操和军队战力。

八、比较

所谓"比较"，即核实官马的齿色、壮羸以及数额的增损。《明会典》上说："国初比较，止于孳牧马驹，以倒失、亏欠行罚。其后，各府寄养京边骑操之马，皆有稽查，事悉领于太仆，法例滋备矣。"③从内容来看，比较涉及马匹则例、寄养马匹、卫所马匹、京边骑操马匹、京府马政和苑仆马政。

明代西北官牧制度中的"比较"，不独涉及仆苑孳牧马匹，还适用于各边军卫官军骑操马匹。陕西、甘肃行太仆寺所属军卫官军骑操马和孳牧马匹，以及陕西、甘肃苑马寺监苑孳牧马匹，一般是三年比较一次。

西北各边军卫官军骑操马和孳牧马匹的比较，始于永乐三年（1405）。这年规定各卫所官军骑操马和孳牧马匹，每三年一次造册，详细登记其齿色、壮羸以及数额增损等情况，由各卫所管马官员执册赴京上报。成化二年（1466），考虑到各卫所管马官员赴京比较过于烦琐，所以改差太仆寺少卿，或委托巡抚等官员比较，西北各边一般是委属于巡抚，如遇官马倒失而不及原额，督令三个月以内赔偿还官。④

弘治以后，更明确了比较仆苑官马的制度，比较的职司也逐渐委屈于行太仆寺。从弘治四年（1491）起，陕西苑马寺所属监苑牧马，每三年一次，由朝廷差

---

① 《（万历）明会典》卷152《兵部·关换》，《续修四库全书》，上海：上海古籍出版社，2002年，第568页。
② 《（万历）明会典》卷152《兵部·关换》，《续修四库全书》，上海：上海古籍出版社，2002年，第569页。
③ 《（万历）明会典》卷153《兵部·比较》，《续修四库全书》，上海：上海古籍出版社，2002年，第580页。
④ 《（万历）明会典》卷153《兵部·比较》，《续修四库全书》，上海：上海古籍出版社，2002年，第582页。

遣专门官员点阅；陕西、甘肃行太仆寺则于朝廷内府关领文簿，详细记录各卫所官马的齿色、壮羸以及数额的增损，报送兵部，并由朝廷内府收藏存档。嘉靖十五年（1536）规定：陕西、山西、辽东行太仆寺主管官员，每年春秋两度赴各边卫所，点视官军骑操马匹，如遇倒失，即时追收桩朋银买补，并将倒失马匹和追收桩朋银、买补还官等情况，详细造册，上报兵部查考。要是分管官员不按季点视，以至于对倒失官马追补数少，准允该处巡抚、巡按据实奏明朝廷，年终由兵部依例究治；经吏部考察核实后，在朝觐之年予以免官罢黜。隆庆元年（1567），则规定陕西苑马寺监苑牧马，孳驹亏欠五分，倒失种马又多过一分，既要责令照例买补，还要对寺监苑各级分管官员分别给予处分。其中，对孳生数多而亏欠数少者，即使尚未买补，亦酌量免罚；对孳生数少而倒失数多者，即使已经买补，仍要依例究治。这样，孳驹和倒失的多少成了考察寺监院官员吏治的标准之一。①

九、买补

所谓"买补"，即对倒失官马、亏欠孳驹而责成赔偿的办法，涉及孳牧马匹、寄养马匹、借兑马匹、京营骑操马匹、巡捕马匹、锦衣卫直差马匹、勇士营马匹、各卫军余马匹、桩朋银两、外营马匹、各边马匹和边驿站军马匹。这种对官马倒失的追责，总的原则是："马匹倒失，例合买补。其后，有追纳桩朋及老病变卖年久免追之例。"②

明初以来的百余年间，西北马政中的"买补"制度尚未完备起来，大抵是沿用洪武朝所制定的办法，对倒失孳牧种马，责成领养官兵凑价买补还官。这种买补办法，长期以来不及倒失骑操马和亏欠孳驹，其结果是牧养军人、军卫官军不尽心孳驹和喂养，以致倒失骑操马和亏欠孳驹日甚一日。为了改变这种状况，成化朝制定了一系列相应的制度。先是，成化二年（1466）规定：各边军卫官军骑操马，凡遇倒失，一律责成三个月以内买补还官。五年后又奏准："各卫军余关领马匹倒死，以物力等第出银；每马一匹，上户出银三两，中户二两，下户一两，余以屯田子粒银贴辏买补。"③

成化十三年（1477）所推行"桩朋法"，对倒失官马的赔补办法做了严格而详尽的规定，一直被中晚明沿用了下来。它规定："京营马倒失，其马主系都指挥者，出银三两，指挥二两五钱，千百户镇抚二两，旗军一两五钱；走失、彼盗者，各

---

① 《（万历）明会典》卷153《兵部·比较》，《续修四库全书》，上海：上海古籍出版社，2002年，第583页。
② 《（万历）明会典》卷152《兵部·买补》，《续修四库全书》，上海：上海古籍出版社，2002年，第572页。
③ 《（万历）明会典》卷152《兵部·买补》，《续修四库全书》，上海：上海古籍出版社，2002年，第574页。

加五钱,谓之'桩头'。又令各营马队官军,每岁朋合出银,岁以六个月为率;每月都指挥出银一钱,千百户镇抚七分,旗军五分,遇马倒失,贴助买补。在外各边,悉照此例。"①

就西北官牧制度而言,对倒失官马和亏欠孳驹,成化十三年以后大多采用官兵"桩朋"出银买补的办法。所以,"桩朋法"的推行,是西北马政中的"买补"制度开始完备的标志。

嘉靖以前,对于官军骑操马,无论是临阵对敌,还是出于其他哪种原因倒死,一律要追收桩朋银买补。这种不加分别的处置办法,未免失之于笼统。其结果是制度虽严,而军人不堪赔补的重累,纷纷逃亡,以致"人马两失"。鉴于此,嘉靖朝做了某些变通。先是,嘉靖十五年(1536)规定,"陕西苑马寺,每年清查监苑牧养马匹,年齿壮实可用者,造册送巡按衙门备照。遇边镇官军骑征马倒死,或槽下倒死,行令各边分巡、兵备等道及太仆寺查明给领,仍照旧严追桩银,收贮以备买补";又嘉靖三十九年(1560)议准,"陕西各苑马老病矮小、不堪作种给征者,各用'退'字火印,照依时估定价变卖;就将前卖过价银,另买膘马,分拨各苑无马军丁领养;仍将卖过马骡收过价银,造册奏缴。每三年变卖一次。"四年后又议准,"各边官军马匹,对敌阵亡及追贼走伤倒死者,桩银免追;出哨在途倒死,追肉脏银五钱;拐马在逃,务令缉获,马兑别军,本军问罪。"②这样一来,军卫官军对倒失官马所承担和赔补负担,比之先前是大大减轻了。尽管如此,按制度应该追收的桩朋银,隆庆以来却日益不能如期兑现。以陕西固原镇为例,至隆庆二年(1568),固原镇拖欠了八年之久的桩朋银尚未追收,而十年以前所拖欠的桩朋银也就不得不概免追收了。③

除此而外,嘉靖末以来,鉴于陕西苑马寺所属监苑缺少种马孳生繁衍,而赃罚、地亩、茶课等项价银购买种马,或变卖不堪做种者另买种马的做法,同样属于"买补"的范畴。像嘉靖三十一年(1552),给陕西苑马寺赃罚等项银四万两买补种马。八年后,陕西苑马寺又请准朝廷,将各监苑那些既不堪做种,又不宜官军骑操的老疾、矮小马匹,一律印烙"退"字火印,每三年一次,就地变卖,另买膘壮种马。又万历二年(1574),再度请准将库贮茶课等项价银,每年给固原镇两千两,由官军自买战马骑操;相反,每年从按例应给固原镇骑操马二千匹内回扣二百匹,留在苑马寺做种。④

---

① 《(万历)明会典》卷152《兵部·买补》,《续修四库全书》,上海:上海古籍出版社,2002年,第574页。
② 《(万历)明会典》卷152《兵部·买补》,《续修四库全书》,上海:上海古籍出版社,2002年,第575—576页。
③ 《(万历)明会典》卷152《兵部·买补》,《续修四库全书》,上海:上海古籍出版社,2002年,第576页。
④ 《(万历)明会典》卷152《兵部·买补》,《续修四库全书》,上海:上海古籍出版社,2002年,第576页。

中晚明"买补"之法对于监苑牧军愈益严厉苛重，正德三年（1508），杨一清推行倒失种马或亏欠孳驹一匹而责成牧军赔银三两的做法，对于普通的旗军牧卒来说，较之通常的桩朋出银已属严厉。六七十年后的隆庆朝则更有过之。像隆庆三年（1569）规定：监苑老病不堪种马，查明确系牧军没有精心喂养，要责成其出三分之二的赎银，苑马寺量助三分之一，另买膘壮马匹。按照明朝通常的马匹价格，以每匹八两至十两计算，牧军为此就得承担六两左右的赔补负担，比正德朝对倒失种马或亏欠孳驹的赔补负担要多出一倍。特别是隆庆六年，废止了正德朝的赔补办法，规定倒失种马和亏欠孳驹，一律要追赔本色，不许纳银了事。①追赔本色，意味着牧军为此就得承担八至十两的赔补负担，较之正德朝则高出大约两倍。中晚明对赔补规定的日益苛重，是伴随监苑官牧的愈益不景气而来的。隆庆君臣清楚地意识到：各边官军骑征备御仰赖于监苑，如果不严格监苑的管理制度，则监苑马政荒毁、边镇乏用也就在所难免了。

十、禁约

所谓"禁约"，即有关官用马匹的禁令条文，涉及官马官员、私用官马、盗卖官马、下班官马、起解马匹、中卖马匹和克扣草料。明代西北官牧制度中，"禁约"则主要涉及私用官马、盗卖官马、中卖官马和克扣草料四个方面。

在明代，私用官马是违禁的。宣德四年（1429）即规定：官马闲时，不许带鞍骑坐、驮载物件、两人共骑，也不许妇女骑乘，违者送交司法机关治罪，并罚马一匹。成化六年（1470）又规定：不许私自将官马拨送他人使用，也不准赁借他人牟利，违者也要问罪制裁，还要罚马入官。

弘治十年（1497），更明确了对违禁私用官马的处罚办法："管军官拨借车马驮载、围猎者，五匹以下，罚马一匹，以上罚马二匹，十匹以上罚三匹；伤死者，五匹以下降一级，六匹以上降二级，马各抵数追偿"。三年后，既重申宣德四年禁例，又规定赁借他人者，要枷号示众半个月，仍要罚马一匹。嘉靖二十三年（1544），对上述违禁情况的处罚，规定依先前旧例。所不同的是，从这一年起不再追罚本色，而是改折追银，规定应罚马一匹者，折银十两。②

对盗卖官马，明朝的处罚也是十分严厉的。宣德四年（1429）即规定：凡盗卖官马一匹，追罚马二匹；知情不报，伙同宰杀盗来官马等，各罚马一匹。相反，

---

① 《（万历）明会典》卷152《兵部·买补》，《续修四库全书》，上海：上海古籍出版社，2002年，第576页。

② 《（万历）明会典》卷152《兵部·禁约》，《续修四库全书》，上海：上海古籍出版社，2002年，第577页。

对于上述违禁行为，首先告发于官者，则要从犯人的名下追罚五千贯作为赏钱。嘉靖二年（1523）的规定，比宣德朝的规定又有过之，即对盗卖官军骑操马的人犯，要籍没和变卖其全部家产，买马还官；对确系贫穷的盗马人犯，虽可以幸免追罚，可本人要永远充军。其中，系军籍的人犯，要调往边卫永远充军；系民籍的人犯，则要在附近卫所永远充军，即使遇上大赦之年也不宽恕。①

所谓中卖官马，即由于受私情、索私贿而擅自廉价变卖官马，或擅自购买民间私马而多支官价。论情节，它虽不及盗卖官马严重，可也属违禁行为。弘治五年（1492）规定：凡违禁者，系军籍的要发配边卫；系民籍的，要发配附近卫所充军；伙同作弊的，则枷号示众一个月。②

克扣官马草料，历来也是明令禁止的。成化朝的做法是：擅自私卖草料以致官马瘦死的，要缉拿究问，买主也要受罚。弘治朝的规定则更加明确了，其中，把总等官员克扣草料，要发配边卫；私买草料达十石以上的买主，也要受到充军的处罚；负责关支草料的官员，纵容盗卖草料，则与把总等官克扣草料同罪。③

综上所述，明代西北仆苑官牧制度可谓繁芜，有愈益详尽的趋势。从明代西北仆苑官牧发展的全过程来看，前期制度虽省却颇为兴旺，中后期制度虽严却日渐荒毁。对于北宋的监牧之制，欧阳修这样评价道："臣以谓监牧之设，法制具存，条目既繁，弊病亦众。"④其实，明代的仆苑之制，又何尝不是如此呢？

一种好的制度的形成有一个不断地探索过程，而明代西北仆苑官牧制度的演变，基本上是一个失败的探索过程。官牧多牵涉地方军卫有司，但仆苑事虽重而权力轻，仆苑官牧制度对其很少有所实际的约束力。明朝对仆苑官员的任用又不甚审慎，多以贬官谪宦苟且充数。所以，中晚明以来，地方军卫有司无视仆苑对马政的管理，而仆苑官员消极颓废，不尽职守，其结果使这些制度多流于形式，几如一纸空文。制度是为杜绝弊端而制定的，历来总是先有弊端而后有制度，所以，其制度愈是详细，则往往表明其弊端愈是丛集。中晚明伴随牧马草场的急剧减少，买马价银特别是地亩银被挪作他用，牧马军人不堪重累而竞相逃亡，仆苑官牧制度愈不可问，漫无稽考，致令明代西北仆苑步入上了日益衰败的下坡路。

---

① 《（万历）明会典》卷152《兵部·禁约》，《续修四库全书》，上海：上海古籍出版社，2002年，第578页。
② 《（万历）明会典》卷152《兵部·禁约》，《续修四库全书》，上海：上海古籍出版社，2002年，第579页。
③ 《（万历）明会典》卷152《兵部·禁约》，《续修四库全书》，上海：上海古籍出版社，2002年，第579页。
④ （宋）欧阳修：《文忠集·论监牧札子》，《景印文渊阁四库全书》，台北：商务印书馆，1986年，第145页。

第四章　明代西北官用马匹之采办途径

明朝于西北边防，布重兵二三十万左右，战马保持在十数万匹之多。单靠仆苑的自身孳牧，难能保障官军骑征备御的需要。所以，明朝还通过番族纳马与贡马、商人中盐纳马、银钞市马、丝绸布帛易马和马市互易采办马匹。

一、茶马与贡马

茶马与贡马，事涉西北番族，是明朝采办马匹的重要渠道；又事关民族关系，对明代西北政治、军事形势具有重要影响。

1. 茶马与贡马缘起

明人谈修①说："腥肉之食，非茶不消；青稞之热，非茶不解。"②郑洛云："诸番资茶为命，故许纳马中茶，以示羁縻。"③还有人认为，北方和西部的少数民族，"志向中国，不敢背叛，且如一背中国则不得茶，无茶则病且死，以是羁縻之贤于数万甲兵矣"④。至今，在青藏高原上的藏族民众中，依旧还流传"一日不饮茶则滞，数日不饮茶则病""宁可一日无食，不可一日无茶"之类的谚语。

唐代饮茶之风大兴，也影响到了毗邻而居的吐蕃。汉藏双方在经历了拉锯式的战争对峙之后，于赤岭（今青海湟源）、陇州（今陕西陇县）展开了大规模贸易互市；唐朝投入的主要是缯帛和茶叶，而吐蕃投入的主要是马匹和牛羊，从而拉开了历史上茶马互市的序幕。

随后，北宋于原（今宁夏固原）、渭（今甘肃平凉）、德顺（今甘肃静宁）三郡和秦（今甘肃天水）、凤（今陕西凤县）、熙（今甘肃临洮）、河（今甘肃临夏）

---

① 谈修（？），字思永，南直隶无锡（今属江苏）人，生卒年及事迹行状不详，撰有《避暑漫笔》、《风雩漫录》、《滴露漫录》和《惠山古今考》。
② （明）谈修：《滴露漫录》卷5《榷茶》，南京：江苏教育出版社，2010年，第18页。
③ 《明经世文编》卷404《收复番族疏（郑洛）》，《续修四库全书》，上海：上海古籍出版社，2002年，第233页。
④ 《明经世文编》卷115《为修复茶马旧制以抚驭番夷安靖地方事（杨一清）》，《续修四库全书》，上海：上海古籍出版社，2002年，第460页。

四州与吐蕃互市。①南宋虽偏安东南，仍于今甘南武都、西和设立贸易场所②，从西北藏族那里交换马匹。

金元之际，茶马互市一度中断。至明代恢复旧制，与以藏族为主体的西北番族的茶马贸易，也发展到了一个新的阶段与水平。"番"，古代是中原汉人对外国和外族的称呼。"番"又通"蕃"，唐宋以来已有"番人""蕃人"的说法，既泛言少数民族，也偶代海外来客，而又主要与吐蕃有关。唐人王建《凉州行》即云："蕃人旧日不耕犁，相学如今种禾黍"；姚合《穷边词》又云："箭利弓调四镇兵，蕃人不敢近东行"；宋人王谠《唐语林》又云："番人重土殡，脱殁，君能终始之否？"③而至明代，"番人""西番"之说更广，已主要指向了以藏民族为主体的西北少数民族。

茶为番人所必需，马为朝廷所必要。在统治者看来，双边的茶马互市，正所谓"以摘山之利而易充厩之良，戎人得茶不能为我害，中国得马足以为我利"④。

明初平定山陕之后，面对如何对待与西北番族的关系问题，这确实让洪武君臣费尽心机。在元政权下长达数十年臣民的西北番族，对新兴王朝的接受有一个过程，暂时对其抱有一种观望的态度。在元朝残余势力还在顽强与明朝为敌的情况下，出于担忧蒙藏两族交通联结以致西北边方失控的考虑，"北据蒙古，南捍诸番"⑤，便成为洪武君臣所必然抉择的大政方针。朱元璋借鉴汉武帝"隔绝胡羌"的经验，从宁夏、固原以西至甘州、肃州，抵嘉峪关一线，立重镇，设卫所，实现了阻断蒙番联系的意图，把西北番族置于明朝的军事控御之下。又几度晓谕西北番族，邀请那些故元官吏赴京授职，让其"自治"地方；对那些在藏民族有很大影响的高级僧侣，则加封为"喇嘛""法王""国师""禅师""西天佛子"之类尊崇名号，从而逐渐消除了西北番族对明朝的戒备心理，一转而臣属于明朝。所有这一切，为进一步加强明番之间的政治和经济联系创造了条件。

为了保障西北官军骑征备御的需要，明朝君臣自然而然把眼光移向素产马匹的西北番族。问题在于如何才能从他们那里取得马匹，明朝又何以找到以茶易马这种方式的呢？历来民族间的联系与交往，并不取决于哪一方的一厢情愿。洪武初年，明朝用实银现钞往西番市马，可当时西北番族的货币观念还比较淡漠，以至于"马之至者益少"。以肉酪为粮的西北番族，迫切需要的是丝绸布帛和消食化

---

① 《宋史》卷184《食货志·茶下》，北京：中华书局，1977年，第4511页。
② 《宋史》卷184《食货志·茶下》，北京：中华书局，1977年，第4511页。
③ （宋）王谠：《唐语林·德行》，上海：上海古籍出版社，1978年，第8页。
④ （明）张萱：《西园闻见录》卷72《茶法·杨一清》，《续修四库全书》，上海：上海古籍出版社，2002年，第608页。
⑤ 《明史》卷330《西域·西番诸卫》，北京：中华书局，1974年，第8549页。

腻的茶叶。鉴于这种状况，洪武八年（1375）四月，明太祖命内使[1]赵成以"罗绮莉绫帛并巴茶"赴河州等处与西北番族易马，于是"马稍集，率厚其值以偿"[2]，从而揭开了明番之间大规模茶马互市的帷幕。

伴随明朝对西北番族聚居的甘肃南部和青海东部的军事控制的加强，这些地区的番族对明朝的臣属关系不同程度地确立起来，明番茶马互市逐渐被纳入相对定期定量的轨道；与此同时，为表示政治上的臣属，西北番族还以朝贡的方式向明朝贡马。

2. 纳马族与贡马族

明代西北番族部落众多，无相统一。依据居处远近和对自己的臣属程度，明朝把他们划分为生熟两种。这里，先看看明清时人对生熟番族所下的定义：

在明代，叶向高[3]说："番有生熟，其受'差发'者为熟番，不者为生番。"[4]茅瑞徵[5]说："生番出没如风雨，而属番纳马中茶。"[6]郑洛说："纳马中茶者，谓之'属番'；远居荒塞者，谓之'生番'。"[7]至清朝，梁份[8]说："有明，岁纳茶马者，谓之'熟番'；其散出山外，易有无于熟番者，谓之'生番'。"[9]《明史》上又说："番有生熟二种，生番犷悍难制，熟番纳马中茶，颇柔服。"[10]

依据明清人的说法，可知对西北生熟番族的划分。一般说来，那些距离明朝

---

[1] 内使：又作"内制"，为唐宋以来之传旨内监。唐人张籍《送郑尚书赴广州》云："圣朝选将持符节，内使宣时百辟听。"清人陆以湉《冷庐杂识》卷4"一挥九制"云："明刘主静定之，亦尝一日草九制。又中旨命制元宵诗，内使却立以俟，据案伸纸，立成七言绝句百首。"

[2] 《明史》卷330《西域·西番诸卫》，北京：中华书局，1974年，第8540页。

[3] 叶向高（1559—1627），字进卿，号台山，自署"福庐山人"，福建福清人。万历十一年（1583）进士，官至翰林院编修、南京国子监司业、礼部及吏部右侍郎，于万历、天启朝，二度为内阁首辅。他工诗文，善棋艺，撰有《说类》、《四夷考》和《叶台山集》。

[4] 《明经世文编》卷461《四夷考（叶向高）》，《续修四库全书》，上海：上海古籍出版社，2002年，第213页。

[5] 茅瑞徵（？），字元仪，号伯ященtly，自署"苕上渔夫""澹泊居士""清远居士"，浙江归安（今吴兴）人。万历二十九年（1601）进士，官至南京光禄寺卿，撰有《东夷考略》、《澹泊斋集》、《五芝纪事》、《皇明象胥录》、《万历三大征考》和《明末启祯遗事》。

[6] （明）茅瑞徵：《皇明象胥录》卷8《西番》，《四库禁毁书丛刊》，北京：北京出版社，1997年，第673页。

[7] 《明经世文编》卷404《收复番族疏（郑洛）》，《续修四库全书》，上海：上海古籍出版社，2002年，第233页。

[8] （清）梁份（1641—1729），字质人，抚州南丰（今属江西）人。他鄙弃八股取士，不习举子业，先后师从邵睿明、彭士望、魏禧，重经世之学；于天命之年只身壮游，遍历燕、赵、魏、齐、秦、晋之墟，考察陕西、宁夏、青海、云南、贵州和中原山川形势，访求古今成败得失，探究民族风土人情，撰成《秦边纪略》（又名《西陲今略》）40卷，对研究西北史地卓有贡献。

[9] （清）梁份：《秦边纪略》卷1《西宁卫》，西宁：青海人民出版社，2016年，第59页。

[10] 《明史》卷330《西域·西番诸卫》，北京：中华书局，1974年，第8549页。

各边卫所较近，易于控御，与明朝关系较为密切的番族，就是"熟番"，统治者把他们看作是臣属于自己的番族，所以"熟番"即是"属番"；明朝责成他们相对定期定量地纳马中茶，这类番族就是纳马族。而那些距离明朝各边卫所较远，犷悍难制，与明朝关系较为松散的番族，就是"生番"；明朝对他们确实有些鞭长莫及，事实上也很难使他们像熟番那样相对定期定量地向明朝纳马，所以只好听任其以马入贡，这类番族就是贡马族。当然，熟番也贡马。不过，明朝对生熟番族的划分并没有严格的界限，而主要是以是否纳马中茶为标准的。

关于对纳马族和贡马族的统计，明清人的说法也不尽一致。对前者尤其如此，这是因为纳马族时有变化的缘故。洪武至正统朝，明朝实行番族纳马"金牌制"。在《皇朝马政纪》《明史》《西宁府新志》《秦边纪略》之类明清史书中，对明代纳马番族的情况俱有追述，可供研究者参阅。

嘉靖朝陕西巡按张雨，在他的《边政考》一书中，设《西羌族口》一章，有对明代纳马族和贡马族的详细统计，包括熟番一百五十九族，生番二百六十族，合计四百一十九族。①兹据这些史文，略记纳马族和贡马族情形于表 4-1、表 4-2：

表 4-1 洪武至嘉靖朝纳马族

卫别	正统以前	嘉靖以后
西宁卫	巴哇、申中等 13 族、"塞外四卫"	巴哇、申中、申藏等 9 族
河州卫	礼藏、老鸦等 29 族	乩藏、老鸦、保安站、撒剌等 41 族
洮州卫	火把藏、思曩日等族	火把藏、思曩日、列啰、甘藏等 109 族

表 4-2 嘉靖以来贡马族

卫别	贡马族
哈密卫	新哈剌灰
洮州卫	他龙、哈尔占、吉古等 45 族
岷州卫	节藏、榆林、竹力等 20 族
阶州卫	生洞峪、栗子庄、骆驼巷等 24 族
文县	膻哈、通通、博峪等 22 族
西固城	大亦辖、莫的、窝刚等 148 族

可见，纳马族主要集中在今甘南及河湟流域，包括西宁、河州、洮州三卫以及附属于西宁卫的"塞外四卫"，即罕东、安定、曲先和阿端卫；贡马族主要集中在今甘南及河西走廊，包括哈密卫、洮州卫、岷州卫、阶州卫、文县和西固城。纳马与贡马族数，非言民族的数量，而是说他们的部落状态，是西北沿边少数民

---

① （明）张雨：《边政考》卷 9《西羌族口》，《续修四库全书》，上海：上海古籍出版社，2002 年，第 156—162 页。

族无相统一的反映；而贡马族多于纳马族，则又反映了明朝对西北沿边少数民族有限控御的客观实际。

在明朝官方人眼中，西北番族除藏族之外，还有一些其他民族，包括回族、保安族和撒拉族。即以后者而言，《循化厅志》上说："今撒喇十二工回民为撒喇族……皆在招中茶马十九族之内，为河州厅所辖，自明时已然。"①这里所说的"十九族"，即珍珠族、鸿化族、灵藏族、乩藏族、沙马族、葱滩族、老鸦族、撒喇族、牙塘族、川撒族、打喇族、向化族、古都族、巴咱族、红崖族、端言族、回回族、迭古族和仰化族。

而按明初定制，洮州、河州和西宁三卫，颁给西北番族纳马金牌四十一面，三年一次赴茶马司中茶纳马，额定超过了一万四千匹；又熟番一年一次、生番三年一次的贡马，连同茶马贸易所得，自然也不是一个小数目了。

二、商人中盐纳马

与前代一样，明朝也实行对盐的国家专卖。西北产盐地方，主要有灵州大小盐池、花马池（今宁夏盐池）、漳县（今甘肃漳县）、西和（今甘肃西和）几处。

关于上述地方的盐课情形，《（万历）陕西通志》上说，于洪武朝，岁办灵州二百八十六万七千四百零七斤，漳县五十一万五千六百七十斤，西和十三万一千五百三十斤，通计三百五十一万四千六百零七斤；至弘治朝，还是保持同样的规模；而万历六年（1578），通计一千二百五十七万七千六百六十八斤，为洪武朝原额的三倍以上。

西北盐有规定的行盐区域，即河东行于西安府、凤翔府和汉中府，陕西行于巩昌府、临洮府和延安府；出售官盐所得银钞，作为宁夏、延绥、固原三镇的边储和军需饷银，年例是宁夏镇一万三千二百四十二两，延绥镇一万三千七百一十四两二钱四分，固原镇九千一百七十九两四钱四分，通计三万六千一百三十五两六钱八分。②

明初以来的数十年间，原本并没有商人中盐纳马的制度。中盐纳马成为明朝采办马匹的一种途径，最初出现于正统三年（1438）。这年三月，宁夏总兵官史昭上奏朝廷说：宁夏镇官军缺马骑操，而延安、平凉、庆阳等府州县的军民多畜养马匹。为了缓解官军缺马骑操的矛盾，他建议"宜出榜招之，令将马匹赴宫中盐，验马以定引数"。户部会商兵部，讨论了中盐纳马的具体做法，规定："上马一匹与盐纳引，中马一匹与盐八十引。听于陕西地方籴之。其马匹送总兵官都督史昭、

---

① 《（嘉庆）循化厅志》卷1《建置沿革》，西宁：青海人民出版社，2016年，第20页。
② 《（万历）陕西通志》卷8《盐法》，北京：国家图书馆出版社，2017年，第427页。

参赞军务右佥都御史金濂处，公同验收。"①朝廷批复一到，史昭、金濂②随即着手实施。这是商人中盐纳马的开始。

所谓"引"，是指官府发给商人的运销货物的凭证，同时又是官方确定运销货物的重量单位。明代的盐引，有大小之分，一般是"大引四百斤，小引二百斤"③。

明朝的各个时期，对各处中盐纳马所规定的引数并不一致，大多是依正统三年的成例：即上等马一匹给盐一百引，中等马一匹给盐八十引。另外，对边远地区的商人则给予适当的优惠照顾。像正统十年（1445），宁夏总兵官黄真请准给定边等边远地区各递增二十引。景泰六年（1455），又有所上浮，即"每匹上等马三十五引，中等马三十引，下等马二十五引"④。这对于鼓励边远地区商人赴官中盐，以及缓解边远地区的食盐供需矛盾，也是很富有实效的。

正统四年（1439）五月，鉴于河西走廊一线卫所官军缺马骑操，镇守陕西都督同知郑铭⑤请准朝廷，今后召商不再于宁夏交纳马匹，而于陕西布政司所属各府监理通判处交收，"候甘凉诸边缺马则给之"⑥。这年十月，他又请准将灵州盐课司中盐马，专门供给甘肃和宁夏二镇，并具体规定了中盐商人的行销范围，"中西路大小盐池者，于庆阳，平凉诸处鬻之；中东路花马池盐者，于延安、西安府鬻之"⑦。这里所规定的行销范围，略当于今之陕甘宁三省区的毗邻地区。到弘治、正德朝，行销范围又进一步扩展到陕南的凤翔、汉中等地。

正统十年，又定定边等处中盐纳马则例："每上马一匹盐一百二十引，中马一匹盐一百引。先是，户部定上马一百引，中马八十引。盐商以道路险远，中纳者少，总兵黄真以为言，故增之。"⑧

不过，正统朝中盐马的做法颇不便于商。这是因为，商人先得从各处养马民户那里交换来马匹，然后赴宫交收；取得凭证后，再赴盐课司照盐。这既多了交换层次，又费时费事，以至于商人多不乐为。所以，约当景泰、天顺朝，商人中

---

① 《明英宗实录》卷38，正统三年春正月癸卯，台北："中央研究院"历史语言研究所，1962年，第740页。

② 金濂（1392—1454），字宗瀚，淮安新城（今属江苏）人。永乐十六年（1418）进士，官至湖广道监察御史、右佥都御史、右副都御史、刑部及户部尚书。

③ 《明史》卷80《食货·盐法》，北京：中华书局，1974年，第1935页。

④ 《明史》卷80《食货·盐法》，北京：中华书局，1974年，第1936页；《明英宗实录》卷252，景泰六年夏四月庚子，台北："中央研究院"历史语言研究所，1962年，第5454页。

⑤ 郑铭（1429—1500），字德新，号"碧峰老人"，北直隶邯郸（今属河北）人。天顺八年（1464）进士，官至正奉大夫、监察御史、山东任按察司副使、山西及陕西布政使右参议、陕西都督同知及右布政使。

⑥ 《明英宗实录》卷55，正统四年五月辛酉，台北："中央研究院"历史语言研究所，1962年，第1056页。

⑦ 《明英宗实录》卷60，正统四年冬十月壬寅，台北："中央研究院"历史语言研究所，1962年，第1155页。

⑧ （明）王世贞：《弇山堂别集》卷89《市马考》，北京：中华书局，1985年，第1714页。

盐纳马改为纳银。其中，天顺四年（1460）规定：灵州盐课司所收中盐银，轮年给延绥、宁夏二镇买马支用。①

中盐纳马改为纳银的做法是，商人先赴陕西布政司所属各监理通判处纳银，取得凭证；然后直接赴盐课司照盐，从而减少了交换层次，符合商品交换规律，既便于商，也就利于鼓励商人中盐。然而，委属陕西布政司收贮的中盐银，却日渐被挪作他用，"宗禄、屯粮、修边、振济辗转支销，以致银尽而马不至"②。此后的四五十年间，商人中盐纳马、纳银买马的旧有制度，几乎是形同虚设，寝废不止。

其间，成化十六年（1480），巡抚陕西右副都御史阮勤③奏准朝廷：募人在环县、庆阳、靖虏、固原等处多畜马的民间，"纳马一匹，给盐百引，听于行盐地方鬻之"④。这显然是针对长期以来中盐银被挪作他用以致"银尽而马不至"的弊端，又恢复了正统年间中盐纳马的过时做法。这种违背交换规律的做法，由于商人的抵制，并没有收到多少实际效果。所以，明朝此后不久被迫仍改纳银。像弘治九年（1496）规定：商人中盐引一道，折收现银十五两。中盐银仍由陕西布政司收贮，专门供延绥、宁夏二镇缺马奏讨，给军买马。⑤不过，而后商人愿意中纳者仍然为数不多，究其原因，主要是明朝规定的中纳引数不甚合理。按照明朝的马匹价格惯例，每匹约八至十两，正统朝商人中盐纳马，上马一匹尚可照盐一百至一百二十引，以折银换算，即纳银十两可照盐一百至一百二十引。而弘治九年的规定显然过于亏商，商人自然是不乐于接受的。

至正德初，召商中盐纳银的不景气局面才有明显的改观。正德元年（1506），杨一清整顿灵州盐课，增加大小盐池盐课约六万引，计收中盐银二万余两，可折易马二千余匹；而他所制定的中盐纳银则例，规定中盐一百引，纳银三十五两。⑥与过去相比，这看似亏商，但每百引准许商人照盐六百石，刺激了商人的积极性，以至于灵州"车脚填委，商得厚利"⑦。所以，当时商贾云集，竞相中盐，西北官盐开中至此达到鼎盛。即以固原情形而言："盐商云瀹，盐厂山积，固原荒凉之地，变为繁华。"⑧对

---

① 《（万历）陕西通志》卷8《盐法》，北京：国家图书馆出版社，2017年，第428—430页。
② 《明史》卷80《食货·盐法》，北京：中华书局，1974年，第1937页。
③ 阮勤（1423—1499），交趾（今越南北部）人。景泰五年（1454）进士，官至台州知府、右副都御史、南京刑部侍郎。
④ （明）杨时乔：《皇朝马政纪》卷5《中盐马》，《中国茶书全集》，郑州：中州古籍出版社，2015年，第3188页。
⑤ （明）杨时乔：《皇朝马政纪》卷12《茶马司》，《中国茶书全集》，郑州：中州古籍出版社，2015年，第3188页。
⑥ 《明经世文编》卷114《为议增盐池中马则例（杨一清）》，《续修四库全书》，上海：上海古籍出版社，2002年，第458页。
⑦ （明）杨一清：《西征日录》，《丛书集成初编》北京，中华书局，1985年，第35页。
⑧ 《明经世文编》卷114《为议增盐池中马则例（杨一清）》，《续修四库全书》，上海：上海古籍出版社，2002年，第457—458页。

杨氏整顿盐课，公私兼利，兵部武选司郎中何孟春①称道说："近该总制边务马政都御史杨一清，于额外奏讨盐引，召商纳银，商贾云集。近日买马数目，助益边方实多。"②遗憾的是，这种局面并没有维持多久。两三年后，杨一清去任离陕，明朝规定每百引只许照盐三百石，打击了商人中盐的积极性，赴官中盐者又明显减少了。

明初西北官盐，本来用于边储和贴助军饷，因各边官军缺马骑操，正统以降始行中盐纳马和纳银买马例。迄于嘉靖中期，西北各边"边饷亏缺"，又甘肃镇米价腾贵，为了缓解这方面的矛盾。户部奏准停止中盐马之制，而代之以纳米中盐。③至此，正统初以来的百余年间通过召商中盐以采办马匹的做法即告结束。

纵观中盐马制度推行的全过程，尽管它不过是明朝为缓解西北各边军用马匹供需矛盾的权宜之计，对明朝政治经营西北的影响也远远谈不上是至关重要的。可也应该看到，灵州盐池素以盐业为重，中盐马制度的推行，把该地区开发利用盐资源的水平大大提高了一步，同时也刺激了该地区和邻近地区商品经济的活跃。所以，尽管明朝推行中盐马制度的主观目的，在于保障西北各边官军骑征备御以巩固西北边防的政治方面，客观上却也促进了西北地区区域间的经济联系，特别是陕甘宁毗邻地区商品关系的发展。④

三、银钞市马

所谓"银钞市马"，顾名思义，即动用实银现钞购买马匹，也是明朝采办马匹的重要手段。它多半是临时起意，也没有固定的交易场所。《明史》上说："马市者，始永乐间"⑤，大略说的也是这种情况。

明代史家王世贞⑥说："高帝时，南征北讨，兵力有余，唯以马为急，故分遣

---

① 何孟春（1474—1536），字子元，号燕泉，湖广郴州（今属湖南）人。弘治六年（1493）进士，官至兵部主事、河南参政、太仆少卿、右副都御史，吏部及工部侍郎，撰有《燕泉集》、《余冬叙录》、《余冬诗话》、《何文简疏议》和《孔子家语注》。
② （明）黄训：《皇明名臣经济录》卷14《陕西马政三（何孟春）》，台北：文海出版社，1984年，第933页。
③ 《明史》卷80《食货·盐法》，北京：中华书局，1974年，第1942页。
④ 姚继荣：《明代西北马政中的中盐马制度》，《宁夏大学学报（社会科学版）》1997年第1期。
⑤ 《明史》卷92《兵志·马政》，北京：中华书局，1974年，第2277页。
⑥ 王世贞（1526—1590），字元美，号凤洲，别署"弇州山人"，南直隶太仓（今苏州）人。嘉靖二十六年（1547）进士，官至刑部主事、青州兵备使、浙江左参政、山西及湖广按察使、广西右布政使、郧阳巡抚、应天府尹、南京兵部侍郎、南京刑部尚书。在文学史上，与李攀龙、徐中行、梁有誉、宗臣、谢榛、吴国伦合称"后七子"，撰有《艺苑卮言》、《弇州山人四部稿》、《弇州山人续稿》、《弇山堂别集》、《弇州史料》、《凤洲杂编》、《觚不觚录》和《嘉靖以来首辅传》。

使臣以财货于四夷市马。"①他的这段话，道出了明初以来的二三十年的实际情况。以西北各边言之，在金牌制推行以前，明番间的茶马互市渠道尚未畅通，难能满足西北各边对战马的需要，迫使明朝政府不得不频繁地动用户部府库，于西北各处汉番地区市马。

洪武八年（1375）以前，主要就是用钱钞从番族那里买马。洪武十九年（1386），先是行人冀忠往陕西市马二千八百零七匹；随后，左卫指挥佥事姜观、右卫千户沈成、行人任俊分赴河州等处，用钞三十九万三千六百九十锭，买马给军骑操；又洪武二十三年（1390），户部运钞六十万锭市马于河州、岷州和西宁；同年，撒马尔罕回回舍怯儿、阿里久一千人，以马六百七十匹抵凉州互市。永乐元年（1403），哈密安顺帖木儿以马四千七百四十匹来市，朱棣下诏按价收购，选良马十匹入御马监，而大部分就近分配给守边部队。②

另外，永乐初已设苑马寺，遇上监苑牧马不及定额，"则银市而茶易焉"③。即是说，用银钞市马和茶马互市的方式，来解决苑马寺监苑牧马不足的问题。

伴随茶马互市渠道的逐渐畅通，这种状况才稍有缓解，动用府库买马的情况明显减少了。直到英宗、代宗朝，见于记录的只有两次：景泰元年（1450）用银一万两；天顺四年（1460）用银七万两。

可自中晚明以来，因茶马制度和仆苑官牧制度生弊，马匹供需之间的矛盾日益尖锐。一方面，是官马的来源急剧萎缩；另一方面，则是官马的倒失和亏欠严重。以弘治朝为例，弘治十年至十五年的六年间，各茶马司通计易马五千零四十三匹；而弘治六年至十六年的十年间，仅长乐、灵武二监通计倒失和亏欠多达三万三千五百五十余匹。④这种状况难以为各边官军大量补充战马，而防边备御事关重大，所以，朝廷不得不又频繁动用府库以救燃眉之急。弘治以来的十数年间，户部、太仆寺通计支给西北各边的马价银即达数十万两。⑤嘉靖以后，这种状况并没有多少改观。太仆寺所贮马价银对于各边无休止的奏讨来说，几乎是入不敷出，各边因缺马而频繁地奏讨也确实使明朝穷于应付。以嘉靖、隆庆至万历三朝为例，嘉靖三年（1524）九月，"命兵部发太仆寺马价

---

① （明）王世贞：《弇山堂别集》卷89《市马考》，北京：中华书局，1985年，第1707页。
② （明）王世贞：《弇山堂别集》卷89《市马考》，北京：中华书局，1985年，第1711页。
③ （明）徐学聚：《国朝典汇》卷78《吏部·苑马寺》，《四库全书存目丛书》，济南：齐鲁书社，1996年，第475页。
④ 《明孝宗实录》卷182，弘治十四年十二月辛未，台北："中央研究院"历史语言研究所，1962年，第3363页；《明经世文编》卷114《为修举马政事（杨一清）》，《续修四库全书》，上海：上海古籍出版社，2002年，第446页。
⑤ 《明经世文编》卷114《为处置马营城堡事（杨一清）》，《续修四库全书》，上海：上海古籍出版社，2002年，第454页。

银五千两,给甘肃镇买补战马";同年十一月,"命户部发银八万两给宁夏、六万两给延绥,为主客兵马费";嘉靖三十三年(1554)三月,"发太仆马价银一万六千两于陕西鬻马,兑给固原入卫官军";隆庆三年(1569)十一月,应巡抚沈应时之请,"发大仆寺银一万二百两,给宁夏镇为买马之费";万历四年(1576)七月,"诏太仆寺发马价银一万三千三百三十六两,备延绥次年互市"。①不难看出,明中后叶,延绥、固原、宁夏、甘肃四镇各年奏讨确乎不是小数。

  早先,对沿边奏讨马价、不珍惜骑征马匹,弘治、正德朝太仆寺卿储罐②即有忧虑。他说:"边方官军因见京师银马易于邀求,遂将骑操马匹不甚爱惜,及至倒死,不行赔偿;镇巡大多阔略文法,岂能一一核实?把总等官,惟乾没货利,岂能一一尽公?甚至贪黩之徒,如近年都督庄鉴侵欺买马价银追赃罢官,亦其一也。其中弊病,难以悉言。若不计处国家之财物有限,边方之请求无厌,岁复一岁,何以支持?"③

  中晚明频繁动用府库,恰恰是在茶马互市受阻和仆苑马政不景气的时候,本身也是茶马制度和仆苑马政日生弊端、趋于荒毁的折射。恰如《明会要》上所说:"师役繁兴,往往借支太仆银。久之,银与马两竭,闿政大坏。"④

四、丝绸布帛易马

  《续文献通考》上说:"洪武初年最重马政,产马之地悉遣使市之。四年八月,以布万匹买马给军。"⑤这大略是有关丝绸布帛易马的最早记录。不过,它并非明朝采办马匹的惯常手段。一般说来,丝绸布帛更多是用来酬赏朝贡的少数民族首领的。

  对于以畜牧为主的西北番族来说,丝绸布帛自然也是其所需求的,不过,这

---

① (清)龙文彬:《明会要》卷62《兵·马政》,《续修四库全书》,上海:上海古籍出版社,2002年,第549页;《明世宗实录》卷43,嘉靖三年九月庚寅,台北:"中央研究院"历史语言研究所,1962年,第1133页;《明世宗实录》卷45,嘉靖三年十一月戊辰,台北:"中央研究院"历史语言研究所,1962年,第1160页;《明世宗实录》卷408,嘉靖三十三年三月丙辰,台北:"中央研究院"历史语言研究所,1962年,第7126页;《明穆宗实录》卷39,隆庆三年十一月己卯,台北:"中央研究院"历史语言研究所,1962年,第973页;《明神宗实录》卷52,万历四年七月乙未,台北:"中央研究院"历史语言研究所,1962年,第1209页。

② 储罐(1457—1513),字静夫,号柴墟,南直隶泰州(今属江苏)人。成化二十年(1484)进士,官至吏部考功清吏司主事、太仆寺卿、左金都御史户部右侍郎、户部左侍郎、南京吏部左侍郎。于弘治、正德朝,他主政闿事十年,重养京营战马、减马政文册、处管马吏、清场亩租银,大有成效。

③ (明)张萱:《西园闻见录》卷70《马政前·储罐》,《续修四库全书》,上海,上海古籍出版社,2002年,第587页。

④ (清)龙文彬:《明会要》卷62《兵·马政》,《续修四库全书》,上海:上海古籍出版社,2002年,第550页。

⑤ 《续文献通考》卷133《兵·马政》,杭州:浙江古籍出版社,1988年,第3984页。

远没有对茶叶的需求那么迫切。而对明朝来说，用丝绸布帛换马，又确实不如以茶易马来得经济。所以，在明代西北马政中，以丝绸布帛易马的情况并不多见，通常只是在各边急需补充战马之时偶或为之。鉴于此，这里大略述及有关情况于次，以备参考。

洪武八年（1375）五月，"遣内使赵成往河州市马，初上以西番素产马，其所用货泉与中国异。自更钱币，马之至者益少。至是，乃命成以罗绮绫帛并巴茶往市之"①。

永乐二年（1404），安定卫"指挥朵儿只束来朝，愿纳差发马五百匹，命河州卫指挥康寿往受之。寿言：'罕东、必里诸卫纳马，其直皆河州军民运茶与之。令安定辽远，运茶甚难，乞给以布帛。'帝曰：'诸番市马用茶，已著为例，令姑从其所请，后仍给茶。'于是定制：上马给布帛各二匹，以下递减"②。还有一种更具体的说法，是"上马给绢二匹、布二匹，中马绢一匹、布二匹，下马绢一匹、布一匹"③。

永乐六年八月，甘肃总兵官、左都督何福请准以布于边境易马。朱棣对他还强调说："马政自古所重，马蕃息亦可以制远夷。尔宜用心，仍选马之壮伟、高大、骨相奇骏者，别择谨信之人，以时牧养，不与常马相杂，庶几良马日蕃。"④

正统三年（1438）八月，陈镒在奏疏中说："诸边缺马，请转运京库布绢于陕西布政司收贮，贸易给军。行在户部亦言其便。上曰：布绢自民间上纳京库，复转运于彼，不已劳乎？宜于附近关中民间之未上纳者运给之。"⑤

正统九年二月，"陕西行都司所属卫所一万五千余名缺马骑操，命总兵官宁远伯任礼等会官如数收买。每中等马一匹，支绢十八匹。中中马一匹，支绢十六匹"⑥。同年九月，又从任礼⑦之请，"命陕西布政司支大绢五千四百匹，于巩昌等卫买马给军骑操"⑧。

五、马市互易

所谓"马市"，从本义上说，是于指定的地点以实银现钞、丝绸布帛以及茶盐、

---

① 《明太祖实录》卷100，洪武八年五月戊辰，台北："中央研究院"历史语言研究所，1962年，第1694页；（明）徐学聚：《国朝典汇》卷158《兵部·互市》，《四库全书存目丛书》，济南：齐鲁书社，1996年，第357页。
② 《明史》卷330《西域·安定卫》，北京：中华书局，1974年，第8551页。
③ （明）徐学聚：《国朝典汇》卷158《兵部·互市》，《四库全书存目丛书》，济南：齐鲁书社，1996年，第357页。
④ 《明太宗实录》卷82，永乐六年八月己丑，台北："中央研究院"历史语言研究所，1962年，第1103页。
⑤ 《明英宗实录》卷45，正统三年八月丁卯，台北："中央研究院"历史语言研究所，1962年，第875页。
⑥ 《明英宗实录》卷113，正统九年二月丙戌，台北："中央研究院"历史语言研究所，1962年，第2269页。
⑦ 任礼（？），字尚义，河南临漳（今属河北）人。以燕山卫卒从成祖起兵，官至山东都指挥使、都督佥事、广西及辽东都指挥同知、左都督，晋封宁远伯。
⑧ 《明英宗实录》卷121，正统九年九月辛巳，台北："中央研究院"历史语言研究所，1962年，第2435页。

铁器之类与少数民族交换马匹的定期互市。从这个角度上说，以银钞购买、丝绸布帛交换乃至于茶马互市，一无例外也属于马市的范畴。不过，从明代的实际来看，银钞购买、丝绸布帛交换，多半为临时性的，也没有固定的交易场所。至于马市与茶马互市，明朝之所以要予以区别，主要是依据与之互市的对象不同。茶马互市，一般是针对西北番族而言的；而马市的对象，则是蒙古族和女真族，又以前者为主。所以，《明史》中有"明初，东有马市，西有茶市"①之说。

明中叶以前，马市集中于辽东、宣府、大同等东部地区。明朝于西北设马市，则在隆庆朝以后。西北马市之所以晚于辽东、宣大马市，主要有三个方面原因：一是，蒙古北据，始终对明朝构成威胁，而西北边东起东胜关，西至嘉峪关，约占明朝北部边防的三分之二，禁防疏阔，防御力量显得捉襟见肘。而固原、宁夏一线，面临蒙古频繁活动的河套，素来就是明之北部边防中弱不禁风的细腰。所以，明朝君臣长久以来不敢轻言在西北沿边与蒙古发生往来联系。二是，西北辽远，民族复杂，难以管控，而以藏族为主体的西北番族与蒙古交融渗透，这使明朝在处理同西北各族关系的问题上颇为棘手。在元代残余势力还在顽强与明朝为敌的情况下，明朝统治者尤其担虑蒙藏两族交通联结以致西北边防失控。因此，明朝也就相应采取了限制朝贡和互市的政策。例如像洪武二十四年（1391），哈玛尔请开马市于延安、绥安、平凉等卫。朱元璋明令拒绝道："番人黠而多诈，互市之求，安知非借以觇我？利其马而不虞其害，所丧必多，宜勿听。"②三是，为了备御擅长鞍马骑射的蒙古，明朝确需大量可供骑操征战的军马，与蒙古通马市似可解决一些这方面的问题，但明初以来的百余年间，明朝与藏族为主体的西北番族的茶马互市渠道基本畅顺，大致保障了西北边官军的骑征之用，故而在明朝看来，完全不必另设马市而招惹意外的麻烦。况且，明朝君臣一向把茶马互市视为羁縻西北番族、安定西北边防的重要措施，即所谓"以茶易马，固番人心"③，进而逐步将其纳入相对定期定量的赋役轨道。不能因设马市而妨碍茶马互市，这是明朝君臣大体一贯的共识。所以，即使到了万历初年，朝中上下仍有"如互市一开，则番人惊扰，有妨茶马之利，边计日驰"④的忧虑。不难看出，明初以来的二百年间，一直封边锁关，对西北地区开设马市从来总是慎而又慎⑤。

明初以来，尽管明朝不曾于西北专设马市，可并没有能够阻止蒙古时常往返

---

① 《明史》卷81《食货·马市》，北京：中华书局，1974年，第1980页。
② （清）龙文彬：《明会要》卷57《食货·马市》，《续修四库全书》，上海：上海古籍出版社，2002年，第508—509页。
③ 《明史》卷80《食货·茶法》，北京：中华书局，1974年，第1949页。
④ 《明神宗实录》卷32，万历二年十二月壬子，台北："中央研究院"历史语言研究所，1962年，第755页。
⑤ 姚继荣：《明代西北马史述略》，《青海民族学院学报》1995年第2期。

于甘州、凉州、兰州和宁夏等处，与汉族进行随来随市的民间贸易。永乐六年（1408），明成祖在给甘肃总兵何福的敕谕中，就透露了这方面的情况："鞑靼来鬻马者，若三五百匹，止令鬻甘州、凉州；如及千匹，则听黄河迤西兰州、宁夏等处交易，勿令过河。"①从行文上看，这里的"鞑靼"，应是活动于河西的蒙古的泛称。次年，明朝册封蒙古瓦剌部马哈木、太平、把秃孛罗分别为顺宁王，贤义王、安乐王，准许他们的部族在甘州、凉州沿边贸易。永乐十一年（1413），明成祖又敕令甘肃军政官员："别失八里王马哈麻敬事朝廷，遣使来贡。如至，可善待之，其市易者听自便。"②从这些情况的分析来看，客观地讲，这些贸易活动还是零星的，既无固定地点，也无规定时限，说明洪武至隆庆初的二百年间，西北地区尚无严格意义上的马市。

蒙古俺答汗的崛起，一方面，给明朝北部边防造成重大威胁；另一方面，又几乎是"无岁不求贡市"，还一再发誓"东西不犯我塞，以结永好"③，确保"边内种田，边外牧马，夷汉不相害"④。

一直以来，不乏朝臣反对开马市，而嘉靖兵部员外郎杨继盛⑤最具代表性。为缓和与俺答部的矛盾，与严嵩同党的大将军仇鸾力请开马市，而杨氏则针锋相对，上了一道《请罢马市疏》，从"开马市者，和议之别名也"的立场出发，提出了"开马市十不可五谬"的主张，即"忘天下之大仇，一不可也"，"失天下之信义，二不可也"，"损国家之重威，三不可也"，"骎豪杰效用之志，四不可也"，"懈天下修武之心，五不可也"，"开边方通虏之门，六不可也"，"起百姓不靖之渐，七不可也"，"长胡轻中国之心，八不可也"，"堕胡虏狡诈之计，九不可也"，"中国之财、胡虏之马两难相继，十不可也"；"暂开马市，以为羁縻之术，内修武备，实以为战守之计耳……其说之谬一也"，"方今急缺马用，正欲买马，一开马市，则我马渐多，彼马渐少，岂不两便……其说之谬二也"，"初许市约，暂系乎犬羊之心，将来许贡，则可为永久之计"，"虏虽犬羊，最不失信，观其声言某时抢某处，

---

① 《明太宗实录》卷77，永乐六年春三月壬戌，台北："中央研究院"历史语言研究所，1962年，第1047页。
② 《明太宗实录》卷141，永乐十一年秋七月丙午，台北："中央研究院"历史语言研究所，1962年，第1696页。
③ 《明世宗实录》卷364，嘉靖二十九年八月甲申，台北："中央研究院"历史语言研究所，1962年，第6500页；（明）瞿九思：《万历武功录》卷7《俺答列传上》，《续修四库全书》，上海：上海古籍出版社，2002年，第424页。
④ 《明世宗实录》卷322，嘉靖二十六年四月己酉，台北："中央研究院"历史语言研究所，1962年，第5983页。
⑤ 杨继盛（1516—1555），字仲芳，号椒山，直隶容城（今属河北）人。嘉靖二十六年（1547）进士，官至刑部及兵部员外郎，坐论马市而贬为狄道典史；又因疏劾严嵩而死，后来追赠太常少卿，撰有《杨忠愍文集》。

再不愆期可验彼既许其市后不来,则断保其再不入寇……其说之谬四也","佳兵不祥,不可轻用,与其劳师动众征讨于千里之外而胜负难必,孰若暂开马市休兵息民而急修内治之为上乎……其说之谬五也"①。

公道说,杨氏虽有直谏之臣的清誉,其见解也有合理、合情之处,不过,他的大汉族立场是十分鲜明的,在民族关系问题上的"关门主义"倾向,也不可能收到有利于明朝的真正实效,更谈不上实现与蒙古族的"双利""双赢"了。

隆庆四年(1570),俺答汗表示归顺明朝,次年被册封为"顺义王"。随后,明朝许为其开设马市十一处,它们是大同得胜堡、新平堡(今山西天镇新平堡)和守口堡、宣府张家口、山西水泉营(今山西偏关西北)、延绥洪山寺堡、宁夏清水营、中卫和平房卫、甘肃洪水扁都口和高寨沟。②这就是历史上有名的"俺答封贡",是明朝少数以非军事手段解决敌对关系的重大事件之一,结束了明蒙之间近二百年的战争状态。明朝每年节省的军费不下百万,而民族与边疆贸易也由此兴盛起来。

在上述十一处马市中,属于西北者六处,即洪山寺堡、清水营、中卫、平房卫、洪水扁都口和高寨沟。

洪山寺堡,《秦边纪略》作"红山市",又说"南由榆林四十里,至常乐堡"③,可知应在榆林北。另据《边政考》附图,明朝于榆林北边墙设红山墩台。④在明代,墩和堡俱为边防哨所,而堡大于墩,又一般大者称"堡",小者称"墩"。常乐堡在榆林南,而红山,今名犹存,在榆林北十里。据此,洪山寺堡马市在今陕西榆林城北头道河子。

中卫,明朝设宁夏中卫于今宁夏中卫县治。从明朝多设马市于长城边墙的情况看,中卫马市当在今中卫市胜金关至迎水桥一线附近。

清水营,明朝设清水营于今宁夏灵武县境。另据《边政考》附图,明朝又紧邻清水营东设横城堡和红山堡⑤。今灵武县北有横山堡,似应为原横城堡和红山堡合并省称而得名。据此,清水营马市在今灵武县横山堡沿边墙附近。

平房卫,明朝筑平房城于今宁夏平罗县治,后改平房守御千户所。从明朝多设马市于长城边墙的情况看,平房卫马市当在今平罗县东黄河畔沿边墙附近。

高沟寨,《秦边纪略》作"高沟堡",又说"凉州在西五十里,边墙在东五里,

---

① 《明经世文编》卷293《请罢马市疏(杨继盛)》,《续修四库全书》,上海:上海古籍出版社,2002年,第342—345页。
② (明)杨时乔:《皇朝马政纪》卷5《互市夷马》,《中国茶书全集》,郑州:中州古籍出版社,2015年,第3186页;《(万历)明会典》卷107《朝贡·北狄》,《续修四库全书》,上海:上海古籍出版社,2002年,第91页。
③ (清)梁份:《秦边纪略》卷5《延绥边堡》,西宁:青海人民出版社,2016年,第455—456页。
④ (明)张雨:《边政考》卷2《榆林图》,《续修四库全书》,上海:上海古籍出版社,2002年,第16页。
⑤ (明)张雨:《边政考》卷3《宁夏图》,《续修四库全书》,上海:上海古籍出版社,2002年,第30页。

镇番在北一百六十里"①，可知应在凉州东，凉州即今甘肃武威市，镇番即今甘肃民勤县。据此，高沟寨马市在今武威市东红河畔高沟村。

洪水扁都口，有文献分列为洪水、扁都口两处马市。洪水因发源于祁连山北麓之洪水河得名，明朝设洪水三堡于河畔。今洪水河畔的甘肃民乐县三堡乡，似因原洪水三堡的省称而来。扁都口即古之"大斗拔谷"，在今民乐县境甘青两省交界处。从明朝多设马市于长城边墙的惯常情况看，洪水马市应在今民乐县三堡乡；而扁都口马市即因地而设，亦因地而名。洪水河与扁都口相距不过一二十公里，要依多数文献把它们作为一处马市的说法，其实也就在洪水河畔与扁都山口间较为狭窄的地区。

准此，则隆庆四年初开西北马市，计有洪山寺堡、清水营、中卫、平虏卫、洪水、扁都口、高寨沟七处。

隆庆五年开市，各处马市获马八九千匹，三年后的万历二年（1574），则急增至三万匹。②正像隆庆、万历重臣王崇古③所云："此收胡马利中国之明效也。"④而在西北沿边，也出现了"两河东西，无处无房，无地无市"⑤的局面。明朝采取允许南北自由通行和准予就近互市的政策，使"自宣大至甘肃，不用兵者已二十年"⑥，河西沿线的生产得到了恢复和发展，青海蒙古的社会和生活也得到了进一步的稳定和改善。

中晚明的西北边外，到处散布蒙古部落，又以俺答二子丙兔和宾兔两个部落的势力最强。丙兔占据西海（今青海湖畔），宾兔住牧松山（今甘肃皋兰西北）。明朝长期对蒙古的军事防御，事实上已不能阻止他们与内地和其他少数民族愈益密切的联系与交往。他们迫切要求冲破明朝人为设置的阻碍扩大这种联系和交往的障碍。所以，万历初年，丙兔和宾兔请求于河西增开马市。可万历君臣担心增开马市，势必会惊扰番人，从而妨碍茶马之利，于是拒绝了丙兔和宾兔的要求。《明实录》上说：

> 巡按陕西御史赵耀言：虏首宾兔一枝，住牧西海，迄今遇游猎抢番及拆

---

① （清）梁份：《秦边纪略》卷2《凉州卫》，西宁：青海人民出版社，2016年，第185页。
② 《明神宗实录》卷29，万历二年九月甲申，台北："中央研究院"历史语言研究所，1962年，第709页。
③ 王崇古（1515—1588），字学甫，号鉴川，山西蒲州（今永济）人。嘉靖二十年（1541）进士，官至安庆及汝宁知府、刑部主事、陕西按察使、河南布政使、常镇兵备副使、右金都御史、刑部及兵部尚书。于隆庆朝，先后总督西北、山西和宣大军务，力主与蒙古议和互市，促成"俺答封贡"而令边境安宁。
④ 《明经世文编》卷318《条覆收胡马疏（王崇古）》，《续修四库全书》，上海：上海古籍出版社，2002年，第629页。
⑤ 《明神宗实录》卷294，万历二十四年二月癸丑，台北："中央研究院"历史语言研究所，1962年，第5465页。
⑥ 《明经世文编》卷380《虏情疏（申时行）》，《续修四库全书》，上海：上海古籍出版社，2002年，第670页。

墙进入,皆索抚赏,边官不论顺逆,一唯抚赏是徇;又如互市一开,则番人惊扰,有妨茶马之利,边计日弛。宜酌以定规,俾边官有所遵守。兵部覆言:俺答二子宾兔,一住松山,一住西海,已定于宁夏中卫为市,河西无为市之地,亦无可市之物,何容再议?西番服属于我,虏既通贡,乃敢抢我属夷,已为非义,至于拆墙入境,与为寇同,亦以抚赏退之,渐不可长,宜传谕俺答禁止诸酋,如或背盟,该镇官务要严兵固围,毋得专事抚赏为退虏之策。报可①。

然而,明朝的明令禁止毕竟还是拗不过民族间的正常交往,散布于西北各处的蒙古部落仍然不断地进行各种贸易活动。这使万历君臣逐渐清楚地意识到,与其坐侍他们无所羁束,还不如顺其意愿增开马市,从而将这些贸易活动限制在定时定地的范围内更为有利。万历三年(1575),陕西总督石茂华②请准增开甘州、庄浪马市,规定丙兔部落每年赴甘州互市一次,宾兔部落每年赴庄浪互市一次;同时要求,"凡开市期,务要与延宁同时并开,以杜影射。仍传谕丙兔各酋,务要严速部落,恪守法度。开市之日,该镇督抚严督将领,多方防范"③。冯时可④追述说:是年五月,"西海虏宾兔侵诸番,以报其掠马,因图请市。巡抚甘肃侯东莱言:'河西凋瘵,开市为难。顾诸酋悬待,拒之生患。臣谓苟可安边,何惜一隶人垣而不以豢彼也?'遂立大市于甘州,小市于庄浪"⑤。按冯氏的说法,甘州、庄浪马市,是巡抚甘肃侯东莱⑥倡设的;而从规模上看,甘州互市要大于庄浪互市。

这样一来,西北马市计有九处,即洪山寺堡、清水营、中卫、平虏卫、洪水、扁都口、高寨沟、甘州和庄浪。

又按《明实录》上的说法,万历六年(1578),开放了岔口、清水、中卫、平

---

① 《明神宗实录》卷32,万历二年十二月壬子,台北:"中央研究院"历史语言研究所,1962年,第755页。

② 石茂华(1521—1583),字君采,号毅庵,山东益都(今青州)人。嘉靖二十三年(1544)进士,官至浚县知县、扬州知府、山西按察副使、河南副使、陕西参政、右佥都御史、右都御史、兵部尚书。他总督陕西三边军务,平息了内外的兵乱;后来,又巡察陕甘,奏准蠲免徭赋,开仓救灾,因操劳成疾,呕血身亡。

③ 《明神宗实录》卷43,万历三年十月壬申,台北:"中央研究院"历史语言研究所,1962年,第967页。

④ 冯时可(?),字敏卿,号元成,江南松江华亭(今属上海)人。隆庆五年(1571年)进士,官至处州同知、湖北右参政、浙江为按察使、广东按察司金事、云南布政司右参议、湖广布政使参政,撰有《左氏释》、《左氏讨》和《上池杂识》。

⑤ 《明经世文编》卷434《俺答后志(冯时可)》,《续修四库全书》,上海:上海古籍出版社,2002年,第602页。

⑥ 侯东莱(?),字掖川,生卒年、爵里不详。嘉靖二十九年(1550)进士,官至陕西布政使、甘肃巡抚、左副都御史、兵部右侍郎。万历六年(1578),他奉命会晤三世达赖索南嘉措,敦请他劝说俺答汗离开青海返回内蒙古。

房、扁都口、铧尖墩、高沟寨等大小市①；另按《秦边纪略》，还提及红山川、大草滩堡、水磨川堡马市。剔除重复，则于上述九处之外，新辟有岔口、铧尖墩、红山川、大草滩堡和水磨川堡五处。

岔口，《秦边纪略》作"岔口堡"，又说武胜驿"西北五十里至岔口"②，可知应在武胜驿西北。明朝设武胜驿于今甘肃永登县与天祝县之间的庄浪河畔，另据《边政考》附图，武胜驿在今永登县中堡与富强堡之间。今永登、天祝两县交界处有岔口驿，应为明代的岔口堡，它确实也在原武胜驿西北的数十里处。据此，岔口马市在今永登、天祝两县交界处的岔口驿乡。

红山川，《秦边纪略》说"在西大通南二十里，红山堡南一里"，可知红山堡因红山川得名，在西大通南。又说"西大通堡，宋王韶所建，盖庄、湟之交也。西即大通河，因以名堡"③。西大通即西大通堡，《边政考》附图又作"西大通河驿堡"④，即今大通河下游的永登县河桥驿。据此，红山马市在今永登县河桥驿与红古乡之间。

铧尖墩，《边政考》附图作"铧尖堡"，还标识在武胜驿与南大通山口驿递之间⑤。明朝设南大通山口驿递于庄浪河畔的南大通山口堡，即今永登县大通乡。据此，铧尖墩马市大致在今永登县中堡乡与大通乡之间的边墙附近。

大草滩堡，《秦边纪略》说："高古城，后魏之焉支城也。环堡皆山，东接永昌。北近水泉，南环雪山，西尽阿博……饮马牧羊于侧者，则大草滩也……今堡且日与贸易，几成互市矣。"⑥明朝设高古城堡于故高古城，在今甘肃永昌高古城村，又设新城堡于高古城堡东南附近。新城堡，即今甘肃永昌县新城乡。据此，大草滩堡马市大致在今永昌县的新城乡西北。

水磨川堡，《秦边纪略》说：水磨川堡，"东至永昌二十里"⑦。水磨川发源于祁连山冷龙岭，由南向北经永昌城注入昌宁湖。水磨川堡因水磨川得名，而今有水磨关，平行向东二十里即至永昌城，似应为原水磨川堡。据此，水磨川堡马市在今永昌县水磨关乡。

准此，则明代西北马市计有十四处，即洪山寺堡、清水营、中卫、平虏卫、

---

① 《明神宗实录》卷72，万历六年二月壬午，台北："中央研究院"历史语言研究所，1962年，第1545页。

② （清）梁份：《秦边纪略》卷1《庄浪卫》，西宁：青海人民出版社，2016年，第115页，第121页。

③ （清）梁份：《秦边纪略》卷1《庄浪卫》，西宁：青海人民出版社，2016年，第116页，第130页。

④ （明）张雨：《边政考》卷4《庄浪图》，《续修四库全书》，上海：上海古籍出版社，2002年，第76—77页。

⑤ （明）张雨：《边政考》卷4《庄浪图》，《续修四库全书》，上海：上海古籍出版社，2002年，第76—77页。

⑥ （清）梁份：《秦边纪略》卷2《凉州卫》，西宁：青海人民出版社，2016年，第172页。

⑦ （清）梁份：《秦边纪略》卷2《凉州卫》，西宁：青海人民出版社，2016年，第176页。

洪水、扁都口、高寨沟、甘州、庄浪、岔口、铧尖墩、红山、大草滩堡和水磨川堡。

明朝长期以来对蒙古的戒备心理和限制政策，使西北各处的马市出现得相对晚近，客观上阻碍了民族间的经济联系和文化交流的正常发展。然而，西北各民族间的经济联系和文化交流，毕竟还是向违背明朝统治者意愿而曲折艰难地发展着。西北各处马市的设置，就是西北各民族为促进这种联系和交流而进行长期不懈斗争的结果。另外，西北少数民族也不时冲破明朝近乎刻板的禁令规定，《万历武功录》上即云：万历六年（1578），"宾兔、丙兔并赴红山、清水、中卫、扁都口、铧尖墩大小市"①，而非仅仅局限于明朝所指定的庄浪和甘州。

马市一开，也缓解了明蒙间长期尖锐对立的矛盾，像隆庆五年宣大、西北马市一开，即出现了"虏酋利于互市，以故二十年来……俱奉约束，边鄙稍宁"②的局面。而万历朝增开河西马市，也使长城沿线西段少了刀光剑影，多了平和往来。所有这些，说明历史上民族间的联系与交流从来都是双向的，利益也是双边的，其结果就会化干戈为玉帛。③

综上所述，明朝通过多种途径采办马匹，目的在于保障西北各边官军骑征备御的需要。这些采办马匹的途径不同程度地带有交换关系的特点。尽管明朝对这些交换关系加以种种限制，客观上却促进了区域间和民族间的经济联系和文化交往的日益加强。特别是茶马互市和马市互易，实际上成为汉、藏、蒙等民族间经济联系的重要桥梁和纽带。但是，明朝始终执行着"抑商绝私"等的偏颇政策，阻碍了商品交换关系的健康发展和这种经济联系与文化交往的进一步加强，亦不利于民族间的相互和睦团结。这反映了明朝统治者的阶级局限性和在民族政策上的偏见。仆苑官马的主要来源是番族纳马与贡马，在通番私茶日益强烈冲击下，明朝统治者非但没有改弦更张，反而死守越来越显得不合理的茶马易例比价，这就无异于自塞其源。中晚明伴随西北边防的日渐松弛，西北番族愈益受到正德朝入据青海的右翼蒙古的侵扰和裹胁，使番族纳马的渠道更加阻滞不畅。所有这些，导致了仆苑官马来源的急剧萎缩，从而加剧了西北仆苑缺马、边镇乏用的局势。

---

① （明）瞿九思：《万历武功录》卷14《西三边》，《续修四库全书》，上海：上海古籍出版社，2002年，第704页。
② （明）罗曰褧：《咸宾录·北虏志》卷1《鞑靼》，北京：中华书局，1983年，第19页。
③ 姚继荣：《明代西北马市述略》，《青海民族学院学报》，1995年第2期。

第五章 明代的茶马、贡马制度及性质

茶马与贡马事关重大,明朝一直高度重视,由制度的初创到不时地调整从一个重要的侧面反映了明朝对西北的经营。

一、茶价、马价与茶马易例

在明代,茶价变动不大,大略稳定在每斤五钱左右。[①]关于商人中茶情形,隆庆陕西巡按褚鈇[②]追述说:"查得旧例,招商中茶,上引五千斤,中引四千斤,下引三千斤,每七斤蒸晒一篦,运至茶司,官商对分,官茶易马,商茶给卖,上引仍给附茶一百篦,中引八十篦,名曰'酬劳'。此外,又量免差徭,厚加犒赏。"[③]

至于马价,按《甘州府志》、《延绥镇志》和《明经世文编》,洪武三十年(1397)、永乐十三年(1415)、正统初年和正德五年(1510),马价为十二两一匹,天顺四年(1460)和嘉靖二十五年(1546)为十五两一匹[④];又按《明会典》和《明经世文编》,弘治二年(1489)和隆庆二年(1568)为种马二十两一匹[⑤];又按《明会要》,成化中,"给价十万,买马万匹"[⑥];又按《明宪宗实录》,成化七年(1471),"兵部奏大同各城乏马,宜募人上纳,欲行河东运司,每盐七十引纳马一匹,或纳价银十两;其冠带事例,令纳马四匹,或价银四十两"[⑦],可知马价为十两一匹;又按《甘肃通志稿》和《明经世文编》,隆庆五年(1571)和万历二年(1574)为

---

① 解秀芬:《明清茶马贸易中的价格问题》,《西北民族学院学报(哲学社会科学版)》1990年第1期。
② 褚鈇(1533—1600),字民威,山西榆次人。嘉靖四十四年(1565)进士,官至河间县令、监察御史、河南巡抚、大理寺卿、工部侍郎、户部尚书,撰有《从政续录》、《教家纂要》和《汇古菁华》。
③ 《明经世文编》卷386《条议茶马事宜疏(褚鈇)》,《续修四库全书》,上海:上海古籍出版社,2002年,第41页。
④ 《(乾隆)甘州府志》卷16《杂纂》,兰州:甘肃文化出版社,1995年,第766页;《(万历)延绥镇志》卷3《马政》,上海:上海古籍出版社,2016年,第168—169页;《明经世文编》卷239《复套条议(曾铣)》,《续修四库全书》,上海:上海古籍出版社,2002年,第384页。
⑤ 《明经世文编》卷297《革种马以助军需以祛民害疏(翁大立)》,《续修四库全书》,上海:上海古籍出版社,2002年,第462—463页。
⑥ (清)龙文彬:《明会要》卷38《职官·太仆寺》,《续修四库全书》,上海:上海古籍出版社,2002年,第319页。
⑦ 《明宪宗实录》卷106,成化八年秋七月庚子,台北:"中央研究院"历史语言研究所,1962年,第2066页。

上马十二两一匹、中马十两一匹、下马八两一匹①；又按王崇古的说法，沿边开马市，"上等扇马一匹，拟价十二两，搭配段布官货一分，实值银八两余；中扇马一匹，定价十两，货实值银七两余；下扇马一匹，定价八两，货实值银六两余。其在商民，概以故衣杂货，每值七八两，即买儿骒马一匹，可卖银十余两"②。另外，按《明会要》，万历九年（1581）变卖民养种马，"上马八两，下至五两"③一匹。不难看出，从总体上说，明代马价在八至十二两一匹上下波动，大略可谓均价十两。

明初，茶马交换比率偏高，主要是出于政治拉拢的角度来考虑的。早先，长河西等地少数民族以马入雅州（今四川雅安）市易，"茶马司定价，马一匹，茶一千八百斤，于碉门茶课司给之"④。在全国大局已定之后，很快对交换比率做出调整，改变了过去给茶太多的状况。⑤先是，洪武十六年（1383），定茶马易例：上马每匹给茶四十斤，中马三十斤，下马二十斤；稍后，改为上马八十斤，中马六十斤，下马四十斤；洪武二十三年（1390），确定为上马一百二十斤，中马七十斤，下马五十斤。⑥这一易例遂成明朝定制，以后再也没有大的变化了。不过，也有例外，像永乐八年（1410），镇守河州卫的陕西都指挥同知刘昭奏称，陆续收到河州卫番族马七千七百一十四匹，上马给茶六十斤，中马四十斤，下马递减之。⑦

正德十年（1515），鉴于番人不辨称衡，巡茶御史王汝舟请准朝廷，改为"订篦中马"，即以篦⑧为计量单位，每一千斤装成三百三十篦，每篦重六斤四两，含正茶三斤，篦、绳即皮重三斤四两。⑨订篦中马，仍遵洪武二十三年的易例。另外，像庄浪还有这样的规定："上马用黑茶，不得超过八九篦，黄茶不得超过十篦；中下马用黑茶，不得超过七八篦，黄茶不得超过八九篦。"⑩不过，篦有大小，又多

---

① 《甘肃通志稿》卷53《军政·马政》，《中国西北稀见方志》，北京：中华全国图书馆文献缩微复制中心，1994年，第178页；《明经世文编》卷320《为恳乞议处疏通市马疏（方逢时）》，《续修四库全书》，上海：上海古籍出版社，2002年，第664页。

② 《明经世文编》卷318《条覆收胡马疏（王崇古）》，《续修四库全书》，上海：上海古籍出版社，2002年，第629页。

③ （清）龙文彬：《明会要》卷62《兵·马政》，《续修四库全书》，上海：上海古籍出版社，2002年，第550页。

④ 《明史》卷80《食货·茶法》，北京：中华书局，1974年，第1948页。

⑤ 林永匡：《明清时期的茶马贸易》，《青海社会科学》，1983年第4期。

⑥ （明）王世贞：《弇山堂别集》卷89《市马考》，北京：中华书局，1985年，第1708页；（明）杨时乔：《皇朝马政纪》卷12《茶马司》，《中国茶书全集》，郑州：中州古籍出版社，2015年，第3285页；《明太祖实录》卷156，洪武十六年八月丙戌，台北："中央研究院"历史语言研究所，1962年，第2425页。

⑦ （明）王世贞：《弇山堂别集》卷89《市马考》，北京：中华书局，1985年，第1712页。

⑧ 即篦箕，俗称"篦子"。

⑨ 《（万历）明会典》卷37《户部·茶课》，《续修四库全书》，上海：上海古籍出版社，2002年，第655页。

⑩ （明）王之采：《庄浪汇纪》卷1《吏类》，《中国西北稀见方志》，北京：中华全国图书馆文献缩微复制中心，1994年，第434页。

不便，"篦大则官亏其直，小则商病其繁"①。明中叶以后，在通番私茶的不断冲击下，这种冻结了的官方易例比价变得越来越不合理了。

二、番族纳马之制

为保障仆苑官马的源源供给而大规模与番族互市，洪武、永乐朝先后设置秦州、洮州、河州、西宁、甘肃茶马司，推行番族纳马"金牌制"。嘉靖以后又设置甘州、庄浪、岷州茶马司，推行番族纳马"勘合制"。据此，番族纳马的制度，大致可分为前后两个时期，即金牌制时期和勘合制时期。

1. 金牌制时期（1372—1449）

金牌制，是明初推行于西北的与少数民族茶马互市的重要制度，始于洪武五年（1372），废于正统十四年（1449），历洪武、永乐、洪熙、宣德和正统五朝，接续近八十年，在西北茶马贸易史上占有重要地位。②

《（嘉靖）河州志》云："洪武五年，设立茶马司，抽分商茶，比对金牌易马。"③《明会要》又云："洪武五年，立茶马司于川陕，听西番纳马易茶，赐金牌信符以防诈伪。"④对颁行金牌制，《明实录》有很明确的记录。洪武二十六年（1393）二月，明太祖遣使赴西凉、永昌、甘肃、山丹、西宁、临洮、洮州、河州、岷州和巩昌，遍谕西北番族部落：

> 往者朝廷或有所需于尔，必以茶货酬之，未尝暴有征也。近闻边将无状，多假朝命扰害尔等。使不获宁居。今特制金铜信符。族颁一符。遇有使者征发。比对相合，始许承命。否者，械至京师罪之。⑤

朱元璋的这道敕谕，透漏出这样一些信息：一是洪武二十六年以前的茶马互市，具有很大的随意性；二是早先颁发金牌局限于陇东和甘南，而洪武二十六年以后则广及于西北沿边番族；三是它看似是针对边卫将吏贪污侵渔和扰害番族而下的，而真实用意则是力图用颁发金牌给番族，规定以马易茶的时间、数量和办法让番族承担国家义务，从而将茶马互市逐渐纳入相对定期定量的赋役轨道。

---

① 《明史》卷80《食货·茶法》，北京：中华书局，1974年，第1951页。
② 解秀芬、文韬：《试论明初茶马贸易的"金牌制"》，《甘肃民族研究》1986年第4期。
③ 《（嘉靖）河州志》卷2《官政·公署》，《北京师范大学图书馆藏稀见方志丛刊》(4)，北京：北京图书馆出版社，2007年，第110页。
④ （清）龙文彬：《明会要》卷62《兵·茶马》，《续修四库全书》，上海：上海古籍出版社，2002年，第553页。
⑤ 《明太祖实录》卷225，洪武二十六年二月癸未，台北："中央研究院"历史语言研究所，1962年，第3296页。

金牌信符分上下号，上号藏朝廷内府，下号则颁给纳马番族，为茶马互市之凭证；又明文规定，每三年一次朝廷差遣专门官员召集番族合符，验讫后番族赴各茶马司纳马易茶。"金牌制"主要推行于洮州、河州和西宁三卫及附近地方。其中，洮州卫四面，令其纳马三千零五十匹；河州卫番族颁给金牌二十一面，令其纳马七千七百零五匹；西宁卫番族颁给金牌一十六面，令其纳马三千二百九十六匹。洮州、河州和西宁三卫，总计颁有金牌四十一面，额定番族纳马一万四千零五十一匹。①

近年，在青海贵德县境发现了明朝颁给番族的金牌，今存该县文物管理所。它的形制，与杨一清当年亲眼所见的完全一样：金牌为长方形，铜铸鎏金，顶端呈半圆形，长二十三点五厘米，厚零点八厘米，重八百七十克。正面铸楷书"信符"二字；背面铸篆文十二字：上部为"皇帝圣旨"，左边是"合当差发"，右边是"不信者斩"②。这是明朝在西北推行番族纳马"金牌制"的重要的实物例证。

金牌制的实施，可分为三个阶段③：

一是洪武五年至十六年（1372—1383），明朝军队与残元势力还在西北拉锯对峙，"金牌制"推行仅限于秦州、河州、洮州地区；另外，茶马交换比例偏低，互市效果也不大理想。像洪武十一年（1378），"兵部奏市马之数，秦、河二州及庆远、顺龙茶盐马司所易马六百八十六匹。又秦、河二州茶马司以茶市马一千六百九十一匹"④。洪武十四年（1381），"秦、河二州以茶易一百八十一匹……秦、河、洮三州茶马司及庆远、裕民司市马五百八十五匹"⑤。

二是洪武十六年至建文四年（1383—1402），明朝已控制今陕、甘、宁、青大部，于西番各族广泛推行"金牌制"，是茶马互市的全盛期；茶马易例大幅度提高，互市效果也大为改观，出现了"茶法通行，而无阻滞之患；番马茂盛，岁至万余之多"⑥的局面。像洪武二十五年五月，尚膳太监而聂等至河州，"召必里诸番族以敕谕之，诸族皆感恩意，争出马以献，于是得马万三百四十余匹，以茶三十余万斤给之，诸族大悦"⑦。

---

① 《明经世文编》卷115《为修复茶马旧制以抚驭番夷安靖地方事（杨一清）》，《续修四库全书》，上海：上海古籍出版社，2002年，第461页。

② （明）陈讲：《马政志》卷1《茶马·差发》，《续修四库全书》，上海，上海古籍出版社，2002年，第17页；赵生琛：《明代金牌信符和必里卫中千户所官印》，《青海日报》，1986年12月20日。

③ 解秀芬、文韬：《试论明初茶马贸易的"金牌制"》，《甘肃民族研究》1986年第4期。

④ （明）王世贞：《弇山堂别集》卷89《市马考》，北京：中华书局，1985年，第1708页。

⑤ （明）王世贞：《弇山堂别集》卷89《市马考》，北京：，中华书局，1985年，第1708页。

⑥ 《明经世文编》卷106《议茶马事宜疏（梁材）》，《续修四库全书》，上海：上海古籍出版社，2002年，第345页。

⑦ 《明太祖实录》卷217，洪武二十五年五月甲辰，台北："中央研究院"历史语言研究所，1962年，第3200页。

洪武三十一年二月，命曹国公李景隆①，"赍金符往西番以茶易马凡用茶五十余万斤，得马一万三千五百一十八匹"②。不难看出，大大超出了"金牌制"规定数量。

三是永乐元年至正统十四年（1403—1449），为"金牌制"的衰落期，互市时断时续，"金牌制"受到私茶泛滥的冲击，以至于最终不得不废止。早在永乐朝，"帝怀柔远人，递增茶斤。由是市马者多，而茶不足。茶禁亦稍驰，多私出境。碉门茶马司至用茶八万余斤，仅易马七十匹，又多瘦损"，也一度"停止金牌信符"③。宣德十年（1435），明朝虽有恢复这一制度，可又一直收效不大。出现了"未几，番人为北狄所侵掠，徙居内地，金牌散失。而茶司亦以茶少，止以汉中茶易马，且不给金牌，听其以马入贡而已"④的状况。

永乐以降，茶马制度在执行中的失误逐渐暴露出来，严重影响了茶马互市的顺畅进行。究其主要原因。一是长期以来明朝不能遏止私茶的泛滥。私茶质价低廉，番人乐于同私茶商贩交易，这就严重削弱了官茶易马的垄断地位，以至于"番人上驷尽入奸商，茶司所市者中下也"⑤。二是茶马司常以劣质茶叶给番族，致使"番人抱憾，往往以赢马应"⑥，自愿前来纳马易茶的番族随之日减，有的部族甚至以逃往别处的方式拒绝同茶司交易。伴随茶马互市的日渐萎缩，"金牌制"也再难顺利推行下去了。先是，永乐朝一度停止金牌合符，宣德十年（1435）重又恢复，正统十四年（1449）则最终废止了。⑦

这就是说，金牌制实际存在只有二十八、九年时间。而它的废止不行，导致了一个很难堪的结果，这就是"招易日废，则茶马去矣"，又"私贩盛行，虽有抚谕巡茶之官，莫之能禁，坐失茶马之利"⑧。

2. 勘合制时期（嘉靖至万历朝）

勘合制的推行，始于嘉靖三十年（1551），废于万历后期。金牌制废止后，明番之间的茶马互市并没有中断，可其境况已非昔比。伴随西北边防的日渐松弛，

---

① 李景隆（1369—1429），小字九江，凤阳盱眙（今属江苏）人，朱元璋姐孙、曹国公李文忠子。洪武十九年（1386）袭爵，官至左军都督、太子太傅、光禄大夫、左柱国，于永乐末冻馁而死。
② 《明太祖实录》卷256，洪武三十一年二月戊寅，台北："中央研究院"历史语言研究所，1962年，第3698页。
③ 《明史》卷80《食货·茶法》，北京：中华书局，1974年，第1949页。
④ 《明史》卷80《食货·茶法》，北京：中华书局，1974年，第1949—1950页。
⑤ 《明史》卷80《食货·茶法》，北京：中华书局，1974年，第1954页。
⑥ （清）龙文彬：《明会要》卷62《兵·茶马》，《续修四库全书》，上海：上海古籍出版社，2002年，第554页。
⑦ （清）龙文彬：《明会要》卷62《兵·茶马》，《续修四库全书》，上海：上海古籍出版社，2002年，第554页。
⑧ 《明经世文编》卷234《筹边疏（赵伸）》，《续修四库全书》，上海：上海古籍出版社，2002年，第427页；慕寿祺：《甘宁青史略》正编卷14，兰州：俊华印书馆，民国二十五年（1936）刊本，第11页。

西北番族愈益受到正德朝入据青海的右翼蒙古部落的侵扰和裹胁，番族所持金牌大多散失，纳马中茶也常遭阻断。鉴于这种状况，那些素来关注西北边防、马政的边将和朝臣，像李东阳、刘大夏、杨一清等人，也极力主张恢复"金牌制"。

关于勘合制的缘起，史书上说：

> 嘉靖三十年，诏给西番诸族勘合。先是二十八年，御史刘仑请复金牌勘合，以便各番纳马给茶。其洮州卫列市等、河州卫子刚巴等，西宁卫咎市等诸族大马蕃，给以金牌；冲卜、驾单等一十七族，族小马少者，给以勘合。未授职事者，与之职名；原授未袭者，类奏承袭嗣。后有新抚之番，亦许附入，如例请给。至是，总督尚书王以旂等亦以为言，下兵部议。部覆，国初制金牌信符，每副二面，颁降西番诸族，令钳制其党，纳差发马匹，给以茶引。其后，西海为北虏所据，套虏又岁加侵掠，诸番所领金牌散失，渐复迁使内地，密迩三卫，遂不复有赍符比号之事。今番族变诈不常，北虏抄掠无已，时脱，给而再失，失而又给，而又失之，如国体何？夫金牌给番，本为纳马；番人纳马，意在得茶耳。各番以茶为命，不得茶病且死矣。严私贩之禁，则不抚自顺，虽不给金牌，马可集也。若私贩盛行，则在我无以系其心而制其命，虽给金牌，马亦不至。今称各番告给，宁以勘合与之，每岁以是为验。使彼族属无统者易于号召，而于文移则革去交易之名，使各效差发之诚，以正体统。至于授职承袭，必勘明类奏而后许之，则恩威兼济，诸夷向风矣。诏如拟。①

即是说，曾经授过官职的番族头人则准其世袭，以后有归附的番族也一体对待，以此来保障茶马互市渠道的通畅，总督尚书王以旂②亦以为是，刘仑的建议这才引起朝廷的重视。兵部认为，保障茶马互市渠道的通畅，关键在于严禁通贩私茶，使番人所需之茶只能从官府得到，而非是否颁给番族金牌。但为了便于稽考，以颁给勘合为宜。明世宗赞同兵部的意见，于当年正月下诏推行番族"勘合制"③。

关于纳马"勘合"，明代史文对其语焉不详，迄今也未曾有实物例证的发现，所以，难明其质地和形制方面的情况。一般说来，古之符契文书，上盖印信，分为两半，当事双方各执一半；在使用过程中，二符契合，验对骑缝印信作为凭证，多见于调遣军队、车驾出入皇城、官吏驰驿之类。在明代，用于边戍调遣，分调

---

① （明）王世贞：《弇山堂别集》卷89《市马考》，北京：中华书局，1985年，第1714—1715页。

② 王以旂（1486—1553），字士招，号石冈，南直隶江宁（今南京）人。正德六年（1511）进士，官至上高知县、兵部右侍郎、南京右都御史、工部尚书、左都御史、兵部尚书、陕西三边总制，撰有《襄敏集》和《漕河奏议》。

③ 《明世宗实录》卷369，嘉靖三十年正月庚子，台北："中央研究院"历史语言研究所，1962年，第6606页。

军勘合和军籍勘合。于清代，官吏奉差出京，沿途用驿站马匹，须查验邮符，也称"勘合"；至于文官府文簿，编立字号，由上官用关防盖半印，谓之"勘合文簿"。所以，明代的茶马勘合，可能也类似于这种有骑缝印章的官方证明。

总的说来，勘合制与先前的金牌制并没有什么本质的不同，实行勘合制的目的，依然是力图以此将茶马互市纳入相对定期定量的赋役轨道，确保仆苑官马的源源供给和各边官军骑征备御的需要。所不同的是，勘合制的随意性相对明显，其强制性则逊于金牌制。主要表现在：一是朝廷不再差遣专门官员赴番族杂处召集番族合符，验讫后番族赴各茶马司纳马易茶，而是听任番族持朝廷颁给的凭证即勘合，赴各茶马司比验和交易；二是对番族纳马数额虽仍有规定，可又不再拘泥于三年一度的纳马旧制，而是茶马司每年定期开市，听任番族在互市期间纳马易茶。隆庆朝茶司的互市时间，定为每年六月开中，"务令两月以里通完"①。这看似没有金牌制那么正式，却比金牌制的做法更加简化和灵活了。

于中晚明，各茶马司年易马数不尽一致，兹略述于次：

隆庆朝规定，洮州、河州、西宁、甘州四茶马司每年易马六千五百匹。②

万历九年（1581）二月，"定陕西茶马司易马之额。先是，巡按郝瀛言西宁、河州、洮州等处以茶易马，各监督兵道多视为鄙事，概委属员，听其徇私交易，马多不堪，又派贫军押解平凉，比至二寺交割，倒损数多。至是，茶马御史毕三才，以市马之数日增，滥收驽劣，随收随倒，请定额数：西宁收三千二百匹，河州三千四百匹，洮州一千八百匹，岷州一百六十匹，甘州一千匹，庄浪八百匹"③。

二十年后，重定各茶马司易马数：洮州一千八百匹，河州三千四百匹，西宁三千二百匹，甘州一千匹，庄浪八百匹，岷州一百六十匹，六司每年通计易马九千六百匹。④

至天启朝，在万历朝的基础上，各茶司增中二千四百匹，六司每年通计易马一万二千匹。⑤

从中晚明规定的各茶马司年易马数额来看，茶马互市的规模，较诸先前金牌制下每三年一次定例易马一万四千零五十一匹来说，似呈现出日益扩大的趋势。不过，其实际效果究竟如何，限于史料阙如尚难确知。

勘合制下的茶马互市规模似呈扩大的趋势，与中晚明西北局势紧张而急需大

---

① 《明经世文编》卷386《条议茶马事宜疏（褚鈇）》，《续修四库全书》，上海：上海古籍出版社，2002年，第41页。
② 《明经世文编》卷386《目击番虏情状疏（褚鈇）》，《续修四库全书》，上海：上海古籍出版社，2002年，第47页。
③ 《续文献通考》卷133《兵·马政》，杭州：浙江古籍出版社，1988年，第3989页。
④ （清）龙文彬：《明会要》卷55《食货·茶法》，《续修四库全书》，上海：上海古籍出版社，2002年，第488页。
⑤ 《明史》卷80《食货·茶法》，北京：中华书局，1974年，第1954页。

量补充防边备御官马，以及明朝部分调整茶马互市政策，主要是茶马易例比价具有直接的关系。隆庆五年（1571），规定"每篦重不过七斤"；万历十九年（1591）规定，为"八至十一斤而止"；万历二十三年（1595），又提升为"连篦俱以十一斤为准"。①茶马易例的一定程度的提高，应该是刺激茶马互市稍呈扩大趋势的关键所在。这大概也就是勘合制要比金牌制的实际寿数更长一些，能够维持六十多年的重要原因之一。

可也必须强调的是，明番茶马互市，尽管带有一定的强制性色彩，但终究还体现着一种交换关系，因此，即便是在商品经济极不发达的地方，这种交换关系所特有的价值原则就必然要发生作用。然而，中晚明的统治者没有也不可能从根本上改变其在茶马互市问题上不等价交换的偏颇政策，所以，勘合制的推行，也就并没有从根本上消除阻碍茶马互市的痼疾。伴随实际意味民间贸易加强的所谓私茶泛滥的冲击，以及明朝对西北地区政治经营的进一步削弱，到天启朝以后，勘合制也不得不退出历史舞台。

三、番族贡马之制

对表示臣属的番族，明朝始终持一种欢迎的态度，对那些前来朝贡的"生熟"番人包括番族僧侣，除按马超价给赏外，每每总是有丰厚的回赐。像永乐元年（1403），礼部所定河州、洮州番族朝贡赏例规定："千户所千户，每员银六十两，彩币六表里，钞百锭；曾授金符头目亲来朝贡者，银五十两，彩币五表里，钞七十锭，纻丝衣一袭；遣人朝贡者，银四十两，彩币四表里，钞五十锭；中途死者，官归其葬，赏赐付抚按官给之，所遣使每人银十两，彩币二表里，钞三十锭；未授金符头目亲来朝贡者，银四十两，彩币四表里，钞五十锭；纻丝衣一袭；附贡者，银三十两，彩币三表里，钞四十锭；付抚按官给赏，其抚按千户所，每员赏钞七十锭，彩币四表里，旗军人等，人赏钞五十锭，彩币二表里。"②

史书上又说："永乐元年，湖广、四川、云南、广西所隶宣慰使杨升并西北诸夷，各遣人贡马，上以其至，且旧所定马值薄，命礼部第马之高下增给之，上马每匹钞千贯，中马八百贯，下马五百贯"③。正因为对少数民族贡马回赐丰厚，明初以来的百余年间确实出现了番族"朝贡热"。

---

① （清）廖攀龙：《历朝茶马奏议》，《续修四库全书》，上海：上海古籍出版社，2002年，第656页。
② 《明太宗实录》卷19，永乐元年夏四月丁卯，台北："中央研究院"历史语言研究所，1962年，第346—347页。
③ （明）张萱：《西园闻见录》卷71《马政后·文皇帝》，《续修四库全书》，上海：上海古籍出版社，2002年，第604页。

贡马者，自然远非甘青番族，西域人也不时来朝。洪武二十九年（1396），撒马尔罕回回札鲁刺等一百九十一人来朝，贡马一千零九十五匹，明太祖下诏赐钞二万五千一百九十锭。永乐元年（1403），哈密安顺帖木儿遣使臣马哈木、沙浑都思来朝，贡马一百九十匹。永乐十八年（1420），和宁王阿鲁台及也先士干遣使臣，贡马九百匹，除了赐钞、文绮袭衣外，还明旨按价偿给马值。①

早先对番族朝贡，在人数和次数上没有任何限制。永乐朝始规定高级僧侣、诸卫世官、西宁十三族、岷州十八族、洮州十八族"岁一奏贡"，可对朝贡人数仍然没有限制。番人见朝贡多利，以生、熟番竞相冒送，乃至于一年数来，朝贡人数动辄数十百人，有时甚至多达数千人。对于朝贡番人，明朝既要求沿途好生款待，同时还要大量回赐，加之对贡马的超价给赏，客观上给明朝造成了沉重的经济负担，也使明朝君臣逐渐为此大伤脑筋。②这种情况确实并非个案，就塞北的蒙古族部落而言，史书上说："朝贡多乃至三千余人，边人苦之，边将请谢绝"③，而这种情况在西北各族中也很普遍。

即以哈密朝贡为例，成化元年（1465）九月，礼部官员即抱怨说："哈密贡马才十二匹，而使臣来者三百六十余人，皆欲给赏。今岁饥民困，以有限之府库，供无益之远夷，请会官议处可以经久长行者？"④这与永乐元年其贡马四千七百四十匹相比，难免有贪朝贡之利而几无贡马之实的嫌疑。

洮岷等处的番族也是如此，陕西副使郑安⑤说他们是"进一羸马，辄获厚直"⑥。成化八年（1472），礼部官员也认为："洮岷诸卫各族番人赴京，多至四千二百余人。应赏彩币人二表里。帛如之，钞二十九万八千有奇，马直尚在其外。"⑦鉴于这种状况，成化朝对番族朝贡便有了更明确的限制，规定熟番仍然每年一次，生番则三年一次；大族只许四至五人，小族只许一至二人赴京，其余的人通常是委婉遣还。⑧

番族贡马，没有也不可能明确的数额界限规定，或数匹，或十数匹，或数十匹，或百数匹，甚至数百匹，数千匹不等，这较之于相对定期定量的番族纳马诚

---

① （明）王世贞：《弇山堂别集》卷89，《市马考》，北京：中华书局，1985年，第1711页，第1713页。
② 《明史》卷330《西域·西番诸卫》，北京：中华书局，1974年，第8543—8544页。
③ （明）瞿九思：《万历武功录》卷7《俺答列传上》，《续修四库全书》，上海：上海古籍出版社，2002年，第410页。
④ 《明宪宗实录》卷21，成化元年九月丁卯，台北："中央研究院"历史语言研究所，1962年，第420页。
⑤ 郑安（？），字康民，广东海阳（今潮州）人。景泰五年（1454）进士，官至河南御史、陕西按察副使。在平复番族驼龙侵扰中立了大功，又率军平定了陕西土官满四叛乱。他居官二十年，两袖清风，家徒四壁。
⑥ 《明史》卷330《西域·西番诸卫》，北京：中华书局，1974年，第8543页。
⑦ 《明史》卷330《西域·西番诸卫》，北京：中华书局，1974年，第8543页。
⑧ 《明史》卷330《西域·西番诸卫》，北京：中华书局，1974年，第8543—8544页。

然微不足道，可作为常例，毕竟也是个十分可观的数目，何况朝贡于明的西北番族有数百族之多。所以，它仍然不失为明朝采办马匹的又一重要途径。

四、纳马与贡马性质

金牌制推行以前，明番间的茶马互市并不多见强制性的痕迹，番人几乎完全是出于自己的意愿和需求而决定可否的。伴随明朝对西北番族政治管理和军事控御的日益加强，金牌制得以比较顺畅地推行，表明茶马互市被纳入了相对定期定量的赋役轨道，明显具有强制性的色彩。所以，金牌制的推行，是番人承担国家所摊派和所强征的赋税负担的标志。

事实上，明朝君臣也是这样认识的和执行的。像洪武十六年（1383），赐谕松州卫指挥佥事耿忠[①]说："西番之民归附已久，而未尝责其贡赋。闻其地多马。宜计其地之多寡以出赋，如三千户则三户共出马一匹，四千户则四户出马一匹，定为土赋。庶使其知尊君亲上，奉朝廷之礼也。"[②]这道敕谕表明在金牌制推行以前，朱元璋早有责成番族计户纳马充赋的用意。弘治名臣杨一清说得更加明白："至我朝纳马，谓之差发，如田之有赋，身之有庸。"[③]所谓"差发""差拨"，即征调、赋敛意，尽管是属于交换性的征调和赋敛，实质却是赋役的代名词。万历朝经略青海的郑洛也说："属番无异编民。"[④]

对于茶马互市，大学士叶向高还有一个说法："因纳马而酬茶，体尊名顺，非互市交易之比也，且非独以马故也。"[⑤]在明朝，这恐怕还是一种自诩、尊大的代表性观念。正因为这样，有学者认为，这是"在互市贸易名义之下的不折不扣的封建剥削"[⑥]。

需要强调的是，所谓"差发"纳马，与一般所谓的赋税，既有本质上的相同之处，也有形式上的一定差异。所谓赋税，是农民对国家人身依附关系的经济体

[①] 耿忠（？），生卒年、字号、爵里俱不详。他官至大同卫、宁夏卫指挥使，松州卫指挥佥事，左军都督佥事，左军都督，洪武二十一年（1388），冯胜征辽东金山，在蓝玉、纳哈出斗酒过程中，正是他出面打圆场，从而实现了纳哈出部的归降。

[②] 《明太祖实录》卷151，洪武十六年春正月辛酉，台北："中央研究院"历史语言研究所，1962年，第2379页。

[③] 《明经世文编》卷115《为修复茶马旧制以抚驭番夷安靖地方事（杨一清）》，《续修四库全书》，上海：上海古籍出版社，2002年，第460页。

[④] 《明经世文编》卷404《收复番族疏（郑洛）》，《续修四库全书》，上海：上海古籍出版社，2002年，第233页。

[⑤] 《明经世文编》卷461《西番考（叶向高）》，《续修四库全书》，上海：上海古籍出版社，2002年，第212页。

[⑥] 石莹：《明初甘肃地区汉藏茶马互市初探》，《甘肃社会科学》1984年第3期。

现物。它既是强制性的，也是绝对无偿的。而番族纳马，则表现为有偿性的承担赋税，即番族纳马完赋，明朝则酬以茶偿，遂使之带上"互市""交易"的特征。所以，从本质上说，番族纳马是在"互市""交易"形式掩盖下的而由番族所承担的赋税。之所以如此，是因为明朝虽然把西北番族聚居的地区置于自己的政治管理和军事控御之下，却不能完全照搬内地的管理方式，而是依据民族地区的不同特点，采取了西北番族比较易于接受承担赋役义务的管理方式，从而使这种义务的履行在"互市""交易"的名目和形式下自然而然地进行。

然而，将番族纳马纳入定期定量的赋役的轨道，毕竟是一个渐进的改造过程。而伴随中晚明西北边防的日渐松弛，西北番族愈益受到正德朝入据青海的右翼蒙古部落的侵扰和裹胁，明朝对西北番族的控御能力严重削弱，从而使这一过程不幸夭折了。

至于番族贡马，则意味着番族对明朝的政治上的尊崇和臣属关系。明朝统治者总是力图将其"纳入职方"，使之"共尊中国"，形成政治上的上下隶属关系。可诸番贡马，向来是依明朝在近番地区的政治实力的消长和军事控御程度的紧弛而定的。明朝前期贡马颇盛，而中晚明以降右翼蒙古部落入据青海而"役属众番"，番族贡马也就明显减少了。

终明之世，西北番族的纳马与贡马，是西北仆苑官牧和西北各边官军马匹的主要来源。对明朝来说，它不独直接关系西北防边备御所需的保障供给，同时也攸关"羁縻"西北番族等以确保对西北边方的政治和军事控制的军国大政。所有这些，正是明朝君臣尤为关注其盛衰得失之故，这也使它在明代西北马政中的地位显得十分突出。明初番族纳马与贡马的渠道畅额，对巩固西北边防起了重要作用。伴随明中叶以来政治的日益腐败，以及右翼蒙古部落对西北番族控制的逐渐加强，西北番族对明朝的纳马与贡马愈来愈减，直接造成仆苑官牧来源的急剧萎缩，仆苑缺马则又意味难能保障各边官军骑征备御之需，从而也加剧了西北边防的松弛局势。

第六章 中晚明对西北马政的整饬

"法久而弊滋,事远而人玩"①,是嘉靖朝胡松②议论当下马政的话,也适合用来看待明代西北马政。

一、中晚明西北马政之弊端与缘由

关于明代马政的得失,蔡方炳这样总结道:

> 明则有民牧之者,所以给京师之用;有军牧之者,所以给边方之用;其以茶易之于番者,亦以给边方所不足也。夫民牧行于内地,虽有司提调孳牧之事,而马户另籍,他役勿扰,岁免其半,是以民得养马之利,而马日蕃。后则民有编番之害,有二役之害,有简退之害,有印烙之害,有赔偿之害,于是补马之家,许令输银,一切折色之说,遂由之起矣;而又草场有子粒之征,课驹有买俵之例,民乃有质妻鬻子而不足偿者,其不趋于流徙死亡不止矣。此内地马耗之由,民牧之苦也。若边地之马,所系最重,而给马之时所与未必良,领马之后饲之未必饱,或从军惧敌故戕之以避征,或临敌带伤辄弃之饵贼,又或未尝临战出阵而老死槽枥之间,皆责令赔偿。夫资士卒之力以为国防寇,又责士卒之财以为官偿马,以每岁赐予之衣粮不足以赔递年倒死之马匹,则是以不战之马而坐困可用之士。此边地马耗之由,军牧之苦也。至番市所得之马,或多齿长而奄奄待毙者,或年齿稍壮则必饿之数日,饮以泥沙,或暗伤其筋舌,往往甫入厂而倒死者相籍,数万金钱曾不得匹马之用,良可惜已。第番马之佳者,则上下山坂,出入溪涧,至捷也;风雨疲劳,饥渴不困,至健也;取彼长技,充我骑操,阴令耗匮,明收实效,则又老成筹边之至虑也。况彼之得茶不足为害,我之得马深足为用,故其法不可得而议也。此明制之得失有然也。今日者,川陕茶马之利在所当行,而南北俵散之

---

① (明)张萱:《西园闻见录》卷70《马政前·胡松》,《续修四库全书》,上海:上海古籍出版社,2002年,第584页。

② 胡松(?),字汝茂,滁州(今属安徽)人。嘉靖八年(1529)进士,官至东平知州、山西提学副使、吏部尚书。他洁己好修,郁然声望,撰有《滁州志》、《唐宋元名表》和《胡庄肃公文集》。

弊亦所当革，必也。①

明朝初年，由于仆苑官牧机构健全，制度谨严，官得其人，职专其任，以及像茶马、贡马之类采办马匹渠道的畅通。明初以来的数十年间。监苑官马长年保持在数万匹之多，西北马政确实出现了仆苑两旺、"足充边用"②的局面。明中叶以来，西北马政的弊端日滋，景况也已非比昔日了。弘治二年（1489），太仆寺卿王霁即云："自正统后，马政日弛，边方用马，不仰给于京师，必买括于民间。今太仆寺所储马价有限边方仰给无穷。"③大学士杨廷和也说："马政之弊，自京师以达于天下，在在有之。而陕西监牧为多，其弊尤甚。"④西北马政的情况，也确乎如此，究其弊端，大体有如此数宗。

1. 寺监苑大量被裁革

明代西北各边卫所官军骑操马，多直接仰赖于苑马寺。明初设置陕西、甘肃苑马寺，所属十二监四十八苑，遍及今陕西、甘肃、宁夏、青海四省区，横跨两千余里，可谓洋洋大观。由于明初以来的数十年间西北各边相对安宁无事，使明朝对西北马政的筹理的热情多所降温，也由于茶马制度的日渐生弊以致番族纳马渠道的阻滞不畅，难能保障监苑官马的源源供给，加之一些监苑的设置过于靠近沿边，屡遭蒙古部族入掠抢夺等方面的因素，从正统二年起，便陆续裁撤了甘肃苑马寺及所属六监二十四苑和陕西苑马寺所属的四监十八苑。弘治、正统以后，连同成化朝新添黑水苑和弘治末恢复的武安苑，通计只剩陕西苑马寺及所属的长乐、灵武二监七苑。作为具体负责牧马的监苑，与明初相比减少了一半以上。中晚明这种监苑设置的新格局，确实是已非昔比。

这时期的监苑牧马数也远逊于明初，以陕西苑马寺为例，明初监苑牧马长年保持数万匹，弘治末减少至二千二百八十匹；嘉靖朝为一万四千三百六十匹，隆庆朝又减少为八千匹左右。正所谓"监苑之所牧，即官军之所给"，所以反观中晚明监苑牧马的急剧减少，直接影响到各边官军骑操马的保障供给，严重威胁到了西北边防的巩固。

在这种情况下，迫使明朝不得不频繁地动用府库买马，从而给国家财政造成了很大的负担。储罐即云："延绥成化年间，止共计银三万九千两，自弘治九年至十八年，则一十万二千一百九十五两矣；宁夏弘治十八年以前，节次止讨银二万

---

① （清）蔡方炳：《历代马政志·事功》，《续修四库全书》，上海：上海古籍出版社，2002年，第14页。
② 《明史》卷92《兵志·马政》，北京：中华书局，1974年，第2272页。
③ （明）徐学聚：《国朝典汇》卷157《兵部·马政》，《四库全书存目丛书》，济南：齐鲁书社，1996年，第352页。
④ 《明经世文编》卷121《赠都御史邃庵杨公序（杨廷和）》，《续修四库全书》，上海：上海古籍出版社，2002年，第555页。

一千一百三十两，弘治十四年至今才及六年，则已七万两；陕西布政司等处，止是成化二十二年取银三千八百八十两，自弘治元年至今则节次共讨过十五万九千两有余矣；他如甘肃、辽东、山西等处，各节次奏讨过一十一万五千三百七十二两，皆数倍于前"，他还强调说："陕西各边，因是地方旷远，道途艰难，不来取马。止是弘治十七年、十八年于平定州给与延绥马共二千五百匹。其递年奏讨本寺马价，买补马匹不下数十万两。"①

2. 仆苑位卑，官不得人

在外沿边，生活艰苦，明朝士大夫向来重内轻外，乐于在朝为官和在内地腹里做官，由于行太仆寺和苑马寺事虽重而权力轻，人们多不乐于为官仆苑。一旦遇上仆苑缺员，往往就以贬官谪宦苟取充数，天长日久，人们便把仆苑二寺视为"迁人谪宦之地"，其结果是"人人得而轻之"；而为官仆苑者，自己也觉得低人一等。地方上的军卫有司，蔑视仆苑官员，耻"与之同事，不容并列"②，自然也就谈不上相互间很好的协助和配合。弘治十五年（1502），刘大夏也说："在外寺监，近年各卿佐多用谪逐官及有过累者，府卫下僚多易视之，故自待亦轻，政务因以废弛。"③这种状况直到嘉靖，隆庆和万历朝并没有得到多少改观。隆庆五年（1571），内阁首辅高拱④即云："今行太仆寺、苑马寺专理马政，戎伍所资……而近来视之甚轻……夫考课贵严，果不称职，有物议，直去之而已矣，独奈何以此等衙门为安置之所哉？既劣处之，使之腼颜；又姑容之，使之尸位，遂致政务废弛。"⑤成化之际，还出现过把一向独立治事的仆苑政务委属于地方上的布、按二司的做法，而这样做的一个结果，是"使卿寺之官，若为二司统属……势分既轻，职任愈废。虽有才能，一就是职，终身不展"，因陡然增加了管理层次，职责混乱，管理效能也就大打折扣了。正所谓"人存而后政举，任法不若任人"⑥，所以，反观明中叶

---

① 《明经世文编》卷96《马政利病疏（储巏）》，《续修四库全书》，上海：上海古籍出版社，2002年，第241—242页。

② （明）张萱：《西园闻见录》卷70《马政前·储巏》，《续修四库全书》，上海：上海古籍出版社，2002年，第587—588页；《明经世文编》卷114《为遵成命重卿寺官员以修马政事（杨一清）》，《续修四库全书》，上海：上海古籍出版社，2002年，第452页。

③ 《明孝宗实录》卷194，弘治十五年十二月丙辰，台北："中央研究院"历史语言研究所，1962年，第3576页。

④ 高拱（1513—1578），字肃卿，号中玄，祖籍山西洪洞，河南新郑人。正德十二年（1517）进士，官至光禄寺少卿、太常寺卿、文渊阁大学士、礼部和吏部尚书、隆庆朝首辅，撰有《边略》、《问辨录》、《春秋正旨》和《高文襄公集》。

⑤ 《明经世文编》卷301《议处马政、盐政以责实效疏（高拱）》，《续修四库全书》，上海：上海古籍出版社，2002年，第438页。

⑥ 《明经世文编》卷114《为遵成命重卿寺官员以修马政事（杨一清）》，《续修四库全书》，上海：上海古籍出版社，2002年，第451页。

以来"仆苑位卑、官不得人"的状况,已使仆苑马政的管理陷入困境;而仆苑马政又事多牵涉地方上的军卫有司,可军卫有司非但不很好协同配合,反而为其设置障碍,仆苑官员又多玩忽职守,仆苑马政也就难能得以修举了。

3. 军卫和监苑草场锐减

明代西北各边军卫草场,因遭到蒙古的不断扰掠,不得不退至长城以内,在数量上已大为减少。而成化后期以来,为了解决边储特别是军粮和军饷匮乏的问题,又准许附近军民大量屯垦,迄于中晚明也就所剩无几了。至于苑马寺监苑草场,随着寺监苑的大量被裁撤,大片的草场也随之废弃。幸存下来的陕西苑马寺所属长乐、灵武二监七苑,草场数额亦呈日益递减的趋势。

成化以来,为缓解边储匮乏而大兴屯垦,虽在一定程度上见了成效,但杯水车薪最终还是不能彻底解决问题,既破坏了当地的生态,还殃及苑马寺的牧马草场。熟地在草场中所占的比重日益增大,而专供牧马的荒地则明显萎缩。长乐、灵武二监七苑草场原额十三万三千七百余顷,弘治后期减少为六万六千八百余顷,存者已不及半①;弘治十七年(1504),恢复草场十二万八千四百余顷,其中,荒地约占九成以上,熟地不足一成;嘉靖朝草场总额十七万七千一百余顷,其中,荒地约占七成以上,熟地已接近三成。隆庆朝草场总额锐减至八万顷,其中荒地约占不足四成,熟地已超过六成。当年,杨一清受督理陕西马政,见监苑草场仅剩六万六千八百余顷,于大振马政尚嫌其狭小而着力恢复原额,隆庆以后监苑草场的状况也就可想而知了。

中晚明为缓解边储匮乏而采取挖空仆苑马政墙角的做法,不能不影响到仆苑马政的发展,自然也难免顾此失彼。所以,《明史》评论道:"按明世马政,法久弊丛。其始盛终衰之故,大率由草场兴废。"②这虽说是一个总体评价,广涉全国军卫和监苑草场,而作为明代马政重心的西北沿边则首当其冲。

4. 倒失、亏欠与日俱增

明中叶以后,西北各边官军骑操马的倒失和军卫孳牧马亏欠孳驹的情况,尽管无从确知,可从弘治以来各边节年向朝廷奏讨马价银来看,肯定不在少数。至于监苑官马,倒失和亏欠孳驹也与日俱增。陕西苑马寺卿李克恭在给朝廷的奏疏中说:长乐、灵武二监七苑自弘治六年至十三年九月,倒失官马和亏久孳驹通计一万九千四百余匹;而弘治十三年十月至十六年六月的不足三年时间,又倒失官

---

① 《明经世文编》卷115《为修复茶马旧制以抚驭番夷安靖地方事(杨一清)》,《续修四库全书》,上海:上海古籍出版社,2002年,第446页;《明史》卷92《兵志·马政》,北京:中华书局,1974年,第2273页。
② 《明史》卷92《兵志·马政》,北京:中华书局,1974年,第2275页。

马和亏久孳驹通计一万四千一百五十余匹。①毛伯温也说："自嘉靖二十年四月初五赦免之后，至嘉靖二十一年十一月初五日为止，总计二十个月，共倒死六千七百二十八匹，大约每月倒死三百六十余匹。"②谈及监苑亏欠孳驹的情况，隆庆朝陕西巡按褚鈇也说："每年课驹，多不及十分之二。"③监苑见存牧马数则逐年减少，明初监苑牧马常数万匹。而弘治末减少至二千二百八十匹，嘉靖朝为一万四千三百六十匹，隆庆朝又减少为八千匹左右。④造成官马倒失和亏欠孳驹日益严重的原因很多，一是，因为中晚明以来西北战事频仍，官军骑操马难免战伤走死；二是，蒙古部族特别是河套蒙古时常突入军卫和牧厂，掠马而去；三是，西北气候条件恶劣，仆苑又缺少营房马厩等基础设施，以致不论春夏秋冬官马昼夜露野，难免冻伤病死，影响种马的受胎率；四是，牧马军人没有用心喂养，储罐即云："原其所以，盖因军士贪图草料私卖，以养马为累。倚恃朋银买补，以马死为幸。"⑤另外，盗卖官马、官员肆意克扣官马食料、滥用官马假公营私，等等，也是造成这种状况的重要原因。

5. 牧马军人颇多逃亡

　　成化朝推行桩朋法以采，对官马倒失和亏欠孳驹，不问情由，概行追赔。按照桩朋出银的做法，一个普通的士兵、牧卒，若每年倒失、亏欠官马一匹，要责其出银一两八钱至二两三钱，往往一年倒失、亏欠数匹的情况并不少见。这对那些普通的士兵、牧卒来说，确实是沉重的经济负担，难怪他们要为之叫苦连天。以弘治朝陕西苑马寺为例，从弘治六年至十六年的十年间，监苑通常只有七八百人，而倒失和亏欠却达牧军三万三千五百五十余匹，人均每年倒失和亏欠四点五匹，按例则人均每年要赔补桩朋银八至十两。经济能力本来就很脆弱的普通士兵和牧卒，何以能够承受如此沉重的负担？对此，丘濬不无同情地说：边地"牧马之数虽多，未尝以之临敌出陈，往往老死槽枥之间，而责吾士卒之赔偿，又不幸

---

① 《明孝宗实录》卷182，弘治十四年十二月辛未，台北："中央研究院"历史语言研究所，1962年，第3364页；《明经世文编》卷114《为修举马政事（杨一清）》，《续修四库全书》，上海：上海古籍出版社，2002年，第446页。

② 《明经世文编》卷159《修举马政疏（毛伯温）》，《续修四库全书》，上海：上海古籍出版社，2002年，第288页。

③ 《明经世文编》卷386《条议茶马事宜疏（褚鈇）》，《续修四库全书》，上海：上海古籍出版社，2002年，第43页。

④ 《明经世文编》卷114《为修举马政事（杨一清）》，《续修四库全书》，上海：上海古籍出版社，2002年，第446页；《明经世文编》卷386《条议茶马事宜疏（褚鈇）》，《续修四库全书》，上海：上海古籍出版社，2002年，第43页；《(嘉靖)平凉府志》卷1《官师》，《四库全书存目丛书》，济南：齐鲁书社，1996年，第679—680页。

⑤ 《明经世文编》卷96《马政疏·冏寺马政（储罐）》，《续修四库全书》，上海：上海古籍出版社，2002年，第236页。

而生于边界,天苦寒而地硗燥,物不生殖而人无蓄积,天下之人莫苦焉",他们"既出其资力以为国防寇,又责其出财以为官偿马,以每岁所赐予之衣粮,犹不足以偿其递年倒死之马匹,况望饱暖其妻子哉?"①他又说:"近时马政,亦有科钱买马之令,然所得未必良,而给之于军,遇有倒死,赔偿如故。而西北之边,苦之尤甚,至有鬻子女而不能偿者。"②在西北高原防边牧马,生活条件既已艰苦难熬,官府有司又科索赔补愈严,致令牧马军人大量逃亡。以陕西苑马寺为例,长乐、灵武二监牧军原额一千二百二十名,到弘治十六年止剩七百四十五人;嘉靖朝虽一度增至三千三百六十九人,而隆庆初年则又"逃亡过半"③。对此,难怪杨一清也会发出"马政废弛,亦多由此"的哀叹。

6. 茶马互市渠道多所阻滞

茶马互市,对明番双方来说,原本是一个双赢之举。而对统治者来说,更看重的是,"彼得茶而怀向顺,我得马而壮军威"④,"番人恃茶以生,故严法以禁之,易马以酬之,以制番人之死命"⑤。明朝初年,在加强对西北边军事控制的同时,厉行茶禁,推行番族纳马"金牌制",从而使官茶在茶马互市中占了垄断地位,番族纳马源源而来,仆苑官马的来源大体由此得以保障,以至于各边足用。

茶马互市也刺激了官商私欲,纷纷涉足于私茶贸易,反过来又冲击了官方市场。朱元璋也早有觉察,他说:"河西一带西番,自昔以马入中国易茶,尔因私茶出境,马之入互市者少,于是彼马日贵,中国之茶日贱……国家榷茶,本资易马,以备国用。今唯易财物,使番夷坐收其利,而马入中国者少,岂所以制夷狄哉?"⑥

宣德朝以来,茶马互市渠道时而阻滞不畅。茶马司易马数节年下降,与早先"岁至万余之多"相比,相形见绌。即以宣德七年(1432)为例,河州番族例应纳马七千七百零五匹,是年茶马司只易马六千五百余匹;西宁番族例应纳马三千二百九十六匹,是年茶马司易马也只有二千三百余匹。弘治朝的情况更糟,《明书》

---

① 《明经世文编》卷75《牧马之政(丘濬)》,《续修四库全书》,上海:上海古籍出版社,2002年,第42页。
② 《明经世文编》卷75《马政议·市马养马(丘濬)》,《续修四库全书》,上海:上海古籍出版社,2002年,第43页。
③ 《明经世文编》卷114《为修举马政事(杨一清)》,《续修四库全书》,上海:上海古籍出版社,2002年,第450页;《明经世文编》卷386《乞勘新增牧地银两疏(褚鈇)》,《续修四库全书》,上海:上海古籍出版社,2002年,第40页;《(嘉靖)平凉府志》卷1《官师》,《四库全书存目丛书》,济南:齐鲁书社,1996年,第679—680页。
④ (明)魏焕:《皇明九边考》卷9《经略考》,《四库全书存目丛书》,济南:齐鲁书社,1996年,第101页。
⑤ 《明史》卷80《食货·茶法》,北京:中华书局,1974年,第1951页。
⑥ 《明经世文编》卷294《本朝马志(归有光)》,《续修四库全书》,上海:上海古籍出版社,2002年,第357页。

上说:"自弘治十年至十五年;茶易番马五千四十三匹,而边马乏,军买马大困。"①《明会要》又说:弘治十二年,"御史王宪言:'自中茶禁开,私茶莫遏,易马不利。'遂停中茶之制"②。至于隆庆朝,每年易马亦不过六千五百匹左右。

关于明代茶马互市中的弊端和影响,《明史》上说:"明初严禁私贩,久而奸弊日生。洎乎末造,商人正引之外,多给赏由票,使得私行。番人上驷尽入奸商,茶司所市者乃其中下也。番得茶,叛服自由;而将吏又以私马窜番马,冒支上茶。茶法、马政、边防于是俱坏矣。"③

为了扭转这种局面,成化十五年(1479),明朝一度还做出了"招商易马,不拘年例,愿来者听"④的承诺,可响应者寥寥。

茶马互市渠道的长期阻滞不畅,直接导致了仆苑官马来源的急剧萎缩,而仆苑缺马则又加剧了边镇乏用的局势。金牌制的推行,曾经极大促进了明番之间的茶马互市,而番族纳马的急剧减少又紧随金牌制的废止而来。这就自然而然地使明朝君臣把茶马互市的受阻归于金牌制的废止,而把金牌制的废止又归于私茶的泛滥。可问题的关键在于,在通番私茶的不断冲击下,官方所死守的茶马易例变得越来越不合理,这是明番间的茶马互市渠道长期阻滞不畅的根本原因。此外,也与中晚明西北边防日渐松弛,明朝对西北番族的控御能力严重削弱有关。

上述各种弊端,以及导致这些弊端的诸多因素往往又交织在一起,相互作用和相互影响引起了一系列恶性循环的连锁反应,从而把西北马政推向荒毁的境地。明代西北马政的始盛终衰,使弘治以来的各朝君臣忧心忡忡,关注者甚重,议论者纷纭。弘治朝大学士丘濬即云:

> 承平百年,无大征伐,遇有征行,随用随足,虽不至于大乏绝,然求其如前代之云锦成群则未焉……乞命本兵柄大臣,讲求本朝故事及究唐、宋之典,以济今日之所不及。遣知马政者,勘实牧地,其有旧有而今为人所侵欺埋没者,咸复其旧;或有山林原隰可以开垦以为牧地者,开垦之;或附近州县有空闲地可以增置监苑者,增置之;士卒有逃亡者,则为之勾补,厩庑有未备者,则为之修葺;所畜之马,若牡多而牝少,则为之添牝;孳生之畜,其种有不良,则为之求良;游牝字特必顺其时,腾放调养各有其法,俵散关换各定其规,皆一一讲求,其所以然之故,与其所当然之则,立为一定之法,

---

① (清)傅维鳞:《明书》卷72《戎马·马政》,《四库全书存目丛书》,济南:齐鲁书社,1996年,第742页。
② (清)龙文彬:《明会要》卷55《食货·茶法》,《续修四库全书》,上海:上海古籍出版社,2002年,第487页。
③ 《明史》卷80《食货·茶法》,北京:中华书局,1974年,第1954页。
④ 《(正德)明会典》卷32《户部·茶课》,《景印文渊阁四库全书》,台北:商务印书馆,1986年,第361页。

使之永远遵守。岁时遣官巡视,有不如法者,坐以牧放不如法之律,必慎择其官而优宽士卒,必务臻实效而不为虚文,如此则边圉得马之用矣。①

西北马政呈现出的崩盘之势,也已有人敏锐洞悉和剖析:"陕西马政坏乱极矣,盖有茶马,有盐马,有太仆寺,点马寄之骑操,牧马司之监苑,盐马课之灵、漳,茶马易之番地。自金牌之制不行,而招易日废,则茶马去矣,将以何者而孳牧?自点视之法不严,而桩朋无考,则点马废矣,将以何者而骑征?草场册籍散逸无存,豪强占买寻袭如旧,则孳牧无地,而牧军因得以借口,奏讨纷纭;召商收价,报中粮草,假以夤缘,则措办不时,而盐课于是乎大坏。是知牧马在官而不在民,盐马在商而不在官,茶马在夷而不在中国,点马在城堡卫所而不在监苑。"②

明代中叶以来,朝廷也不时差遣风宪之臣,着力于西北马政的整饬,其中,以弘治、正德之交受命督理西北马政的杨一清最为有名。

二、弘治、正德朝杨一清对西北马政的修复

弘治十五年（1502）十二月,由兵部尚书刘大夏推荐,南京太常寺卿杨一清,以都察院左副都御史的身份,督理陕西马政,肩负起全面整饬西北马政的重任。行前,明孝宗叮嘱他说:

> 尔须查点兵部奏准事例,考究国初成法,亲历各监苑,督委都布按三司能干官员,踏勘牧马草场,果有侵占者,即令退还;查点养马军人,果有逃亡者,即令拨补;见在种儿骒马实有若干,设法增添,务足原额;倒死、亏折马驹,随宜追补,量为分豁,布置已定,责令该管官员用心牧养;官军骑操之数,亦令该管官员如法点视、比较,毋致倒失、亏欠。尔不时往来提调稽考,各寺监等官,有阘茸不职者,尔即具奏黜罢,或起送别用,另选才能以充任;使其有尽心职务功绩昭著者,具奏雄擢。其西宁等处各茶马司茶易番马,甚济国用,近来亦渐盈耗,令并以付尔,尔须一新旧规,务令茶课充盈,私贩息绝,番人乐归,官市番马,充实厩牧。凡牧马、易马事,利有当兴,弊有当革。敕内该载未尽者,悉听尔便宜处;事体重大者,奏来定夺。巡抚、巡按等衙门,不得干预尔职;寺监官员,惟尔所统,不许各衙门凌轹。都布按三司而下官员,但事关马政,俱职尔约束、委用,敢抗违侵挠及权豪

---

① 《明经世文编》卷75《牧马之政（丘濬）》,《续修四库全书》,上海:上海古籍出版社,2002年,第39页。

② （明）张萱:《西园闻见录》卷70《马政前·赵伸》,《续修四库全书》,上海:上海古籍出版社,2002年,第589页。

势要之人，欺公玩法，阻坏马政，应拿问者径自拿问，应奏请者指实参奏。夫废坠既久之事，更新兴举责任实重且艰，朝廷以尔才望素优，志在体国，特兹简命。尔须不惮勤劳，悉心经理，俾马匹蕃息，边方足用，以复国初之盛，以济戎务之急。①

不难看出，明孝宗这番话十分重要。一来，它规定了整饬马政的大政方针，要义是恢复"国初成法"，痛革宿弊，从根本上改变西北马政的不景气局面，以保障西北边镇官军骑征备御的需要；二来，它反映了明孝宗对西北马政盛衰的高度重视，赋予杨一清督委陕西都司、布政司和按察司的很大权力，这对全面整饬西北马政起了重要的保障作用；三来，明孝宗也对杨一清寄予了厚望，希望他"悉心经理"，以实现"马匹蕃息，边方足用，以复国初之盛，以济戎务之急"，即全面复兴西北马政，以确保西北边防的巩固。

不过，西北马政积弊已深，刘大夏也看到了杨氏此行的困难。他说："杨一清受命于马政废坠之后，委的事体艰大，责任难为"；同时，他也认识到，成败的关键在于，"抚按衙门不得干扰马政，都布按三司以下，悉听节制委用"②，强调地方军政部门的大力协同配合。

弘治十六年八月，杨一清赴陕西到任。他恪遵明孝宗的嘱托，同时"遍访朝野之人，得其利病"③，对西北马政的整顿紧紧围绕下述七个方面逐次展开。

1. 清复牧马草场

杨一清清醒地认识到，"兴废补敝之初，改弦易辙之际"，整饬马政"事多干涉军卫有司，必得委用都布按三司官员分理乃能济事"④。所以，他莅陕后，即会同陕西布政司右参政车霆、按察司副使王寅和都司都指挥锌房怀等地方军政官员，亲临陕西苑马所属长乐、灵武二监及开城、安定、广宁、黑水、清平和万安六苑，考察监苑牧马的现状。他首先感受到的，是因附近军民的随意耕占，各监苑牧马草场过分狭小。考虑到伴随茶马互市渠道的疏通和仆苑孳牧马的修举，牧厂的狭小势必会造成官马无处可牧的不利局面。他所经之处，凡是发现有违例耕占草场者，即勒令退还监苑。由于他的躬亲督理，加之有都布按三司的通力协作，各监

---

① 《明孝宗实录》卷194，洪武十五年十二月辛酉，台北："中央研究院"历史语言研究所，1962年，第3581页。
② 《明经世文编》卷79《陕西马政（刘大夏）》，《续修四库全书》，上海：上海古籍出版社，2002年，第93页。
③ （明）徐学聚：《国朝典汇》卷157《兵部·马政》，《四库全书存目丛书》，济南：齐鲁书社，1996年，第353页。
④ 《明经世文编》卷114《为修举马政事（杨一清）》，《续修四库全书》，上海：上海古籍出版社，2002年，第447页。

苑牧马草场的清查和恢复进行得相当顺利。到弘治十七（1504）年，仅仅用了一年左右的时间，通计清查出荒熟地十二万八千四百七十三余顷，并新开原属远监的武安苑草场二千九百余顷①，使各监苑牧马草场大体恢复到原有的数额。

2. 拨补恩队军人

杨一清亲历陕西苑马寺各监苑考察后，认为应该充分利用其水草便利的优势，除每年俵给边镇官军骑操外，经常保持监苑牧马三万二千五百匹。而以"一夫牧马十匹"的旧例计算，通计各监苑牧马恩队军人当有三千二百五十人。可眼下只有七百四十五人，所以，亟待大量拨补增添，否则今后"畜养乏人，难收蓄息之效"；同时，考虑到各边军卫防边备御尚且缺人而实难从中抽调，从内地军卫中抽调又有随到随逃的问题。他建议，把那些逃来监苑附近以避差役的流民，招募改编为牧马恩军。他说：这些人"年久不当差役，又无官司管束查考，往往别生事端，及至被人告发，却行调躲，因无户籍，无凭挨促。岁复一岁。为数渐繁……今不为之所，将来恐贻他患。此等流民，论法俱该问罪发遣回还原籍当差，但念其故乡生计已失，无可复之业，而此地依栖既久，有可恋之资，必尽法处，非死则散而为盗"。他认为，把这些人招募改编为恩军的好处是，"官有畜养之役，民无驱逐之苦。且其耐贫寒，习畜牧，比与新拨队军万万不同。公法私情，似为两便。"②应该说，这个建议确实是妥善处置流民的好办法，既解决了监苑亟待大量补充牧军的问题，又顾及体恤流民生活无着的难处，避免了他们流离失所而枉生事端、扰害社会的弊病，可谓是一举两得的事情。到弘治十七年（1504），在杨一清敦促下，招募改编流民通计二千三百余人③，陆续拨补到各监苑，连同各监苑旧有数额，牧马恩队军人超过了三千人。

3. 择擢卿寺官员

针对仆苑位卑权轻和官不得人的弊病，杨一清从"人存而后政举，任法不若任人"的认识出发，把慎重选用卿寺官员看作是中兴马政最紧要的事情。他认为，马政的荒毁，固然与寺监苑的大量裁革和牧马草场的急剧减少等客观因素有关，可尚存的监苑如果官得其人，各级官员职专其任，要保障陕西各边对官马需要仍当不成什么大的问题。遗憾的是，"监牧非人，牧养无法"④，以至马政坐待颓废。

---

① （明）雷礼：《国朝列卿记》卷12《内阁行实》，《续修四库全书》，上海：上海古籍出版社，2002年，第220页；《明史》卷92《兵志·马政》，北京：中华书局，1974年，第2273页。

② 《明经世文编》卷114《为修举马政事（杨一清）》，《续修四库全书》，上海：上海古籍出版社，2002年，第450页。

③ 《续文献通考》卷133《兵·马政》，杭州：浙江古籍出版社，1988年，第3987页。

④ 《明经世文编》卷114《为修举马政事（杨一清）》，《续修四库全书》，上海：上海古籍出版社，2002年，第448页。

所以，他建议朝廷，迅速改变把卿寺官员视作布按二司统属的既成事实，使"二司之于二寺，视如一体"，也必须改变用贬官谪宦充任卿寺官员的做法。今后凡遇缺员，寺卿于布政司参政副使或本寺少卿内，少卿于布政司参议佥事内推举精明能干官员充任；监正、圉长之类低级官员，也要从擅长牧马的北方青壮年中选拔。对那些牧养有方以致马政修举的卿寺官员，要依照两京太仆寺卿并少卿事例，推举为在京相应堂上官或巡抚都御史。就卿寺官员而言，杨一清的说法很有见地："昔以迁谪视之则其势自轻，今以推擢视之则其势自重。"①在任期间，他奏黜不职，旌擢才能，官得其人和职专其任的局面逐渐恢复。弘治十七年（1504），杨一清分别提拔任用了陕西布政司参政副使王琰和车霆等能干官员；具体说来，以王琰为陕西行太仆寺卿，以车霆为陕西苑马寺卿。②对此，《国朝列卿记》给予了很高的评价，说他"择材任使，旌别淑慝，故官劝政举，宿弊以革"③。

4. 添置马营城堡

明初以来的百余年间，各监苑多不曾设置衙门城堡和营房马厩，监苑官员和牧马军人不是租民房，就是寄宿山崖洞窟；所牧官马不论春夏秋冬昼夜露野，于冬季冻死损伤的情况十分严重。宣德以来，河套蒙古不时突入军卫和牧厂，抢掠官马，杀掳军民。据《明实录》统计，正统元年（1436），蒙古六千骑攻入肃州，杀掳二百余人，掠马畜一万四千余匹；又成化二年（1466），开城、广宁等苑，被抢掠官马约二千匹；又弘治十四年（1501），因苑马无处收避，被抢掠而去者即高达三千九百余匹。

鉴于此，杨一清认为，为监苑添置马营城堡势在必行。他说，"筑城堡则人马有所保障，置马厩则马匹不至横伤，修营房则贫军有所依栖，建公衙则牧官可修职业"。与此同时，他建议，从各苑牧马军人中挑选出精壮者各一二百名，设为"操夫"，即执武器操练之人，给予他们弓矢盔甲，在无妨牧马的前提下，遇闲暇操习武艺，专门用以防守马营城堡。他说，这样做的好处是，"虽为牧马而设，亦可壮边域之声势，资紧急之应援"。又说"练之既久，未必不为克敌之兵，是于牧马之中而得千军之用"。这实际上是自古以来"寓兵于农"思想的活用，用杨一清自己的话来说，就是"藏兵于马"④。他的这种认识确实有其独到之处，对于明中叶以

---

① 《明经世文编》卷114《为遵成命重卿寺官员以修马政事（杨一清）》，《续修四库全书》，上海：上海古籍出版社，2002年，第452页。
② 《（嘉靖）平凉府志》卷1《官师》，《四库全书存目丛书》，济南：齐鲁书社，1996年，第680页。
③ （明）雷礼：《国朝列卿记》卷12《内阁行实》，《续修四库全书》，上海：上海古籍出版社，2002年，第220页。
④ 《明经世文编》卷114《为处置马营城堡事（杨一清）》，《续修四库全书》，上海：上海古籍出版社，2002年，第453—454页。

来西北边防日渐松弛是有所补益的。杨一清赴陕到任的几年里，修建马营城堡十九处，公署、仓廒、马厩、房舍四千一百余所①，使过去那种官无衙、人无舍，马无厩的面貌大为改观。这对于保障监苑官员、牧马军人安其居，乐其业，牧养官马免遭寒伤冻死和掳掠抢夺，危急之时附近军民也有所收避，无疑是有明显益处的。

5. 稽考官军马匹

鉴于西北边卫官军骑操马倒失严重，杨一清躬亲查询。他认为，造成官马倒失的直接原因，一是，由于管军官员没有严厉督察军人用心喂养；二是，一些官马肆意克扣官马食料；三是，假公营私滥用官马的情况也很普遍。比如，对私人的买卖营运而滥给官马应付，驮载物件动辄重至数十百斤，营运路途动辄远至数十百里。而洪武三十年规定行太仆寺提调官军马匹，比较孳生，亏欠倒损责令赔补的成法，事实上久又废止，这就难能避免官马亏欠、倒失愈益严重。所以，杨一清即行重申洪武三十年定例，依照太仆寺稽考京营骑操马的则例，要求行太仆寺主要官员每年不时赴各卫所营堡点视、比较；遇到倒失官马和亏欠孳驹，凡属于没有尽心喂养、克扣官马食料、擅自提调、假公营私滥用官马的，要严责赔补。如果地方及军卫官员敢有无理阻挠者，准许行太仆寺奏明朝廷，依律问罪。一方面，他既奏明朝廷；另一方面，即行纠偏补弊，以至于"孳牧之规，稽考之法粗皆就绪"②的局面很快出现了。

6. 修复茶马旧制

杨一清把金牌制坏以致纳马寡至，提高到坐失"制西番以控北虏之上策"③的高度来认识。他说，这不但意味着各边缺马难能得以补充，也不能不担忧西番作为明朝防范蒙古的藩篱将无所依托。他认为，造成纳马寡至的因素是多方面的，对待番族必须采取以抚驭为主的稳妥政策，即便是对那些长期拒不前来纳马中茶的番族，也绝不能感情用事地随意加之以兵威。关键在于必须严厉禁绝通番私茶，使番人必需之茶只能从官府得到，这样就不难达到"系番人之心而制其命"④的

---

① （清）傅维鳞：《明书》卷72《戎马·马政》，《四库全书存目丛书》，济南：齐鲁书社，1996年，第742页。
② 《明经世文编》卷115《为总奏修理马政事（杨一清）》，《续四库全书》，上海：上海古籍出版社，2002年，第468页。
③ 《明经世文编》卷115《为修复茶马旧制以抚驭番夷安靖地方事（杨一清）》，《续四库全书》，上海：上海古籍出版社，2002年，第460页。
④ 《明经世文编》卷115《为修复茶马旧制以抚驭番夷安靖地方事（杨一清）》，《续修四库全书》，上海：上海古籍出版社，2002年，第461页。

目的。

基于这样的认识,他上奏朝廷,条陈修复茶马事宜:一是,恢复番族纳马金牌制。具体做法是清查金牌旧额,晓谕西番例应纳马各族,使知朝廷修复旧制,先期组织运送官茶至各茶司,以免番马来集无茶可偿而使番人失望;核实番族世官有长期不曾袭替的,准允他们各袭原职;金牌合符仍然三年一次,中间两年愿意前来纳马的番族,听其自便;对那些经再三抚谕依旧招调不来纳马的番族,适当调集官军诛剿,以警其余。二是,委任专门官员巡禁私茶。考虑到私茶商贩活动的"猖獗",东自潼关,西及甘肃,南抵汉中,无处没有他们的活动,而自他赴陕西到任后,朝廷便召回了巡茶御史,可他的职责重在仆苑马政的修举和重新疏通茶马互市的渠道,兼理巡茶确实难免力不从心。所以,他奏请朝廷委任一位有魄力的能干官员常驻临洮府,专一往来巡视,痛革私茶通番的积弊。正德元年(1506),他又奏准朝廷恢复巡茶御史,并敕以"兼理马政,茶法"和提督仆苑官员的很大权力。三是,严私茶之禁。对偷越边境兴贩私茶和在内地卖茶给朝贡番人者,发配南方烟瘴地方永远充军;在洮州、河州、西宁、甘肃贩茶一百斤以上者,发配附近军卫充军;三百斤以上者,发配边卫永远充军。在内地府州县贩茶五百斤以上者,发配附近军卫充军;军将官和巡捕官员失职不察者,要降一级问罪,受贿赂者则要从重论处;巡捕官员兴贩私茶通番,发配边卫充军;在洮州、河州、西宁、甘肃贩茶三百斤以上者,发配附近军卫充军,不及此数则降一级问罪。他说,严肃私茶禁令,使人人畏法,这样就可望遏制私茶泛滥,否则贻患将来,后果将是难以预料的。①

在杨一清赴陕西到任四年中,招调远近番人,通计易马一万九千零七十七匹,修复茶马旧制的收效十分明显。正如他自己所说的那样,"虽未尝明复金牌之规,而实坐收茶马之利……近所收易番马,以三年计之,似过其数"②。他话语中的"以三年计之",言下之意,即与三年一度的金牌纳马旧制对比而言。

7. 整顿灵州盐课

于弘治朝,灵州盐课司大小盐池原额盐课,即大池一万一千二百三十二引,小池三千一百零四引稍多,通计一万四千三百三十七引。随后,总制尚书秦纮③奏准朝廷,实行中盐纳银的新则例,规定弘治以后,每引收银四钱五分,准许商人

---

① 《明经世文编》卷115《为修复茶马旧制以抚驭番夷安靖地方事(杨一清)》,《续四库全书》,上海:上海古籍出版社,2002年,第464页。

② 《明经世文编》卷115《为总奏修理马政疏(杨一清)》,《续四库全书》,上海:上海古籍出版社,2002年,第468页。

③ 秦纮(1425—1505),字世缨,山东广饶人。景泰二年(1451)进士,官至南京御史、雄县知县、秦州知州、巩昌知府、陕西右参政、左副都御使、南京户部尚书、陕西三边总制。

照盐五至六石。按照这个规定计算,商人每中盐一百引,折收现银四十五两,准许照盐五六百石。杨一清认为,灵州饶盐,大小盐池于"常课之外,虽增十倍,似亦可办",特别是小池地近内地腹里地区,便于开中,而其原额盐课偏少,尤其应该增加盐课。但考虑到灵州盐课增加过多,势必就会影响到河东一带盐法的顺利推行。所以,正德元年(1506),他适当增加灵州盐课,其中,大池增盐一万五千引,并旧课二万六千二百三十二引;小池盐增三万引,并旧课三万三千一百零五引。大小盐地新旧盐课五万九千三百三十七引,比弘治朝盐课原额增加了四倍多。同时,还进一步放宽政策,给商人以实惠,规定商人每中盐一引,折收现银三钱五分,准许照盐六石。按照这个规定计算,商人每中盐一百引,仅需现银三十五两,准许照盐六百石。仅此一项,官府每年得商人中盐纳银二万零七百六十余两,可折易马二千零七十六匹。这项收入由庆阳、固原等处收贮,以备各边官军缺马买马支用。① 杨一清整顿灵州盐课,既利于国家,又便于商人,收效非常显著,倍受时人称道。正德初年,在兵部武选司郎中何孟春看来:他的这种做法收效明显,这就是"近日买马数目,助益边方实多。"②

杨一清督理陕西马政,措施得当,法严令行,确实收到了"一新旧规,痛革宿弊"③的效果,西北马政重又出现了仆苑两旺、足充边用的局面。史书上说:这期间西北仆苑牧马保有量不下三万匹,"足支陕西三边之用,而边马大纾"④。时人还这样评价道:"公振肃纪纲,增置官属,搜括垦田,益市民马,一时观美。"⑤不过,也应该看到,"孝宗方重边防,大夏掌兵部,一清所奏辄行"⑥,这也是西北马政重现生机的一个重要因素。

因整饬西北马政卓有成效,正德元年(1506),杨一清被擢升为陕西三边总制,同时再一次受命"仍督马政"⑦。

可是,由他艰辛经营所带来的西北马政的繁荣局面,并没有维持多长时间。武宗朝太监刘瑾弄权,杨一清不附刘氏,正德四年(1509)因而削职落官,还被投下了"锦衣狱",幸赖大学士李东阳一干人的全力保释,他才幸免于难。然而,

---

① 《明经世文编》卷114《为议增盐池中马则例疏(杨一清)》,《续四库全书》,上海:上海古籍出版社,2002年,第459页。
② (明)黄训:《皇明名臣经济录》卷14《陕西马政三(何孟春)》,台北:文海出版社,1984年,第933页。
③ 《明经世文编》卷114《为修举马政事(杨一清)》,《续修四库全书》,上海:上海古籍出版社,2002年,第447页。
④ (清)傅维鳞:《明书》卷72《戎马·马政》,《四库全书存目丛书》,济南:齐鲁书社,1996年,第742页。
⑤ 《(嘉靖)平凉府志》卷1《官师》,《四库全书存目丛书》,济南:齐鲁书社,1996年,第680页。
⑥ 《明史》卷92《兵志·马政》,北京:中华书局,1974年,第2272页。
⑦ 《明史》卷92《兵志·马政》,北京:中华书局,1974年,第2273页。

他整饬西北马政行之有效的措施，再也没有得到很好的贯彻实施，西北马政又日渐荒毁了。就连清复的牧马草场，也是"及一清去官，未几复废"①。

次年五月，宁夏安化王朱寘鐇②谋反，明武宗再度起用杨一清总制陕西三边军务，领军平叛。他即刻从镇江家中启程，径赴宁夏。此次重返西北，时隔不久，他十分留意自己苦心经营的马政。而沿途所经泾州、平凉、固原、盐池等处，仆苑不振，监苑凋残，牧卒诉苦，商人喊怨，西北马政满目疮痍的状况，不禁令他大为动容和伤感。

后来，他作《西征日录》，追记他在西北的经历，先于题记中写道：

予在宁夏时，尝默忆被召以来道里月日闻见之概，笔录之以备遗忘。事定，复将所处置兴革，撮要举凡，附录其中。而交际答问之微，亦漫及之。事体所关，庶他日有足征者耳。既而，敕召还京。此纸藏之巾笥，未尝以出诸人。比部事稍闲，偶取而观曰：是不可弃。乃略加证正，并以北还途中事续焉，以识本末，通谓之《西征日录》。③

又于是书正文中，杨氏追述这次行程道：

（六月）初三，宿泾州，平凉旧部曲以昔所选中军人马来迎，疲驽居半，精采大非昔比。予问其故，皆泣曰："自公去镇，岁征戍不得休息，刍粮不时给，或经岁无粮，又科出银物供需索，壮士饥而逃，今多补役充数，马瘦死殆尽，今皆追补者也。"予为之怃然……

初六……暮宿镇戎千户所所，沿途皆牧马营堡，牧卒壮老填衢，诉曰：自公之去，我辈疲于力役，疲于科取，不得牧马，马死鞭追急，人无完肤，逃且半。见在者不能存，将尽逃矣。或曰：公初以牧马招我，今百差丛集，较之征戍之兵，顾加苦焉。公来矣，其为我处之。言已，哭声震地。予姑应之曰：西事方剧，徐当为尔处分……

八月十七日，过盐池，商人遮道诉称：公昔掌盐法时，每引一道，许载盐六百石，车脚填委，商得厚利。令拘以盐禁。每（百）引只许三百石，车脚不至。群商坐视无可为者……予许为具奏议处。④

同年九月，杨一清升任户部尚书，旋即离陕进京赴任。他所许下的重振西北马政的愿望和承诺，再也没有能够兑现了。

---

① 《明史》卷92《兵志·马政》，北京：中华书局，1974年，第2273页。
② 朱寘鐇（？—1510），明宗室，庆靖王朱栴后裔。弘治五年（1492），承袭安化王。正德五年（1510），以讨刘瑾为名，于安化（今甘肃庆阳）起兵，为官军所擒，械送京师处死，史称"寘鐇之乱"。
③ （明）杨一清：《西征日录》，《丛书集成初编》，北京：中华书局，1985年，第1页。
④ （明）杨一清：《西征日录》，《丛书集成初编》，北京：中华书局，1985年，第11—14页。

三、嘉靖以降西北马政的失控之势

嘉靖以来，明朝与西北边外的蒙古的冲突有所加剧。战事的频仍，官军骑操马大量走伤倒死，边镇卫所急切要求补足马源。鉴于此，明朝一方面频繁地动用府库为各边买补战马，以救边镇官军防边备御的燃眉之急；另一方面则致力于茶马互市的修举以求保障仆苑官马来源的长久之计。所以嘉靖以降对西北马政的整饬，也就大多集中在如何疏通茶马互市的渠道以保障番族纳马源源而来的问题上。

嘉靖元年（1522），陕西苑马寺少卿卢璧①，提出"督逋负、明印烙、训医药、均地差以救目前，而辟场广蓄为经久计"②的主张。不过，他的所谓"经久计"之见，难免有治标不治本之嫌，自然也难收什么实效。

在户部尚书梁材③看来：茶马互市"行之既久，此意浸失。减通番之罪，而止于充军……番人一至，既要厚赏，复索高价，岁易马匹不过数千。甚至骄傲抗违，招之不至，括民间之马以充数者"，又"禁私盐矣，而未尝不卖官盐也；今禁私茶矣，而官茶止行于诸边"，他还强调说："茶法之禁，其要在于通番。"④

嘉靖十五年（1536），陕西巡茶御史刘良卿⑤提出了茶司量积官茶，准许商茶通行内郡，杜绝通番私茶、缉捕贩马人犯和建立茶厂等建议，得到了朝廷的批准。刘氏的这些建议，反映了他对茶马互市中存在的弊病是有所认识的。

第一方面，各茶马司长期积茶过多，而在商茶和私茶的压力下，官茶大量积压以致腐烂变质日益严重。至嘉靖朝，对这些积久腐烂的官茶被迫大量焚毁，给国家造成了重大的经济损失。单是洮州、河州和西宁三茶司，一次焚毁即达二千万斤。以折银计算，通计不下数万两。⑥刘氏还建议，茶司今后量积官茶，其中，洮州、河州、西宁三茶司止需留足两年的贸易用茶。这样做，既可避免官茶积久腐烂减轻官茶营运的负担，也不至于因为供过于求而不得不压价贸易以致亏官。

第二方面，明朝实行茶盐的国家专卖，嘉靖以前的做法却过于偏颇，官茶自

---

① 卢璧（？），字国贤、玉田，江南盱眙（今属江苏）人。嘉靖十七年（1538）进士，官至南京户部主事、汉阳及漳州知府、陕西苑马寺少卿，撰有《东篱品汇录》。
② 《明史》卷92《兵志·马政》，北京：中华书局，1974年，第2273页。
③ 梁材（？—1540），字大用，号俭庵，南京金吾右卫人。弘治十二年（1499）进士，官至德清知县、刑部主事、嘉兴知府、浙江右参政、贵州及广东布政使、右副都御史、户部尚书。
④ 《明经世文编》卷106《议茶马事宜疏（梁材）》，《续修四库全书》，上海：上海古籍出版社，2002年，第346页。
⑤ 刘良卿（？），南阳新野（今属河南）人。嘉靖五年（1526）进士，官至江都知县、陕西巡茶御史。
⑥ 《明经世文编》卷106《议茶马事宜疏（梁材）》，《续修四库全书》，上海：上海古籍出版社，2002年，第346页。

然是尽行输边与番族互市。弘治朝推行召商中茶，由商人负责营运，至茶司后官商按一定比例抽分。商人分到的部分称为商茶，作为其营运的报酬，准许商人在茶司附近就地销售，但禁止与番族贸易。官茶和商茶只行于边，使陕西内郡府州县食茶困难，以致不少人冒禁兴贩私茶。而对商茶的限制，使商人很难在茶司附近尽售其茶，以致不少人也冒禁通番。这是内郡私茶和通番私茶屡禁不绝的重要原因。鉴于此，刘良卿建议除仍严禁商人在河州、兰州、阶州和岷州等近番地区贩茶外，从此取消商人在内郡府州县贩茶的禁令。如此，则商人冒禁私贩和通番的痼疾自然就会减少。

第三方面，洪武朝规定：私茶出境者斩，关隘不觉察者处以极刑。永乐年间的规定亦为苛严：透漏私茶者，犯人与把守关隘的头目俱各凌迟处死，其家人要发配"化外"之地。而弘治以来，"减通番之罪，而止于充军"[①]，地方军政官员又不着力巡禁，法轻禁弛的结果使私茶通番和私贩番马的弊端有增无减。所以，刘氏认为，有必要特别强化对巡禁和缉捕贩马人犯的管理，其中，洮州、河州和岷州责成于边备道，临洮和兰州责成于陇右分巡道，西宁责成于兵备道，如果失职则要以罢软[②]论。

此外，过去的茶司易马在发送仆苑以前，通常是由茶司附近军卫的军余人员领养，这些人生活艰辛，不堪承受这种额外负担。他又建议，各茶马司皆置马厂，收饲茶司易来的番马，委任官员并配备医疗人员负责牧养，然后分期分批发送仆苑。这样做，既减轻了上述军余人员的负担，也在很大程度上减轻了由于管理不善、喂养不时等原因所造成的官马病伤倒失的损失。

总的来说，刘良卿的这些认识和建议，集中考虑的是如何保障官茶易马的垄断地位，同样也反映了嘉靖君臣对商茶和私茶日益危及官茶贸易的深切忧虑。

嘉靖三十年推行番族纳马"勘合制"，是对番族纳马制度做了利于茶马互市的重要变通。勘合制出现于金牌制废止百余年以后，其间茶马互市虽然仍在进行，可是没有十分严格的制度约束，同时在商茶和私茶的不断冲击下，明番间的茶马互市不能不受到巨大的影响。所以，迄于嘉靖朝的百余年间，那些素来关注西北边防、马政的边将和朝臣，颇多主张有重新确立番族纳马制度的必要。

值得强调的是，勘合制较之于金牌制，并没有什么本质的不同，它的目的依然是力图以此将茶马互市纳入相对定期定量的赋役轨道，确保仆苑官马的源源供给和各边官军骑征备御的需要。所不同的是，勘合制的随意性相对明显，而强制

---

① 《明经世文编》卷106《议茶马事宜疏（梁材）》，《续修四库全书》，上海：上海古籍出版社，2002年，第345页。

② 历代考察官吏，属于淘汰者的名目，分老疾、罢软、贪酷、素行不谨、才力不及五项。所谓"罢软"，系指为官软弱无能，论当罢官淘汰。

性则逊于金牌制，形式上更加简化和灵活一些。所以，勘合制的推行，并没有从根本上消除阻碍茶马互市的痼疾。

另外，嘉靖朝工部侍郎徐蕃①，也提出来自己对西北茶法、马政的看法，提出"并茶马以期实用"的主张。他说："往者，陕西茶法、马政，提督未有专员，孳牧或兼于都堂，茶课则委之御史，体统病于分合之靡常，弊端滋于交承之不一……茶马招易，济边良策，但巡茶御史止是一年，所定之马解发于监苑者，虽有成数，而不及查其亏耗；所督茶课积贮于官司者，虽有定额而不暇救其美恶。是非不肯用心，盖缘职任不久耳。况先后交代，升转不常，稽考难行，事势掣肘。伏望皇上念官多民扰，权分责轻，将巡茶御史暂且取回，而茶马之事，并付本官整理。待其事有成效、不须大臣之日，仍差御史巡茶，照依清军事例，三年一换，则久任成功矣。"②

西北马政的弊端，自然也还涉及监苑牧政。时人议论道："三年二驹，其计利深矣。数年之后，所利不补所费，何哉？岂非官多牧扰、法烦敝生……且牧地十七万七千余顷，养马一万四千余匹，牧军才三千三百余人……每岁各各入贺，督监参谒不绝，迁代岁月繁促，南北习俗异宜，道路往来劳费，牧人之不支如此……牧既少获，种马日削，责民市马，吏缘为奸，民不堪命矣。世之君子，其思有以善后哉！"③

褚鈇十分关注牧地、牧军和茶马问题，他说：隆庆五年（1571），"苑马寺牧地，先年止有熟地一万六千顷，养马一万二千匹。迩来牧军占种官民田地，及开垦荒熟已近八万，所养儿骒马止七千匹。欲将熟地三万顷，养马一万匹；余地五万顷，征银四万五千两，解固原兵备道牧贮充饷"。又说：陕西二监七苑"额地十三万三千七百七十七顷六十亩，原为给军牧马，未尝起科。弘治十七年（1504），都御史杨一清查理牧地，高山陡涧四万一千六百二十余顷，水草便利堪以牧种荒熟地共十二万八千四百七十余顷，于内择平川熟地八千三百一十六顷，征银八百三十一两六钱……至嘉靖三十七年，御史梁汝魁④复查前地，见牧丁开垦草场，又增银一千七百六十三两，递年追征逼迫逃移不可胜言"，又"矧七苑见今养马七千九百四十匹，比弘治间数虽不同，每年选俵固原、延、宁三镇二千匹，额未尝少；此外，又买补倒失，追纳亏欠，每岁牧丁所出，不啻万两，而陆续牧养银买茶易

---

① 徐蕃（1463—1530），字宣之，号北屏，南直隶泰州（今属江苏）人，隆庆首辅徐阶之子。弘治六年（1493）进士，官至南京礼科给事中、江西参议、浙江提学副使、工部右侍郎。
② （明）黄训：《皇明名臣经济录》卷14《陕西马政四（徐蕃）》，台北：文海出版社，1984年，第936—937页。
③ 《（嘉靖）平凉府志》卷1《官师》，《四库全书存目丛书》，济南：齐鲁书社，1996年，第680页。
④ 梁汝魁（？），江西遂川人，生卒年、字号及事迹行状俱不详。嘉靖二十二年（1543）举人，官至陕西巡茶御史、云南道监察御史。

并拿获私马,又不止一千五百余匹。若有倒失亏欠,一例追赔。近年,总督衙门又将月粮尽行裁革,牧军苦累,逃亡过半……伏乞敕下兵部,从长议处,或俯赐仍旧,或行抚按会勘,果系侵占军民田地,则当拨给军民,照旧办纳屯粮;若系原额牧地,则当仍给牧军养马,纵地多马少,只宜征银买马,以复弘治年间养马万余之数;如系高山陡涧,不堪耕种,则当责令还官,立为草场,以为畜牧之所,不许私自开垦"。①

在他看来,西北茶马事,甘州茶马司的问题最具代表性。他说:因"近年新设,暂委彼处防守等官,陆续招中,不肯着实拣选,止取老弱充数,而地方官豪,间多收买不堪,顶番冒中,徒费官茶,无裨实用;且马数多寡不一,番夷出入无常,非惟招商中茶,引数难定,拟恐通番交易,引惹衅端,似非所以慎边防而筹国计也",他主张,比照三茶司事例,"定以六月开中,听臣衙门行分巡西宁道,择委廉干官员,会同彼处将领,抚调番族,依期前来,不拘儿骒骟马,俱要九岁以下,四岁以上,高三尺七寸以上,膘壮堪以骑征者,方许中纳"②。

至于监苑牧政,他认为也很不理想:"苑马寺课驹定例,每骒马一匹,三年科算二驹,乃洪武至成化以来祖宗旧制。自正德三年,都御史杨一清题准,如骒马飘沙亏欠一驹,准纳银三两。此固一时宽恤牧军之意,亦为骒马原不生驹者而言……近年,寺官因循怠惰,监苑官受贿通同,不肯课驹,多令纳银,以致牧军骄横,孳生数少",他力主,今后"如有亏欠,俱追马驹,不许再令纳银……此法一行,每岁约得驹二千余匹"③。

隆庆朝首辅高拱认为,议处马政的关键,在于官得其人以求实效。他说:"合无今后大破常套,凡卿使员缺必以廉谨有才望者推补,而又议其阶格,卿视布政使参政,使视按察司副使。待政成之后,视参政者升与参政同,视副使者升与副使同;如更优异,查照先朝故事,超等擢用,则其官自重矣。其官重则贤者乐就,必且尽心于所职,马政、盐政当自修举,而所利于国家者必多。"④

万历朝陕西右参政李维桢⑤,对勘合制的艰难推行也有忧虑。他说:"国初中马之番,给以金牌,今十不存其二三,而新附者众矣。嘉靖十八年,御史刘仑请

---

① 《明经世文编》卷386《乞勘新增牧地银两疏(褚鈇)》,《续修四库全书》,上海:上海古籍出版社,2002年,第41页。

② 《明经世文编》卷386《条议茶马事宜疏(褚鈇)》,《续修四库全书》,上海:上海古籍出版社,2002年,第41页。

③ 《明经世文编》卷386《条议茶马事宜疏(褚鈇)》,《续修四库全书》,上海:上海古籍出版社,2002年,第43页。

④ 《明经世文编》卷301《议处马政、盐政官员以责实效疏(高拱)》,《续修四库全书》,上海:上海古籍出版社,2002年,第439页。

⑤ 李维桢(1547—1626),字本宁,湖广京山(今属湖北)人。隆庆二年(1568)进士,官至翰林院编修、陕西右参议、南京太仆寺卿、礼部右侍郎、南京礼部尚书,撰有《史通评释》和《大泌山房集》。

给各新附番族勘合管束部落。截然整齐勘合者，所以补金牌之缺……自刘仑至今，已三十年，消长不一，而领勘合者，又不足凭矣"，他认为，"无论旧服、新附，根究始末，亦如刘仑所请给以勘合，使如招中皆出朝廷而宪臣不得以自便，投纳必须勘合而诸番不得以私恳"①。

隆庆、万历朝重臣于慎行②，也十分关注西北马政的现状，急切希望重振兴盛旧貌。他说："自隆庆以来，通关互市，岁得胡马数万，无所用之，至令军士领养，公私须费。若修举陕西马政，北边所得胡马，皆令圉人主之，清核牧地，稽补圉卒，可使苑政修举，蓄马蕃息。关市之贸易，惟恐其不多矣。"③不过，位高权重的他，关注的重心显然不在马政，偶而言及西北，难免也只是泛泛而论罢了。

今青海档案馆，藏有一份万历十九年（1591）巡按陕西监察御史为"拒虏纳马"给青海藏族的申明告示。告示呈长方形，长一百四十八厘米，宽四十六厘米，为淡蓝色，四周有花纹框边，全文凡六百二十五字。从告示的内容上看，它涉及明朝与青海蒙古和藏族的关系，反映了明朝对青海的民族政策，是十分珍贵的档案文献。兹录告示全文于次，以资参考：

> 钦差巡按陕西监察御史王
>
> 为申明圣恩以坚内属事。照得西番都是大明皇帝的疆土，番人都是大明皇帝的赤子。大明皇帝因尔番族得茶则生，无茶则死，每年尔合当差发，依期纳马，即给尔茶篦，以全尔性命，又加赏劳。尔子子孙孙，受我国恩，真是与天地生成一般，该得尽忠报效，永做藩篱。迤固北虏盘据海上，抢掠尔番族，尔等不思协力拒虏，友去则顺，为他部落，负我中国生养大恩，便是忘了天地。北虏与虎狼不异，既索尔添巴，又邀尔头畜，夺尔妻小，尔从虏如此之害，岂不是祸。我中国既以茶篦全活尔，又能保护尔，使虏不得抢掠尔，尔顺中国如此之利，岂不是福？尔国师、禅师以及众番僧都信奉佛法，岂不知个利害祸福，何故去顺从逆？亦是中国向来不曾晓谕尔等，故尔等无知陷虏，深为可悯，为此合行申谕。
>
> 除今年慧隆寺族坚措合上等，纳过差发马共捌匹，照数给茶颁赏外，各族头目传谕各番，以后务要感恩图报，一心顶戴大明皇帝，每年收养好马，依期来纳。尔等亦自为计，勿为虏诱，勿为虏协，凡相近番族，须齐心并力，

---

① 《明经世文编》卷466《覆议召新番中马（李维桢）》，《续修四库全书》，上海：上海古籍出版社，2002年，第265页。
② 于慎行（1545—1608），字可远、无垢，山东东阿人。隆庆二年（1568）进士，官至翰林院编修、礼部尚书、东阁大学士，撰有《读史漫录》、《谷山笔麈》、《谷城山馆文集》和《谷城山馆诗集》。
③ （明）张萱：《西园闻见录》卷71《马政后·于慎行》，《续修四库全书》，上海：上海古籍出版社，2002年，第598页。

修筑堡寨，整葯兵马，一闻虏警，互相哨探；一遇虏骑，互相截杀。即今朝廷遣将发兵，专为保番，虏来抢掠，即飞报中国将官，策兵救护。若虏入犯中国，调遣尔番族人马，即赴应援，但获一功，照例重赏。番汉合并剿虏，使虏不能驻牧西海，尔等自无顾虑，岁岁纳马易茶，永享安乐。再遇开中时候，如中国把隘通使员役，指称中马将官名色，向尔等需索常例，克减茶觔，或阻当凌虐者，许于赏番之日，具番文告理，即倍加赏赐，定将各员役拿问究罪。如尔番族仍前投虏，或分外生事，真是天地不容，大明皇帝定革了茶觔，绝了尔等性命，殃及世世，那时追悔无及。

  本院奉命抚调尔等纳马给茶，念尔番人即是吾人，宣布圣恩使尔等去害就利，脱祸蒙福，为尔子孙无穷之计。见生熟番族，一体遵守。

万历拾玖年捌月廿一日（印）

  不过，晚明已无力扭转茶马互市不畅的大势，从而直接导致了仆苑官马来源的急剧萎缩，而仆苑缺马则又加剧了边镇乏用的局势，西北边防也就岌岌可危了。

  天启二年（1622），直隶巡按马鸣起①，对马政空耗，则是一通的无奈感叹："问国之富，数马以对，故马之多寡，关国之盛衰。矧烽火戒严，干戈正急，废祖法而议变更，空内藏而罢外厩，非奉公之臣救时之策也。国初马额多至数十万，孝庙时亦有七十万之多……嘉靖庚戌之变，虏马践交关，世宗皇帝以马不足用，赫然震怒，竟置寺臣于法，而今日之马，岂更富于世宗时哉？在在思逞，岂更减于庚戌时哉？一旦马不足用，责将谁归？即诛鲁钦，其何济矣？"②

  隆庆以后的几十年，伴随明朝政治的腐败，西北马政千疮百孔，愈益荒毁不堪；相反，着力拯救西北马政于荒毁的切实之举却寥若晨星，西北马政犹如一副烂摊子而坐待其败，也引起了一系列的连锁反应。《明史》上说："自万历以来，阃政大坏，而边牧废弛，愈不可问。"③清人还总结道：晚明"茶法、马政、军伍、边防，俱不可问矣。"④这里说的是全国情况，而晚明统治者所关注的重心已不在西北，所以，西北马政的荒毁情形更可想而知了。

  应该说，中晚明以来，针对西北马政的弊病与顽疾，朝野上下，议论纷纭，不过，正像《明史》所云："言马政者颇众，大都因事立说，补救一时而已。"⑤《明

---

  ① 马鸣起（1571—1636），字伯龙，福建龙溪（今龙海）人。万历三十八年（1610）进士，官至浮梁和新建县令、湖广道御史、大理寺丞、右都御史。

  ② （明）张萱：《西园闻见录》卷71《马政后·马鸣起》，《续修四库全书》，上海：上海古籍出版社，2002年，第602—603页。

  ③ 《明史》卷92《兵志·马政》，北京：中华书局，1974年，第2275页。

  ④ 《(乾隆)西宁府新志》卷17《田赋·茶马》，西宁：青海人民出版社，1988年，第429页。

  ⑤ 《明史》卷92《兵志·马政》，北京：中华书局，1974年，第2273页。

史》又云:"盖明自宣德以后,祖制渐废,军旅持甚,而马政其一云。"①纵观明代西北马政的始盛终衰,当说也是如此。

明代西北马政,是明朝经营西北特别是巩固西北边防的一个重要步骤。它的始盛终衰的发展过程,是与明朝政治的清明和腐败相联系的。明初政治的相对清明,给西北马政带来了繁盛的局面,对保障西北边镇官军骑征备御和巩固西北边防起了重要作用。然而,伴随明代中叶以来政治的日益腐败,西北马政则渐趋荒毁,从而进一步加重了西北边防松弛的局势。

明朝对西北马政的筹理,尽管其主观目的在于巩固西北边防的政治方面,客观上却也促进了区域间和民族间的经济联系和文化交流。不过,明朝在对待蒙藏等少数民族的政策上和官、商、私贸易的问题上,却往往失之偏颇,主要表现在,一是采取"隔绝蒙藏"和"抑蒙扶藏"的政策,从而影响了民族间的正常交往,不利于民族间的和睦团结和友好交往;二是在茶马互市问题上,始终执行着"抑商绝私"的政策,缺乏一种官、商、私自由合理的竞争意识,一味强调以抑商绝私来保障官茶贸易的垄断地位,对于以藏民族为主体的西北番族又死守不合理的易例比价。这就难能遏止民族间贸易不断冲击明朝的禁令堤防,以至于所谓"私茶屡禁不尽,通番屡禁不绝"。所以,明朝的这些政策、制度和举措,为商品交换关系的健康发展和区域间、民族间的经济联系和文化交流设置了人为的障碍。总之,明朝对西北马政的筹理,既有利于这种联系和交流的一面,又阻碍这种联系和交流的一面。这也是明代西北马政研究的基本总结。

---

① 《明史》卷92《兵志·马政》,北京:中华书局,1974年,第2277页。

下 编

完成巩固统一的多民族国家的历史任务,奠定近代中国的边疆和民族格局,是清朝最突出的历史贡献。所以,清代西北的政治形势、民族关系,与明代有很大的不同,体现在马政上也不同。

清兵入关后,在镇压李自成、米喇印、丁国栋反清斗争的同时,便在陕西、甘肃驻军设防,逐步建立起稳固的统治秩序。随后,次第平定王辅臣①、噶尔丹、大小和卓、罗卜藏丹津叛乱,统一了天山南北、甘青等地,形成西北各族在统一多民族国家大家庭中的分布格局。

清代统一西北是一个十分漫长的过程,从顺治朝延至乾隆朝,前后持续了一个世纪以上。

伴随清军攻入陕西,原来投奔李自成的明朝西北降将,背弃了大顺政权,纷纷拜表投降由关东而来的新朝,有力配合了清军在西北的军事行动。像明朝宁夏花马池副将董学礼,先是奉命沿运河南下,尔后撤退至怀庆,继而又降于清;兰州总兵郑嘉栋、甘州副总兵谢桢荣,也于顺治二年(1645)正月接续倒戈。另外,汉南副将胡向化所部万余人,黄甫营守将高鸾以及从响水到宁塞的边军,也先后归顺了清朝。

随后,英亲王阿济格②坐镇西北,指挥清军继续追击农民军余部;肃亲王豪

---

① 王辅臣(?—1681),本姓李,山西大同人,绰号"西路马鹞子"。行伍出身,官至汉军正白旗侍卫、援剿右镇总兵、陕西提督。康熙十三年(1674),于宁羌(今陕西宁强)举兵反清,以响应吴三桂,兵败后再度降清。七年后,畏罪饮鸩酒自尽。

② 阿济格(1605—1651),爱新觉罗氏,努尔哈赤十二子。早年授台吉,又军功授贝勒,晋封武英郡王、和硕英亲王,地位仅次于四大贝勒(代善、阿敏、莽古尔泰和皇太极)。多尔衮死后,他企图摄政,被削爵幽禁赐死。

格①扼守西安，强化威慑和防御力量；旋即西征秦陇，大军所到之处，无不望风归附。在仇池山坚守的武大定②，兵败后被迫转战固原、陕南、大巴山区。六月，阿济格派人招抚河西，沿途郡县闻风请降。新任陕西总督孟乔芳③，在攻灭了甘州的农民军后，派一些土官到西宁、河西安抚各地土司。

至此，清朝在陕西、甘肃的统治秩序大体稳定下来。不久，孟乔芳以兵部右侍郎、右副都御史的身份，总督陕西三边军务，控制陕甘地区。一方面，他采取措施，笼络人心；另一方面，镇压反清力量，以安定社会。正像史书所云："时盗寇充斥，乔芳诛逆抚顺，师行到处，民皆安堵，大小数十战，皆躬自督阵，底定雍凉，其功甚伟，既恢复城池，征集招集流移，令守兵兴屯以足民食，又请豁八府一州积年荒粮。呜呼仁矣！然此犹大臣分内当为事也。所难能者，知人善任，麾下所以张勇、赵良栋诸人，平定滇逆，收效在上数十年后，非所谓仁智兼全者哉！"④

康熙五十三年（1714），厄鲁特蒙古和硕特部罗卜藏丹津，袭父达什巴图尔和硕亲王爵，控制了青海的广大牧区。六年后，他还从清军赴西藏参与反击准噶尔的入侵。雍正元年（1723），其因独控青海和西藏的欲望未遂而反清，次年，为年羹尧、岳钟琪所败，被迫易妇服窜逃准噶尔。乾隆二十年（1755），于伊犁为清军所俘，解京后留居至死。叛乱平定后，清朝改西宁卫为西宁府，管理青海东部农业区，又设青海办事大臣衙门⑤，与府衙同署一城，负责青海广大牧区的蒙藏事务。

清朝统一新疆，是通过平定噶尔丹、策妄阿拉布坦、噶尔丹策零、阿睦尔撒纳和大小和卓叛乱完成的。

早先，噶尔丹与清朝的关系十分密切。可伴随准噶尔势力的增强，噶尔丹个人野心的日益膨胀，与清朝的摩擦也越来越多；人数庞大的准噶尔商队，在内地无视大清的法度，寻衅滋事、沿途扰民、抢夺财物。康熙警告说：要是再殃民作乱，就依照本朝律例而严惩不贷。可噶尔丹嚣张回应道："自古以来，四厄鲁特贸易，向有旧制，我等未便废也，若仍遵旧制，则凡事皆宜矣。"⑥这样一来，双方的关系变得愈发紧张。康熙二十七年（1688），噶尔丹统兵三万，发动了对喀尔喀

---

① 豪格（1609—1648），爱新觉罗氏，皇太极长子。崇德元年（1636），以军功封肃亲王，分管户部事务。顺治三年（1646），佩靖远大将军印，平定四川张献忠。次年，为多尔衮构陷，削爵下狱致死。

② 顺治三年（1646），明固原副将武大定，举兵反清，攻秦州失利后入西和，又据守仇池。因部将石国玺降清，败走四川三台山，旋又逃命云贵，不知所终。

③ 孟乔芳（？—1654），字心亭，直隶永平（今河北卢龙）人。他原系明军副将，天聪四年（1630）降清，官至汉军梅勒额真、刑部左侍郎、陕西三边总督、右副都御史、兵部尚书。他在西北十年，扫平关中叛军，镇压米喇印、丁国栋暴动，稳定了清初陕甘局势。

④ 慕寿祺：《甘宁青史略》正编卷17，兰州，俊华印书馆，民国二十五年（1936）刊本，第11页。

⑤ 至乾隆朝，因衙署治西宁，又改称"西宁办事大臣衙门"。

⑥ 《清圣祖实录》卷121，康熙二十四年七月壬午，北京：中华书局，1986年，第282页。

蒙古①的战争。康熙获悉后，即让五世达赖②派代表去调停，可并没有收到多少效果。三年后，准噶尔大军深入乌兰地区，很快打到乌兰布通，逼近京城不过七百里。康熙忍无可忍，遂于七年之中，三次御驾亲征，迫使噶尔丹在败退中暴病而亡。

事后，噶尔丹侄子策妄阿拉布坦扩张势力，清朝也承认了他对准噶尔的统治。可他也渐生野心，力图控制青海地区。他多次与哈萨克交战，又掠夺布鲁特部落，还派兵攻打喀什噶尔，很快控制了新疆地区和哈萨克草原东南，与清朝的矛盾也越来越凸显。康熙五十四年（1715）三月，他领兵偷袭哈密，虽被清朝驻防军击败，可他并未消停，还力图染指西藏。次年，他派大策凌敦多布领兵六千从阿里入藏，还派人去青海塔尔寺，打算劫持五世达赖喇嘛。好在，南进和东进的准噶尔部队，分别为清军所击溃，终结了策妄阿拉布坦发动的叛乱。

策妄阿拉布坦死后，长子噶尔丹策零承袭汗位。他表面上臣服于清朝，暗地里则仍存野心，不仅抗拒国家的统一，也图谋染指西藏。雍正七年（1729），他发兵两万，偷袭了科舍图、图古里克卡伦③，盗掠大量的马驼牛羊，公然与清朝为敌。两年后，他又主动出击，一路牵制西路清军，另一路攻击北路清军。这是对准噶尔战争中清军损失最大的一次，万人大军突围出去的大约只有二成。随后，在东进喀尔喀的过程中，准噶尔军受到清军重创，损失近万人。噶尔丹策零只好向清朝求和，于乾隆四年（1739）双方达成了协议，密切了彼此的政治、经济交流与联系。

对于南疆，清朝原本打算让大、小和卓④自治，目的还是"以示羁縻而已"⑤。可他们惧怕清兵西来，又乘清朝用兵北疆之机，发动了叛乱。这让清朝统治者清醒地认识到接续用兵南疆的必要，以完成对天山南北这一片新拓疆土的有效管理。

清朝先后对北疆和南疆的用兵，平定准噶尔部的阿睦尔撒纳和回部大、小和卓的叛乱，最终实现了对天山北路和天山南路的统一，从而也奠定了统一的多民族国家的政治和民族格局。北疆、南疆底定之后，为西北地区大兴屯垦，移民实边，兴修水利，振兴农牧业，发展手工业、商业、外贸以及城镇建设，提供了良好的政治保障，大大促进了各地、各族之间经济、文化交流与合作。

从行政区划上说，清承明制，又略有变通。先是，改北直隶为直隶，南直隶为江南布政司；至康熙朝，各布政司一律称"行省"。后来，又分湖广为湖北、湖

---

① 即漠北蒙古，初见于明代，因分布于喀尔喀河（今哈拉哈河）而得名，至晚清渐次演化为外蒙古。
② 阿旺·罗桑嘉措（1617—1682），山南藏族，六岁由四世班禅认定为五世达赖喇嘛。顺治九年（1652），受邀赴京弘法，清朝赐以金册金印，封为"西天大善自在佛所领天下释教普通瓦赤喇呾喇达赖喇嘛"。康熙二十一年（1682），在拉萨布达拉宫圆寂。
③ 卡伦：又作"喀伦""卡路""喀龙"，为满语音译，含义为"台""站"，即清代的哨所；科舍图、图古里克卡伦，地近哈密和巴尔库尔，也是清军入疆的重要兵站。
④ "和卓"，系波斯语音译，含义为"圣裔"，即穆罕默德子孙。大和卓为波罗尼都，小和卓为霍集占。
⑤ 《清高宗实录》卷548，乾隆二十二年冬十月辛酉，北京：中华书局，1986年，第973页。

南二省，分江南为江苏、安徽二省，分陕西为陕西、甘肃二省。

于边疆，又推行与内地不同的行政管理方式。一是于东北设奉天（盛京）、吉林和黑龙江将军，于外蒙设乌里雅苏台将军，于新疆设伊犁将军；二是于西藏设驻藏大臣，于西宁设办事大臣；三是由理藩院负责管理蒙古事务。至晚清，又改伊犁将军辖区为新疆省，台湾也从福建析出而升格为省，另改奉天、吉林和黑龙江将军辖区为省。

在清代，实行省、府（州）、县三级行政区划系统。在新疆、青海和东北等地，还有盟、旗行政区划单位。盟略当于府，旗略当于县。另外，在新区还设有"厅"，分为直隶厅和散厅。直隶厅与府（州）平行，隶属于省；散厅与县平行，隶属于府。①

具体到西北，陕西省下设西安、同州、凤翔、汉中、兴安、延安和榆林七府，另有乾州、商州、邠州、鄜州和绥德五州；甘肃省下设兰州、平凉、巩昌、庆阳、宁夏、西宁、凉州和甘州八府，另有化平川厅、泾州、固原、阶州、秦州、肃州和安西六州；新疆省下设迪化、伊犁、温宿、焉耆、疏勒和莎车六府，另有镇西、吐鲁番、哈密、库尔喀喇乌苏、塔尔巴哈台、精河、乌什、英吉沙尔八厅和库车、和阗二州。

尚需说明的是，乾隆平准、回二部之后，先是因俗而治，于回部设伯克②，于蒙古族设札萨克③；而至光绪朝改省之后，行政建置渐同于内地④。另外，在紧邻少数民族地区，还有与县平行的散厅，像隶属于西宁府的贵德厅（今贵德县）、循化厅（今循化县）、丹噶尔厅（今湟源县）和巴燕戎格厅（今化隆县）之类。

于陕西、甘肃省府之上，又设陕甘总督府；巡抚和总督，既是地方的行政首脑，又是最高的军事长官。不过，总督、巡抚提调绿营，并不过问八旗事务。

清朝的军力，早先是八旗和绿营，后来又有勇营、新军和水师。至于西北军政情形，主要是八旗和绿营两大系统。八旗的职阶，主要有大将军、将军、都统、副都统、参领、佐领、城守尉和防守尉；绿营的职阶，则有提督、总兵、副将、参将、游击、都司、守备、千总、把总和外委⑤千总、把总。清朝在西北的兵力部署，一般说来，甘宁青以绿营为主，新疆则既有八旗，又有绿营。

应该说，比起明代，清代西北疆域更为疏阔，民族、宗教乃至外交关系更为复杂，国防地位大大提升了，确保防边备御之需的西北马政，随之也有了新的内容和意义。

---

① 姚继荣：《中国历史大讲堂》，北京：西苑出版社，2011年，第93—94页。
② 伯克：系突厥语的音译，含义是"王"、"首领"和"统治者"。光绪十三年（1887），清朝正式废除伯克制度。
③ 札萨克：系蒙语音译，源出"札撒"一词，含义是"尊长""支配者"；在清代，即"旗长"之谓。内属蒙古各旗一般不设，外藩蒙古各旗，于旗内王公中委派一人充任，直隶理藩院，受中央监督。
④ 顾颉刚、史念海：《中国疆域沿革史》，北京：商务印书馆，2015年，第207页。
⑤ 外委：清代之低级武官，有外委千总、外委把总、额外外委，职位与千总、把总类同，不过薪俸偏低而已。

第七章　清代马政视野下的西北马政

清代马政之于明代马政，既有承袭也有变通，是政治、经济、军事和民族、边疆形势发展的结果。从马政制度和规模来看，清代比不上明代；而从实际效果上说，清代又不逊色于明代。

一、清代君臣重视马政

与历代统治者一样，清朝君臣也重视马政。以康雍乾三代为例，康熙十分关注马队训练，史书上说，他曾"亲率诸皇子射，上亲射二次，发矢皆中，又命十五善射硬弓侍卫等射，次命官兵校马步射"①。雍正则有这样的认识，"我朝自开国以来，以弓马为制胜之具"②；乾隆也颁旨称"向来满洲兵丁，以骑射技艺为重"③，还强调"国家马政，最关紧要，必平时牧养蕃息，斯缓急可以备用"④；至于嘉庆，也说过"马政攸关紧要"⑤的话。另外，在《大清十朝圣训》中，针对马政问题，康熙还发过二十七道谕旨，乾隆更是发过一百零一道谕旨，足见他们的重视程度。

至于清代朝臣，也不乏类似的认识。雍正十年（1732），陕西总督刘于义⑥在奏折中说："国家马政为武备之要。"⑦咸丰六年（1856），侍读学士翁同书⑧认为："马匹为武备之要需，牧厂为边防之重务。"⑨于同治朝，在恭亲王奕䜣看来："军

---

① 《清圣祖实录》卷193，康熙三十八年四月三月丙申，北京：中华书局，1986年，第1042页。
② 《雍正朱批谕旨》（4），北京：北京图书馆出版社，2008年，第487页。
③ 《清高宗实录》卷102，乾隆四年十月丙子，北京：中华书局，1986年，第536页。
④ 《清高宗实录》卷55，乾隆二年十月庚戌，北京：中华书局，1986年，第912页。
⑤ 《清会典事例》卷649《兵部·马政·牧马》，《续修四库全书》，上海：上海古籍出版社，2002年，第135页。
⑥ 刘于义（1675—1748），字喻旃，号蔚冈，江苏武进人。康熙五十一年（1712）进士，官至翰林院编修、侍讲学士、仓场侍郎、吏部侍郎、直隶河道总督、刑部及吏部尚书、陕甘及直隶总督。
⑦ 《皇朝政典类纂》卷360《兵·马政·牧场》，《近代中国史料丛刊续编》，台北：文海出版社，1983年，第7839页。
⑧ 翁同书（1810—1865），字祖庚，号和斋，江苏常熟人，翁心存长子，翁同龢之兄。道光二十年（1840）进士，管制翰林院编修、侍讲学士、贵州学政、安徽巡抚、詹事府少詹事。
⑨ 《皇清道咸同光奏议》卷54《兵政·马政》，《近代中国史料丛刊》，台北：文海出版社，1965年，第2808页。

营马队最为得力，然必须膘壮精良，方能制胜。"①在官修的《清文献通考》和盛康的《清经世文续编》中，还有人表达了这样的认识："军政之重莫重于马也"，"马，兵国之必需"，"马政与军政相为表里，历年军营打仗，马队最为得力……马不得力，兵亦随之，所关实非浅鲜"。②

在清朝君臣眼中，满洲是马背上的民族，大清是骑马打下来的江山。所以，八旗和绿营骑兵马队，在清军中的地位也很特殊。清代兵制中即有这样的规定：

满洲、蒙古每佐领设前锋二名，亲军二名，护军十七名，拨什库③六名，马兵四十名（内含弓匠一名），步军拨什库二名，步兵十八名，铁匠二名……汉军每佐领设拨什库四名，马兵三十名；步军拨什库一名，步兵十二名。④

按照这个制度，满洲、蒙古八旗佐领下设兵员七十五人，包括马兵四十人，占了一半以上；汉军八旗佐领下设兵员四十二名，包括马兵三十人，比例更高，已过七成以上。而从清朝驻防马步兵比例、驻防战马数量，也可见骑兵马队地位之一斑。

即以康熙朝驻防马步兵比例为例，奉天府马兵为二千六百四十人，步兵为四百人；江宁府马兵为四千人，步兵为七百人；杭州府马兵为三千人，步兵为七百人；西安府马兵为六千人，步兵为七百人。⑤不难看出，在驻防部队中，马兵占比在七成以上，而西安府更是高达九成。

又以康熙朝驻防马数为例，江宁府官员马为一千一百一十四匹，兵丁马为一万二千零一十五匹，合计一万三千一百二十九匹；杭州府官员马为九百四十二匹，兵丁马为九千二百七十五匹，合计一万零二百一十七匹；广州府官员马为七百八十七匹，兵丁马为六千一百三十五匹，合计六千九百二十二匹；西安府官员马一千四百六十九匹，兵丁马为一万八千一百九十七匹，合计一万九千六百六十六匹。⑥

另以雍正朝驻防马数为例，江宁府官员马为一千一百四十三匹，兵丁马为一万二千三百一十八匹，合计一万三千四百六十一匹；杭州府官员马为八百八十八匹，兵丁马为一万一千七百五十三匹，合计一万二千六百四十一匹；广州府官员

---

① 《清穆宗圣训》卷138《饬马政》，《近代中国史料丛刊三编》，台北：文海出版社，1990年，第1837页。
② 《清文献通考》卷193《兵·马政》，杭州：浙江古籍出版社，1988年，第6561页；《清经世文续编》卷79《条拟整顿马政章程疏（兵部）》，北京：中华书局，1992年，第2808页。
③ 拨什库，系满语音译，含义是"领催人"，为八旗佐领下负责登记、发饷的官员。
④ 《清会典》（康熙朝）卷81《兵部·八旗甲兵》，《近代中国史料丛刊三编》，台北：文海出版社，1990年，第4034—4035页。
⑤ 《清会典》（康熙朝）卷82《兵部·驻防马匹》，《近代中国史料丛刊三编》，台北：文海出版社，1990年，第4114—4115页。
⑥ 《清会典》（康熙朝）卷82《兵部·驻防马匹》，《近代中国史料丛刊三编》，台北：文海出版社，1990年，第4114—4115页。

马为六百一十匹,兵丁马为九千零四十匹,合计九千六百五十匹;西安府官员、兵丁马比例不详,合计为一万五千四百九十八匹;宁夏府官员马为五百五十二匹,兵丁马为四千四百八十八匹,合计为五千零四十匹。①

再以光绪朝驻防马数为例,江宁府官员马为七百五十九匹,兵丁马为八千五百八十九匹,合计九千三百四十八匹;杭州府官员马为五百三十九匹,兵丁马为三千三百九十二匹,合计三千九百三十一匹;广州府官员马为二百六十二匹,兵丁马为五千四百八十匹,合计五千七百四十二匹;西安府官员马为七百五十三匹,兵丁马为一万三千一百七十匹,合计一万三千九百二十三匹;宁夏府官员马为四百七十二匹,兵丁马为四千一百一十二匹,合计四千五百八十四匹;塔尔巴哈台官员马为一百六十匹,兵丁马为二千三百零四匹,合计二千四百六十四匹;伊犁府官员马为一百七十二匹,兵丁马为二千五百二十匹,合计二千六百九十二匹。②

至于绿营马数,已有人做过这样的统计③,详见表7-1。

表7-1 绿营马统计数

地区	康熙朝	雍正朝	乾隆朝	嘉庆朝	道光朝	光绪朝
直隶	7 467	8 472	9 307	10 944	11 218	11 160
山西	3 221	4 753	4 939	5 723	4 956	4 198
山东	4 493	4 448	3 783	4 423	5 043	2 417
河南	2 232	2 179	2 099	2 459	3 097	3 420
两江	8 348	7 865	6 276	8 169	7 888	6 184
闽浙	13 296	12 384	9 181	9 785	5 072	3 519
湖广	5 297	5 566	4 420	6 980	6 805	5 155
陕甘	41 755	47 286	44 216	38 930	36 683	24 460
四川	7 166	6 746	5 542	5 255	5 248	4 267
两广	10 017	9 533	6 713	9 019	6 674	4 077
云贵	10 416	10 109	9 277	8 304	8 308	3 813
新疆	/	/	/	/	1 680	8 102
京师巡捕营	1 200	1 622	1 440	4 442	2 450	1 899
历朝总计	115 008	121 003	107 193	114 433	105 122	82 671

综合以上资料可知,清代驻防八旗战马大略为七万五千至九万五千匹,绿营战马大略为十至十二万匹,连同京师战马,清代战马总计为十八万六千五百至二十二万六千五百匹。④

具体到清代西北的驻军情形,自然更能说明西北马政的客观作用。

---

① 《清会典》(雍正朝)卷114《兵部·驻防马匹》,《近代中国史料丛刊三编》,台北:文海出版社,1990年,第7451页。
② 《清穆宗圣训》卷138《饬马政》,《近代中国史料丛刊三编》,台北:文海出版社,1990年,第1837页。
③ 罗尔纲:《绿营兵制》,北京:中华书局,1984年,第395—396页。
④ 牛贯杰:《清代马政初探》,《燕山大学学报(哲学社会科学版)》2006年第2期。

甘肃八旗驻防军不多，又主要集中于河西走廊东端的凉州；满营兵额为一千五百一十名，马七百七十匹。在甘肃的绿营驻防军数额则很大，具体情况于次：甘肃提督标属各营汛：有官员五十九名，有马步守兵九千四百七十九名，马六千一百七十九匹，骆驼二千一百峰；河州镇总兵标属各营汛：官员数不详，有马步守兵二千三百九十二名，马二百零一匹；凉州镇总兵标属各营汛：有官员一百一十一名，有马步守兵一万二千八百七十八名，马六千一百七十二匹，骆驼一百一十峰；肃州镇总兵标属各营汛：有官员八十四名，马步守兵不详，马四千三百四十七匹。

甘肃地处西北边陲，兵种中以骑兵为多，马匹用量也不在少数。以肃州为例，清初肃州原额兵为九千七百八十名，其中骑兵三千一百八十三名。康熙三十年，特设肃州总兵一员，自为一镇，不隶甘州。总兵配坐马十六匹，总兵及副将、参将、游击、都司、守备、千总、把总共官八十四名，坐马二百六十八匹，兵马四千零七十九匹，驮炮马驼一百匹、峰，合计四千四百四十七匹。具体详见表7-2至表7-6。

表7-2 康熙朝马兵、步兵数量表

军营	马兵数量（名）	步兵数量（名）	合计（名）
甘肃巡抚标	450	1 050	1 500
甘肃提督标	4 000	1 000	5 000
甘肃镇标	7 415	8 315	15 730
甘肃驻防总兵力	11 865	10 365	22 230

表7-3 雍正朝绿旗马兵、步兵数量表

军营	马兵数量（名）	步兵数量（名）	合计（名）
甘肃巡抚标	350	200	550
甘肃提督标	3 618	1 382	5 000
甘肃镇标	7 415	8 315	15 730
凉州镇标	4 231	1 761	5 992
肃州镇标	4 435	1 591	6 026
安西镇标	3 360	2 840	5 480
甘肃绿旗总兵力	23 409	16 089	38 778

表7-4 雍正朝营马数量表

军营	官员马数量（匹）	兵丁马数量（匹）	合计（匹）
甘肃抚标	44	350	394
提镇标	1 412	28 645	30 057
甘肃八旗总营马	1 456	28 995	30 451

表 7-5　嘉庆朝驻防八旗战马表

八旗驻地	官员马数量（匹）	兵丁马数量（匹）	合计（匹）
凉州	253	3342	3595
庄浪	113	1789	1902
甘肃八旗总马匹	366	5131	5497

表 7-6　光绪朝驻防八旗战马表

八旗驻地	官员马数量（匹）	兵丁马数量（匹）	合计（匹）
凉州	208	3342	3550
庄浪	100	1789	1889
甘肃八旗总马匹	308	5131	5439

从表 7-2 可以看出，康熙朝在甘肃至少安排了二万二千二百三十名士兵；从表 7-3 可以看出，雍正朝在甘肃至少安排了三万八千七百七十八名士兵；从表 7-4 可以看出，雍正朝在甘肃至少安排了三万零四百五十一匹营马；从表 7-5 可以看出，嘉庆朝在甘肃至少安排了五千四百九十七匹营马；从表 7-6 可以看出，光绪朝在甘肃至少安排了五千四百三十九匹营马。至于绿营兵，单从量上看，甘肃居全国之首。①

在宁夏，驻防的满营兵额为三千四百八十八名，马一千零八十八匹。另外，固原提督标属各营汛：有官员七十七名，马步守兵一万零八百八十四名，马六千八百三十匹；宁夏镇总兵标属各营汛：有官员九十二名，有马步守兵一万一千零四十六名，马五千二百七十八匹，骆驼七十二峰。具体参见表 7-7 至表 7-11。

表 7-7　康熙朝马兵、步兵数量表

军营	马兵数量（名）	步兵数量（名）	合计（名）
宁夏镇标	4 640	6 360	11 000

表 7-8　雍正朝驻防八旗战马表

八旗驻地	官员马数量（匹）	兵丁马数量（匹）	合计（匹）
宁夏府	552	4488	5040

表 7-9　雍正朝绿旗马兵、步兵数量表

军营	马兵数量（名）	步兵数量（名）	合计（名）
固原提督标	5 503	2 076	7 579
延绥镇标	3 173	2 240	5 413
兴汉镇标	2 590	1 413	4 003
宁夏镇标	4 100	1 943	6 043
驻防总兵力	15 366	7 672	23 038

---

① 李永忠：《甘肃绿营兵与清代西北边疆》，云南大学硕士学位论文，2011 年。

表 7-10　嘉庆朝驻防八旗战马表

八旗驻地	官员马数量（匹）	兵丁马数量（匹）	合计（匹）
宁夏府	479	4112	4591

表 7-11　光绪朝驻防八旗战马表

八旗驻地	官员马数量（匹）	兵丁马数量（匹）	合计（匹）
宁夏府	472	1789	2261

从表 7-7 可以看出，康熙朝在宁夏至少安排了一万一千名士兵；从表 7-8 可以看出，雍正朝在宁夏至少安排了五千零四十匹八旗战马；从表 7-9 可以看出，雍正朝在宁夏至少安排了二万三千零三十八名士兵；从表 7-10 可以看出，嘉庆朝在宁夏至少安排了四千五百九十一匹八旗战马；从表 7-11 可以看出，光绪朝在宁夏至少安排了二千二百六十一匹八旗战马。

在青海，乾隆以后，民族矛盾有所缓和，西宁镇标①及协路各营实额兵员减至一万一千二百六十三名；其中，骑兵四千九百四十二名，步兵三千八百七十八名，守兵二千四百四十三名。这里的数据说明，青海的绿营军队需要大量马匹来组建骑兵部队。具体参见表 7-12 至表 7-13。

表 7-12　康熙朝马兵、步兵数量表

军营	马兵数量（名）	步兵数量（名）	合计（名）
西宁镇标	5064	9151	14215

表 7-13　雍正朝绿旗马兵、步兵数量表

军营	马兵数量（名）	步兵数量（名）	合计（名）
西宁镇标	4658	5631	10289
西大通镇标	2000	1600	3600
驻防总兵力	6658	7231	13889

从表 7-12 可以看出，康熙朝青海至少安排了一万四千二百一十五名士兵；从表 7-13 可以看出，雍正朝在青海至少安排了一万三千八百八十九名士兵。

对清朝统治者来说，在西北，新疆地理特殊，民族关系复杂，又地处边疆，禁防疏阔，所以，兵力部署、军马总量居于首位。具体参见表 7-14 至表 7-15。

表 7-14　嘉庆朝驻防八旗战马表

八旗驻地	官员马数量（匹）	兵丁马数量（匹）	合计（匹）
巴里坤	163	2 544	2 707

---

① 于明代，镇守边地的统兵官，有镇标和副镇标，无定员。镇标官本为差遣的名称，无品级，遇有战事，镇标佩将印出战，事毕缴还。至清代，镇标官阶二品，受提督统辖，职司本镇军务，又称"总兵""总镇"。

续表

八旗驻地	官员马数量（匹）	兵丁马数量（匹）	合计（匹）
吐鲁番	95	1 332	1 427
古城	163	2 544	2 707
乌鲁木齐	489	7 992	8 481
伊犁惠远城	788	9 844	10 632
惠宁城	320	5 088	5 408
驻防总马匹	2 018	29 344	31 362

表 7-15　光绪朝驻防八旗战马表

八旗驻地	官员马数量（匹）	兵丁马数量（匹）	合计（匹）
古城	117	2400	2517
塔尔巴哈台	160	2304	2464
伊犁	172	2520	2692
驻防总马匹	449	7224	7673

从表 7-14 可以看出，嘉庆朝在新疆至少安排了三万一千三百六十二匹战马；从表 7-15 可以看出，光绪朝在新疆至少安排了七千六百七十三匹战马①，充分表明清朝统治者对防边备御的高度重视。

二、清代的马政体系

谈及清代马政，魏源这样说道：

> 自京师巡捕五营暨各省额设马共十一万六千八百五十三匹，其马兵月给草豆银二两五钱，此所谓"营马"也；又热河、密云及各省驻防马共八万六千二十一匹，其马冬春月支豆九斗、夏秋六斗，草均三十束，此所谓"官马"也；又各处孳生马厂，如口外太仆寺左右翼及甘肃、新疆、蒙古等处，又二十余万匹，此草地游牧之"官马"也。②

另按《八旗通志》的说法，清代马政涉及五个方面，即太仆寺马政、上驷院马政、八旗牧马、外省牧马和直省营马。③从职司上看，上驷院、太仆寺、八旗和绿营马政，各有侧重，形成一套全新的清代马政体系。

---

① 统计数据来源：《大清五朝会典》，北京：线装书局，2006 年影印本。
② （清）魏源：《圣武记》卷 11《兵制兵饷》，《续修四库全书》，上海：上海古籍出版社，2002 年，第 420 页。
③ 《八旗通志》卷 40《兵制·马政》，《景印文渊阁四库全书》，台北：商务印书馆，1986 年，第 964 页。

1. 上驷院职司及所属牧厂

上驷院前身御马监,是顺治十年(1653)设立的十三衙门[①]之一。八年后,改为阿敦衙门[②];康熙十六年(1677),改为上驷院,与武备院、奉宸苑同属内务府。衙署初设于东华门内三座门之西,后迁至左翼门外,专门负责皇家马匹。上驷院为三品衙门,设兼管大臣,由皇帝简派,无定员;下设上驷院堂、左司和右司。院堂设郎中一人,主事一人。委署主事一人,笔帖式八人,主管办理拣选官员、稽查马匹钱粮及文秘档案之类;左、右司各设员外郎二人,主事一人,委署主事一人,笔帖式七人。左司分管稽核内外马厩、各牧厂马驼数目和定议赏罚事宜;右司分管稽核马驼草料及官员俸饷事宜。

从上驷院的具体工作来看,可分为以下四个方面的内容:

一是管理、供养宫内马匹。总计设马厩十六个、骡厂两个,养马无定员;设厩长、厩副五十二人,牧长、副牧长、牧副二十人,厩丁、牧丁、草夫、马甲一千一百人;喂马草、料,分别在户部、奉宸苑支领,或由内务府广储司领银采买;每年选良马以供内用,不足则调取牧厂马匹。

二是设阿敦侍卫二十一人,司鞍长三人、副司鞍长二人,司鞍、司辔二十九人,负责骑试、挑选御马,以供帝后、嫔妃和皇子之用。

三是设蒙古医师长三人、副医师长二人,蒙古医生、癞医、兽医三十七人,负责治疗皇家马驼疾病。

四是上驷院所属御马驼厂,在京郊者谓之"内厂",在长城以外者谓之"外厂"。内厂又分内外厩,内厩在紫禁城内和皇城附近,外厩也分两处,一在南苑,一在西郊安河村;外厂在山海关外的大凌河以及察哈尔的商都、达布逊诺尔、达里冈爱[③],总计牧放马二百六十二群,总计在十万匹以上;驼六十五群,总计接近两万峰。由锦州副都统兼任大凌河牧厂总管,下设翼长二人,牧长、副牧长、牧副九十人,牧丁五百人;察哈尔都统兼任商都、达布逊诺尔、达里冈爱牧厂总管,下设小总管一人,翼长九人,牧长、牧副约三百人,设防御四人,骁骑校、护军校十八人,护军四百四十人。

上驷院所属牧厂孳生、牧养马匹,除供宫廷御用之外,偶尔也提供给部队,作为官军的骑操马。

---

① 顺治十一年(1654),吴良辅倡设由太监主管的"十三衙门",作为侍奉皇室及家族事务的内廷机构;它仿明朝二十四衙门而设,下设司礼监、御用监、御马监、内官监、尚衣监、尚膳监、尚宝监、司设监、尚方监、惜薪司、钟鼓司、兵仗局和织染局。

② "阿敦":系满语音译,含义为"马群""牧群"。阿敦衙门,汉文含义为御马监,是内务府所属管理御马的机构。顺治十八年(1661),更名为阿敦衙门;康熙十六年(1677),定汉名为"上驷院"。

③ 李群:《清代畜牧管理机构考》,《中国农史》1998年第3期。

2. 太仆寺职司及所属牧厂

太仆寺与上驷院一样，同属清代中央马政机构。它始设于顺治元年（1644），废于光绪三十二年（1906）；又初无专署，附设于兵部武库司，负责直隶、山东、河南、江南额征马价之储库、考核、奏销及预备巡幸沿途需用马驼事宜。

关于太仆寺设官，《清会典》上说："太仆寺卿从三品，少卿正四品，均满汉各一人，所属司二；员外郎满二人，蒙古二人；主事满二人，蒙古二人；主簿满一人，正七品；笔帖式满八人，蒙古八人。"①

康熙九年（1670），兵部大库口外种马二厂交由太仆寺管理，三年后正式更名为太仆寺马场。雍正三年（1725），太仆寺另设独立衙门；随后，巡幸扈从、牵驼驮载之类事宜，划归护军统领衙门，而太仆寺则专司两翼牧厂事务。具体到后者的职司，就是"两翼牧马场均齐、赏罚之政"②。

左翼牧厂，设于张家口东北的喀拉尼墩井（今内蒙古太仆寺旗南）；右翼牧厂，初设于张家口西北齐齐尔汉河（今内蒙古乌南察布盟丰镇北），后来渐次东移。至乾隆中叶，右翼牧厂东移，下分骒、骟二马厂；骒马厂在独石口外商都河南，骟马厂在张家口外布尔噶苏台河北。

康熙四十四年（1705），左、右翼牧厂各设总管一人，翼长一人，俱驻扎张家口。雍正元年（1723），两翼马厂添设副管一人，防御一人，骁骑校三人，护军校八人，护军三百四十人。左翼牧厂官兵，由察哈尔镶黄、正白、镶白、正蓝四旗内拣选；右翼牧厂官兵，则由察哈尔正黄、正红、镶红、镶蓝四旗内拣选。

在清人有关马政的文献中，不乏"牧厂"、"马厂"和"马场"这三个术语。一般说来，"马厂"即"马场"，比"牧厂"小，一般也隶属于"牧厂"；在一定的场合，"牧厂"和"牧场"，大略也是近义和同义词。

太仆寺两翼牧厂的主要任务，是繁殖和训练马匹，以备朝廷军用和差用：一是调给拱卫京师的八旗各营军用，二是拨给皇帝行围扈从官兵之用。而从制度上说，主要有三个方面：一为"巡察"之制，即两翼副管以下的防御、骁骑校、护军校、护军，在本翼、本旗牧地巡察，拿报盗贼、私卖、私与人骑乘和擅垦牧地。二为"分群"之制，即牧厂内骒、骟马分群牧养之制。骒马群以骒马五配儿马一，三岁以下马驹随群放牧；骒马以生马驹三岁割势拨入骟马群。三为"均齐"之制，即每三年对左、右翼牧厂马群的考核、赏罚之制。具体说来，对骒马群，要求每三匹马要孳生马驹一匹，多者议赏而少者受罚；而对骟马群，则以在厂马数为十

---

① 《清会典》卷3《吏部·官制》，《景印文渊阁四库全书》，台北：商务印书馆，1986年，第49页。
② 《清会典》卷85《太仆寺》，《景印文渊阁四库全书》，台北：商务印书馆，1986年，第806页。

分，一年准许倒毙一分，依据训练生熟和倒毙多寡来议赏和受罚。

3. 八旗马政与绿营马政

清代八旗之制，分满洲八旗、蒙古八旗和汉军八旗，而以满洲八旗为基干。八旗又有京营和驻防之分，正所谓"存京师者为禁旅，而分镇各省者为驻防"①。

关于八旗牧马，康熙四十四年（1705）有个说法："宋明时论马政者皆无善策，牧马惟口外为最善。"②

《清会典》上又说："八旗马每岁季春由部以出牧之数具奏，并列副都统名，请每翼简用一人掌出牧事。每旗视马多寡拨委官兵，陆续领赴口外马场，择水草丰茂处牧养，听副都统管辖调度，归牧之期以八九月为率。"③

清代八旗和绿营兵马，一向变化很大，一般也很难确切统计。文献记载乾隆十六年（1751），"八旗牧官马二万七千七百余匹，以万匹于都城外牧养，热河千匹，各庄头二千匹，余者分界直隶标营"。至于驻防的官牧马匹，它也有过这样的追述："溯自世祖入关，迄于康、乾之际，盛京、吉林、黑龙江、直隶、江南、浙江、广东、福建、湖北、四川、陕、甘、山东、山西诸省设驻防满洲营，马凡十万六千四百余匹，惟福建水师驻防仅数十匹。"④《清史稿》成书太急，漏洞不少，难免学界诟病。不过，它于文献有梳理之功，对类似兵马之类的数据，不大受立场、观点左右，所以多半还是可信的。

八旗养马，时有变化，一般是"春冬大料，每匹日支谷六升、草二束；夏秋小料，每匹日支谷四升、草一束"。康熙三十四年（1695），圣谕议政王大臣和八旗都统："朕观京城八旗，兵卒俱已熟练，器械亦俱整齐。倘有举动，惟马匹少缺。前命满洲、蒙古、汉军各佐领下，拴马一半，给草豆、钱粮喂养。但军行以马为重，今可令众兵一概置马一匹。春冬则全给草豆、钱粮；自四月起，发一半放青，留一半拴喂；至九月驱回，照常拴喂。此所置马匹，令兵丁各自小心饲养，各交与该管官严行稽察。"⑤八旗养马遂成定制，春夏放牧，谓之"出青"；秋冬回圈，谓之"回青"。

绿营兵，是入关后由汉军改编而成的正规军，主要配合八旗兵以拱卫京师和驻防各地。绿营兵额不定，以嘉庆朝最多，高达六十六万余人。不过，它们数量虽大于八旗兵，可在装备、兵饷和政治待遇上大不及后者。绿营马，有官例马和

---

① （清）魏源：《圣武记》卷11《兵制兵饷》，《续修四库全书》，上海：上海古籍出版社，2002年，第413—414页。
② 《八旗通志》卷41《兵·马政》，《景印文渊阁四库全书》，台北：商务印书馆，1986年，第970页。
③ 《清会典》卷66《兵部·马政》，《景印文渊阁四库全书》，台北：商务印书馆，1986年，第611页。
④ 《清史稿》卷147《兵志·马政》，《续修四库全书》，上海：上海古籍出版社，2002年，第625页。
⑤ 《清通典》卷79《兵·马政》，杭州：浙江古籍出版社，1988年，第2607页。

马兵骑操马之分。自提督以下，官员骑乘由公家配给，名曰"例马"①。凡官员例马，按官阶配给，提督二十匹，总兵十六匹，副将十二匹，参将八匹，游击六匹，都司、守备四匹，千总、把总二匹。②骑操马额，则按马兵额配给。绿营马额也不定，以雍正朝最多，不下于十二万匹；次为康熙朝，为十一万五千匹；乾隆、嘉庆和道光朝，大约十万匹；而光绪朝最少，大约八万二千匹。

绿营马，主要由有关绿营牧厂拨给。而绿营牧厂，议设于雍正十二年（1734），而始设于乾隆元年（1736）。绿营官牧，自有一套制度，主要包括四个方面：一为"定例"之制，每场牧马一千二百匹，以游击一人为总统经理牧务。每场分五群，每群牝马二百匹、牡马四十匹，牝牡比率为五比一；以千总、把总一人为牧长，外委千总、把总一人为牧副，士兵士人为牧丁。二为"均齐"之制，有关规定类同于两翼牧厂。三为"出群"之制，有关要求也比照两翼牧厂的"分群"做法。四为"挑变"之制，口老骒马及儿马不能配合生育者、矮小体弱之儿骒马不堪留种者，即属"挑变"之列。定例：凡挑变场马，准在六年两次"均齐"考成后挑变一次；每次于场内实存马数之内，每百匹马挑变不得超过六匹。③

三、西北马政的主要内容

康雍乾三代对西北用兵，动用大量的军队和马匹。在统一新疆的战争中，更是提升了这方面的力度。即以雍正元年（1723）西征罗卜藏丹津为例，抚远大将军年羹尧④奏称："请令在归化城、张家口采买，或将太仆寺上都打布孙脑儿孳生马匹，解送三千匹，巴尔库尔挑送驼二千，再于甘、凉、肃州等处采买一千五百。"⑤又以乾隆二十年（1755）平定准噶尔为例，北路和西路的五万大军，"计每兵需马三匹，共马十五万"⑥。随后，与阿睦尔撒纳和大小和卓接战，又调集数万匹补充营马。有人统计，四年的战事，先后动用的马匹不下三十万匹。⑦一俟西北战事完结，漫长的边防线以及复杂的民族和国家关系，捍卫边疆、巩固国防和维护社会稳定提上了议事日程，客观上也需要有一支长于奔袭、快速反应的武装力量，这

---

① 《清文献通考》卷193《兵·马政》，杭州：浙江古籍出版社，1988年，第6561页。
② 《清会典》卷66《兵部·马政》，《景印文渊阁四库全书》，台北：商务印书馆，1986年，第611页。
③ 《清会典事例》卷648《兵部·马政·牧马》，《续修四库全书》，上海：上海古籍出版社，2002年，第130页。
④ 年羹尧（1679—1726），字亮工，号双峰，汉军镶黄旗人，雍正敦肃皇贵妃之兄。康熙三十九年（1700）进士，官至翰林院检讨、内阁学士、四川巡抚、川陕总督、抚远大将军。于雍正朝，与隆科多权倾朝野，人称"内有隆科多，外有年羹尧"。雍正四年（1726），先被削官夺爵，列大罪九十二条，旋又赐令自尽。
⑤ 《清世宗实录》卷13，雍正元年十一月己亥，北京：中华书局，1986年，第239页。
⑥ 《清高宗实录》卷465，乾隆十九年五月己亥，北京：中华书局，1986年，第1027页。
⑦ 王希隆：《清代西北马厂述论》，《西北民族学院学报（哲学社会科学版）》1991年第3期。

也是促使清朝君臣高度重视西北马政的关键所在。

清朝接续明朝而来，马政也赓续而至；至于明清西北马政，则既有一定的传承，自然也少不了变通。

明代马政，既有官府经营的监苑官牧，又有南北两畿①、鲁豫编户养马的民牧。而后者比之北宋保马法，让民户感到负担更重，丘濬认为：它的害处在于"民既供刍粮以给公家之用，复备刍秣以为官马之养。又生必报数，死必责偿。生者岁增，而供之者愈难；死者日继，而偿之者无已，民安得而不穷且盗也？"②入清，自然需要纠正对这种不得人心的做法。先是，顺治元年（1644），改为额征马价钱粮；而后，康熙二年（1663），又将马价钱粮编入条银征收。这样一来，直隶、江南、河南和山东四省的汉人，只需缴纳赋税即可，在很大程度上缓解了这些地区民养官马之苦。

至晚明，官府经营的监苑已所剩无几，主要集中在今之陕甘宁毗邻地区。清初先是继承了这些遗产，而后鉴于大统一格局下的这些地方已非边防要冲，几乎无补于巩固边防的战争之需，所以，很快放弃了对它们的经营而另谋他途。不过，雍正朝以后，设立于宁夏、河西、青海和新疆的马厂，实际上也还是借鉴了明代监苑官牧的做法。

对军队现役马的管理，明清两朝的做法，形式上虽也有别，而本质上则并没有大的不同，即部队按有关规定自行管理。只是，明朝对西北沿边官军骑操马，还有一个行太仆寺负责督察；而鉴于它的实际效果并不理想，所以，清朝也就不再设这样的衙门了。

从官马的采办途径来看，明朝要比清朝多得多。具体说来，明朝有银钞市马、丝绸布帛市马、贡马、中盐马、开马市和茶马互市六种途径，而以茶马互市为主；清朝则主要有贡马、捐输马、绢马贸易和茶马互市四种途径，早先以茶马互市为主，乾隆以后则还保持贡马和捐输马这两种形式。至于西北官用马匹的主要来源，则是仰仗于宁夏、河西、青海和新疆的马厂了。

一般说来，清代西北马政所及范围、实际内容乃至延续时限，比明代西北马政要小很多、少很多和短得多。这是明清西北不同的民族格局和政治形势所造成的。应该看到，纳入清代管理的西北区域更广，西北民族更多，又涉及更漫长的边疆，西北边防更为疏阔，巩固统一多民族国家的任务也更重。从这些角度来看，清代西北马政所承载的历史作用，自然也是不可小觑的。

---

① 即两京，在明代，包括北京和南京；在这里，主要是说直隶和江南二省。
② （清）龙文彬：《明会要》卷62《兵·马政》，《续修四库全书》，上海：上海古籍出版社，2002年，第550页。

第八章 清代西北茶马与官牧之制

西北地域之广，民族之众，边界之长，促使清代强化对西北军事防卫和政治控驭。要确保对西北的有效管控，在很大的程度上，需要依靠骑兵部队；而对官军骑操马严格、有效的管理，则是西北马政中的一项重要内容。

一、茶价、马价与茶马易例

茶马互市，兴于唐而续于宋，盛于明而衰于清；比之明代，清代的茶价、马价与茶马易例，没有太大的变化。

明清之际，茶马事大，所以，顺治二年（1645），即清兵入关次年，即令监察御史廖攀龙负责巡视西北茶马事宜。很快，廖氏把了解到的情况反馈给了朝廷。他说："茶产于川、湖，彼中尚为寇踞，非迟之二三年茶必不能来，马额必不能足；苑监久为贼残，牧马荡然无余，即迟之三四年，苑未能遂立，牧马未能遂复，故茶道须徐通，而苑俵可暂停也。"面对西北马政百废难兴的局面，他建议，首先解决人员缺失的问题："选补苑马七监等官，速催到任，以便责成。"[①]

清代的茶价，比之明代有所浮动。以顺治六年（1649）为例，大约是每斤半钱者，也有一钱或一钱三分者[②]，后来的变化也不大。而招商中茶，一般以"五斤为一封，二封为一篦"[③]。茶篦，是茶叶的一种计量单位。于乾隆朝，为十斤一篦；至晚清，则为七斤一篦。另外，西北五个茶马司的茶价也有差异：西宁每封九钱五分，庄浪、洮岷每封七钱五分，河州每封九钱四分，甘州每封七钱二分。[④]

商人按引照茶，始于北宋。崇宁元年（1102），推行"茶引法"，要求商人"纳钱请引"，凭借官府发给的"茶引"运销茶叶。迄于明清，大体也沿用了这种做法。茶引又有大、小之分，一般是上引五千斤，中引四千斤，下引三千斤。明初的做法是，"每五十斤为一包，二包为一引，令有司收贮，于西番易马"[⑤]。顺治七年

---

① 《清代档案史料丛编·为速派茶马官员事揭帖（廖攀龙）》，北京：中华书局，1984年，第2页。
② 《清代档案史料丛编·为报甘肃茶马数事揭帖（苏京）》，北京：中华书局，1984年，第34页。
③ 《清高宗实录》卷82，乾隆三年十二月壬辰（北京：中华书局，1986年，第303页。
④ 《（民国）甘肃通志稿》卷54《军政·互市》，《中国西北稀见方志》，北京：中华全国图书馆文献缩微复制中心，1994年，第193页。
⑤ 《（正德）明会典》卷32《户部·茶课》，《景印文渊阁四库全书》，台北：商务印书馆，1986年，第359页。

（1650）题准，"甘肃省旧例，大引篦茶，官商均分，小引纳税，三分入官，七分给商"①。

另外，明清对运销商还有"附茶"的酬劳。明朝的做法是，"上引仍给附茶七百斤，中引五百六十斤，下引四百二十斤"；而顺治十年（1653），"复准茶商旧例，大引附茶六十篦，小引附茶六十七斤零。今定每茶一千斤，概准附茶一百四十斤"。②换算下来，清朝的附茶与明朝一样，占到了照茶总额的百分之十四。不过，"正茶"中给运销商的份额，清朝又明显高于明朝。这也说明，比起明朝来，清朝给了运销商更多的利益实惠。

依据运销地区的不同，清朝还把茶引分为腹引、边引、土引三种，规定了不同茶引的征税标准。所谓"腹引"，是在内地贩茶的行商执照；所谓"边引"，是在边地贩茶的行商执照；所谓"土引"，是在土司控制区贩茶的行商执照。具体的征税标准是："腹引、边引、土引，每引各征课银一钱二分五厘。腹引每引征税银二钱五分；边引，每引征税银四钱七分二厘；土引，每引征税银三钱六分一厘。"③

至于马价，清初比之晚明大幅走高。按有关史文，顺治朝和康熙朝的多数时候，每马一匹大略在十二两至十八两之间。应当说，这与战事偏多、需马稍急有关。而到了康熙四十五年（1706），茶司"陈茶仍给番族，每马一匹，折银七两二钱"④，可谓大幅走低；至雍正朝，又有一定幅度上调，大略是每马一匹，折银十两；七年后还明令强调："陕西、河南、西安马价在十两之内。"⑤可见，大略已恢复到明代的一般水平。应当说，这与政局趋稳、战事减少而需马略缓有关。

明初茶马易例，屡有变化。洪武二十三年（1390），确定为上马一百二十斤，中马七十斤，下马五十斤。正德十年（1515），鉴于番人不辨称衡，巡茶御史王汝舟请准朝廷，改为"订篦中马"，即以篦为计量单位，每一千斤装成三百三十篦，每篦重六斤四两。⑥订篦中马，仍遵洪武二十三年的易例。

顺治以来茶马互市，也采取"订篦中马"的方式，茶马易例是：每茶一篦重十斤，上马给茶十二篦，中马给茶九篦，下马给茶七篦，即上马一百二十斤，中马九十斤，下马七十斤。雍正九年（1731），对茶马易例稍做了调整，主要是把下马给茶提高到了七篦，即上马仍是一百二十斤，中马仍是九十斤，下马则提高到

---

① 《清会典事例》卷242《户部·杂赋·茶课》，《续修四库全书》，上海：上海古籍出版社，2002年，第860页。
② 《（乾隆）西宁府新志》卷17《田赋·茶马》，西宁：青海人民出版社，1988年，第430—431页。
③ 《清会典事例》卷242《户部·杂赋·茶课》，《续修四库全书》，上海：上海古籍出版社，2002年，第858页。
④ 《（嘉庆）循化厅志》卷7《茶法》，西宁：青海人民出版社，2016年，第246页。
⑤ 《清会典则例》卷119《兵部·马政》，《景印文渊阁四库全书》，台北：商务印书馆，1986年，第558页。
⑥ 《（乾隆）西宁府新志》卷17《田赋·茶马》，西宁：青海人民出版社，1988年，第426页。

了七十斤。另外,还对"各番交易茶马,量赉烟酒,以示抚绥"①。这些情况也表明,比起明朝"上马一百二十斤,中马七十斤,下马五十斤"的成例,顺治朝明显放宽了茶马互市的政策,而康熙、雍正朝也延续并进一步放宽了这种政策,在交易价格上对西北各族给予了更大的优惠。在康熙朝,还两度对西北各茶马司追加了茶引份额,这表明在有些年份茶马互市的规模还是很可观的。《甘肃通志稿》追述说:"自后每岁中马,多至五六千匹,即洮州一司,亦不下千余匹。"②《循化厅志》上也说:康熙四十二至四十四年(1703—1705),同知郭朝佐在任上"中马三千余匹,而茶封不至于壅滞"③。比起顺治朝来说,也印证了康熙、雍正朝茶马互市的规模是明显扩大了。

二、西北茶马司的嬗变

明朝设立茶马司,职司互市运作,成为采办官用马匹最重要的途径。入清,先是承袭明制,随后又终止互市,完成了它们的历史使命。

顺治二年(1645),批准了户部的奏言:"陕西地方,旧例召商茶以易番马,故向有诏谕、金牌、勘合之制……若金牌一项,系明初事例,至永乐十四年,已经停止。今我朝号令一新,各番慕义朝宗,驰贡上驷,云锦逶来,金牌似不必用。但以茶易马,务须酌量价值,两得其平,无失柔远之义。"④

在这种大背景下,顺治四年(1647),茶马御史廖攀龙、西宁道蒋三捷⑤因私给蒙古官茶,受到了革职的处分。⑥

另外,在顺治朝以来《清实录》中,不乏有关游牧于青海的厄鲁特蒙古王公贵族向清朝贡马的记录。

在明朝,人们已有这样的认识,即"茶司之所易,即监苑之所牧;监苑之所牧,即官军之所给"。所以,先后有秦州、洮州、河州、西宁、甘肃、甘州、庄浪和岷州八个茶马司,而至清代减为五个,即洮岷、河州、西宁、庄浪和甘州茶马司,也算是从前朝直接继承的遗产,从顺治至雍正朝大体维持了这个格局。康熙

---

① 《清会典事例》卷242《户部·杂赋·茶课》,《续修四库全书》,上海:上海古籍出版社,2002年,第860页。
② 《(民国)甘肃通志稿》卷54《军政·互市》,《中国西北稀见方志》,北京:中华全国图书馆文献缩微复制中心,1994年,第193页。
③ 《(嘉庆)循化厅志》卷7《茶法》,西宁:青海人民出版社,2016年,第246页。
④ 《清世祖实录》卷19,顺治二年秋七月癸酉,北京:中华书局,1986年,第173页。
⑤ 蒋三捷(?),字魁宇,辽东广宁(今辽宁北镇)人,一作汉军奉天人。晚明贡生,崇祯十六年(1643),为山海关户部分司主事;入清,官至通州监军道、山东布政使司参议、陕西按察使司副使、西宁兵备道副使、陕西按察使司佥事。
⑥ 《清世祖实录》卷34,顺治四年九月丙辰,北京:中华书局,1986年,第278页。

三十六年（1697），因无马可中，于是撤销了甘州茶马司；康熙六十一年（1722），重新又恢复了这个茶马司。

对西北各茶马司的事务，顺治朝大略沿袭了明朝由茶马御史来打理的做法。而到了康熙、雍正朝，情况发生了变化。先是，康熙四年（1665），裁撤了陕西苑马司所属各监；三年后，又裁撤了茶马御史，改由甘肃巡抚兼理；康熙六十一年，让兰州茶库厅代管甘州茶马司；雍正三年（1725），让西宁府代管西宁茶马司；雍正八年（1730），又让洮岷道代管洮岷茶马司。这些变化表明，康熙、雍正朝在茶马事务管理上的"精兵简政"，是官方贸易日趋淡化的一种反映。到乾隆中叶，茶马互市也已走到了尽头，而西北各茶马司的裁撤，正是清代茶马互市终结的标志。

关于清初的茶马司，史书记载："市马，原定陕西省设洮岷、河州、西宁、庄浪、甘州五茶马司，及开城、安定、广宁、黑水、清平、万安、武安七监，岁遣御史一员专理。"①

关于这五个茶马司的治所，《清史稿》上说："西宁司驻西宁，洮州司驻岷州，河州司驻河州，庄浪司驻平番，甘州司驻兰州。"②在这里，"洮岷""洮州"，是一司的二称，由早先的洮州、岷州茶马司合并而成，治所在今甘肃岷县；河州茶马司，治所在今甘肃临夏；西宁茶马司，治所在今青海西宁市；庄浪茶马司，治所在今甘肃永登；甘州茶马司，治所由甘州（今甘肃张掖）迁往今甘肃兰州。

从行政管理上说，明代各茶马司隶属于陕西布政司，又不时差遣"行人""御史"巡察督理；而清朝各茶马司，连同长乐、灵武二监七苑，早先则是由巡视茶马御史专管的。

康熙、雍正朝的变化，是很值得关注的。茶马司时而兴盛，时而罢停。出现这种情况，主要有三个原因：一是有的商人弄虚作假，让官府和少数民族很愤怒；二是茶的价格变得便宜，马的价格变得很昂贵，致使很多人不愿意去茶马司交易；三是有的官员失职，疏于职守、违例给赏、验收失察，从而造成茶马互市进展不顺。

《清实录》上说：康熙三十四年（1695），"洮岷诸处，额茶三十余万篦，可中马一万匹，陈茶每年带销，又可中马数万匹"③。又说康熙五十八年（1719），"青海一带，积茶必多，应暂行严禁；俟其恳请时，再酌定数目，令其买运"④。又说乾隆三年（1738），"甘肃库茶，积至二百六十万封有奇，虽经减价变卖，销售仍属无几，请再行分别酌减价值。应如所请，将雍正十一年至乾隆二年库存茶封，

---

① 《清会典事例》卷652《兵部·马政·市马》，《续修四库全书》，上海：上海古籍出版社，2002年，第165页。
② 《清史稿》卷130《食货·茶法》，《续修四库全书》，上海：上海古籍出版社，2002年，第472页。
③ 《清圣祖实录》卷167，康熙三十四年秋七月癸未，北京：中华书局，1986年，第818页。
④ 《清圣祖实录》卷283，康熙五十八年二月癸酉，北京：中华书局，1986年，第768页。

西、河二司，照现减价值，每封再减二钱；庄、洮、甘三司，每封再减一钱。雍正六年至十年贮茶，西、河二司，每封定价四钱五分，或四钱四分；庄、洮、甘三司，每封定价四钱或四钱七分；雍正五年以前至康熙六十年，各司每封定价三钱，惟改征折色"①。又"因西、庄、洮、河、甘五司，库贮陈茶甚多，题明将五司商办茶封，自（乾隆）元年始，以官茶五十斤，改征折色，每引止应运商茶五十斤，其附茶十四斤，亦应减去官茶之脚价七斤，共运商、附茶五十七斤，方符定例……至前抚臣德沛，奏明封贮之茶，应作速变价报部"②。这些情况表明，自康熙朝以来，西北积茶偏多、茶马互市受阻，已是不争的事实。

茶司所易之马，除了就近给军骑操、解送京师和马厂外，有的也调配缺马地方。像康熙三十七年谕旨说："前谕西宁茶马五千匹，自边外送三千至京。此地需马不甚紧要，送二千足矣。闻南省驻防军士，马匹甚艰，其余三千，送至荆州、江宁、杭州三处各一千，给散军士……"③

而乾隆初的茶马互市，至少给人以这样的印象：一是依旧保持了茶马司的布置格局，即洮岷、河州、西宁、庄浪和甘州五个茶马司仍还在视事；二是各茶马司的业务已发生了很大的变化，"以马中茶"已不是它们的主业了，源源不断从内地运来的茶叶，由茶司随意变卖；三是各茶司"经营"的业绩也越来越不好，不仅很少交换来马匹，就地随意变卖也不理想，造成了茶叶库存积压的现象也越来越严重。各种迹象表明，茶马互市这种官方的贸易形式已然不合时宜了。

乾隆七年至二十四年（1742—1759），西北五个茶马司"已存积至一百五十余万封"④，情况明显比先前要略微好一些，不过历年积压陈茶的局面依旧没有完全改观。

乾隆二十七年（1762），明令"裁撤河州茶司"⑤。不过，《循化厅志》上说：乾隆十八年（1753），茶务"始归驿传道管理，今之兰州道也。二十五年，裁河州茶司。二十七年，厅员驿驻循化，而茶马之事遂全无干涉矣"⑥。《甘肃新通志》也这样追述道：乾隆十八年，"茶务归驿传道管理，即今之兰州道也。二十五年，裁河州茶司。二十七年，河司厅员移驻循化，而茶之一事遂无涉云。乾隆中叶，

---

① 《清高宗实录》卷82，乾隆三年十二月壬辰，北京：中华书局，1986年，第303页。
② 《清高宗实录》卷106，乾隆四年十二月壬午，北京：中华书局，1986年，第592页。
③ 《清圣祖实录》卷191，康熙三十七年十一月丁酉，北京：中华书局，1986年，第1024页。
④ 《（民国）甘肃通志稿》卷53《军政·马政》，《中国西北稀见方志》，北京：中华全国图书馆文献缩微复制中心，1994年，第179页。
⑤ 《清会典事例》卷242《户部·杂赋·茶课》，《续修四库全书》，上海：上海古籍出版社，2002年，第866页。
⑥ 《（嘉庆）循化厅志》卷7《茶法》，西宁：青海人民出版社，2016年，第246页。

因番族向化，边圉无事，罢中马之制。令商纳税银，以兰州道理其事"①。《循化厅志》成于乾隆朝，刻于嘉庆朝，《甘肃新通志》则成于光绪朝，很明显，后者袭用了前者的说法；又，比起《清会典事例》，《循化厅志》《甘肃通志稿》的记述更详尽，自然也更可靠些。所以，河州茶马司应是裁撤于乾隆二十五年（1760）。是年，户部议覆甘肃巡抚吴达善②奏言："惟洮司地处偏僻，土瘠民病，故该司商销茶斤，历年俱告改别司售卖……俟洮司库贮茶封搭饷完日即行裁汰。"③

至于洮岷、西宁、庄浪和甘州茶马司，它们具体的裁撤时间，也因为史料的阙如，仍需进一步寻找新证加以考察。不过，一般说来茶务还在延续，只不过已转入附近的道、府、州代理了。

茶马司的裁撤，主要有以下几个原因。一是，经过清朝几代统治者的努力，到乾隆之年，统一的多民族国家已经稳定下来，对战马的需求已经很少，对官府来说，茶马贸易失去了"易马"的必要性。二是，伴随国家的统一，经济也有了很大的发展，商品经济逐步发展起来，部分地区已经出现资本主义萌芽，而茶马贸易这种以物易物的形式已不能适应经济形势的发展，它被更具活力的商品贸易取代也是历史必然。三是，通过一系列的军事、政治、经济手段，到乾隆中叶，清朝在西北少数民族地区的统治已十分稳固，各民族业已大略融合于一体，民族矛盾不再成为影响其统治的主要问题。茶马互市也失去了对西北少数民族的"羁縻"意义，而转化为纯粹的商品贸易并逐渐融入了商品贸易的体系中。四是，官府既是贸易方，又是管理者，这种垄断性的身份，既不能平等对待运销商人，也不能平等对待"以马中茶"的少数民族，从而挫伤了商人运销和少数民族的积极性。五是，西北各茶司管理不善，官员贪污腐败、欺凌茶商之类的现象层出不穷，从而造成茶马互市的运行不畅，以至于非但不能给朝廷带来足够的经济收入，反而总还要为处理大批库存陈茶劳民伤财而大伤脑筋。六是，清朝一直以强硬的政治手段对待茶马互市，不能认识到商品经济的巨大发展而有所变革，有关茶马互市的政策也越来越成为贸易发展的阻碍，走向消亡也就成了它必然的归宿。④

乾隆十一年（1746），户部议准，甘肃"库贮官茶，除兰州厅所管之甘司并无番族，本地居民食茶无几毋庸易粮外，其西、庄、河三司地方，番民错处，惟茶是赖。自乾隆八年，奉文以粮易茶，合计用过茶六万五千五百余封，易获杂粮三

---

① 《（光绪）甘肃新通志》卷22《茶法》，扬州：江苏广陵古籍刻印社，1989年影印本，第3页。
② 吴达善（？—1771），字雨民，瓜尔佳氏，满洲正红旗人。乾隆元年（1736）进士，官至户部主事、工部侍郎、镶红旗满洲副都统、甘肃及湖南巡抚、湖广及陕甘总督。
③ 《（民国）甘肃通志稿》卷54《军政·互市》，《中国西北稀见方志》，北京：中华全国图书馆文献缩微复制中心，1994年，第194页。
④ 李英华：《清代的茶马互市与民族关系》，青海民族大学硕士学位论文，2010年。

万八千一百余石，试办已有成效，嗣后遵照办理"①。以粮易茶，是一个值得关注的新变化，既可处理一部分茶司积茶，又可增加一部分财政收入，同时也一定程度上满足了西北农区对茶叶的需求。

三、对西北现役军马的管理

清朝对西北现役军马的管理，主要涉及购置营马、领解营马、营马倒毙、私贩马匹几个方面。

1. 关于购置营马

乾隆朝以前，西北兵马主要归属于陕西督抚标和提督标旗下。陕西督抚标②官员马二百三十二匹，兵丁马五千九百匹；提督标官员二千二百六十匹，兵丁马三万三千三百六十三匹。③

购置营马，是官军骑操马的重要来源。康熙十一年（1672），"题准各省将军提镇标下各官，请买自备马匹，不得过四百匹"④。就西北而言，历年购买营马之事，很难一一列举。乾隆二十二年（1757），谕旨中有这样一段话："陕、甘二省驻防，及绿营买补马匹，俱令按月奏报。原以各营缺马甚多，急需买补，必有所稽核，庶可不致延玩也。"⑤

有的官员，把自蓄马送入京营以牟利。康熙十五年，针对这种情形做出规定："各官将自蓄马匹送入营伍多取价值者，照贪官例革职提问。该管官不行查参，或徇情隐讳，事发之日，亦照贪官例治罪。有能出首者，系官照应升之缺，加一等优升；系平民，授为七品官职衔。"⑥

2. 关于领解营马

领解营马，顾名思义，就是关领押送绿营战马。清初旧例："绿旗各营官兵马

---

① 《清高宗实录》卷261，乾隆十一年三月壬午，北京，中华书局，1986年，第376页。
② 于明清，直属巡抚的军队，谓之"抚标"。鲁一同《关忠节公家传》云："时诸军集广府者，驻防满兵、督标、抚标兵，共不下万人。"
③ 《古今图书集成·经济汇编·戎政典》卷255《马政部·营马》，北京、成都：中华书局、巴蜀书社，1985年，第92814页。
④ 《古今图书集成·经济汇编·戎政典》卷255《马政部·营马》，北京、成都：中华书局、巴蜀书社，1985年，第92817页。
⑤ 《清会典事例》卷652《兵部·马政·市马》，《续修四库全书》，上海：上海古籍出版社，2002年，第167页。
⑥ 《古今图书集成·经济汇编·戎政典》卷255《马政部·营马》，北京、成都：中华书局、巴蜀书社，1985年，第92817页。

匹缺额，赴部领解，官员于沿途倒毙过多者，罚俸一年。"康熙十一年（1672），又明确规定："领解马匹，如十分内倒毙三分以上，罚俸一年；六分以上者，降一级调用；八分以上者，革职。如将马匹私卖、私给并缺马，仍支草料者革职提问。"①

乾隆二十五年（1760），陕甘总督杨应琚奏称："甘肃各营马匹，每年例应出厂。巴里坤一带水草丰裕，请于安西等五处提镇标营，摘拨三千匹，赴巴里坤牧放；即于此内拨出一千五百匹，解赴阿克苏。……甘肃绿营额马，视他省较多。原为边防起见，今西陲平定，则各营马匹，不过供应差操足矣。况巴里坤水草既佳，同一牧放而于马有益，且省饲秣之费，岂不甚便？又如各营额缺，有必须购补者，即于哈萨克马匹内酌量抽拨，亦可不必于内地采买致费周章。"

乾隆的回复是："现在西陲大功告成，内地营马，将来更无拨用之处。伊犁辟展一带，现议驻兵屯田，所有善后事宜，皆资马匹应用，是以经画贸易，务令秣饲宽余，多多益善。其各协营应补额马，尽可徐议足额，不必急于弥补。内地马匹，原为储备调用，今诸事已定，新辟之疆，既不需内地接济，与其坐槽充数，又不若留之口外，立厂孳生，以资就近拨用之有济也。若一时急于购买，马价既昂，兵丁必致赔累，何如于口外水草丰足处所，尽换获之数善为牧放，庶于官兵均有裨益。"②

史书又云，咸丰四年（1854），"陕甘每年补缺马一千五六百匹，向由该督移咨伊犁塔尔巴哈台调取，运至乌鲁木齐，转运至巴里坤放牧；再运至肃州赤金湖地方，由口内各营派拨弁兵分领。据称，道里相距五十余站之遥，带牧带解，耽延几至一年，中途经历多条沙漠、戈壁。及运至赤金湖，倒毙、损伤者不少，领马官弁恐干赔补，往往就地变价，带回买补。辗转解送，徒费监粮、兵力，而所缺马仍系变价买补。"③可见，领解营马旧制是有缺陷的。

同治元年（1862），还有这样一道谕旨，也谈及领解营马之事：

> 军营调取马匹，著责成该厂大臣，督率监牧等官，认真挑选，派委妥弁解送，并先期知照经过地方，广设棚房，宽储草料。马乾④一项，准照例酌加十分之二，地方官不得任意克扣，解马官亦不准额外需索。违则从重治罪。至途中报倒，例有定数。沿途马乾，业已酌加，不得借口例价不敷喂养。如

---

① 《古今图书集成·经济汇编·戎政典》卷255《马政部·营马》，北京、成都：中华书局、巴蜀书社，1985年，第92817页。
② 《清会典事例》卷649《兵部·马政·牧马》，《续修四库全书》，上海：上海古籍出版社，2002年，第177—178页。
③ 《清续文献通考》卷235《兵·马政》，杭州：浙江古籍出版社，1988年，第9805页。
④ 马乾者，饲马之干食料，语出《六部成语注解·户部》："马乾：马之食料也。"又云："马乾：喂马之草豆也。"

有例外报倒者，照数追赔，数多者照例分别治罪。①

应该说，清中叶以后的"解送"情形大略也是如此。解送马匹，动辄几百里上千里，乃至几千里，因疲累、饥疾倒死者，也就在所难免了。至于地方官克扣草料、解马官敷衍塞责，也是见怪不怪的事情。

3. 关于营马倒毙

营马倒毙，清制严格赔补之制。康熙四年（1665），即"赔桩省分一年倒毙，本兵赔桩银七两，合队二两，本管官一两；二年者，本兵赔桩银六两五钱，合队一两七钱，本管官八钱；三年者，本兵赔桩银六两，合队一两四钱，本管官六钱；三年以后免赔。"而两年后又提高幅度，规定："赔桩省分一年内倒毙，本兵赔桩银七两，合队二两，本管官一两；二年者，本兵赔桩银六两五钱，合队一两七钱，本管官八钱；三年者，本兵赔桩银六两，合队一两四钱，本管官六钱；四年者，本兵赔桩银五两五钱，合队一两，本管官五钱；五年者，本兵赔桩银五两，合队七钱，本管官三钱，五年以后免赔。"②而关于岁终奏报，康熙七年，又作出这样规定："各省棚桩银两年终，听兵部查核，应扣银两咨送户部拨饷。如有营马缺额，开送户部购买。"康熙十一年，还进一步强调："官兵不扣朋银者，该管官罚俸一年，提督罚俸六个月。如无提督省分，总兵官罚俸六个月。"③这也说明，康熙初年，战事紧张，战马需求量大，对营马倒毙的处罚也很重。

4. 关于私贩马匹

作为"马上得天下"的马背民族，清朝统治者对马匹的禁令，不像明朝那么细密和严厉。不过，有些规矩还是值得关注的。顺治五年（1648）即规定："现任文武官及兵丁，准其养马，其余人等不许养马。"换句话说，除了公干的人，民间还是禁养马匹的。

不仅如此，私贩马匹更是严令禁止的。顺治七年就有这样的要求："蒙古马来京，不许商贩私买，违者治罪"；随后还强调，"蒙古马来京，如有商贩私买者，旗人责成该管官、民人责成五城司坊官，严行察缉"。④虽说这是针对京城情状的，实际上，对包括西北在内的地方也是适用的。

---

① 《清会典事例》卷649《兵部·马政·牧马》，《续修四库全书》，上海：上海古籍出版社，2002年，第141页。

② 《古今图书集成·经济汇编·戎政典》卷255《马政部·营马》，北京、成都：中华书局、巴蜀书社，1985年，第92816页。

③ 《古今图书集成·经济汇编·戎政典》卷255《马政部·营马》，北京、成都：中华书局、巴蜀书社，1985年，第92817页。

④ 《清会典则例》卷119《兵部·马政》，《景印文渊阁四库全书》，台北：商务印书馆，1986年，第560页。

康熙十八年（1679），即议准，"凡马贩子进喀尔喀、厄鲁特馆内买马者，系旗下人，枷号一个月，鞭一百；系民，责四十板，徒二年。又议准，凡往各省贩马者，令于该旗呈明贩卖地方并马数，印文咨送兵部，给发印票，查验放行。若扰害百姓者，将伊主一并严加治罪"。次年又题准："凡不领印票贩马者，系旗下人，枷号两个月，鞭一百；系民，责四十板，流三千里，马入官。"①

四、绿营、八旗马厂之制

关于对军用马匹的管理，乾隆说过这样一句名言："马匹为行军第一要务，全在先期悉心经理。"②他的这种认识，与他自身的经历有关，是一种历史经验的总结。在西北马政的实际运作中，这个指导思想也不曾改变，至于具体实效那就另当别论了。

在雍正朝以后，西北官军防边备御的骑操马，主要来源于甘肃、青海和新疆的马厂。马厂的兴衰，在很大程度上折射了西北马政的状况，正所谓"马政之得失，首视乎牧场"③。

清代马厂牧政不同于明代，一个很重要的方面，即是改变了上下垂直的管理体制，不再设苑马寺，也没有明朝那种寺监苑三级系统，而是直接隶属于提、镇、协、营这类地方军事组织。而这种军事组织，既有八旗和绿营之分；与之相适应的，又有施行于八旗和绿营马厂的不同之法。

西北的绿营马厂，计有甘州提督治下的大草滩马厂，凉州镇总兵治下的黄羊川马厂，肃州镇总兵治下的花海子湃带湖马厂，西宁镇总兵治下的摆羊戎马厂，巴里坤镇总兵治下的东厂、西厂和济木萨厂。绿营牧厂设员，有游击、千总、把总、外委官，统领兵丁从事放牧，上隶属于各地提督、总兵，总属于陕甘总督。

关于西北绿营马厂之制，《清会典》有一个笼统的说法：乾隆元年（1736），"陕西、甘州提标，凉州、西宁、肃州三镇标，各设马场一处。每场牝牡马千二百匹，以游击一人为总统。每场分为五群，每群牡马二百匹、牝马四十匹；以千把一人为牧长，外委千把一人为牧副，兵十名为牧人；三年均齐一次。届期由总督委官逐场察验，叙明赏罚。"④

至于八旗牧厂，按八旗建制，营设领队大臣、总管总领八旗，各旗设佐领、

---

① 《古今图书集成·经济汇编·戎政典》卷255《马政部·营马》，北京、成都：中华书局、巴蜀书社，1985年，第92818页。

② 《清会典事例》卷650《兵部·马政·军马》，《续修四库全书》，上海：上海古籍出版社，2002年，第145页。

③ 《清文献通考》卷193《兵·马政》，杭州：浙江古籍出版社，1988年，第6561页。

④ 《清会典则例》卷119《兵部·马政》，《景印文渊阁四库全书》，台北：商务印书馆，1986年，第552页。

骁骑校具体负责。而西北的八旗马厂,大多集中于新疆,又主要分布于伊犁和塔尔巴哈台。

伊犁厂马,由厄鲁特、察哈尔营官兵放牧,二营按八旗建制,设领队大臣、总管总领八旗,又设佐领、骁骑校分领各旗。在伊犁,厄鲁特营牧地,按上三旗、下五旗划分;察哈尔营牧地,按左翼四旗、右翼四旗划分。在塔尔巴哈台,厂马"交本处察哈尔一佐领、厄鲁特两佐领下立厂牧放孳生",从乌鲁木齐移驻的一千户厄鲁特官兵,分设四佐领,在斋尔地方设厂牧放。①

对西北现役军马和马厂牧马的管理,从制度和规章的层面上来看,不可不说是十分繁杂和严厉的。即以西北马厂牧政为例,清朝有一套严格的课考和奖惩制度。不过,除了不同对象的个性化的方面外,"印烙"、"均齐"和"赏罚"之制是很值得关注的。

1."印烙"之制

应该说,清代印烙制度,与明朝没有本质区别。印马所用烙印,自然也属官印。只不过,它与一般官印也有不同:一是官印小而烙印大,隋唐官印为二三厘米见方,明清烙印则为六七厘米见方;二是官印内容为职名,烙印则为字号;三是官印大多用白文(阴文),而烙印一律用朱文(阳文);四是官印以动物为纽制别等级,而烙印则纽制中空,上有方孔以纳木柄。②

唐代、两宋和明朝,字印多而杂,清朝则少而简。唐代烙印字号,主要有"小官""年辰""监名""飞""龙形""三花""风""官名""赐""出"之类;在两宋,则主要有"左""右""千""上""立""永""官""吉""天""主""王""方""与""来""万""小官""退"字之类;到明朝,则有"云""官""五""枢""区""机""巡""捕""寄""衣""士""四""种""八""江"字之类;延至清代,则一律印烙"满"字。③另外,一般是印烙在马臀部上,谓之"明烙印";用烙印作标记,还有防止走失、混群的作用。

另外,《新疆图志》还说:"蒙、哈之俗,马、牛及岁则烙蹄,羊则烙角,以别于他群。马有亡逸,辄伏地觇察,能知踪迹所向,虽丛草、沙砾,寻迹求之,百不失一。往来归化城驼队,亦习此术,然终弗如也。俗谓之'打模'。"④应该说,这种"打模"之法,至少在新疆官牧还是很流行的。

---

① (清)永保:《塔尔巴哈台事宜》卷4《官厂牲畜》,《边疆丛书续编》,民国三十二年(1943)吴江吴氏刊本,第4—5页。
② 萧高洪:《烙马印及其作用与马政建设的关系》,《农业考古》1988年第2期。
③ 《大清律例》卷21《兵律·厩牧》,《景印文渊阁四库全书》,台北:商务印书馆,1986年,第601页。
④ (清)袁大化、王树楠:《新疆图志》卷28《实业·牧》,《续修四库全书》上海:上海古籍出版社,2002,第520页。

2. "均齐"之制

"均齐"一词,原本是"平衡""齐整"之义,语出《孔子家语·执辔》:"善御民者,壹其德法,正其百官,以均齐民力,和安民心,故令不再而民顺从,刑不用而天下治。"就清代马政而言,所谓"均齐",实际与马政的具体制度要求有关,是对这些制度要求的一种考核,主要是查验马匹基数、孳生定额和伤倒情形。

关于清初以来的"均齐"之制,《清会典则例》上有这样的表述:

> 每届五年均齐之期,由总督委官前赴各处牧场印烙,将数目及牧放官兵姓名,分晰造册,叙明赏罚具题。至孳生牡驼于五年均齐之后,照例配搭孳生;其余牡驼骟割别牧,以备拨用。如有老弱不孳生者,准其据实呈验变价。所有空阙在于孳生驼内顶补,仍算入孳生之数,以定功过。①

乾隆元年(1736),改五年均齐一次为三年均齐一次,督委官查验,叙明赏罚具题;均齐之年,以每三匹取孳生马一匹为定额。长城以北有口北三厅,即张家口厅(今河北张家口)、独石口厅(今河北沽源)和多伦诺尔厅(今内蒙古多伦),俱有牧厂,"每三年一次考校,蕃息者有赏,虚耗者有罚"②。而对西北马厂,大体上也是这样的做法。不过,乾隆十八年(1753),又有了新的明确要求。《清实录》上即云:

> 甘肃提督豆斌奏称,牧厂窄狭,请酌拨孳生一折。查甘、凉、西、肃,乾隆元年议各设马一千二百匹,择厂牧放,三年均齐一次,以备拨补营马之用。甘州岁久蕃息,除拨补营缺,现存马八千九百余匹,自应设法牧养。今该提督既称,于延绥、宁夏、固原、河州等镇,饬查草厂,拨分牧放,等三年均齐,仍照原议考成。应如所请,行令督臣遵办。从之。③

先后做过喀什噶尔参赞大臣和乌鲁木齐都统的永保,在《伊犁事宜》④一书中,这样谈及"均齐"之制:"各部落每年牧放孳生羊羔一年一均齐,马驹三年一均齐,牛犊四年一均齐,驼羔五年一均齐,按起止月限取孳。"⑤

均齐之年,对绿营马厂,陕甘总督委员逐一查验,按群赏罚。至于新疆马厂,乾隆二十七年(1762),陕甘总督奏准,按上驷院、太仆寺章程办理"均齐";马不分骒、驹,每三年均齐一次,每三匹取孳生马一匹。从新疆马厂的实施情况来

---

① 《清会典则例》卷119《兵部·马政》,《景印文渊阁四库全书》,台北:商务印书馆,1986年,第555页。
② (清)金志节:《口北三厅志》卷6《考牧志》,台北:成文出版社,1968年,第106页。
③ 《清高宗实录》卷430,乾隆十八年十一月壬子,北京:中华书局,1986年,第859页。
④ 一作《总统伊犁事宜》。
⑤ (清)永保:《伊犁事宜·驼马处》,《傅斯年图书馆藏未刊稿钞本》(方志31),台北:"中央研究院"历史语言研究所,2016年,第17页。

看,均齐是在伊犁将军、乌鲁木齐提督的督导下进行的。在非均齐年份,他们要于每年四五月间亲往官厂巡视一次。

至于八旗马厂,均齐之制与绿营马厂同。不过,因察哈尔、厄鲁特营与满、蒙八旗兵丁的待遇差异,他们是只有兵饷而无兵粮,所以,均齐并非像绿营那样尽量取孳,而以是否达到孳生定额和厂马是否肥壮为奖罚标准。①

自清中叶以来,反清事变蜂起,朝廷穷于应付,纷纷调用马匹,以致均齐难以按时实施。咸丰四年(1854),清兵疲于与太平军、捻军、上海小刀会作战。因"各路军营调用甚多,碍难均齐"太仆寺奏准察哈尔牧厂,"暂行展缓"②。后经同治朝整顿马政,一度恢复查验均齐。不过,在光绪朝这种"展缓"状态又持续多年,西北牧厂也受到了同步影响。"均齐",是推动牧厂蕃息、牧放、训练重要的制度;而它的破坏,对牧厂、牧政的消极作用十分明显。

3."赏罚"之制

关于八旗牧马的"赏罚"之制,《清会典》上这样说:

> 每翼各简用二人,于立夏后四日,率领官兵陆续赶赴口外牧场,择水草丰茂之处加意放牧。若照管不周致有阙少,著落副都统以下各官赔补。其实系残废倒毙者,马扣存三月钱粮,驼扣存四月钱粮买补。③

实际上,这种做法也适用于绿营牧马。乾隆十年(1745),鉴于安西提标所属牧地多的实际,又添设一处马厂,其"查验赏罚,均照甘、凉、西、肃牧厂之例"④。后来,新疆的马厂也沿袭这种做法,表明西北马厂的规制大体划一。应该强调的是,行之于马厂的"赏罚",自然也是对"均齐"结果的处理之法。

具体到西北,这种奖赏分为三等:一是除额定取孳生马外,甘州、凉州、肃州和西宁四厂每群多孳生一匹以上至七十九匹,巴里坤三厂每群多孳生一匹以上至一百七十六匹,千总、把总加一级,外委记录二次,兵丁每人赏银一两;二是甘州、凉州、肃州和西宁四厂每群多孳生八十匹以上至一百五十九匹,巴里坤三厂每群多孳生一百七十七匹以上至三百五十二匹,千总、把总加二级,外委加一级,兵丁每人赏银二两;三是甘州、凉州、肃州和西宁四厂每群多孳生一百六十

---

① (清)永保:《塔尔巴哈台事宜》卷4《官厂牲畜》,《边疆丛书续编》,民国三十二年(1943)吴江吴氏刊本,第4—5页。
② 《清会典事例》卷649《兵部·马政·牧马》,《续修四库全书》,上海:上海古籍出版社,2002年,第140页。
③ 《清会典则例》卷119《兵部·马政》,《景印文渊阁四库全书》,台北:商务印书馆,1986年,第549页。
④ 《清会典事例》卷648《兵部·马政·牧马》,《续修四库全书》,上海:上海古籍出版社,2002年,第123页。

以上，巴里坤三厂每群多孳生三百五十三匹以上，千总、把总、外委，俱以应升之缺即用，兵丁每人赏银三两。

至于有关的责罚，一般又分为四等：一是孳生马不足额数，每群少二十匹以下，千总、把总罚马七匹，外委、兵丁各责四十棍；二是每群少四十匹以下，千总、把总罚马七匹，外委、兵丁各责五十棍；三是每群少四十匹以下，千总、把总罚马九匹，外委、兵丁各责六十棍；四是于原牧孳生本马内缺少者，千总、把总革职并罚马十八匹，外委革职并责八十棍，兵丁责八十棍，所罚之马俱归入马群核算。

对负责陕甘马厂的提督、总兵、游击，也有相应的赏罚制度规定：一是五群得赏之游击加二级，提、镇加一级；二是四群得赏、一群得罚之游击加一级，提、镇记录二次；三是三群得赏、二群得罚之游击、提、镇不议赏罚；四是二群得赏、三群得罚之游击降一级留用，提、镇罚俸六个月；五是一群得赏、四群得罚之游击降一级调用，提、镇罚俸一年；六是五群全罚之游击革职，提、镇降一级调用；七是于原牧孳生本马内缺少者，除将千总、把总罚出马数补入外，责成游击、提、镇各半分赔。

而巴里坤三厂，因规模偏大，马厂除游击外，还设都司、守备各一员，以上赏罚措施也适用于他们。不过，赏罚之规与陕甘马厂略有不同：一是十五群得赏，总兵加一级，十三、十四群得赏者记录二次，九、十、十一群得赏者记录一次，七、八群得赏者免予处分；二是九、十群得罚者罚俸半年，十一、十二、十三群得罚者罚俸一年，十四、十五群得罚者降一级调用；三是于原牧孳生本马内缺少者，除将千总、把总罚出马数补入外，责成游击、都司、守备、总兵分赔。

具体说来，所牧马不论牝、牡，每三匹取孳生马一匹；三年内，一群多孳生一匹以上至二十四匹者，千、把总加一级，外委记录二次，兵每名赏银一两；多孳生八十匹以上者，千、把总加二级，外委加一级，兵每名赏银二两；多孳生一百六十匹以上者，千、把总、外委均以应升官即用，兵每名赏银三两。如少孳生二十匹以下者，千、把总罚马五匹，外委及兵责五十；少孳生四十匹以下者，千、把总罚马七匹，外委及兵责五十；少孳生八十匹以下者，千、把总罚马九匹，外委及兵责六十；如于原牧数缺少者，千、把总革职，罚马十八匹，外委革去顶带，仍责八十，兵责八十。所罚马匹，归入群核算。其提镇、游击统计五群为赏罚。五群得赏之游击加一级，提镇加一级；四群得赏，一群得罚之游击加一级，提镇记录二次；三群得赏，二群得罚之游击、提镇，无庸议赏罚；二群得赏，三群得罚之游击，降一级留任，提镇罚俸六月；一群得赏，四群得罚之游击，降一级调用，提镇罚俸一年；五群全罚之游击革职，提镇罚降一级调用；若于原牧数缺少者，除千、把总罚出马数补入外，余者游击、提镇各半分赔。①

乾隆十三年（1748），又定驼场"均齐"和"赏罚"之制，即五年均齐一次，届期仍由总督委官查验，将牧放官兵姓名造册，叙明赏罚具题。而具体的"赏罚"，即每牝牡驼百匹，五年内孳生四十者，无庸议赏外，多孳生一至十及十一至二十者，千、把总记录二次至三次，外委记录一次至二次，兵丁每名赏银一两至二两；多孳生二十一以上者，千、把总加一级，记录一次，外委加一级，兵丁每名赏银三两。其赏银由总督酌动何项，疏明核给。每牝牡驼百匹，五年内准倒毙二十，逾额以续得孳生抵补，余则再计孳生。如少孳生一至十及十一至二十以上者，千、把总罚俸六月至九月至一年，外委及兵责四十至五十至六十。凡三等督理守备。如千、把总、外委得一等赏者，记录三次；得二等赏者，记录二次；得三等赏者，记录一次。如千、把总、外委得一等罚者，罚俸一年；得二等罚者，罚俸九月；得三等罚者，罚俸六月。每届五年，均齐之期，由总督委官赴各牧厂印烙。将数目牧放官兵姓名造册，叙明赏罚。至孳生牡驼，于均齐后，照例配搭孳生。其余牡驼，骟割别牧，以备拨用。其牡驼残废不孳生者，准其据实呈验变价，缺额由孳生驼内顶补，仍入孳生数，以定功过。②

4. 甘肃、青海马厂制度

甘州、凉州、肃州和西宁马厂，同设于乾隆朝，又同属于绿营马厂，有关组织管理，大体也是一致的。即以游击一人总其事；厂分五群，群设牧马千总一人、把总一人、牧副一人、外委一人、牧丁十人；每群养牝马二百匹、牡马四十匹；每三匹取孳生马一匹，每三年均齐一次。

牧放与孳生，是马厂的两大要务。一般说来，四月青草初长，牧放马匹于郊外，谓之"抢青"；五月以后，天气炎热，驱马入山；入秋，则驱马出山，散牧于田畔，取食禾麦遗穗，谓之"抢岔"；小雪之后，驱马于沙窝，以避风雪；立冬则入圈。为确保孳生，马群儿、骒马按比例搭配，一依上驷院章程，即"骒马五配儿马一"。

关于放场和收槽，《清实录》上说：

> 总督管甘肃巡抚吴达善奏称，陕甘绿营马，定例于夏秋放场，冬春收槽。现各标存营马，除征骑外出，及摘缺裁扣外，其现存较原额不及十分之八。今届收槽之期，请将安提、肃镇二处现存马，以七分收槽，三分下厂。其余

---

① 《（民国）甘肃通志稿》卷53《军政·马政》，《中国西北稀见方志》，北京：中华全国图书馆文献缩微复制中心，1994年，第179页。

② 《（民国）甘肃通志稿》卷53《军政·马政》，《中国西北稀见方志》，北京：中华全国图书馆文献缩微复制中心，1994年，第179—180页。

陕甘二提，西、凉、宁、河四镇等营马，统以六分收槽，四分下厂。既于差操无误，兼可节饲养喂之费等语……从之。①

在西北，夏秋放场，冬春收槽，大体也为一种成例。实际上，它既适用于河西、青海和新疆马厂，也适用于甘宁青新官军骑操马。乾隆四十七年（1782），陕甘总督李侍尧②奏称："陕甘二省营马，定例安西提属、肃州镇属，冬春以七分留槽，三分出厂；西安、甘州二提标，西宁、凉州、宁夏、河州四镇及督抚三标，均以六分收槽，四分下厂。各营恃有放厂之例，不但夏秋尽数出青，甚且冬春并不遵照定数收槽。边地严寒，马在厂经历冬春，以致疲瘦。且营无现马，设遇紧用赴厂远调，更觉周章。查从前定议，止称冬春收槽分数，其夏秋二季，未经指明。臣莅任后，将臣标五营马，长年以四分出厂，六分留槽。此外二提、四镇及各标营，冬春仍以六分收槽，四分出厂；至夏秋则五分下厂，五分收槽。如全数放厂者，查出严参。"③

孳生数过定额者，视等级，兵赏银、官晋级有差；不足者，则视等级，兵鞭责、官罚俸有差，责罚包括按例赔补马匹。具体说来，少孳生四十匹以上八十匹以下者，千总、把总罚赔马九匹，外委、兵责六十；存栏数少于原额者，千总、把总革职，罚马十八匹；外委革去顶戴，责八十，兵也责八十。

至于驼场，则略有不同：主要是每牝牡驼一百六十峰为一群，每群以千总、把总一人为牧长，外委一人为牧副，牧丁九人，又以守备一人为督理；每五年均齐一次，以叙赏罚；每百峰五年孳生四十峰者，不赏不罚；孳生数过定额者，兵赏银、官加级有差；允许倒毙二十峰，过定额者，可于以后孳生数内顶补，顶补后仍少于四十峰者，则要受责罚。④

另外，还需说明的是，宁夏马厂，与甘肃、青海马厂一样，同属于绿营马厂，有关制度也当是一致的；而甘宁青马厂，实际上与新疆绿营马厂之制，可谓大同小异，自然也是可以相互比对参证的。所以，下文不妨以新疆马厂为例，做一些解剖麻雀式的展示和说明。

5. 新疆马厂制度

新疆马厂的组织管理，分为绿营和八旗两个系统。巴里坤、乌鲁木齐马厂，

---

① 《清高宗实录》卷618，乾隆二十五年八月癸未，北京，中华书局，1986年，第958页。
② 李侍尧（？—1788），字钦斋，汉军镶黄旗人，二等伯李永芳四世孙、户部尚书李元亮之子。乾隆初，以荫生授印务章京，官至正蓝旗汉军副都统，工部侍郎，两广、湖广、云贵及陕甘总督、武英殿大学士、军机大臣。
③ 《清高宗实录》卷1161，乾隆四十七年七月癸亥，北京：中华书局，1986年，第558页。
④ 《（民国）甘肃通志稿》卷53《军政·马政》，《中国西北稀见方志》，北京：中华全国图书馆文献缩微复制中心，1994年，第179—180页。

为绿营马厂，由巴里坤总兵管理，又一统于陕甘总督；伊犁、塔尔巴哈台马厂，为八旗马厂。

从编制上说，新疆绿营马厂，与左右翼牧厂和西北他处马厂，并没有实质上的区别。具体说来，每厂设游击、都司、守备各一员；厂马分五群，群以千把总一员为牧长，外委一员为牧副；又每厂又牧兵一百二十人，每群二十四人，每兵牧马十二匹；牧兵每人日支鞋银一分，盐菜银一分。

八旗马厂，编制不同于绿营。乾隆中，伊犁将军明瑞①奏设驼马处章京、牛羊群千户长；驼马处额设司员一人、主事一人、笔帖式一人、委笔帖式一人；不设牧兵，厂马由察哈尔、额鲁特营放牧，也不另发钱粮。

对官牧马匹的配比与放牧，清朝定制，即儿、骒马配比为五比一，新疆马厂也不例外。巴里坤马厂"每骒马十匹，留儿马二匹配驹"②，实际也是按五比一的比例。乾隆三十二年（1767），以与哈萨克贸易而来儿马一百零一匹、骒马四百九十五匹，拨给孳生厂，证实八旗马厂儿、骒马也大略采用了这一配比。③

新疆马厂的放牧之制，一般是采取四季轮牧，即四月至郊外放牧，谓之"抢青"；五月以后，驱马入山放牧；入秋，驱马出山，取食田畦禾麦遗穗，谓之"抢岔"；小雪之后，散放沙窝，以避风雪；立冬，马群入圈，交桩头喂养。

又每年五月，要均群一次，即按儿、骒马配比分群；同时，还要把马匹数目、毛色、口齿造册，逐级呈报，直至兵部备案。

另外，对马厂的均齐之制，一依上驷院、太仆寺章程，马不分骒、驹，每三年均齐一次，每三匹取孳生马一匹；均齐由伊犁将军、乌鲁木齐提督督导；非均齐年份，他们还要于每年四、五月赴马厂巡视一次。

对绿营马厂和八旗马厂，有关奖惩也各有不同。主政新疆的和宁④，所撰《三州辑略》，对乌鲁木齐、哈密和吐鲁番三地⑤马厂的有关制度有十分切实的介绍。

以前者而言，一是针对牧兵和千把总的，即"一群之马，除孳生额数之外，多孳生一匹至一百七十六者，千总、把总加一级，外委记录二次，兵丁每名赏银一两；多孳生一百七十七匹至三百五十二匹者，千总、把总加二级，外委加二级，兵丁赏银二两；多孳生三百五十二匹以上者，千总、把总、外委，俱以应升之缺即用，兵丁赏银三两。所赏银两，亦于建旷下动支，报明户部。如少孳生二十四

---

① 明瑞（？—1768），字筠亭，富察氏，满洲镶黄旗人，一等公富文之子。以官学生身份袭公爵，官至户部侍郎、参赞大臣、正白旗汉军都统、伊犁将军、云贵总督、兵部尚书。
② （清）永保：《乌鲁木齐事宜》，《边疆丛书续编》，民国三十二年（1943），吴江吴氏刊本，第32页。
③ 王东平：《清代新疆马厂制度研究》，《黑龙江民族丛刊》1995年第2期。
④ 和宁（?—1821），字太菴，额勒德特氏，避清宣宗讳改名和瑛，蒙古镶黄旗人。乾隆三十六年（1771）进士，官至户部主事、太平知府、四川按察使、乌鲁木齐都统、西藏办事大臣。
⑤ 因三地分别相当于唐庭、西、伊三州，故名。

以下者，千总、把总罚马五匹，外委、兵丁各责四十棍；少孳生八十匹以下者，千总、把总罚马九匹，外委、兵丁各责六十棍。如于原数内缺少者，千总、把总斥革，罚马十八匹，外委、兵丁各捆责八十棍。所罚之马，俱归入马群核算。"

二是针对游击、都司和守备的，即五群得赏之游击、都司、守备，俱加二级；四群得赏、一群得罚之游击、都司、守备，加一级；三群得赏、二群得罚之游击、都司、守备，俱免处分；二群得赏、三群得罚之游击、都司、守备，降一级留任；一群得赏、四群得罚之游击、都司、守备，降一级调用；五群全罚之游击、都司、守备，革职。

三是对巴里坤总兵的，即十五群得赏者，加一级；十四群、十三群得赏者，记录两次；十一群、十群、九群得赏者，记录一次；八群、七群得赏者，免其处分。九群、十群得罚者，罚俸半年；十一群、十二群、十三群得罚者，罚俸一年；十四群、十五群得罚者，降一级调用。如于原牧数内缺少者，除将千总、把总罚出马数补入外，其余着落游击、都司、守备、总兵各半分。

就后者来说，伊犁、塔尔巴哈台马厂，不以多孳生马匹数为奖惩依据，而主要是查看马匹膘情。"若马驼牛肥好，倒毙不逾定额。将该营领队大臣奏叙，给予记录，兵丁记名；若牲畜膘弱，倒毙溢额，将额外倒毙牲畜，着落该营厂官员分赔，仍参奏议罚，兵丁以重责惩。"①

不难看出，清代西北的牧厂制度，是从明代的监苑之制演化而来的，在管理方面也有因时因地的微调，有些地方已经是有过之而无不及的了。

---

① （清）和宁：《三州辑略》卷5《马政门》，台北：成文出版社，1968年，第170—171页。

第九章　清代西北官马的采办途径

清代西北的官用马匹，早先主要有四个来源，即贡马、租马、捐输马和茶马互市四种途径，而又以茶马互市为大宗；雍正、乾隆以后，茶马互市终结了，除西北马厂官牧之外，贡马、租马和捐输马依旧存在，还有与准噶尔部和哈萨克人的绢马贸易。

一、贡马

关于"贡"字，《说文解字》解释道："贡，献功也。"《尚书·禹贡》又云："厥贡漆丝。"南宋蔡沈集传："贡者，下献其土所有于上也。"贡马，也算是土贡，《方周杂录》即有"西域贡马"之说。可见，它体现的是属国和属民对皇权的尊重。

清代的贡马之制，创设于顺治朝。贡马者，主要是蒙古王公、台吉、四川土司、甘肃唐古特七族、青海和凉州番族的少数民族上层分子，后来拓展至西域各族。像康熙二十二年（1683），为庆贺平定"三藩之乱"，准噶尔即遣使入贡，包括贡马四百匹。

一般说来，既有三年一贡者，又有五年一贡者。不过，要是战事紧张，也要求年年贡马。《理藩院则例》即云："国初定：归化城、土默特二旗，每年四季贡马百匹。顺治二年题准：归化城、土默特二旗，四季贡马百六十三匹。"[①]

在顺治朝，统治者的关注点还是内地汉区，所依凭的还是满蒙联盟，所以，贡马者也一律是蒙古族。

康雍之际，清朝军政力量大举西移，以藏族为主体的西北少数民族渐次融入国家的大一统体系。于是，清朝又定"甘肃省三族、唐古特七族西喇古儿例贡马，甘州提标梨园营征贡马八十二匹，甘州城守营龙首堡征贡马二匹，南古城营征贡马十二匹，洪水营征贡马八匹，肃州镇属金塔协红崖堡征贡马二十五匹，以补各营额缺"[②]。

至乾隆朝，在渐次控制西北以后，贡马的少数民族，除了蒙古族之外，既有甘青的藏族，也有河西的裕固族，还有新疆的哈萨克族。

[①] 《（乾隆）理藩院则例·宾客清吏司·贡物》，北京：中国藏学出版社，2006年，第70页。
[②] 《清会典事例》卷652《兵部·马政·市马》，《续修四库全书》，上海：上海古籍出版社，2002年，第171页。

即以青海、新疆为例，"土尔古特贡藏香、氆氇、马，喀尔喀、厄鲁特贡驼、马、汤羊，哈密、吐鲁番贡瓜干、细手帕、小刀、黄鹰、孔雀、缎、布诸物"①。

另以河西之凉州、甘州和肃州为例，在乾隆朝有关地方志书中，即有这样的记录：武威县炭山堡南山藏族每年每户贡马一匹，平番县罗家族每年每户贡马两匹，平番县色异族每年每户贡马两匹，平番县目暴族每年每户贡马两匹，平番县阿尔盖族每年每户贡马两匹，平番县思鹅课族每年每户贡马两匹，平番县都尔谷族每年每户贡马一匹，平番县白托尔族每年每户贡马一匹，古浪县番族每年每户贡马三匹，永昌县番族每年每户贡马六匹；甘州城守营管唐乌忒黑番每年贡马二匹，梨园营管西喇古儿黄番每年贡马十五匹，梨园营管羊嘎家每年贡马二十三匹，梨园营管五个家每年贡马二十三匹，梨园营管八个家每年贡马十二匹，梨园营管罗尔家每年贡马九匹，洪水营管唐乌忒黑番每年贡马八匹，南古城营管唐乌忒黑番每年贡马十二匹，南古城营管西喇古儿黄番八族每年贡马一百一十三匹；直隶肃州黄番每年贡马一百一十三匹；直隶肃州黄黑番每年贡马二十五匹。②

不过，有些时候，清朝统治者也会体恤少数民族，宽免他们的马贡。《清高宗实录》上即云：

> 谕大学士等：玉树族百户达什策令禀称，所属于番人米拉等二十五户，被郭罗克贼番抢夺马牛牲畜，糊口无资，所有应纳马贡，求暂免二三年，等元气稍复，照例输纳等语。番民寒苦，深可怜悯，所有每年应纳马贡，著宽免五年。③

直至光绪六年（1880），对河西走廊上的番民，还提出了这样的要求：

> 甘州、肃州各属番族，每年应纳贡马，按现在丁口数目，照依原设壮丁二十名贡马一匹之例，按数裁减；凉州镇所属番民，每年准其交纳一匹。嗣后或有折价呈缴者，应照定章，每匹只收银八两，以示体恤。④

西北少数民族的贡马情形，散见于各类史文之中，很难一一准确勾稽出来。不过，可以肯定的是，一来统治者所看重的，是他们表示臣服的政治意义；二来虽说从个体来看量不大，可因面很广而也有聚少为多之效。又，贡马中的上乘者，入宫为皇帝御用，大部分则就近交与牧厂牧养。

---

① 《（乾隆）理藩院则例·宾客清吏司·贡物》，北京：中国藏学出版社，2006年，第141页。
② 《（乾隆）重修肃州新志·属夷》，酒泉：甘肃酒泉县博物馆，1984年编印本，第324—325页。
③ 参考《清高宗实录》卷185，乾隆八年二月庚子，北京：中华书局，1986年，第378页。
④ 《清会典事例》卷653《兵部·马政·贡马》，《续修四库全书》，上海：上海古籍出版社，2002年，第177页。

二、租马

所谓"租马",实际上是类似田赋,有定期和定量的强制要求;在西北,自然也是针对以游牧为生的少数民族,主要又流行于新疆地区。

不过,自乾隆朝统一新疆以来,天山南北的政局并不十分稳定,使清朝统治者多少感到管控乏力。从一定意义上说,中晚清"租马"情形也是这种状况的一种反馈。

早先,对阿尔泰所属哈萨克人,按例"每马百匹抽收租马一匹","初议岁收一千匹",后来减少至"岁收四百匹为额";光绪朝还这样表态:"仍令该大臣随时体察情形,如果该哈萨克游牧水草生计较饶,再行酌量加增,奏明办理。"①不难看出,这多少是一种无可奈何的态度。

事实上,"租马"一直就不顺利,清朝对新疆各族,始终感到旷远难治,又不便操之过急,不能因"租马"之小而失边疆稳定之大。所以说,清朝统治者这种态度还是明智的。

三、捐输马

"捐输",即捐纳,原本是一种自觉自愿的行为,实际上也有不乏强制的意味。魏源在《圣武记》中写道:"国朝捐输助饷,始于康熙初三藩之变。"②而清代的捐输马,早先主要来自漠南蒙古各旗。需马之际,蒙古王公、台吉按例捐输好马以备用,朝廷则依据马数予以记录、加级、加衔和翎支。③史书上即云:"内外蒙部多贵戚,每征伐,争先输马、驼,汉唐以来所未有也。"④这些捐输马,除了备皇帝御用、分发部队军用外,一部分也像贡马一样,就近交与牧厂放养。雍正、乾隆朝以降,捐输马的做法,也推行到了青海和新疆的蒙古各旗。

至雍正朝,西北用兵,耗饷甚多,财政拮据,于是广开捐纳,以弥补财源。一方面,漠南、漠北蒙古出兵驰援清军;另一方面,又捐输大量驼、马、羊,援助平准之役。

雍正十二年(1734),派侍郎傅鼐⑤赴准噶尔,与噶尔丹策零谈判,双方和议

---

① 《清续文献通考》卷236《兵·马政》,杭州:浙江古籍出版社,1988年,第9814页。
② (清)魏源:《圣武记》卷11《兵制兵饷》,《续修四库全书》,上海:上海古籍出版社,2002年,第420页。
③ 近人徐珂云:"国初视翎支极重,凡赏戴花翎者,必有非常之功。"(《清稗类钞·服饰类》,北京:中华书局,1984年,第6217页)
④ 《清史稿》卷147《兵志·马政》,《续修四库全书》,上海:上海古籍出版社,2002年,第626页。
⑤ 傅鼐(?—1738),字阁峰,富察氏,满洲镶白旗人。他是侍卫出身,官至镶黄旗汉军副都统、兵部及户部侍郎、参赞大臣、兵部及刑部尚书。

停战。次年九月,议政大臣、理藩院尚书和硕果亲王允礼①,上奏开办蒙古捐纳:"从前蒙古捐纳之军用马匹牲畜,奉旨俱照官价,各赏八两银。平王抵军营后,众蒙古诚悃感激主恩,所贡之马匹牲畜倘赏给价银,伊等则觉得未能尽心,似同卖牲畜。嗣后,倘系情愿捐纳之人,停赏价银,暂记档,事定之时,分别议后,或升级,或赏缎,蒙古感戴欢忭,捐纳定更多等因具奏之处,奉旨准行。此间陆续贡马驼之人,俱已记档,事定后,请旨分别议之。今准噶尔业已遣使奏请和好,各路大军既已撤回大半,伏祈主子降特旨,将为军需捐驼马之人查核,分别议后施恩。"

雍正十三年(1735)以后,清朝与准噶尔的关系再度紧张,于是,又大兴外藩内外札萨克蒙古捐输马事宜。乾隆十九年(1754),筹划出征准噶尔,拟派兵两万,分北、西两路进军,预计需要马五万匹、驼一万六千峰,口食羊三十万只。次年,清朝按预定计划出征准噶尔,所需驼、马、羊,大多由漠南六盟及漠北喀尔喀四部各旗捐输。为此,乾隆二十一年(1756),理藩院奏准《内外扎萨克蒙古捐输驼马奖叙议案》,令蒙古各旗扎萨克速报各该旗捐驼马之王公、贝勒、贝子、台吉、喇嘛名单和所捐驼马数额,以便议叙。像阿拉善扎萨克贝勒罗卜藏多尔济捐输军用骆驼一百峰,依照既定捐例予以"记录四次";鄂尔多斯贝勒齐旺班珠尔捐输牛一千余头,羊五千余只。

平定新疆之后,西北政局趋于平稳,蒙古王公贵族的捐输大为减少。不过,咸丰六年(1856),又颁行《蒙古王公台吉等捐输银两议叙并捐输驼马议叙章程》,制定有关内外札萨克各旗、察哈尔各旗、土默特两翼、热河等处蒙古王公贵族的捐例,是这项制度趋于成熟和完善的体现。②还应看到,咸丰朝抵御英法联军,光绪朝收复新疆,又大开捐输之门,捐输马也在这些战争中发挥了重要作用。

总之,清代蒙古捐输马,推行时间长,覆盖范围广。一方面,它毕竟是蒙古一种很沉重的负担;另一方面,又为弥补财政亏空,筹集军饷,统一边疆,稳定社会和维护国家统一,做出了十分突出的贡献。

四、绢马贸易

新朝伊始,买马军用是大事,明清两代莫不如此。除了组织官方买卖外,对私人交易也有明令。例如,顺治七年(1650),就下过这样一道圣谕:"自今喀尔喀鲁特来市马,凡章京以下、披甲人以上,愿往市者,每次准买一匹,多买者马

---

① 胤礼(1697—1738),爱新觉罗氏,康熙十七子。雍正元年(1723),改称允礼,封为多罗果郡王,五年后晋升和硕果亲王,分管理藩院、户部三库,撰有《工程做法》、《春和堂集》、《静远斋集》和《奉使纪行诗集》。

② 宝音朝克图:《清代蒙古捐纳初探》,《西部蒙古论坛》2010 年第 2 期。

入官,问以罪。己身不买,以他人顶替己名买者,具论罪,马入官。"①

绢马贸易,是一种以物易物的官方贸易,主要推行于新疆。从具体实施来看,它又分为两个阶段:一是统一新疆前与准噶尔的贸易,地点主要在陕甘地区;二是平定准噶尔后与哈萨克的贸易,地点主要在乌鲁木齐、伊犁和塔尔巴哈台。②即以乌鲁木齐为例,每年与哈萨克的贸易量为三千匹,乾隆二十八年(1763),更高达四千二百匹。两年后,代之而起的,是伊犁、塔尔巴哈台绢马贸易。从军机处录副奏折中,可知阿奏称,乾隆三十二年七月,与哈萨克贸易已逾五千匹。应该看到,绢马贸易是西北官军骑操马和新疆官马厂孳牧马的一个可观来源。

五、茶马互市

与明代一样,清代的茶马互市,也是最重要的一种以物易物的官方贸易;它恢复于顺治朝,发展于康熙朝,终结于雍正、乾隆朝。

在统一全国的战争远未完成之前,有效解决战争之需的马匹问题,对清朝统治者而言是必要的和急切的,这是清初之所以要在西北各族中推行茶马互市的一个重要动因;而西北各族对茶叶的倚重,正所谓"番人嗜乳酪,不得茶则困以病"③,迫切要求从中原输入有消食化腻作用的茶叶,顺应他们这种需求以促进彼此间政治、经济和文化上的往来和联系,这是清初之所以要在西北各族中推行茶马互市的又一个重要动因。

1. 顺治朝茶马互市

清沿明制,早先也于西北推行茶马互市,所及区域主要是甘青及西藏。通过互市贸易换来的马匹,一部分就近拨给边兵军用,一部分则送至苑马寺牧养。史书上即云:"每岁御史招商领引纳课报部,所中马,牡者给各边兵,牝者发苑马寺喂养孳息。"④

清朝恢复茶马互市,是从顺治二年(1645)开始的。这一年,廖攀龙出任巡视陕西茶马监察御史。他要求尽快补充负责养马的寺监官员,恢复荒毁残破的牧马之政。顺治接受了这个建议,明朝遗留下来的洮岷、河州、西宁、庄浪、甘州五茶马司的茶马互市,长乐、灵武二监及所属的开城、安定、广宁、黑水、清平、万安和武安七苑的牧马之政,于是渐渐有了一些起色。

顺治以来茶马互市,也采取明代"订篦中马"的方式。"茶篦先由潼关、汉中二

---

① 《清会典事例》卷652《兵部·马政·市马》,《续修四库全书》,上海:上海古籍出版社,2002年,第165页。
② 王东平:《清代新疆马厂制度研究》,《黑龙江民族丛刊》1995年第2期。
③ 《明史》卷80《食货·茶法》,北京:中华书局,1974年,第1947页。
④ 《(乾隆)甘肃通志》卷19《茶马》,兰州:兰州大学出版社,2018年,第685页。

处盘查,运至巩昌,再经通判察验,然后分赴各司,交纳官茶贮库。"①除了每茶一篦重十斤,上马给茶十二篦,中马给茶九篦,下马给茶六篦,即上马一百二十斤,中马九十斤,下马六十斤的规定外,还对前来交易的人酌量赠送一些烟酒。这些情况也表明,顺治明显放宽了茶马互市政策,在交易价格上对西北各族给予了更大的优惠。

从顺治朝的情况来看,茶马互市的恢复确实来之不易。顺治二年(1645)的中马情况是:河州司七十三匹,西宁司一百二十五匹,庄浪司二百五十二匹;而洮岷司和甘州司,尚未开展互市活动。顺治三年(1646)的中马情况是:西宁司四十匹,庄浪司六十匹,而河州司、洮岷司和甘州司暂停了互市。②顺治四年中马的情况是:洮岷司九十七匹,河州司二百四十匹,西宁司二百五十匹,庄浪司五百四十六匹,甘州司七十一匹。③顺治七年(1650)的中马情况是:洮岷司六百八十八匹,河州司八百七十八匹,西宁司五百八十匹,庄浪司一百八十三匹,而甘州司暂停了互市。顺治八年的中马情况是:河州二百四十一匹,西宁司一千一百五十匹,庄浪司二百匹,洮岷司二百匹,而甘州司又暂停了互市。④顺治十年(1653)的中马情况是:洮岷司五百五十二匹,河州司九百二十七匹,西宁司一千三百匹,庄浪司三百匹,而甘州司又暂停了互市。⑤而顺治十三年(1656)以后,各茶马司的贸易几乎停顿了下来。从这些年份中马情况的统计来看,有的年份高者不过三四千匹,低的年份则不过百匹左右而已,这与明朝洪武、永乐朝动辄上万匹的盛况相比,简直可以说是天壤之别;对于战争所需而言,也可以说是有些杯水车薪。

不过,也应该看到,顺治朝的茶马互市,毕竟在一定程度上顺应了西北各族的要求,加深了他们对新朝的认识和了解,增强了向心因素;这些交换来的马匹,大多直接拨发给了西北各地的官兵,在一定程度上也缓解了他们缺马骑征的矛盾。所以,从总体上说,顺治朝的茶马互市,为稳定西北政治形势的作用也是显而易见的。正因为这样,巡茶御史姜图南⑥、王谨强调:"茶马之役,岁额无多,然纲维三省,周连六镇。凡河西番帐之外,即为蒙古,此中控制,实有机衡。"⑦必须建立起"番人非茶无以为生,非马无以得茶,非钦差御史无以售马"⑧的良性机制,从而实现笼络西北各族、稳定西北政治格局的目的。应该说,从顺治朝西北民族

---

① 《(乾隆)西宁府新志》卷17《田赋·茶马》,西宁:青海人民出版社,1988年,第431页。
② (清)廖攀龙:《历朝茶马奏议》,《续修四库全书》,上海:上海古籍出版社,2002年,第644页。
③ 《清代档案史料丛编·为报甘肃茶马数事揭帖(苏京)》,北京:中华书局,1984年,第3页。
④ 《清代档案史料丛编·题销算茶马事本(吴达)》,北京:中华书局,1984年,第24页。
⑤ 《清代档案史料丛编·题销算茶马事本(王道新)》,北京:中华书局,1984年,第40页。
⑥ 姜图南(?),字汇思,号真源,浙江钱塘(今杭州)人。顺治六年(1649)进士,官至栾城县教谕、翰林院庶吉士、巡视两淮盐课御史、巡视陕西茶马监察御史,撰有《有客堂集》。
⑦ (清)廖攀龙:《历朝茶马奏议》,《续修四库全书》,上海:上海古籍出版社,2002年,第664页。
⑧ (清)廖攀龙:《历朝茶马奏议》,《续修四库全书》,上海:上海古籍出版社,2002年,第665页。

与政治发展的大势来看,清初统治者所推行的包括茶马互市在内的各项举措,其预想效果还是比较理想的。①

2. 康熙、雍正朝茶马互市

在康熙、雍正朝,仍致力于国家的统一和政权的巩固,既有在西北针对准噶尔、和硕特蒙古分裂势力的艰苦战争,又有在西南和东南平定三藩和收复台湾的浴血较量。这些旷日持久的战事,是需要巨大的人、财、物消耗来支撑的。通过与西北各族的茶马互市获得马匹,在顺治朝已有过一些的经验,所以,也受到了康熙、雍正君臣的重视。另外,在西北各族中延续推行茶马互市的一个重要动因,依旧是出于对西北各族对茶叶倚重的考虑。

康熙十四年(1675),形成"题准茶马事宜,每年八月攒造汇报"②的制度。康熙三十六年(1697),"刑科给事中裘充佩条奏,马政事关紧要。洮岷诸处,额茶三十余万篦,可中马一万匹;陈茶每年带销,又可中马数万匹。查茶斤中马甚有裨益,应将额茶并陈茶中得之马,给营驿外,其余马放牧。每年交秋,送至红城口等处",康熙的批复是:"茶马事关紧要,著遣专官管理。"③可见,他看到了茶马互市对官兵骑操和驿传交通的重要性。

不过,康熙、雍正朝的茶马互市,时兴时停。从有关书文的记录来看,康雍朝茶马互市至少停罢了五次,包括康熙四十四年、六十一年的两次,雍正四年、雍正八年、十三年的三次,往往还一停就是好几年。康熙四十四年(1705),"停止中马",把茶马司收贮的茶叶变价折银,规定每新茶一篦折银四钱,陈茶一篦折银六钱,变价折银的收入用于"充饷"④。康熙六十一年(1722),"行茶原照例易换马、驼、牛、羊,并买粟谷。今将旧茶悉出变卖,以作军饷"⑤。雍正四年(1726),因西北各族按地纳粮,又暂停了茶马事务,"旧存之茶,或变卖,或搭饷,或折收不等"。雍正八年(1730),把西北各茶马司库茶发给各州县、卫所,"易换粮石,以裕边仓积储"。又过了四五年,因西北军需告竣,番民以中马为累,地方官也就奉文停止了茶马事宜。

在这里,有三方面问题值得关注。一是为了解决沿边官员和官兵的饷银。这事早在顺治朝就出现了。顺治十三年(1656),以新茶中马既足为由,"陈茶变价充饷";次年,对私茶、私马变价及赎罪银,"原留中马支用,今七监马匹蕃庶,改解充饷"⑥。

---

① 姚继荣、李英华:《顺治年间的茶马互市与民族关系》,《青海民族学院学报》2009年第4期。
② 《(乾隆)西宁府新志》卷17《田赋·茶马》,西宁:青海人民出版社,1988年,第431页。
③ 《清圣祖实录》卷167,康熙三十四年秋七月癸未,北京:中华书局,1986年,第818页。
④ 《清会典事例》卷242《兵部·杂赋·茶课》,《续修四库全书》,上海:上海古籍出版社,2002年,第861页。
⑤ 《(乾隆)西宁府新志》卷17《田赋·茶马》,西宁:青海人民出版社,1988年,第432页。
⑥ 《(乾隆)西宁府新志》卷17《田赋·茶马》,西宁:青海人民出版社,1988年,第431页。

二是为了西北各族已经倾心向化了,他们大多已经完全归顺了朝廷,所以也要求他们像内地之民一样"按地纳粮"了;三是统一国家的大规模战争已经过去,西北政治形势也逐渐稳定下来,对朝廷而言,茶马互市也就显得不那么紧要了。①

明朝的西北茶马事务,大略是由茶马御史来打理的。顺治朝延续了明代的做法,而到了康熙、雍正朝,情况发生了变化。先是,康熙四年(1665),裁撤了陕西苑马司所属各监;康熙七年(1668),又裁撤了茶马御史,改由甘肃巡抚兼理;康熙六十一年,让兰州茶库厅代管甘州茶马司;雍正三年(1725),让西宁府代管西宁茶马司;雍正八年(1730),又让洮岷道代管洮岷茶马司。这些变化表明,康熙、雍正朝在茶马事务管理上的"精兵简政",也是官方贸易日趋淡化的一种反映。

雍正十三年(1735)是一个标志性的年份,是因为发生了一件标志性的事件,清朝决定"以军需结束,番民以中茶为累,停止中马"②,即从制度和政策层面宣告了茶马互市的终结。

3. 乾隆朝茶马互市

有史书说:"乾隆中叶,因番族向化,边圉无事,罢中马之制。令商纳税银,以兰州道理其事。"③从有关的文献看,人们对乾隆初的茶马互市至少有这样的印象:一是依旧保持了茶马司的布置格局,即洮岷、河州、西宁、庄浪和甘州五个茶马司仍还在视事;二是各茶马司的业务已发生了很大的变化,"以马中茶"已不是它们的主业了,源源不断从内地运来的茶叶,由茶司随意变卖;三是各茶司"经营"的业绩也越来越不好,不仅很少交换来马匹,就地随意变卖也不理想,造成了茶叶库存积压的现象越来越严重。各种迹象表明,茶马互市这种官方的贸易形式似乎已经谢幕的时候了。

从康熙到雍正朝,西北茶马互市已有不畅,各茶马司也已有一些陈茶积压,到乾隆之年,这种情况变得愈益严重起来了。

茶司陈茶的积压,说到底,主要是由两方面的原因造成的。一方面,是因为官茶的供给渠道仍还畅顺;另一方面,"以茶中马"的茶马互市渠道已日益阻滞。为了处理这些大量积压的陈茶,清朝君臣也可以说是大伤脑筋。乾隆朝,一而再,再而三变卖茶马司新茶和陈茶,一个重要方面的用途,是用来交换粮食,以充实沿边州县、卫所的仓储;另一个重要方面的用途,是把所得银两用来贴补边镇卫所的俸饷。

---

① 李英华、姚继荣:《康熙、雍正年间的茶马互市与民族关系》,《青海民族大学学报(社会科学版)》2010年第2期。

② 《(民国)甘肃通志稿》卷54《军政·互市》,《中国西北稀见方志》,北京:中华全国图书馆文献缩微复制中心,1994年,第193页。

③ 《(光绪)甘肃新通志》卷22《茶法》,扬州:江苏广陵古籍刻印社,1989年,第3页。

《清会典事例》上说，乾隆十三年（1748），"甘肃省停止以茶中马"①；随后，西北各茶马司的陆续裁撤，这是清代茶马互市实际收场的真正象征。同时，这也是自唐宋迄于明清这种官方贸易完结的历史标记。

茶马互市退出了历史的舞台，官方贸易最终让位于民间贸易，这也成了一种历史的必然。分析原因，主要有下述几个方面：

一是，经过清朝几代统治者的努力，至乾隆朝，统一的多民族国家已经稳定下来，清政府对战马的需求已经很少，对清政府来说，茶马贸易失去了"易马"的必要性。

二是，伴随国家的统一，经济也有了很大的发展，商品经济逐步发展起来，部分地区已经出现资本主义萌芽，而茶马贸易这种以物易物的形式已不能适应经济形势的发展，它被更具活力的商品贸易取代是经济发展的必然。

三是，通过一系列的军事、政治、经济手段，到乾隆中叶，清朝在边疆少数民族地区的统治已十分稳固，各民族业已大略融合于一体，民族矛盾不再成为影响其统治的主要问题。茶马互市也失去了其对西北少数民族进行"羁縻"的政治意义，而转化为纯粹的商品贸易并逐渐融入了商品贸易的体系中。

四是，官府既是贸易方，又是管理者，这种垄断性的身份，既不能平等对待运销商人，也不能平等对待"以马中茶"的少数民族，从而既挫伤了商人运销的积极性，也打击了少数民族"以马中茶"的积极性。

五是，西北各茶司管理不善，官员贪污腐败、欺凌茶商之类的现象层出不穷，从而造成茶马互市的运行不畅，以至于非但不能给朝廷带来足够的经济收入，反而总还要为处理大批库存陈茶劳民伤财。

六是，清朝一直以僵硬的政治手段对待茶马互市，不能认识到商品经济的巨大发展而有所变革，有关茶马互市的政策也越来越成为贸易发展的阻碍，走向消亡也就成了它必然的归宿。

乾隆朝茶马互市的中止，既是清代上百年这种官方贸易的终结，也为自唐宋以来上千年的茶马互市最后画上了句号。②这也说明，康熙朝底定中原、雍正朝平复青海、乾隆朝统一新疆之后，国土广阔，官用马匹的取给变得十分简单易行。正像史书上所说："今则大宛、西番尽为内地，渥洼天马，皆枥上之驹。"③

---

① 《清会典事例》卷242《户部·杂赋·茶课》，《续修四库全书》，上海：上海古籍出版社，2002年，第863页。

② 李英华：《清代的茶马互市与民族关系》，青海民族大学硕士学位论文，2010年。

③ 《清文献通考》卷30《征榷五》，杭州：浙江古籍出版社，1988年，第5128页。

第十章　清代西北官牧马厂的变迁

清代的西北马厂，遍及今之宁夏、甘肃、青海和新疆四省区。总体的情形和走向是：始设于雍正朝，扩展于乾隆朝，而嘉庆、道光朝以后又渐次衰落。

一、西北马厂的性质与类型

清代官办马厂，有中央和地方之分。像察哈尔、辽西马厂为中央直属，又察哈尔两翼牧厂属太仆寺，而商都牧厂、达里冈爱牧厂、大凌河牧厂属内务府上驷院；而设于陕甘、新疆的马厂，委属地方管理，自然即为地方马厂。

以新疆马厂为例，它的组织管理分为两个系统，即绿营马厂和八旗马厂。前者像巴里坤马厂，由绿营士卒放牧，巴里坤总兵管理，又总统于陕甘总督；后者像伊犁马厂和塔尔巴哈台马厂，由厄鲁特、察哈尔营兵放牧，伊犁马厂由驼马处总司，塔尔巴哈台马厂由领队大臣经管，连同南疆马厂，一律总统于伊犁将军。

至于马厂的编制，也有绿营和八旗之分。

绿营马厂，一般设游击、都司、守备各一员；厂马分五群，以千总、把总一员为牧长，外委一员为牧副；先是，西北马厂一律按安西牧厂例，每群牧卒十五人；乾隆三十一年（1766），改照甘、凉、西、肃例，每马二十四匹，派牧卒一人。巴里坤东厂、古城西厂和济木萨三厂初分，每厂有马近三千匹。按编制，每厂有牧卒一百二十人，每群二十四人。至道光十二年（1832），巴里坤马厂牧马已过四万匹，于是，决定除作价出售一部分外，"每厂各选大儿骒马六千匹作为正牧，并带放骟马、马驹，三厂共留二万六千六百二十五匹"，"每厂额设牧兵一百二十名，每兵牧马二十四匹"。①

八旗马厂，分属厄鲁特、察哈尔营，营兵"种地自食，随时操演骑射"②。按八旗建制，二营设领队大臣、总管、佐领、骁骑校。不同于绿营马厂，八旗马厂编制无确切限制。在乾隆朝，伊犁将军明瑞奏准设驼马处章京及牛羊群千户长，另设司员一人、主事一人、笔帖式一人和委笔帖式一人；驼马处的职司，主要是管理厂马繁殖、拨用以及与哈萨克的马贸易。

---

① （清）永保：《乌鲁木齐事宜》，《边疆丛书续编》，民国三十二年（1943），吴江吴氏刊本，第32页。
② （清）祁韵士：《西陲要略》卷2，台北：成文出版社，1968年，第69页。

绿营和八旗马厂，从性质上说，它是一种国营畜牧业组织，是一种典型的经济实体，同时又是一个行政部门，是清代官僚机构的一部分，充分表现出了官办实业的特点。①

二、宁夏的马厂

宋明以来，于陕甘宁交界处，养马业一直很发达。作为半农半牧的固原和平凉，于明清更为统治者所重视。

先是，明朝设陕西苑马寺所属长乐、灵武、同川、威远、熙春和顺宁六监，以及长乐监所属开城、安定、弼隆和广宁四苑，灵武监所属清平、万安、定边和庆阳四苑，同川监所属天兴、永康、嘉静和安胜四苑，威远监所属武安、陇阳、保川和泰和四苑，熙春监所属康乐、凤林、香泉和会宁四苑，顺宁监所属云骥、升平、巡宁和永昌四苑。正统中，陕西苑马寺所属监苑多所废损，统计裁撤了同川、威远、熙春和顺宁四监及所属十六苑和长乐监所属的弼隆苑、灵武监所属的定边苑和庆阳苑，幸存下来的，只有长乐、灵武二监以及所属的开城、安定、广宁、清平和万安五苑。正统二年（1437），明朝先行裁撤了甘肃苑马寺。于成化朝，甘肃苑马寺所属牧马军人迁至黑水口（今宁夏清水河畔黑城镇），另设黑水苑，隶属于长乐监。弘治末，杨一清督理陕西马政，又恢复了威远监所属的武安苑，使之隶属于灵武监。至此，形成了陕西苑马寺监苑设置的新格局，即所属二监七苑大体集中在固原和平凉府附近，这种格局一直维持到了晚明。②

入清，先是继承了明朝的这些遗产；自雍正朝以来，战事向西转移，清朝接续在青海、河西及新疆设立马厂，这里官牧马也渐次西迁，原陕西苑马寺及所属二监七苑，最终结束了它的历史使命。不过，原有这些监苑的牧地，摇身一变，成为六处提标营③的马厂，即提标中营参将马厂、提标左营游击马厂、提标右营游击马厂、提标前营游击马厂、提标后营游击马厂、提标城守营游击马厂。④

1. 提标中营参将马厂

马厂设在土窑子，距固原县城二十五里。东至马髦山，西至龙鼻子滩，南至猴儿牙岔，北至石寺儿，包括今西吉县沙沟乡东塘和今原周区西凤凰岭西北的马屯山。

---

① 李三谋：《清代北部边疆的官牧场》，《中国边疆史地研究》1999年第1期。
② 姚继荣：《明代西北马政研究》，青海师范大学硕士学位论文，1988年。
③ 清制：各省提督的绿营官兵，称为"提标"；凡提标，置中军参将一员，职司全标营务。不过，京师巡捕五营之中营，负责九门巡捕，设提督中军代管中营，副将一员为中军。
④ （宣统）《固原州志》卷4《兵防·马厂》，《明清固原州志》，固原：固原市地方志办公室，2003年编印本，第291页。

2. 提标左营游击马厂

马厂设在王家套子，距固原县城七十里。东至关山顶，西至王家堡子，南至马家后新庄，北至贺家套子，包括今西吉县偏城乡和硝河城乡，至今原周区张易乡贺套。

3. 提标右营游击马厂

马厂设在东山坡，距县城一百二十里。东至大庄，西至关山，南至化平界，北至青山坡，包括今原周区十字乡东，南至泾源县境。它还有一个附属小马厂，设在白鸾池，距固原县城五十里。东至皮家堡，西至关山，南至杨家岭，北至黑沟，包括今隆德县北乱池和今原州区大湾乡杨家岭和开城乡黑刺沟。

4. 提标前营游击马厂

马厂设在盐泥沟，距固原县城七十里。东至关山，西至毛家庄，南至左营马场，北至盐泥沟，包括今原州区红庄乡和张易乡盐泥沟到毛家庄子关山以西。

5. 提标后营游击马厂

马厂设在磨河庄，距固原县城二十二里。东至中营马场，西至大山，南至红庄子，北至磨河庄。包括今固原市红庄，东至南廊乡磨河一线。

6. 提标城守营游击马厂

马厂设在土壕，距固原县城四十里。东至乃家河，西至九品湾，南至田家洼，北至黄茅山，大致在今彭阳古城乡至今原周开城乡南部乡黄茅山一线。①

另据《清会典事例》，清朝还在宁夏设牧厂二处：一在黄河西岸平罗县界，一在贺兰山前沿边，南起大坝堡，北至镇朔堡。②每年四月，马匹出厂，先于平罗县界之滩场牧放；至六、七月，河水泛涨，移至山场③牧放。

三、甘肃的马厂

甘肃的平凉、庆阳、临夏、甘南与河西，又适宜于放牧的辽阔草场。明清的统治者，既看重这里的战略地位，也关注这里的官牧之政。

---

① 薛正昌：《历代马政在固原》，《固原师专学报》1996年第2期。
② 《清会典事例》卷647《兵部·马政·八旗驻防马》，《续修四库全书》，上海：上海古籍出版社，2002年，第114页。
③ 滩场者，河滩草场也；山场者，山地草场也。

第十章　清代西北官牧马厂的变迁

明初设陕西、甘肃苑马寺，不乏多在今之甘肃省境者，像陕西苑马寺所属的同川监（治今庆阳）、熙春监（治今临夏），甘肃苑马寺所属的武威监（治今山丹）、安定监（治今古浪），这四监所属的养马苑，主要分布在陇东、临夏、甘南与河西。正统以后，西北边防松弛，很多监苑难以为继，经一番大裁革之后，今之甘肃省境内，只在平凉附近保留了少量的牧厂。

入清，情形又有了新的变化。雍正、乾隆朝大举向青海和新疆用兵，河西走廊成了接济新疆前线的唯一通道。所以，有必要就近设立马场，以确保向新疆前线提供战马，同时也为万里传讯提供驿马。

甘肃马厂之设，动议于雍正十一年（1733），在听取了原西宁知府黄澍查勘报告后，陕西总督刘于义请求于甘州、凉州、肃州和西宁设立马厂。这四处马厂，正式筹建于乾隆元年（1736），分布于河西走廊的是甘州提标马厂、凉州镇标马厂和肃州镇标马厂。

《八旗通志》还有这样的说法："乾隆元年，定甘肃提标、西宁镇标各设马厂一处，以游击一人统率，每场牝牡马千二百匹。"[①]而此后甘肃的具体情形，可大略分述于次：

1. 甘州提标马厂

马厂设于大草滩，位于今山丹县南焉支山下，东自水磨川，西至甘州洪水，南自甘州白石崖、扁都口，北至黄山峡口、新河；它长三百余里，宽八十余里，水草甲于河西，是十分理想的放牧场所。

2. 凉州镇标马厂

马厂设于今武威黄羊川。东接古浪，西通南把截，北距凉州，原本就是蒙古"牧马畋兽"之处。古浪的石峡关、小海子、明沙咀、白涝池、青草水、十三个井、土里无素、三道碱槽、九隘口，东通贺兰，北达北套，西抵镇番（今民勤），一直也是少数民族牧马之所。

另外，凉州驻防设牧厂于永昌黄城子地方，东西阔六十里，南北长三十里。每年冬春二季，六分存槽，四分放牧；夏秋二季，四分存槽，六分放牧。[②]

3. 肃州镇标马厂

马厂设于花海子澎带湖，地近讨赖河川，距肃州城四百里，在南山之中。讨

---

① 《八旗通志》卷41《兵·马政》，《景印文渊阁四库全书》，台北：商务印书馆，1986年，第974页。
② 《皇朝政典类纂》卷360《兵·马政·牧场》，《近代中国史料丛刊续编》，台北：文海出版社，1983年，第7835页。

赖河川东西长二百里，南北宽五十里左右不等，两岸水草丰美，马厂分布其间。

后来，遵循分厂原则，又设永固协马厂和安西协马厂；前者在今民乐永固乡，后者在今瓜州西北。这样，在今之甘肃地方，合计设有绿营马厂五处。

以上马厂，自有牧厂。另外，还有庄浪牧厂，在平番（今甘肃永登）龙潭河地方，东自照壁山乾沟起，西至嵩沟，北自牧毛山根起，南至红山嘴，东西阔二十里，南北长三十六里，为夏场；又西自小沙沟起，东至井儿沟，长二十里，复自小沙沟起，北至牧毛山根，长三十里，为冬场。每年冬春二季，六分存槽，四分放牧；夏秋二季，四分收槽，六分牧放。①

从牧草情况来看，甘青"孳生牧厂五处，内甘州、西宁，水草俱好"，"其安西、凉州、肃州，水草平常"。②

从道光十年（1830）陕甘总督杨遇春③的奏折中，可以大略了解开办河西马厂的实际效果。即乾隆元年设厂之初，甘州提标马厂计有一千二百匹，永固协马厂计有八十三匹，凉州协马厂计有六百二十五匹，肃州镇牧厂计有五百二十七匹，合计二千四百三十五匹；嘉庆六年（1801），甘州提标马厂计有过一万八千匹，嘉庆十六年计有一万五千七百匹；道光八年，甘州提标马厂计有一万四千一百匹，永固协马场计有八百匹，凉州协马场计有五千七百匹，肃州镇牧厂计有四千八百匹，合计二万五千四百匹。从这组数字不难看出，河西马厂的经营还是很不错的。至于晚清的具体情形，有关文献的梳理还不够，有待于研究者的深入考察。不过，光绪十八年（1892），陕甘总督杨昌濬④奏曰："甘、凉马场试办有效，推广办理，以备补拨。"⑤可见，从总体上应该说下滑还不太多。

自清中叶以来，马厂附近农民开垦种植，致使牧马草场日益减少，确是一个不争的事实。所以，咸丰元年（1851）议准："庄浪满营马场，地面辽阔，附近民番乘闲开种，迄今历年已久，场地必应清理……著即派凉州副都统兴泰并甘凉道等亲往查勘……妥议章程，会同兴泰具奏。"因农民已开垦种植多年，又只好考虑"如何划分界址，定则升科"⑥了。农民的生计要重视，可也难免要影响马厂的经营了。

---

① 《皇朝政典类纂》卷360《兵·马政·牧场》，《近代中国史料丛刊续编》，台北：文海出版社，1983年，第7835页。

② 《清会典事例》卷648《兵部·马政·牧马》，《续修四库全书》，上海：上海古籍出版社，2002年，第124页。

③ 杨遇春（1761—1837），字时斋，四川崇州人。乾隆四十四年（1779）武举人，官至四川城守右营守备、固原提督、参赞大臣、陕甘总督，他战功卓越，有"福将"之誉，后人撰有《时斋府君年谱》，又谓之《杨忠武公年谱》。

④ 杨昌濬（1825—1897），字石泉，号镜涵，别署"壶天老人"，湖南湘乡人。咸丰元年（1851）生员，后随曾国藩、左宗棠办团练，官至衢州知府、浙江储运道、浙江布政使、浙江巡抚、甘肃布政使、陕甘及闽浙总督、兵部尚书。

⑤ 《清德宗实录》卷316，光绪十八年九月丙戌，北京：中华书局，1986年，第95页。

⑥ 《清文宗实录》卷22，咸丰元年三月壬子，北京：中华书局，1986年，第423页。

四、青海的马厂

自秦汉以来,青海地分农牧,而牧区更为广阔;迄于明清,在青海地方经济中,畜牧业占了很大的比重。境内的藏族、蒙古族和撒里畏兀儿人①,俱以畜牧业为生。他们的主要经营方式,虽说还是传统的逐水草游牧,不过,分类放牧已是他们所取得的重要进步。②

除民营畜牧业外,明清官方还设制牧养马、驼,以供防边备御之用。

在明朝,青海的卫所有管马指挥、千百户,负责现役骑操马的牧养;又设甘肃苑马寺③所属甘泉、祁连、临川和宗水四监,以及甘泉监所属广牧、麒麟、温泉和红崖四苑,祁连监所属西宁、大通、古城和永安四苑,临川监所属岔水、巴川、暖川和大河四苑,宗水监所属清水、美都、永川和黑城四苑,牧养备差官马。只是好景不长,于正统二年(1437)尽行裁撤甘肃苑马寺,所牧马匹划归陕西苑马寺。

至清朝,青海马厂之设,与西北军事形势有关。雍正十年(1732),因新疆战事吃紧,急缺战马,陕甘总督刘于义即筹划于青海、河西设马厂:

> 臣留心体访,闻西宁摆羊戎地方可设牧厂,随委原任西宁府知府黄澍前赴查勘。黄澍称:摆羊戎周围约二百四十五里,其间荒地甚多,且饶水草可牧马六七千匹。又肃州嘉峪关外之花海子湃带湖一带周围约二百余里,水草富裕,至甘州之大草滩、凉州之黄羊川,水草尤属丰裕,皆可设厂牧放。臣请于摆羊戎、花海子、大草滩、黄羊川地方各设马厂一处。每厂且先采买骡马一千匹,儿马二百匹,臣查儿骒马西宁口外及陕甘内地尚易购觅。如此经理数年,马匹蕃息于边疆,防守永远有益矣。④

于仔细查勘后,黄澍向刘于义报称:"摆羊戎周围约二百四十五里,其间荒地甚多,且饶水草,可牧马六七千匹。"⑤摆羊戎⑥,即巴燕戎,即今化隆、循化县一线,在西宁东南一百七十里、平安驿南一百里,居黄河九曲之畔,"川近内地,善水草"⑦。刘氏上奏朝廷,建议于甘州、凉州、肃州和西宁各设马厂一处。乾隆元年(1736),这个建议获得了批准,定制:每场养牝马一千二百匹,场分五群,群

---

① 撒里畏兀儿人,即今之裕固族的前身。
② 崔永红:《青海经济史》(古代卷),西宁:青海人民出版社,1998年,第192页。
③ 甘肃苑马寺,先后治今青海西宁、乐都和甘肃张掖。
④ 《清经世文编》卷73《兵政四·请设马厂疏(刘于义)》,北京:中华书局,1992年,第1808页。
⑤ 《(民国)甘肃通志稿》卷53《军政·马政》,《中国西北稀见方志》,北京:中华全国图书馆文献缩微复制中心,1994年,第179—180页。
⑥ 摆羊戎,又作"巴戎""巴燕戎格",系蒙古语音译;而"巴燕"一语,含义是"富饶"。
⑦ (清)梁份:《秦边纪略》卷1《西宁近边》,西宁:青海人民出版社,2016年,第89页。

养牝马二百匹、牡马四十匹，牝牡比率为五比一。

青海马厂设立后，很快即见成效。乾隆三十四年（1769），"西宁镇马场生息繁庶，现有大小儿、骒、骟马三千七百余匹"，已日益显得"厂地窄狭，水草不敷"①了。乾隆四十五年（1780），计有马三千五百匹；道光八年（1828），计有大、小马驹一万六千六百九十一匹，含老马四千多匹，得病儿马有一千多匹。杨遇春还说："较之立厂原额，已增至十倍有奇"，乃至出现了"近年以来，地不加广，而马数渐增，拥挤伤残，日形疲瘦，冬春草枯、水冻，无处牧放"②的状况。

西宁镇除军马外，还有数量不少的官驼。乾隆十三年（1748），为牧养上千峰官驼，又设驼场一处，分群牧养；以一百六十峰为一群。当下还有统计，西宁镇的绿营兵，计有额马四千六百二十匹，备战驼五百峰、炮驼一百峰；又额设孳生驼二百峰，孳生马一千二百匹。这些情况说明，在青海，清代官办马厂、驼场状况优于明代的官牧。③

后因巴燕戎大量开垦的农田，而马厂的马匹增长数量比较大，使得原来的马厂难以适应发展需要。于是，一方面，另辟大通川新马厂；另一方面，还把一部分马匹拨往甘州、凉州和肃州马厂。据不完全统计，乾隆朝青海的马、牛、羊总数高达三百五十万匹（头、只）。④从中，也不难想见青海官牧的发展情形。

青海绿营马厂马匹，连年拨解他处的记录，史不绝书。据《清实录》《清会典事例》上的不完全统计，像乾隆三十四年，拨解甘州五百匹、凉州三百匹、肃州三百匹，合计一千一百匹；十二年后，又拨解甘州一千一百零八匹、凉州五百五十四匹、肃州四百五十三匹。这种情况，从一个侧面反映了它的渐次萎缩。

另外，在清代文献中，有关青海马厂、驼场的记录虽不多，可像《清实录》中的有些内容，值得有关研究者高度关注。

（乾隆十六年九月己巳），陕甘等处喂养驼只，每年需用草料银两，原定价值浮多。前经西宁总兵张世伟、安西提督永常奏明，历岁多有节省，因交尹继善酌定价值。据尹继善奏，请将西宁草料，每岁减去银二千两，安西等处，每岁减去银三千两。并称张世伟任内节省之处，实因撒买草豆，减料喂养，驼只多有疲瘦，难以为例等语。已交军机大臣，等刘顺来京，将实在情形询明定议。现在该处喂养驼只，是否仍然照张世伟任内每岁节省银五千两办理，或已照尹继善所奏数目办理。若所减二三千两，而能喂养膘壮，虽节

---

① 《清会典事例》卷648《兵部·马政·牧马》，《续修四库全书》，上海：上海古籍出版社，2002年，第126页。
② 李光涵：《杨忠武公年谱》（未），国立北平图书馆藏光绪刊本，第43页。
③ 崔永红：《青海经济史》（古代卷），西宁：青海人民出版社，1998年，第197页。
④ 崔永红、张得祖、杜常顺：《青海通史》，西宁：青海人民出版社，2017年，第315页。

省无多，尚于驼只实有裨益。倘若养驼只，仍不免于疲瘦，与张世伟任内相同，则虽称稍为节省，有名无实。著传谕黄廷桂，将作何稽查办理之处，令其详悉查明具奏。寻奏：奉旨，即札行各提镇查核。据复，西宁、甘、凉、肃等处，自乾隆十四年冬后，均照尹继善减定数目办理，现都喂养膘壮，细访也无浮冒。但设法稽查，事无专责，难免差役暗中克减少。请槽时专派参参游责成经管，该提镇仍不时亲查，每季底，加委道员，公同查验。再据陞任提臣永常咨称，安西战驼八百余只，于乾隆十三年奏准，一半长川牧放，一半于冬春二季收槽饲养，每只酌减原数，领银十八两，为草料之价，现在遵办，其查验也请照西宁之议。①

（乾隆十六年十月甲辰），遵旨酌议调任陕甘总督尹继善，所陈防范准夷各条，及筹画未尽事宜：一、酌派甘提标战兵二千一百名，肃镇标二千名，凉镇标一千九百名，为首援。应用马驼，请照原定一兵二马、四兵一驼之数拨给。再派甘提兵六百名，肃镇四百名，凉镇一千名。有马则以马摘拨，无则折驼，以备二起出口。甘肃二标马驼足用，凉镇少驼一百只，酌于甘标驼羔内捡补。少马二千匹，将宁夏余马协济一千余匹外，不敷之处，请将凉州驻防马摘调。再宁夏驻防马驼，别无动用，应请摘马二千匹，驼二百八十只，分解凉甘二标，则凉甘二标，又可各派兵五百名，同二起出口。至筹补甘、凉、肃三标不敷马驼，并西宁、固原、河州已裁驼，应于安西提标积年采买余驼，及孳生驼羔共一千五百余只内拨补。一、固原战兵二千名，需马四千匹，并折驼马一千四百匹，现不敷马七百一十六匹。河镇战兵一千名，原派马六步四，需马二千匹，并折驼马六百八十八匹，现不敷马一千一百一十八匹。固原战兵，依次出口，与首先援剿之师有间，应每兵给骑马一，二兵合给驮马三，并驮炮马一百五十，共需五千一百五十匹。除该提马尽数拨给外，仅少四百六十六匹，临时雇觅驼骡，不致迟误。河镇亦应如固原，将所有马，尽战兵六百名拨用。其步兵四百名，为数无多，请停调派。查善后原议，酌留甘标兵一千，河镇兵一千，交甘提于各标战兵，量拨足额……一、青海蒙古，逼近西宁，设有缓急，应照原议，派西宁兵或二千或三千赴援。西宁距青海百余里，遇调，轻装前往，毋庸多给马驼。应按现在存马三千八百三匹，驼五百只，通融预备。一、青海之额色勒津，及伊克柴达木得卜特尔等处，汛地辽阔，原派驻卡官兵，不敷侦探。应于冬防，派西宁镇标守备千把四员，带兵百名，前往巡防。②

（乾隆二十七年闰五月辛卯），又奏：孳生马匹，最为边储要务，西宁镇

---

① 《清高宗实录》卷398，乾隆十六年九月己巳，北京：中华书局，1986年，第237页。
② 《清高宗实录》卷400，乾隆十六年十月甲辰，北京：中华书局，1986年，第267—268页。

孳生马厂，军兴以来，动拨外，仅存马一百三十五匹，以水草丰厚之区，任其闲旷，殊为可惜。查甘州提标牧厂，尚存节年考成过儿骒骟马，并产获马驹四千七百余匹，尽堪分拨，请酌拨一千一百四十六匹，赶赴西宁。又凉州镇孳生马七百一十九匹，本厂水草平常，亦请就近改拨。连西宁现存之马，共二千匹，派拨暗练弁目，加意牧养，自必日见蕃盛。①

（乾隆三十八年八月癸丑），陕甘总督勒尔谨奏：巴里坤满营需用兵粮，向由甘州、凉州、西宁三提镇营孳生驼厂内，挑选堪用驼只，解送巴里坤驮运奇台、古城、吉布库等处民屯粮石，以供满兵支用。②

道光九年（1829）正月，因"马厂狭窄，不敷牧放，以致拥挤，日形疲瘦，所产马驹，不堪经牧"③，陕甘总督杨遇春奏请估价变卖，同时裁撤牧马兵丁，得到了朝廷的批准。可见，清中叶以来，青海绿营马厂的情况已很不理想了。

随后的咸同光三朝，河湟流域接连发生回族、撒拉族反清事变，西宁镇马厂受到了严重破坏，再难恢复它往日的风光了。

五、新疆的马厂

清代新疆的马厂，比甘肃、青海的马厂设置要晚。乾隆朝对新疆用兵，这里既是边疆，又是前线，战马的需求量很大。为确保战争之需和战后防边之用，于新疆设立马厂便提到了议事日程。于是，伊犁、塔尔巴哈台、巴里坤、乌鲁木齐和南疆马厂接续出现了。

关于新疆马厂的设立缘起，《清高宗实录》中有这样一段重要的文字：

乾隆二十五年六月辛卯，军机大臣议奏：据陕甘总督杨应琚奏称，甘省各提镇营，向俱有孳生马厂。自军兴以，屡经动拨，牧厂所存，数目参差。内有平常数处，一交冬令，草枯不能饱啖，致马羸瘠，孳生也难茂育。若将此项儿骒马，改拨巴里坤牧放，于孳生甚为有益等语。查甘省各标营牧厂，其水草平常之处，改拨尤为要务。但巴里坤水草，较之内地固佳，恐绿营官兵，不善经理。现在乌鲁木齐一带，土沃草肥，该处驻防及屯田官兵，俱可就近照管，将来蕃息，又可就近调用，并省巴里坤拨解之烦。应令该督，查明此项平常牧厂马，现有若干。趁此水草丰盛时，径解乌鲁木齐择厂牧放。其分起解送各事宜，请交阿桂、安泰等会同杨应琚，酌议妥办。得旨，依议

---

① 《清高宗实录》卷663，乾隆二十七年闰五月辛卯，北京：中华书局，1986年，第423页。
② 《清高宗实录》卷941，乾隆三十八年八月癸丑，北京：中华书局，1986年，第729页。
③ 《清宣宗实录》卷150，道光九年春正月甲子，北京：中华书局，1986年，第311页。

速行。但今年竟至乌鲁木齐，恐已至秋深草黄时，在巴里坤过冬亦可。①

可见，乾隆二十五年（1760），陕甘总督杨应琚②的奏折，引起了朝廷的高度重视。随后设立的各处马厂，主要位于天山北路和准噶尔盆地南沿之间的狭长地段，这里早先主要为蒙古族游牧区，时下则成了清朝的官牧之所。有人留下了这样的见闻："腰站地方不大……山环水绕，草场肥美，畜牧尤旺"，而巴里坤一线"居大山之阴，冬夏冰雪不化"，"为口外牧场最繁之区"③。

1. 伊犁马厂

伊犁马厂，始设于乾隆二十五年，由办事大臣阿桂④奏请设立，交锡伯、索伦、察哈尔和额鲁特四营放牧，"扣限取孳，不准报销倒毙"⑤；马厂牧地，分布于波罗塔拉、哈布塔海、赛里木诺尔、特克斯、察林塔玛哈、霍诺海、哈什和崆吉斯。伊犁马厂，又分孳生厂和备差厂。前者马匹来源于由阿克苏、乌鲁木齐、张家口外牧群、达里冈爱、伊犁的孳生马，还有与哈萨克贸易而来的孳生马；因乾隆三十年（1765）锡伯、索伦营先后撤出，孳生厂马交由察哈尔、额鲁特营放牧。后者马匹则来源于孳生厂的儿、骟马，还有与哈萨克贸易而来的儿、骟马。另外，伊犁惠远城牧厂，设于呢处浑，每年冬春二季六分存槽，四分牧放；夏秋二季全行牧放；伊犁惠宁城牧厂，设于阿里木图沟，每年冬春二季六分存槽，四分牧放；夏秋二季全行牧放。

伊犁马厂，久为西北牧厂之首；后来，还设立了牛、驼、羊厂。按《新疆识略》的说法，三厂接续而设，羊厂是乾隆二十六年，驼厂、牛厂是乾隆二十七年。⑥经过三十年经营，规模不断扩大，即以乾隆五十八年（1793）为例，孳生厂计有马二万八千五百六十九匹，备差厂计有马一万二千六百九十七匹⑦，合计四万一千

---

① 《清高宗实录》卷615，乾隆二十五年六月辛卯，北京：中华书局，1986年，第919页。
② 杨应琚（1696—1766），字佩之，号松门，辽海汉军正白旗人。雍正七年（1729），由荫生授户部员外郎，官至山西河东道、甘肃西宁道，两广、闽浙、陕甘及云贵总督；所撰《西宁府新志》40卷，从多侧面反映了青海社会的历史面貌。
③ （清）方士淦：《东归日记》卷1，《小方壶斋舆地丛钞》，光绪十七年（1891），上海著易堂铅印本。
④ 阿桂（1717—1797），章佳氏，字广廷，号云崖，满洲正蓝旗人，大学士阿克敦之子。乾隆三年（1738）举人，官至镶红旗蒙古副都统、武英殿大学士、领班军机大臣；他久戍边疆，定伊犁、讨缅甸、平定大小金川，战功显赫，另撰有《军需则例》。
⑤ （清）徐松：《新疆识略》卷10《厂务·孳生》，《续修四库全书》，上海：上海古籍出版社，2002年，第739页。
⑥ （清）徐松：《新疆识略》卷10《厂务·孳生》，《续修四库全书》，上海：上海古籍出版社，2002年，第738页。
⑦ （清）徐松：《新疆识略》卷10《厂务·孳生》，《续修四库全书》，上海：上海古籍出版社，2002年，第738—739页。

二百六十六匹。又道光六年（1826），马厂计有孳生马超过五万匹，牛厂计有孳生牛一万八千头，超过了乾隆朝的规模，马厂官牧至于极盛。

同治三年（1864），因新疆反清事件的影响，伊犁马厂受到了毁灭性的破坏。三十年后的光绪二十年（1894），伊犁将军长庚①请准恢复伊犁马厂，拨银七万二千两，用于购买孳生马匹羊只；其中，购买马四千匹，每匹值银八两，合计耗银三万二千两。恢复后的伊犁马厂，"依旧章办理"，厂马仍由察哈尔、额鲁特营放牧。不过，很显然，晚清的情形已大不如前了。

2. 乌鲁木齐马厂

乌鲁木齐马厂的设置，有一个不短的过程。先是，乾隆二十三年（1758），在与哈萨克绢马贸易后，清朝即令有关部门将"其儿骡马，皆于屯田处所加意放牧，将来孳生蕃息，使成好牧群"②；随后，又把它作为一种定制而付诸实施。在统治者看来，"内地马匹原以储备调拨"，而新疆统一后便不再需要"接济"，退役马匹"与其收槽充数，又不若立厂孳生"，"即水草以善牧养，于公私均有裨益"③，所以，很有必要于乌鲁木齐新设马厂。两年后，乌鲁木齐马厂几乎与伊犁马厂同设，牧地分布于东山五工口南山草塔板，西山头屯河地方，分为六场牧放：夏秋二季出场，冬春二季收槽。

乌鲁木齐马厂，虽比不得伊犁马厂，而牧马也还算可观。乾隆二十八年（1763），计有厂马计有一千一百五十三匹；乾隆四十二年（1777），计有孳生马六千七百六十匹、马驹九十九匹，合计六千八百五十九匹，又孳生牛一千一百四十头。④可为时不久，又令将马群解送伊犁，归并入伊犁马厂，原有厂马则尽数改拨塔尔巴哈台。⑤同治三年的反清事件，以及阿古柏⑥匪帮染指新疆，波及乌鲁木齐，马厂官马也被抢夺一空了。光绪十一年（1885），迪化抚标和伊犁镇标分别设立牧厂。《新疆图志》说，迪化抚标马厂牧于南山，中军参将领之；伊犁镇标马厂牧于河南，总兵领之。"其经费不请于公币，凡考核功过暨盈虚良驽之数，皆不关白于部"，

---

① 长庚（1843—1912），字少白，伊尔根觉罗氏，满洲正黄旗人。光绪六年（1880），为巴彦岱领队大臣，官至伊犁副都统、驻藏大臣、伊犁将军、镶蓝旗汉军都统、兵部尚书、陕甘总督。
② 《清高宗实录》卷572，乾隆二十三年十月辛酉，北京：中华书局，1986年，第267页。
③ 《清高宗实录》卷606，乾隆二十五年二月庚辰，北京：中华书局，1986年，第804页。
④ （清）佚名：《乌鲁木齐政略·牲畜》，《中国西北稀见方志》，北京：全国图书馆文献缩微复制中心，1994年，第616—617页。
⑤ （清）袁大化、王树枏：《新疆图志》卷28《实业·牧》，《续修四库全书》，上海：上海古籍出版社，2002年，第518页。
⑥ 穆罕默德·雅霍甫（1820—1877），汉名"阿古柏"，为中亚浩罕汗国阿克麦吉特伯克。1865—1877年，成立哲德沙尔汗国，又率军入侵新疆，史称"阿古柏之乱"，中国人谓之"中亚屠夫"，后为陕甘总督左宗棠所败。

"其所孳生马充官厩、备驿邮。"① 牧厂中牧放有羊只，主要用于每年的祭飨和犒劳，多余者分给营中将士，故人人乐于尽力。伊犁镇标厂发展较快，迪化抚标厂则不善经营，孳生马不足千匹，比伊犁镇标厂差了很远。

3. 巴里坤马厂

巴里坤沃野辽阔，水草丰美，是清军用兵新疆的军马集散地。于是，内地运往新疆马匹及与哈萨克贸易所得马匹，往往先暂寄这里牧放，随后分送各处官兵军用。

乾隆二十六年（1761），由安西、肃州、辟展等处存剩马匹解到这里，设立巴里坤孳生马厂，以儿马、骒马一千五百一十八匹，分为六群。三年后改为五群，分牧的地点是：头群冬春马厂，牧放于乌苏卡，距城西南六十里；值夏秋两季，则移群于延安堡。二群冬春马厂，牧放于独山子北，距城一百余里；值夏秋两季，则移群于玉堂湖。三群冬春马厂，牧放于石河子，距城南七十里；值夏秋两季，则移群于沙山子。四群冬春马厂，牧放于截达坂，距城南一百里。五群冬春马厂，牧放于陶赖达坂，距城西南二百余里。

乾隆三十四年（1769），由塔尔巴哈台送来大量马匹，"一厂难以经牧"，遂分设西厂于古城，而巴里坤老厂改称"东厂"。六年后，东西二厂孳生马已有八千七百三十六匹，又难经牧，遂另于木垒设立"三厂"；又因满营移驻巴里坤，将东厂移至东北山大小红旗沟；东厂、西厂和三厂，各放牧二千九百一十二匹。②

巴里坤设三厂之后，牧马情形蔚为大观。乾隆五十一年（1786），各厂孳生马匹一万五千余匹，因牧厂窄狭，恐挤伤马驹，陕甘总督即令裁汰马匹一千五百七十余匹，作价处理。乾隆五十七年（(1792），各厂马匹又增加到一万八千余匹，马厂再次裁汰马匹三千余匹。嘉庆十年（1805），马匹猛增到三万一千三百五十九匹，足见三厂规模之大，发展之快。

因东厂、西厂、三厂，承平时各自牧马近万匹，伴随日益繁衍，木垒河谷显得狭小，渐至不能容纳，两年后又设立济木萨、玛纳斯二厂，牧政则由巴里坤总兵督理。不过，它们的规模要小得多了。不久，木垒厂改归济木萨营管理，又称"济木萨马厂"。嘉庆十六年（1811），古城、济木萨二厂，牧马超过两万匹，也出现"马多厂窄，急于疏通"的状况。至道光十二年（1832），巴里坤、古城、济木萨马厂，总计有近四万匹马，后经挑留变价，出卖一部分，仍留大骒、马二万六

---

① （清）袁大化、王树枬：《新疆图志》卷28《实业·牧》，《续修四库全书》，上海：上海古籍出版社，2002，第519页。

② （清）佚名：《乌鲁木齐政略·牲畜》，《中国西北稀见方志》，北京：中华全国图书馆文献缩微复制中心，1994年，第616—617页。

千六百二十五匹。

同治三年的反清事件，以及阿古柏匪帮染指新疆，巴里坤马厂也未能幸免战火之害。济木萨城池失陷，马厂马匹被抢夺一空；古城西厂被破坏得最严重，而东厂也只剩下几百匹马了。光绪十四年（1888），经新疆巡抚刘锦棠①复查，巴里坤厂实存大小儿、骒马四千五百余匹，于是，决定马分为五群，每群设牧长一名，牧兵十四人，仍由绿营标兵牧放，以左营游击领之，仍循旧例，三年均齐一次。到光绪二十五年（1899），先后均齐三次，实存大小儿、骒马七千八百六十匹。

宣统二年（1910），袁大化②任新疆巡抚，陆军部要求他综核巴里坤牧马。他会同马厂前后任游击李捷荣、王长发逐细查验，还强调"新疆马政弊深"，决心"另订章程，亟谋整顿"③。从他向朝廷上报的情况来看，巴里坤厂实存马四千四百六十二匹，比上年短少六百四十二匹。这也表明，晚清巴里坤马厂已大不如前，从一个侧面也反映了马厂牧政的日益衰败。

4. 塔尔巴哈台马厂

塔尔巴哈台马厂，分备差厂和孳生厂。乾隆三十六年（1771），先设备差厂，最初的来源是各项追罚马匹，以后又拨入孳生厂二岁马驹；哈萨克每年交纳的贡马，也是备差厂的一个重要来源。乾隆三十九年，从与哈萨克贸易所得牲畜内，挑出儿、骒马六百余匹，交与察哈尔和额鲁特佐领放牧，由塔尔巴哈台参赞大臣奏设孳生马厂。三年后，又将由乌鲁木齐迁来的额鲁特分作四佐领，在斋尔地方参与放牧。

至乾隆五十七年（1792），备差厂计有马四千三百六十七匹，孳生厂计有大马九千六百七十九匹、马驹三百七十一匹，合计一万零五十匹；牛厂有大牛、牛犊五千二百八十头④，也可谓蔚为大观。后来，马厂一样受到同治初反清事件和阿古柏匪帮入侵新疆的影响。不过，人们很少知道它当下受害和以后恢复的详情。光绪三十一年（1905），从塔尔巴哈台参赞大臣春满的奏折来看，厂存孳生马五百匹，很显然也是风光不再了。

除上述天山北路东西两大牧区外，在天山南路的哈密、喀什噶尔、乌什、英

---

① 刘锦棠（1844—1894），字毅斋，湖南湘乡人。成年后，投入湘军，随叔父镇压太平军和捻军；旋又入陕甘，参与镇压西捻军等；后来，随左宗棠收复新疆。光绪十年（1884），新疆设省，为首任巡抚，官至兵部尚书，撰有《刘襄勤公奏稿》。

② 袁大化（1851—1935），字行南，安徽涡阳人。晚清廪生，光绪十七年（1891）于关东投效，官至山东按察使、山东及河南布政使；宣统二年（1910），为新疆最后一任巡抚，撰有《抚新纪程》。

③ 《清续文献通考》卷236《兵·马政》，杭州：浙江古籍出版社，1988年，第9819页。

④ （清）永保：《塔尔巴哈台事宜》卷4《官厂牲畜》，《边疆丛书续编》，民国三十二年（1943）吴江吴氏刊本，第4—5页。

第十章　清代西北官牧马厂的变迁

吉沙尔、库车、喀喇沙尔、喀尔喀蒙古的科布多，也设有马厂。不过，它们规模很小，各有马数十至数百匹不等，主要供当地驻军和屯田之用[1]，几乎可说是微不足道了。

另外，在一些清代史文，不乏有关驼场的记录，很值得研究者关注。像在《清高宗实录》记青海设立驼场事：

> 副都统巴灵阿奏称：夷使进藏，预备更换马驼。现在草枯之际，牲畜未能膘壮，恐新买马驼，皆属疲瘦。请将西宁镇标备战驮载驼只，并现在收槽喂养马匹内，先行如数摘拨，按照定价，给发营员，采买补额。应如所请。得旨，依议速行。[2]

又关于"一提三镇"驼厂，也见于《清高宗实录》：

> 川陕总督张广泗疏称：甘、凉、西、肃，一提三镇，各设孳生驼二百只。请照太仆寺儿母驼分配之例，每提镇设母驼一百七十五只，儿驼二十五只，以儿母驼一百六十只为一群，余驼四十只，寄群牧放，酌添牧兵二名。每处派牧长千把一员，牧副外委一员，牧兵九名，并派守备一员督理。牧驼兵，月给鞱鞋银三钱。始终勤慎者，该管提镇，于公费内犒赏；所需锅帐，于存营项下拨给。牧长、牧副及兵。于五年内，每母驼一百只，孳生四十只者，毋庸议叙。额外孳生一只至十只者。守备纪录一次，牧长纪录二次，牧副纪录一次，兵赏银一两，递增以十只为差。设厂三年后，孳生驼羔，各提镇印烙，将数先咨督臣存案；至五年均齐时，委员赴各处印烙，将数及经管官兵姓名，造册具题；五年后，驼羔照例配搭，余儿驼骟割另牧。再孳生驼内，如有口老病废不能产羔者，呈验变价……孳生四十只以下者，应如所议。少一只以上者，守备、牧长、罚俸半年，牧副、兵丁各责四十，递少亦以十只为差。[3]

又同书，还提及驼厂的草料银问题：

> 据尹继善奏，请将西宁草料，每岁减去银二千两；安西等处，每岁减去银三千两……现在该处喂养驼只，是否仍照张世伟任内每岁节省银五千两办理，抑或已照尹继善所奏数目办理。若所减二三千两，而能喂养膘壮，虽节省无多，尚于驼只实有裨益。倘所养驼只，仍不免于疲瘦，与张世伟任内相同，则虽称稍为节省，究属虚糜帑项，有名无实……再据升任提臣永常咨称，

---

[1] 王希隆：《清代西北屯田研究·牧厂》，兰州：兰州大学出版社，1990年，第247页。
[2] 《清高宗实录》卷123，乾隆五年七月戊戌，北京：中华书局，1986年，第814页。
[3] 《清高宗实录》卷313，乾隆十三年四月戊寅，北京：中华书局，1986年，第136—137页。

安西战驼八百余只，于乾隆十三年奏准，一半长川牧放，一半于冬春二季收槽饲养；每只酌减原数，领银十八两，为草料之价。①

而巴里坤旧驼厂、新驼厂以及哈密官驼的情况，有关的史文也有记录：

巴里坤旧驼厂：乾隆四十八年八月初一日起至五十三年八月初一日止，五年均齐，考成册造。原牧□母驼二百七十只内……骟驼十七只，应取羔母驼一百三十八只，口老不能取羔母驼十五只，五年共印烙过孳生□母驼羔七十三只内，除顶补倒毙□母驼十七只外，实在止存孳生□母驼羔五十六只。

巴里坤新驼厂：乾隆四十六年五月二十日起至五十一年五月二十日止，五年均齐，考成册造。原牧□母驼、骟驼二百八十一只内……，骟驼四十七只，应取羔母驼一百二十三只，五年共印烙过孳生□母驼羔六十五只内，除顶补倒毙□母驼一十七只外，止存孳生□母驼羔四十八只。

又哈密原设官驼四十只，于乾隆三十二年，经总督□奏准拨赴塔尔纳沁屯所驮运。哈密营兵粮以省运脚之费并无牧厂。定例：每年每百准倒四只，如有逾额，责令赔补。前项驼四十只，每年准倒一只六分，每只价银一十八两，共银二十八两入钱，按年买补所需，银两在于司库，请领由哈密协经官造报题销。②

另外，史书上还说："巴里坤驻防，设牧场于石人子以东、沙子山以西奎素松树、塘一带，除戍防骑操需用马外，牧放马五百二十二匹。吐鲁番驻防，设牧场于北山岳欢塔拉克地方，存马六十匹，在城喂养外，余马常川放牧。古城驻防，设牧场二处，于古城迤南一棵树、济布库地方，每年夏秋出场，冬春收槽；收槽时以马四百匹分给左右翼两圈畜养，其余马三百六十八匹常川放牧。乌鲁木齐驻防，设牧场在东山五工口、南山草塔板、西山头屯河一带地方，分为六场牧放，夏秋二季出场，冬春二季收槽。伊犁、宁惠远城驻防……每年冬春二季六分存槽，四分牧放，夏秋二季全行牧放。"③结合上述情况，可窥清代新疆官牧之大略面貌。

---

① 《清高宗实录》卷398，乾隆十六年九月己巳，北京：中华书局，1986年，第237页。
② （清）程大昌：《甘省便览》卷2《孳生马匹》，北京：民族文化宫图书馆，1981年，第211—214页。
③ 《皇朝政典类纂》卷360《兵·马政·牧场》，《近代中国史料丛刊续编》，台北：文海出版社，1983年，第7835页。

第十一章　中晚清对西北马政的整饬

清代西北马政，始于顺治朝，发展于康雍朝，兴盛于乾隆朝，嘉庆、道光朝渐次走衰，而咸丰、同治、光绪朝则几近停滞；于中晚清，虽也几经整饬，可因多方面的主客观因素，它又无可挽回地走向了荒毁。

一、清代西北马政的兴盛之因

关于清代马政，由肇兴到发展和兴盛，有学者分析成因有六：一是旺盛的军事需求，二是维系王朝政治运转的需要，三是源远流长的民族骑射传统，四是闭关政策在一定层面上的促进，五是统治者对马政的高度重视，六是有关机构的有效运行和制度的严格执行。①

具体到清代西北马政，以下三个方面很值得关注：

一是，在清前中期，西北军事形势紧张，急切需求很多战马。史书中不乏反映这种急切需求的记录。《清世宗实录》即云：

> 抚远大将军年羹尧条奏进剿青海事宜：购买马驼。臣在陕西买马一千匹，甚不敷用，请令在归化城、张家口采买，或将太仆寺上都打布孙脑儿孳生马匹，解送三千匹。巴库尔挑送驼二千，再于甘、凉、肃州等处采买一千五百，兵丁进剿之时，可无贻误。②

同书又云：

> 甘肃巡抚许容奏进剿青海事宜：西宁兵马无庸加增。计西宁镇标额兵四千名，城守营额兵二百五十四名，又益之以西安绿旗兵一千名、满兵一百名，又应援兵一千名。而镇海南川等兵，也千有余名。更济之以土兵协防。现在士马富余，守御援剿，无虞不足。③

《清高宗实录》也说：

---

① 陈振国：《对清代前期马政兴盛原因的考察》，《信阳师范学院学报（哲学社会科学版）》2013 年第 3 期。
② 《清世宗实录》卷 13，雍正元年十一月己亥，北京：中华书局，1986 年，第 239 页。
③ 《清世宗实录》卷 107，雍正九年六月戊午，北京：中华书局，1986 年，第 422 页。

> 办理青海事务副都统巴灵阿奏称：令于青海等处，陆续采买驼马，以备夷使、官兵牲畜疲乏更换之用。青海山高气冷，五六月间，青草萌生，牲畜始肥。今夷使于三四月抵东科尔，贸易事毕，即行进藏。倘所采不免疲瘦，恐有遗误。查西宁镇标，现有预备驼一千余只，马一千六百匹，请先以此项驼马应用，再按价给发营弁，令其自购，一转移间，两有裨益。从之。①
>
> 大学士管陕甘总黄廷桂奏：本年二月，甘省满汉各营买补摘缺马数甚多，沿边觅购艰难，现委员弁前赴张家口、杀虎口一带出马处所，广行购买。闻青海蒙古各部落马尚多，亦札知副都统德尔素照料购办。得旨，买补马匹，乃第一要务，当实力督催，不可缓视之。②

同书又云：

> 陕甘总督永常奏：此次进剿准夷，自哈密至伊犁三千余里，全资马力。若照廷议按二万兵备办……共约需马七万余。两省营马，及驻防各处马，全调方足此数。若再办理分站设拨，则两省驿马，可调者不过一二千。计潼关至哈密四千六百余里，并站安设，亦需马一二万，仅及十分之一二……寻议……西路用兵二万，约共需马五万。臣等原议于各处采买马十六万内拨给该处马三万六千，并于两省营马内挑拨二万四千，共足六万之数……再现议于喀尔喀及内扎萨克等处采买马匹。恐尚不敷。查青海一带，及附近洮、岷庄浪等处，各番部落，俱系产马之地，并令设法购备从之。③

这些记录表明，清朝前期的战马的需求很大，除了来自官营马厂之外，还通过"设法购备"来加以解决。所以，乾隆一朝大力发展西北马政事务。

二是，中央与西北地区的情报信息传递，也需要一定量的马匹来确保驿传交通的顺畅。《清高宗实录》即云：

> 现令福康安前赴西藏，由青海一路行走。令勒保、奎舒将青海众扎萨克马匹，调拨西宁关外，听候福康安等到时乘骑……著勒保、奎舒即将甘肃各营及青海众扎萨克等之马，调拨数十匹，从西宁至藏界，仿照康熙年间之例，安置驿站，专为驰送藏中来往奏折之用……著勒保、奎舒将此次需用马匹，通计若干，即照从前平定准噶尔之时，采买马匹价值，按数分给。④

三是，严惩贪官污吏，强化制度建设，形成一套比较完善的机制，也是清代

---

① 《清高宗实录》卷112，乾隆五年三月丁未，北京：中华书局，1986年，第651页。
② 《清高宗实录》卷535，乾隆二十二年三月辛酉，北京：中华书局，1986年，第754页。
③ 《清高宗实录》卷466，乾隆十九年六月丁巳，北京：中华书局，1986年，第1040—1041页。
④ 《清高宗实录》卷1390，乾隆五十六年十一月癸酉，北京：中华书局，1986年，第670页。

西北马政兴盛的重要原因。清前中期,朝廷的办事效率很高,各项制度的严格执行,也成了西北马政兴盛的内在动力;各级机构的高速运转,让政情顺利上通下达,与马政有关的制度推行得到了保障,从而为西北马政的发展创造了条件,也提供了机遇。

先是,顺治朝继承了明代的二监七苑;又初步修复与西北少数民族的茶马互市,这是清代西北马政的起始阶段。

自康熙、雍正朝以来,战事向西转移,清朝接续在青海、河西及新疆设立马场。雍正十年(1732),陕西总督刘于义接到黄澍查勘报告后,请求于甘州、凉州、肃州和西宁设立马厂。这是清代西北马政的发展阶段。

乾隆元年(1736),清朝筹建甘州、凉州、肃州和西宁四处马厂。旺盛的军事需求和统治者的高度重视,这无疑是西北马政兴旺的重要因素。有关官员要是怠慢马政,则必然会受到严厉的惩罚。《清高宗实录》即云:"苏灵所办马匹,膘分平常,致干驳换,其补解之马,仍有疲瘦难以备用者,实难辞咎。苏灵著交部严加议处。"[①]这样一来,西北马政于乾隆朝达到了一个高峰。从佚名的《甘省便览》中,不难看出当时西北马政的盛况:

> 按甘省地广,马政最关紧要。甘肃提标马厂在方来滩地,乾隆五十二年考成册造,共应取骒马一千二百匹,共产获骒马八千二百三十八匹。永固协属马厂在西水关地方,乾隆五十二年考成册造,共应取骒马七十八匹,共产获骒马一百三十三匹。凉州镇标马厂在鸡冠、马牙二山地方,乾隆五十二年考成册造,共应取骒马九百二十匹,共产获骒马三百四十七匹。……西宁镇标马厂在大通川地方,乾隆五十二年考成册造,共应取骒马一千二百匹,共产获骒马一千三百六十一匹。肃州镇标马厂在稻来川地方,乾隆五十二年考成册造,共应取骒马三百匹,共产获骒马三百四十八匹。安西沙州靖逆各营马厂在赤金湖地方,乾隆五十二年考成册造,共应取骒马二百六十三匹,共产获骒马一百匹。巴里坤东厂在巴里坤地方,乾隆五十二年考成册造,共应取骒马三千一百六十八匹,共产获骒马一千七百二十五匹。巴里坤西厂在古城地方,乾隆五十二年考成册造,共应取骒马三千零四十八匹,共产获骒马一千六百零三匹。巴里坤三厂在木垒地方,乾隆五十二年考成册造,共应取骒马三千零三十五匹,共产获骒马一千六百五十八匹。[②]

早先,康熙说过:"自古马政之善,无如本朝者",语出天台野叟的《大清见

---

① 《清高宗实录》卷1398,乾隆五十七年三月甲戌,北京:中华书局,1986年,第771页。
② 参考(清)程大昌:《甘省便览》卷2《孳生马匹》,北京:民族文化宫图书馆,1981年影印本,第205—208页。

闻录》中。应该说,是书所记"史料轶闻",的确有可信度问题,不过,这话要出自康熙之口,倒也不足怪;另外,虽说多少有些夸饰,可也反映了一种自信。后经雍正至乾隆朝,渐次完成西北乃至国家的统一,包括马政在内的官方行政行为,让很多人相信几乎是百无挑剔。对做出突出贡献的官员,乾隆还这样高度称扬道:

> 从前平定西陲时,黄廷桂在陕甘总督任内,一切军需筹画备极精详,而于办马一事,经理尤能切中窾要。凡各处调赴马匹,节次经行之地,沿途皆预备刍刍,如法饲秣,军营深为得济。是以黄廷桂于摧锋陷阵,虽未身亲其事,而大臣为国殚心竭力,克佐成功,朕即格外加恩,优封伯爵,以示酬庸。①

从全国马政的情形来看,尽管嘉道以来略呈下滑趋势,不过,西北马政总体还算不错。即以甘州、凉州、肃州和西宁马厂来说,孳生分牧,管理得法,"至道光朝,马大蕃息,多至二万匹"②。

二、清代西北马政的衰败之由

清代的马政,与政治之清明及腐败同沉浮,在康乾之世至于巅峰,又于中晚清渐次走向衰败。关于清代马政走衰,《清史稿》追述道:"道光末,军兴遂废,后亦不复筹矣",还说同治元年(1862)的圣谕强调:"马政废弛,积弊已深,以致军马罢瘠。牧厂大臣等应妥实整顿,差功罪以挽颓风。"③有学者分析说:"清代马政废弛,起于嘉庆,而成于咸丰,咸丰以后,遂无马政可言。"④

咸丰六年(1856),翁同书在《条陈马政疏》中说:"承平日久,百弊丛生,马政之废弛,未有甚于今日者。一则曰营马之弊,一则曰牧马之弊。"⑤应该说,他的看法一针见血,而在西北,牧马之弊又更甚于营马之弊。

还有学者认为,中晚清马政的废弛,首先表现为牧厂的被蚕食,这又导源于王朝日益严重的财政危机。要供养庞大的八十万军队,应付日益严重的八旗生计问题,国库始终处于入不敷出的窘境之中。尽管统治者明白牧厂关乎马政得失的道理,嘉庆也下旨驳饬要求开垦牧厂的奏折。不过,改牧厂为耕地的大趋势已难遏制。至道光朝,迫于经费日绌,户部侍郎书元再上一道《请开垦闲荒马厂疏》,

---

① 《清会典事例》卷650《兵部·马政·军马》,《续修四库全书》,上海:上海古籍出版社,2002年,第145页。
② 《(民国)甘肃通志稿》卷53《军政·马政》,《中国西北稀见方志》,北京:中华全国图书馆文献缩微复制中心,1994年,第180页。
③ 《清史稿》卷147《兵志·马政》,《续修四库全书》,上海:上海古籍出版社,2002年,第625页。
④ 罗尔纲:《绿营兵志·马政》,北京:商务印书馆,2017年,第451页。
⑤ 《皇清道咸同光奏议》卷54《兵政·马政》,《近代中国史料丛刊》,台北:文海出版社,1965年,第2808页。

正式请求变牧厂为耕地:"至今既通盘筹画开垦闲荒,仍可无碍马政,而试种成熟之后,按亩征租,可以上裕国赋,下济民生,且免偷垦私种,诚于帑项地方,在在均有裨益","可先将额设马厂图册调齐,详加查核、遴选妥实可靠之员,会同该处旗民、地方官认真查丈,除马厂试垦、续恳苇塘各地,及风淘沙压不堪耕种之外,所有已开、未开荒熟各地,究有若干亩,据实禀报,并令该员等详细妥议章程;令附近兵丁、牧丁、民人等,应如何认领输租,每亩每年应征银若干,逐层分晰,会衔加具,切实印结呈报"。①

书元的奏折,原本是针对大凌河流域马厂的,很多地方也算从这里找到了垦占牧厂的依据。说起来,他的这番话并不新鲜,晚明的情形不也如此么?明清两代牧厂变耕地,事实上也是社会政治沉疴恶疾的一种反映。在这以后,伴随国家财政危机日趋严重,垦占牧厂之事也就愈演愈烈了。

另外,又表现于管理制度的千疮百孔。一方面,是督牧制度的荒废。原本行之有效的三年"均齐"一次的做法,还有与之配套的赏罚之制,再难发挥对司牧官役的约束作用。道光以后,时逢多事之秋:外而强敌压境,内而太平军兴。本应加强马政之际,而上至将军、都统下至牧丁,盗卖马匹、虚报瞒报马数、贪污成风。另一方面,是马匹的收放制度渐成具文。原本每遇讲武、行围及一切时巡典礼,要分拨给扈从的大臣官兵官马骑乘,差毕则要求马匹还官;要是有倒毙的情况,又要求呈验马耳、马尾,按价折交。另外,在放马、收马之际,还要拣派王大臣前往督察。这一套官马收放制度也貌似缜密,而后来问题就出在"如有倒毙者,按价折交"②上,本为例外情形的规定,可到头来却成了寻常之事,至于官马是否真正倒毙,也并没有人去真正深究。再者,军营、驿站官马管理,也是混乱一片。八旗、绿营军马。原本各有定额,出现倒毙、失窃要及时买补,每月按匹支领马乾、棚厂③等银,可军营、驿站一直存在对马匹管理不善的通病。而渐成具文的管理制度,引起的直接后果就是官马的巨额亏短。

马政是清代国家机器的一个组成部分,它的衰微腐败也是政治衰微腐败的一个缩影。比之过往,清代马政的衰落,具有不同的特色。在跨越近代门槛以后,社会条件的变迁,注定了传统马政不可逆转地走向末路,并逐渐从社会舞台上消失。一方面,清代马政的衰落,不但是王朝循环的必然结果,也是皇权专制制度机制僵化的产物;另一方面,清代马政的衰落,又是社会变迁历史趋势的必然。

---

① 《皇清道咸同光奏议》卷54《兵政·马政》,《近代中国史料丛刊》,台北:文海出版社,1965年,第2808页。
② 《清仁宗实录》卷166,嘉庆十一年九月戊申,北京:中华书局,1986年,第160页。
③ 马乾:饲马的干食料。《六部成语注解·户部》:"马乾,马之食料也。"《六部成语注解·兵部》:"马乾,喂马之草豆也。"棚厂:即马、牛、羊、驼之类牲口棚、养殖场。

骑兵马队在战场上、驿马驿站在交通上的重要作用，自是马政存在的最重要理由，而前者在近代新军事技术面前、后者在近代交通和通信手段面前的重要性和传统优势日益相形见绌。总之，近代新兴的军事技术、交通、通信手段出现后，马匹在政治、军事上的作用大打折扣。近代以后，当政者的关注焦点主要放在了洋务上，即造坚船利炮、架电线修铁路上，和清朝前期相比，马政被冷落是一种历史的必然。①归根结底，是全新的时代抛弃了传统的马政。

具体到清代西北马政，以下四个方面，是很值得研究者关注的：

一是，清朝国力的削弱，导致了牧厂各项制度的破坏。由于政府财力不足，为了不致"多滋縻费"，道光十一年（1831），将太仆寺每年派员查验牧厂之制，改为由察哈尔都统派员周查。吏治的腐败，突出表现为经牧官员受贿失职。即以嘉庆朝为例，牧厂总管对孳生、骟割各数，每每"空报"；查验之际，则又"向各处通融"。

在西北马厂中，一直存在牧厂偏狭的问题，而绿营牧厂则显得更为突出。早在乾隆十八年（1753），甘肃提督豆斌②即向朝廷反映："甘州岁久蕃息，除拨补营缺，现存马八千九百余匹，自应设法牧养……于延绥、宁夏、固原、河州等镇，饬查草厂，拨分牧放。"③七年后，陕甘总督杨应琚也上奏朝廷："甘省各提镇营，向俱有孳生马厂。自军兴以来，屡经动拨，牧厂所存，数目参差。内有平常数处，一交冬令，草枯不能饱噉，致马羸瘠，孳生亦难茂育。若将此项儿骒马，改拨巴里坤牧放，于孳生甚为有益。"④乾隆二十七年（1762），杨氏又上疏说："孳生马匹。最为边储要务。西宁镇孳生马厂，军兴以来动拨外。仅存马一百三十五匹，以水草丰厚之区，任其闲旷，殊为可惜。查甘州提标牧厂，尚存节年考成过儿、骒、骟马，并产获马驹四千七百余匹，尽堪分拨。请酌拨一千一百四十六匹，赶赴西宁。又凉州镇孳生马七百十九匹，本厂水草平常，亦请就近改拨，连西宁现存之马，共二千匹，派拨谙练弁目，加意牧养，自必日见蕃盛。"⑤乾隆四十七年（1782），谕旨军机大臣："前据李侍尧、查奏西宁厂马缺额一案，因署总兵绍涵、经理不善，以致甘州、肃州、凉州等厂，辗转挑拨，致滋弊窦……寻奏西宁马厂缺额，初经绍涵摊扣兵粮，私行买补，继复捏请分拨各厂。因马少折价抵拨，提督仁和听其通融领价，辗转挪移，均属咎无可逭，应请发往新疆效力赎罪。"⑥

二是，牧马兵丁劳苦穷困，是牧厂衰落的重要原因。牧丁和护军劳务很重，

---

① 陈振国：《困厄中的挣扎：清朝中叶之后的马政》，《青海社会科学》2009年第4期。
② 豆斌（？—1759），陕西固原（今属宁夏）人。初以马兵入提标，官至肃州镇标中营守备、川陕督标前营游击、安西及甘肃提督。
③ 《清高宗实录》卷450，乾隆十八年十一月壬子，北京：中华书局，1986年，第859页。
④ 《清高宗实录》卷615，乾隆二十五年六月辛卯，北京：中华书局，1986年，第919页。
⑤ 《清高宗实录》卷655，乾隆二十七年闰五月辛卯，北京：中华书局，1986年，第423—424页。
⑥ 《清高宗实录》卷1148，乾隆四十七年春正月己亥，北京：中华书局，1986年，第389页。

人均牧养马数二十匹上下，而每月仅食一两、一二两饷银，收入甚微。与满八旗地位较低的甲兵相比，牧丁的饷银仅相当于甲兵的三分之一，护军也只相当于甲兵的三分之二；此外，他们还受到商人的盘剥。牧马兵丁日用茶布之类，常年用口粮赊购。有的商户预赊至数年之后，于货则增价，于米则减值，辗转盘剥，这也使这些牧马人苦楚难当。他们年复一年辛苦牧放，到头来，要牲畜无牲畜，要钱粮无钱粮，忍饥挨冻不说，弄不好还要受鞭责，他们只能忍气吞声；再者，牧丁既饷银微薄，而又要面对"罚严"之制，"一经查出，即要赔补。私畜已无，就扣发月饷"①，这在很大程度上严重挫伤了他们的积极性。

三是，考成、赏罚之制不行。有学者认为，"道光以降，均齐制度逐渐废弛"②，有关的考成、赏罚办法，已经很难落到实处了。随后，又每况愈下，"马政废弛，积弊日深"，咸丰四年（1854），以军营调用马多，"均齐"之制难以施行，"由太仆寺奏准展缓"③。打这以后，"展缓"也没有了下文，于牧厂也不再实行，只是于年终咨报兵部；另外，也未照以往"均齐"例案分析盈亏事项，更谈不上什么赏罚了，从而也使马政失去了监督与约束。④事实上，这又为上至将军、都统，下至牧丁盗卖官马、虚报瞒报、贪污侵渔创造了条件。而积习渐成，马政愈不可观，已少有转圜。

四是，日趋尖锐的人地矛盾，也是不可忽视的因素。在清前中期，陕甘人口大量西迁之后，新疆一地人口至嘉庆二十五年（1820）增至七十三万之多。⑤而据统计，嘉庆十七年（1812），全国人均耕地面积为二点三六亩；道光二年（1822），更降至二点零三亩。⑥依理推之，新疆作为人口迁入地，人均耕地面积庶几有减无增。为解决这一问题，清朝只能依靠垦荒来消除人口激增所造成的恐慌。这样一来，原来形成的以牧促农、以农帮牧的和谐的农牧关系即遭破坏，而人口对于牧厂的挤占也就势所必然。道光九年（1829），杨遇春所奏巴里坤"虽间有水草堪牧之处，俱系户民开垦，多年完纳粮赋，未便令其抛荒改牧，致滋扰累而启讼端。此外，厂界咸系壤接蒙夷，无从拓展，以致近年来厂马愈挤伤残愈重"⑦之情形，反映了人地矛盾即"人马关系"的紧张。另外，西北牧厂大多与农业区、屯垦区毗连，像巴里坤、古城、木垒、乌什牧厂附近，农垦在乾隆朝即已发达，至嘉道

---

① 吴仁安：《清代马政制度述论》，《淮北煤师院学报（社会科学版）》1991年第3期。
② 王希隆：《清代西北屯田研究·牧厂》，兰州：兰州大学出版社，1990年，第247页。
③ 《皇朝政典类纂》卷360《兵·马政·牧场》，《近代中国史料丛刊续编》，台北：文海出版社，1983年，第7847页。
④ 陈振国：《困厄中的挣扎：清朝中叶之后的马政》，《青海社会科学》2009年第4期。
⑤ 路伟东：《清代前中期陕甘地区的人口西迁》，《中国历史地理论丛》2008年第4辑。
⑥ 徐辉：《清代中期的人口迁移》，《人口研究》1998年第6期。
⑦ 李光涵：《杨忠武公年谱》（未），国立北平图书馆藏光绪刊本，第43页。

之年更有新增。嘉庆十九年（1814），济木萨的地方官请求废除马厂来屯田。所以，考虑节省内地帑项而鼓励垦荒，虽说是可以理解的，可又如何确保官牧事业同步发展，则又是清朝统治者在解决两难问题之际所未能处理好的。

新疆马政的衰败，一方面，表现在督察制度的废弛，道光朝以后，"均齐"考成流于形式，失去了制度层面的约束；另一方面，表现在牧厂北大量垦殖，屯政与牧政发生冲突，而前者又被迫让位于后者；再一方面，因同治以来此起彼伏的反清斗争以及阿古柏匪帮入侵的扰乱，全疆马厂牧政遭到了重创。①

以"均齐"之制来说，自道光朝以后，已难做到定期造册归档、有数可查和有案可考。咸丰四年（1854），太仆寺奏准暂缓"均齐"考成，只要求绿营马厂每年咨报兵部一次。缺少了督查、考核的约束，以多报少、倒失亏空之弊，也就在所难免了。伊犁马厂档册登记马牛羊驼不下十万，上年奉部文变价，当即上报灾害倒毙四万两千只。而巴里坤马厂档册登记孳息马三万六千匹，而于咸丰六年以后再无"均齐"一说，以至于册报无稽。②

唐宋以来，屯政与屯牧，一直是经理边地的重要举措；而处理不当，又是一对剪不断理还乱的矛盾。军队戍边，难免孤悬在外，所以，屯田以供军食，屯牧以备军用，这也是清朝君臣的一种共识。不过，道光朝以后，为缓解财政紧张，于是大量开垦马厂牧地。同治二年（1863），乌鲁木齐都统平瑞③提出归并官厂，空出牧厂，放民开垦，以解燃眉之急。他在《拟开地利以济饷需》的奏折中说："古城、济木萨、玛纳斯等处孳生马厂及各处闲荒旷土，各营马厂腾出地亩，逐细丈量，招户承领，察看可以布种者，自本年为始，照例升科，并请饬伊犁将军，叶尔羌、塔尔巴哈台参赞大臣将伊犁各城，一律办理。"④在朝廷批复后，平瑞随即组织实施，"开垦马厂荒地，得良田数千顷"⑤。实际上，这并非新疆一地的个案，在甘宁青的马厂，也程度不同存在类似问题。

还应该看到，财政危机只是间接蚕食牧厂，而战事一起又直接毁灭了牧厂。具体到西北，于乾隆朝，在今之甘肃的甘州、肃州和凉州，今之青海的西宁，今之新疆的伊犁、巴里坤和乌鲁木齐遍设牧厂；而同光之际，西北边地狼烟四起，回疆反清情绪高涨，又有外部力量的渗入，牧厂受到毁灭性的破坏，除巴里坤幸免于难外，西北牧厂悉遭毁坏。战后虽有所恢复，可迄于清亡再也没有恢复往日

---

① 王东平：《晚清新疆马政述论》，《西北民族研究》1995年第2期。
② 曾问吾：《中国经营西域史》，乌鲁木齐：新疆人民出版社，2014年，第199页。
③ 平瑞（1807—1864），字号、爵里不详，官至乌里雅苏台将军、乌鲁木齐都统。同治三年（1864）九月三日，巩宁城（今乌鲁木齐沙依巴克）失陷，阖家自尽。
④ 《清穆宗实录》卷63，同治二年四月丁丑，北京：中华书局，1986年，第225页。
⑤ （清）长庚：《乌鲁木齐守城纪略·附记平忠襄公政迹》，中央民族学院图书馆，1978年油印本，第5页。

第十一章 中晚清对西北马政的整饬

的风光。

即以陕甘为例,在回民的反清斗争中,马厂也成了他们的攻击目标。史书上说:"各厂马、驼掳掠一空",甘州、凉州、肃州和西宁四厂一蹶不振;随后,虽"甘、凉复各设牧马一群,每群为数不足三百。河湟之变,凉牧又空,甘州孳生仅二千余匹,分为二厂,所谓大马营马厂也。"①

又以新疆为例,同治三年(1864),反清力量分别为阿訇、和卓、伯克所控制,形成互不统属、彼此攻杀的地方割据势力;中亚浩罕国阿古柏匪帮乘乱而入,则进一步加剧了新疆的危机形势。这场延续了十四年之久的战乱,严重毁坏了本已趋于衰败的新疆马政,导致"全疆糜烂,官厂荡然无存";伊犁九城毁于战火,"牧厂悉停",负责牧马的"察哈尔、厄鲁特……生计日艰"②。同时,绿营马厂也受重创,"济木萨城池失陷,马厂马匹劫掠无存"③,"古城西厂被祸最剧,不可复兴"④。今中央民族大学图书馆,藏有新疆巡抚饶应祺奏稿的稿本,谈及除巴里坤西厂被抢掠一空外,因城围绝粮,军民宰食东厂马一万四千匹,"民赖以全,其孑遗者尚留数百匹"。

所以,有学者这样评价说:正当西北牧厂日渐衰落之际,西北各族风起云涌的反清风暴,"又使各牧厂遭受了一次大扫荡。"⑤

在《清续文献通考》中,即清晰反映了中晚清西北马政的大略情况:

咸丰四年,谕"庚福奏陕甘省绿营每年应补马匹向由伊犁等处调取,转运请变通办理一折":陕甘每年补缺马一千五百匹向由该督移咨伊犁、塔尔巴哈台调取,运至乌鲁木齐,转运至巴里坤牧放。再运至肃州赤金湖地方。由口内各营派拨兵,分领据称道里相距五十余站之遥,带牧带解,耽延几至一年,中途经历多系沙漠戈壁。及运至赤金湖倒毙损伤者不少。领马官恐于赔补,往往就地变价带回。买补辗转解送徒费监粮兵力,而所缺马匹仍系变价买补。该都统将此项马匹即有伊犁、塔尔巴哈台随地出变。令各营领价自行买补。自系为节省运费起见。但口外如何变价,口内如何买补,亟应酌立章程。无滋流弊方为妥善。著奕山、易棠迅就该都统所奏体察情形妥议具奏。

---

① 《(民国)甘肃通志稿》卷53《军政·马政》,《中国西北稀见方志》,北京:中华全国图书馆文献缩微复制中心,1994年,第181页。
② (清)袁大化、王树枏:《新疆图志》卷28《实业·牧》,《续修四库全书》,上海:上海古籍出版社,2002,第518—519页。
③ (清)袁大化、王树枏:《新疆图志》卷105《奏议·请将巴里坤等马厂改牧片》,《续修四库全书》,上海:上海古籍出版社,2002,第565页。
④ (清)袁大化、王树枏:《新疆图志》卷28《实业·牧》,《续修四库全书》,上海:上海古籍出版社,2002,第518页。
⑤ 王希隆:《清代西北屯田研究·牧厂》,兰州:兰州大学出版社,1990年,第248页。

光绪十六年，陕甘总督杨昌瑞奏：甘省各营马丁自经回乱，被抢掠一空，马政久废。光绪十二年经前督臣谭钟麟咨商提督臣周达武筹款购买四百八十匹。分为二群，甘州设马一群，凉州设马一群，试办孳生。等三年后察看孳生蕃庶，再行推广办理，业经随时奏明。在案兹查甘凉试办孳生马厂。自光绪十二年七月初一日，设厂起至十五年六月底止三年期满。经臣委员逐厂查验印烙并分析造册去后准。甘肃提督臣周达武咨将甘凉各厂孳生儿马匹数目并牧养官兵姓名照例声明，赏叙造册咨送核办前来。臣查定例，孳生马匹派员经理牧放，不论儿马、马驹，三年三匹取孳生马驹一匹。此外多孳少孳应视每厂牧马之多寡，定孳生分厘之成数，如应取马驹百匹者以十匹为一分。一匹为一厘。若于额取之外多孳生三分以上者，牧长、牧副都应升之缺，即用牧兵赏银四两，至各员等应行议叙，及兵丁给赏之处已经满三年，仍照例办理。其未满三年者照历来均齐。成案应请免议论等。因甘凉两标各新设孳生马二百四十匹。自光绪十二年七月初一日立群之日起，至十五年六月底止三年均齐。甘州提标共获孳生儿马、马驹一百二十一匹，凉州镇标共获得儿马、马驹一百二十三匹。内除依额各应孳生儿马、马驹八十匹外，计甘标多孳生儿马、马驹四十一匹，凉标多孳生儿马、马驹四十三匹。照例合算均在三分以上。此次事同初创经理牧养兵丁不无微劳。除将应行叙赏兵丁，开单咨部分别核办。其甘肃提督周达武稽查已满三年，凉州镇总兵闪殿魁虽未满三年，屡赴马厂稽查，甚为认真，因否议叙伏候……圣裁总理孳生俄卜领游击王有才已满三年，应请……饬部从优议叙以昭劝牧兵例给赏银。在于司库建旷银内动用，至取获马驹应等三年期满，再行照例办理。

光绪三十一年，塔尔巴哈台参赞大臣伊犁副都统春满奏：此次选购，口轻膘壮，儿马五百匹。计光绪二十七年九月起截至三年八月底，止三年届满均齐照例：取孳生三岁、二岁、一岁马驹一百六十六匹，六厘六毫三丝三，忽见已遵照奏定成例挑骟儿马驹二十九匹，拨入备厂暂备乘骑。仍自三十一年起，按年拨骟均照伊犁章程：每岁六厘报倒不准丝毫溢额庶期。日久而利裕。至哈萨克租马截至光绪二十七年止，旧存儿马二十四匹，骟马一百一十匹，计自二十八年起至三十年止共骟马三百八十四匹。照旧变价，支发管理租马各员役津贴银两。其儿马四百一十匹，连旧存一百三十四匹，除按年三分倒毙一百九十八匹，五厘八毫八丝外，实存儿马三百四十五匹，四厘一毫二丝归下届办理。①

应该说，甘肃、新疆马厂被"抢掠一空"，西北马政已名存实亡了。作为清朝马政的一部分，西北绿营马政在道光朝呈现了同样的颓势。应该说，在中晚清

---

① 《清续文献通考》卷235《兵·马政》，杭州：浙江古籍出版社，1988年，第9809页。

统治者眼里，时代发展之转换，为政者着力点之移位，西北马政的分量已变得无足轻重了。揆诸事实，形势的变化、制度的废弛，实为清代西北马政走衰的关键所在。

三、中晚清对西北马政的失控

嘉、道以后马政的衰败，当政者绝不是无所觉察，而因循守旧缺乏像样的整顿，除了政治腐败这一主因之外，还因为缺乏动力和压力。于中晚清，朝野对马政有三个关注点：一是道光中的变价留牧问题，二是太平天国初始军兴急需战马问题，三是晚清崩盘前夜的兵种变革问题。

先是，针对西北绿营马厂草场狭窄、经费支出困难的实际情况，道光九年（1829），陕甘总督杨遇春提出挑变马匹、折价出售的思路。三年后，他又系统提出变革马政的章程，认为马厂问题长久得不到解决，完全在于朝中部臣"律以孳生名义，原期以多为贵，不宜限定数额"的错误观念所致，主张严格控制马厂牧放定额和孳息数量。这年七月二十八日，他还会同成格，拟定改革马政的《酌拟变价留牧章程》。《章程》六条，主要围绕"定额"和"变价"展开。他们认为，一方面，各厂定额六千匹，留厂取孳，作为正牧，依据实情酌留部分骟马，余者纳入挑变定价的范围。这样一来，厂地渐就宽裕，厂马也不至于拥挤。另一方面，在"变价"问题上，虽赞同以往变价处理的办法，可又强调定价必须慎重而为，以防滋生弊端，以"无取过重，以纾民力"为原则。杨、成的马厂新章，通盘筹划，涉及西北马政中很实际的问题，力图有利于牧政、饷项、操防和耕屯，不至于顾此失彼。

次年，他再次会同成格奏请变革马政，强调"孳马无地容牧"，既然部议既不准定额，又不准多为挑变，这对时下的牧政是毫无益处的，希望朝廷再慎重考虑。不过，部臣尽管也承认"马多厂窄情形"，"事所必有"，可还是抱有怀疑态度，反对他们的"定额"和"变价"主张，也使这种从草场载畜量出发而变革马政的愿望最终破灭了。①

在收复新疆后，清朝也致力于整饬马政。因巴里坤马厂"尚有遗存"，这里也就最先得以恢复。光绪十年（1884），新疆改设行省。四年后，经巡抚刘锦棠查实，巴里坤马厂实存儿、骒马四千五百匹，分作五群，每群设牧长一人，牧卒十四人，仍由绿营标兵放牧，还是三年"均齐"一次。从光绪十六年起，"照例取孳"，到光绪二十五年止，先后"均齐"三次，马厂实存儿、骒马七千八百六十四。光绪

---

① 赵珍：《道光朝陕甘总督杨遇春变革马政的环境史考察》，《中国边疆史地研究》2014年第2期。

十八年，巡抚陶模①又奏请从巴里坤马厂拨马五百匹，移交济木萨尔营，后者厂马也分为五群，放牧于叶家湖、营马台、小拴湖、四厂湖和五厂湖。到光绪二十四年，济木萨尔马厂先后两次"均齐"，实存儿骒马七百六十七匹。②光绪二十年，伊犁将军长庚拨银七万二千两，采购马匹羊只，恢复伊犁马厂，厂马仍由察哈尔、厄鲁特部牧放。③另外，塔城马厂也得到一定程度的恢复。除了这些官厂之外，光绪十一年（1885），迪化抚标和伊犁镇标也新添了马厂。迪化镇标马厂厂马牧于南山，中军参将领之；伊犁镇标马厂厂马牧于河南，由总兵具体负责。

不过，光绪朝马厂规模，已远不及乾隆、嘉庆朝。这里尽管有多重因素，而内外交困的晚清政府，关注的重心已不在西北，顾此失彼在所难免，西北马政的荒毁也就是必然了。

太平天国乍兴，朝野上下对马政的关注度迅速蹿升，指望大清马队重振雄风再立新功。在同治元年（1862）的谕旨中，就有反映当时君臣急切心情的话：

> 兵部奏请整顿马政，以利军需，并酌拟章程等语。军营马队，最为得力，然必须粗壮精良，方能制胜。近来马政废弛，积弊日深，以致调赴军营马匹，时多疲瘦。若不认真整顿，何以搜军实而挽颓风？④

不过，心情归心情，章程归章程，可毕竟还是雷声大雨点小，并无多少制度和实施上的有效变动。两年后，在有关谕旨中又明确要求，把克扣兵饷、馈送查群大臣银两之类积弊，"永远裁革，毋得再蹈从前积习"⑤。对清朝统治者来说，欲革除马政积弊的心情既殷且切，可又始终无任何治标、治本的切实之法。

清中叶以来，蚕食马厂牧地的情形愈演愈烈。实际上，这种拆东墙补西墙的做法，倒也不算是什么新鲜事，中晚明的情形不也这样么？涉及马政的人地矛盾，最终的出路几乎只有马政让路一途，这件事明朝没有解决好，晚清同样没有也不可能处理好。

咸丰元年（1851），就庄浪马厂牧地事，还专门发了这样一道谕旨："庄浪满营马厂地面辽阔，附近民番乘间开种，迄今历年已久。厂地必应清理，边氓亦宜

---

① 陶模（1835—1902），字方之、子方，浙江秀水（今嘉兴）人。同治七年（1868）进士，官至翰林院庶吉士、文县及皋兰知县、秦州知州、甘肃及直隶按察使、陕西布政使、陕西及新疆巡抚、陕甘及两广总督，撰有《陶勤肃公奏议》和《养树山房遗稿》。

② （清）袁大化、王树枏：《新疆图志》卷105《奏议·请将巴里坤等马厂改牧片》，《续修四库全书》，上海：上海古籍出版社，2002年，第520页。

③ （清）袁大化、王树枏：《新疆图志》卷28《实业·牧》，《续修四库全书》，上海：上海古籍出版社，2002年，第519页。

④ 《清会典事例》卷649《兵部·马政·牧马》，《续修四库全书》，上海：上海古籍出版社，2002年，第140—141页。

⑤ 《清续文献通考》卷235《兵·马政》，杭州：浙江古籍出版社，1988年，第9807页。

抚绥。其应如何划分界址、定则升科，总未议立章程，殊非核实经久之道。着即派凉州副都统兴泰并甘凉道等，亲往查勘，由琦善核明，妥议章程，会同兴泰具奏。"①不过，时值太平军初兴，南方震动，这件事也就很快被置之脑后了。

五年后，陕甘总督易棠②奏请裁变马厂，兵部尚书裕诚和恭亲王奕䜣认为："甘肃马厂设于乾隆年间，非徒以孳生马拨补营缺可以节省价银，亦以秦陇为形胜之区，而内地又惟甘肃可设马厂，原备一时缓急之用，今以撙节经费遂议裁撤，于马政实有妨碍。"③咸丰也赞成二人的意见，可事情背后所透露出的，还是有一个地方财政拮据的问题，而地方官所首先想到的就是打马厂的主意。客观说来，中晚清马政的军用价值已然不高了，而西北军马闲置也是一个不争的事实。所以，从这个角度说，易棠之虑是完全可以理解的。

光绪二十六年（1900），于庚子之役后，晚清被迫举办新政，提出编练三十六镇新军的庞大计划，兵种也扩展为步队、马队、工程队、辎重队和炮队。因马队要有马乘，大炮、工程器械要有马驮，辎重车辆要有马拉，于是，改革马政就再一次被提上了议事日程。光绪三十一年（1905），兵部改为陆军部，太仆寺并入军牧司。主政军牧司的徐致善、陈诜，考察过欧美、日本军事，深知军马的重要，也力主马政改良。④可惜的是，他们的主张依旧只是停留在了口头上。

随后，张家口两翼牧群统辖总管昆源，推出整顿两翼牧群措施六款，即归并群牧、整饬牧养、添置属官、开办学堂、设立模范群、酌加总管以下官弁兵丁津贴。对于昆源的方案，陆军部、度支部表示支持，后者还拨给开办经费银、常年经费银各六万两。⑤平心而论，昆源方案的初步实施，让垂垂老矣的两翼牧厂小有起色。不过，对于全国马政来说，它没有也不可能有全面铺开的价值。事实上，中晚清对马政整饬，没有从根本上触及旧有的已渐失效能的马政制度。

与京畿近在咫尺的两翼牧厂尚且如此，西北马政的恢复也就更没有什么指望了。从总体上说，清代西北马政的兴衰，在一定程度上折射出清代社会的变化；清中叶对西北马政的整饬，实际效果应该说并不明显，再也无法挽回它江河日下的颓势了。

以新疆为例，宣统三年（1911），巡抚袁大化在奏折中称：

---

① 《（民国）甘肃通志稿》卷53《军政·马政》，《中国西北稀见方志》，北京：中华全国图书馆文献缩微复制中心，1994年，第181页。
② 易棠（？—1863），字召甘，湖南善化（今长沙）人。道光进士，官至刑部主事、广州知府、陕西按察使、甘肃布政使、陕甘总督。晚年因病开缺，在籍帮办团练。
③ 《（民国）甘肃通志稿》卷53《军政·马政》，《中国西北稀见方志》，北京：中华全国图书馆文献缩微复制中心，1994年，第181页。
④ 谢成侠：《中国养马史》，北京：科学出版社，1959年，第250—251页。
⑤ 《清续文献通考》卷236《兵·马政》，杭州：浙江古籍出版社，1988年，第9814页。

新疆原系产马区域，而巴里坤牧场尤巨，惟闻历年办理未尽得法，致牧政迄无起色。当经电饬署巴里坤镇总兵李克常，嘱于大道经过地方，将马群就近择一水草便处暂时放牧。俾臣得顺道察阅，以便酌筹改良。讵四月间，臣抵哈密，该镇并未遵办，仅于途次面递手折一扣，声称见存马匹，较接收时点验之数，短少五百九十一匹。检查前案，悉该镇系上年十二月底，始申据署古城左营游击王长发折报，接收前任游击李捷荣移交前项孳生官马、大小儿骡骟马五千一百四匹。牍内曾声明眼同点验，并有印收在案。相距未及四月，何至短少数百匹之多？是该镇有心朦混情弊，显然正须试办军马，似此任意玩视，若不切实查办，何以肃牧政而儆效尤？见已将该署镇撤任札委县丞曾坤桢、同知衔武卫军毕业生曹用愚，会同王长发、李捷荣，前往逐细查验。俟禀覆到日，再行察酌情形，另订章程奏咨办理，期收实效。①

随后，"据查马印委各员赴厂查点，按上年王长发接收李捷荣移交马厂五千一百四匹内，实点见骒骡骟马四千四百六十二匹，计缺马六百四十二匹，禀报前来见，拟于该厂另立马政局，"②

袁氏的所见所闻，公道说，并非只是个案；他的所思所虑，也不是绝非无病呻吟；而他的所作所为，只可算是小修小补，确乎无关大局。晚清风飘雨摇，大厦将倾，已然无力回天，何况西北马政乎？

更重要的是，伴随八旗和绿营军队的衰微，以及近代以来西方列强"船坚炮利"的教训，即便是昏聩的晚清统治者，也不得不承认这样一个严酷的事实：面对与西方列强不对等的较量，真正是到了该放弃冷兵器的时候了。换句话说，冷兵器让位于热兵器是历史发展使然，尽管在中国这个时代姗姗来迟；同时这也意味着，传统意义上的古代马政业已走到了它的终点。

---

① 《清续文献通考》卷236《兵・马政》，杭州：浙江古籍出版社，1988年，第9818页。
② 《清续文献通考》卷236《兵・马政》，杭州：浙江古籍出版社，1988年，第9819—9820页。

第十二章 明清西北马政的特点、地位与作用

清代的西北马政，与明代已有很大的不同，在巩固西北边防、维护国家统一以及民族关系中，同样发挥了十分重要的作用。

一、明清西北马政之时代特点

清代西北马政接续明代而来，对明代西北马政有沿袭、继承，也有变化、变通，而这些变化、变通，正表现出了它的一些鲜明特点。

一是从所及区域来看，清代西北马政向西大为延展。这是因为，明代在西北的实际控御范围，向西大略止于河西之嘉峪关，向南则止于黄河、洮岷一线，即今之陕西、宁夏、甘肃和青海四省区，且又还不是今之甘肃和青海的全部，而是前者的大部分和后者的小部分地区。即以青海而言，明朝所控制的主要是河湟流域的农业区，而远不及更为辽阔的牧业区。清代则不然，早于顺治、康熙朝，大略确立了中央对达赖、班禅册封制度，又于雍正朝解决了青海罗卜藏丹津的叛乱之后，西藏已整体纳入了清朝的统治范围；而乾隆朝对天山南北的用兵，完成了统一新疆、奠定祖国疆域的历史任务，开创了有史以来统一多民族国家的新局面。所以，明代西北马政的所及范围，也主要是今之陕西、宁夏、甘肃和青海四省区；清代西北马政的所及范围，则扩大为今之西北五省区，因边疆西延又主要是今之甘肃、宁夏、青海和新疆四省区。

二是从所及民族来看，清代西北马政关涉的范围更广。这是因为，明代在西北的实际控御范围内，主要有汉族、藏族、回族、撒拉族、保安族、东乡族、裕固族和蒙古族；而清代在西北的实际控御范围内，除了上述这些民族外，还有满族、锡伯族等。更为重要的是，在明代，西北沿边的大多数少数民族并不十分稳定，对明朝大略总是保持一种若即若离的关系，因而明代的西北边防也一直不很稳固；清朝则不然，在平定罗卜藏丹津、准噶尔和大小和卓之后，今之西北五省区的各个民族，成为统一多民族国家的成员，民族氛围持续向好发展，西北马政背后所隐含的民族关系也发生了本质上的变化，这对于统一多民族国家的发展是十分有利的。

三是从现役马的管理主体来看，明清两代也有明显的不同。这是因为，在明

代，西北军力主要是卫所兵，官军骑操马的管理，分别委属于陕西和甘肃行太仆寺；而它们又直接来源于监苑牧马，监苑牧政则分别委属于陕西和甘肃苑马寺。清朝则不然，西北军力分为八旗兵和绿营兵，官军骑操马和马厂牧马，一般由所在军营直接管理，比之明代则减少了层次，提高了效率，这也是鉴于明代马政管理弊端的一种重要的变通。

四是从马匹采办的来源来看，清代的途径要比明代少了很多。这是因为，明朝更看重农区，而在与擅长鞍马骑射的漠北蒙古尖锐对峙之际，所需马匹来源十分有限，更需要多方面多途径采办马匹，包括银钞市马、丝绸布帛市马、贡马、中盐马、开马市和茶马互市，而以茶马互市为主。清朝则不然，主要有贡马、捐输马、绢马贸易和茶马互市四种途径，早先也以茶马互市为主，乾隆以后则还保持贡马、捐输马和绢马贸易这三种形式。这种变化表明，清朝对西北的政治经营，远比明朝要强有力得多。在一个统一多民族国家的大背景下，征用官军骑操马，乃至于充实马厂官牧马匹也不是一个十分棘手的问题了。贡、赋、捐纳，渐次成为马匹采办主要途径，自然也成了一种势所必然的走向。

五是从牧马人员构成来看，明清两代也是有同有异。一般说来，现役军马的牧养，明清两代俱由所在军营负责；明朝的做法是，由各处军卫抽调部分士兵组成"队军"放牧，实际上清朝也大略如此。所不同的，明代监苑的牧养人员，主要是"恩军"之类；而清代马厂的牧养人员，主要是士兵和牧民。《明史》即云："凡牧人，曰恩军，曰队军，曰改编之军，曰充发之军，曰昭募之军，曰抽选之军。"[①]"恩军"之名始于明初，即由有罪之人充发组成的牧马军人，对他们不加刑狱，而代之以为国家牧马，以示恩典，"恩军"因以得名。清朝则不然，主要有两个做法，一是抽调士兵改行牧马，二是委属于就近的牧民。从地位、处境上说，他们的实际待遇要比明代的"恩军"要好。这是因为，明代"恩军"毕竟躲不掉戴罪之身的阴影，清代牧卒则至少还算是"清白"之身。

六是从官牧对象来看，清代比明代要复杂多样。这是因为，明代的监苑是相对单一的军马场，所接收的主要是茶马，而集中牧放之目的，主要是为军队提供骑操马，正所谓"茶司之所易，即监苑之所牧；监苑之所牧，即官军之所给"。清代则有所不同，在甘青和新疆设立的马厂，除了牧养军马外，还设立了驼厂，很多马厂还牧养为数不少的牛羊。这样做的目的，主要是考虑到西北边境漫长，部队活动半径大，辎重运输路道远，有必要组织适宜戈壁沙漠长途转运的驼队；而牧养牛羊，则是从西北驻军和牧人生活所需的角度出发考虑的。应该说，这种考虑和实践也是比较切合实际的。

---

① 《明史》卷92《兵志·马政》，北京：中华书局，1974年，第1846页。

七是从有关制度层面来看,清代比明代要简化高效。在明代西北马政中,一方面,管理机构多,主要有行太仆寺、苑马寺、茶马司和盐课司四套系统;另一方面,制度规定繁,除了上述系统的有关制度外,还有一些巡察、督抚之制。即以官牧制度而论,又广泛涉及牧马草场、牧马军人、马价、营卫放牧、仆苑挈牧、印烙、比较、买补和禁约的方方面面。清代则不然,简化了管理机构和相关制度,效率自然也大为提高了。应该说,这也是清朝总结明代西北马政弊端的一个结果。不过,还应当看到,明代制度虽密而执行也难,清代制度虽简而漏洞也多,这也是明清马政难以抑制走向衰微的一个重要原因。

二、明清西北马政与西北边防

马政关乎军政,一直是人们的共识。清朝兵部官员也说:"马政与军政相为表里。"[①]明清西北马政,在巩固了西北边防发挥了重要作用。

于明清,西北边防的重心有很大的不同。明修长城,于农牧分界线上重兵驻守。不过,修长城不易,而守长城更难。这是因为,长城边外散居众多的游牧民族,而农牧文明既有很强的互补性,又很容易产生矛盾冲突。一般说来,游牧文明对农业文明有很强的依赖性,前者之于后者多半是"锦上添花",后者之于前者多半是"雪中送炭"。自给自足是农业文明的突出特点,而游牧民族所需的铜铁、茶盐之类必需品,在很大程度上需要从农业民族那里交流得到。在草原和高原风调雨顺的年代,游牧民族驱赶牛羊马驼到与汉族交界的边关,交易他们所需的铜铁、茶盐之类;要是遇上霜冻雪灾、牛羊马驼大量死亡的年景,他们就有可能越界闯入汉地抢夺,从而引发与汉族及中原政权的大规模战争冲突。[②]

另外,明朝还于今之青海东部、甘肃南部筑边墙,除了与长城一样,主要用于备防蒙古。所以,明代于西北沿长城、边墙布防,所承受的军事责任很重;而应付长于鞍马骑射的蒙藏民族,自然需要一支庞大的骑兵部队;通过不同途径采办和牧养军马,则是实现有效抵御蒙藏来袭、巩固西北边防的重要前提。这是明朝统治者重视西北马政从而也致西北马政为明代马政重心所在的主要缘由。从实际效果上说,尽管明中叶以来西北边防漏洞百出,屡屡为蒙古所突破,可西北马政对巩固西北边防所发挥的作用毕竟还是值得关注的。

比之明朝,清朝西北边防已有很大的不同。这是因为,一方面,清之西北地域比明朝更广,也更复杂;另一方面,清之西北边防线比明朝更长,也更辽远;

---

① 《清经世文续编》卷79《条拟整顿马政章程疏(兵部)》,北京:中华书局,1992年,第2808页。
② 姚继荣:《中国历史大讲堂》,北京:西苑出版社,2011年,第5页。

再一方面，至乾隆朝国家一统，长城已失去军事防御的价值①，清于沿边除了和合国内民族之外，边防的另一个重心是备防域外了。

在清代前中期，西北官牧马厂，有力支持了清朝的政治、军事活动。有学者认为，自它们建立后，便使清政府的军队和皇室宫廷用马，有了较为可靠的保证，不必单纯依赖茶叶交换马匹了。②各种类型的官牧马厂，不时向屯垦区提供耕畜、驮畜；向各省区和各边地驿站解送马匹，维持通信活动；向贵族、官员供应舆仗等项所用马匹；向朝廷和各级官衙提供运资转饷的驼、马、骡。而更为重要的是，西北官牧马厂已成为军队建设的一个必要组成部分，即可以说是一种后勤部门，也可以说是一种军需供应基地，因为它们的中心任务是向清军输送马匹。正像有学者强调的那样："顺治三年（1646），定各省营马缺额，开数报兵部，在各（牧）群拨给。乾隆二十八年（1763），定直隶各标营缺马在商都、达布逊诺尔、达里冈爱三牧场拨给。五十一年（1786），定巴里坤牧场内骟马除拨补巴里坤镇属各营及哈密厅差马，与屯田台站留用外，多余马匹尽数拨送内地各营以备补额。嘉庆十六年（1811），定以甘州等各牧场骟马拨给附近各营缺额，此为以牧场孳生马匹拨给的制度。"③这里国家的规定，清楚地反映出西北官牧马厂的主要职能是经营战马，主要贡献是为国防服务。这些官牧厂放养的马种，大多来自长城西北口外，品种优良，善于驰骋，称作"口马"，是十分理想的战马资源。由西北官牧马厂输往八旗兵和绿营兵的军用马匹，在军事征战、防边备御中也发挥了重大作用。

清朝也会派番民驻守驿站，管理驿站的马匹，有利于巩固清朝的边防。《清高宗实录》上说：

> 据索拜等奏称，护送准噶尔夷使官兵，路过那克树番民游牧地方，曾用过番民等所备牛马五百余匹。又派番民等……安设八站等语。此等番民，感戴国恩，竭诚奉公，勇往效力，甚属可嘉，著加恩将伊等明岁一年应纳钱粮宽免，以示鼓励。④

由于清代西北马政还有利于奏折的传递，让清朝中央政府能够及时获得边防消息。

总的来说，清代官牧厂的建置，以北方边地为主，且又作为一项边政战略内容来推行。即以西北绿营牧厂来说，目的十分明确，即为西北军事服务，是强化

---

① 康熙说："守国之道，惟在修德安民，民心悦则邦本得，而边境自固，所谓众志成城者是也……今欲修之，兴工劳役，岂能无害百姓？且长城延袤数千里，养兵几何，方能分守？蔡元见未及此，其言甚属无益。"（《清圣祖实录》卷151，康熙三十年五月丙午，北京：中华书局，1986年，第678页）
② 林永匡、王熹：《清代西北民族贸易史》，北京：中央民族学院出版社，1991年，第77页。
③ 罗尔纲：《绿营兵志·马政》，北京：商务印书馆，2017年，第450页。
④ 《清高宗实录》卷314，乾隆十三年五月丙戌，北京：中华书局，1986年，第150页。

边防建设的一项重要内容。雍正十二年（1734），对西北用兵，署理陕西总督兼办军务的吏部尚书刘于义奏称：陕甘为边疆军事要地，所需战马甚多，往日多由归化城及其他内地解送，长途供应，既糜费"钱粮"，又贻误时日，流弊颇多，宜就地设立牧厂，以裕国防。朝廷批准了他的奏章。不久出现的凉州、西宁、肃州三镇牧厂，就是在他的请求下建立的。后来，安西、乌鲁木齐、巴里坤等处的牧厂也是以边防的需要、以几乎同样的理由而设，还责成各地驻守汉军管理，成为边境绿营兵活动的一项必要内容。边地牧厂之设，有同边屯一样的重要意义，它是强化边疆经济、缩短军需供给线、增加戍防之物质力量的重要措施；从具体实践效果来说，它对乾隆朝西北军事活动给予了有力的支援，对官军一次次完成战略任务提供了十分重要和必要的保障。

不过，自康熙朝以来，内地的土地利用率大大提高，人多田少，农耕空间严重不足，牧区的存在和发展十分困难。建立和扩展边地马政，垦辟北部边疆牧地已成一种大势，自应也是适时之举。一方面，它充分利用了人地比例更大的边塞地方的田土资源，成功建立和维持了官牧基地，成了当时军马供应的重要保证；另一方面，与河北、辽东、内蒙一样，西北马厂的官牧和军牧，实为一种经济有效的生产形式，对当地的农业包括军屯、民屯也有一定的好处，既可在一定程度上解决了农田肥料供应问题，又可以相应地解决耕畜缺乏的困难，保障兵饷供应，还可顺势提高这些地区的交通运输力量，起到一种强边、固边、安边的综合性作用。而边塞物质力量的增强、经济环境的改善，则既支持了国防，又助益了边政。

三、明清西北马政与社会经济

从总体上说，清朝在西北地区的马政顺应了历史的要求，加强了与西北各族在政治、经济和文化上的联系、往来与了解，增进了各民族的团结、友好，也有利于西北社会经济的恢复和发展，起到了巩固西北边疆、维护多民族国家统一的作用。

清代的西北马政，是沿袭明代旧制而来的，却也显现出了与明代大不相同的面貌来。一方面，无论是内涵、规制，还是规模，明代把马政推上了历史的巅峰，这是承其余绪的清代所远远不能与之相比的；另一方面，明代的马政，对与之交易的西北各族明显带有强制性的色彩，力图把它纳入定期定量的赋役轨道，而清代在这方面却相对有很大的自由度；再一方面，西北各族多半一直还只是与明朝保持政治上的臣属关系，伴随明朝对西北的政治经营和军事控御的能力而与之若即若离，而到清朝他们则渐次成为中央王朝的真正"子民"了。所以，清朝政府所关注的主要是政治的层面，而西北各族所关注的主要是生活需求；就明清两个王朝的侧重点而言，明代历来更关心的是政治因素，而清朝渐次更关心的是边民生计。

从西北马政的全过程来看，顺治朝是它的恢复阶段，康、雍朝是它的鼎盛阶段。在顺治朝，出于统一战争和稳定西北的需要，也考虑到入关以后的初来乍到，顺治君臣沿袭明朝的做法，恢复了自明末以来已经荒废的茶马互市制度，并完善了西北马政制度，这样既在一定程度上满足了西北各族的生活需求，也加深了西北各族对代明而兴的清朝的了解，从而也对西北各族起到了笼络的作用。在康、雍朝，鉴于统一全国的战争还在继续，客观上也还需要大量的战马，康、雍君臣仍十分重视茶马互市，从而也使它的规模有比顺治朝扩大的迹象，不仅在更大程度上满足了西北各族的生活需求，也反映了清朝对西北的政治经营和军事控御日益加强，茶马互市本身也起到了加速西北各族倾心"向化"的作用。到乾隆朝，西北马政渐次淡出了乾隆君臣的视线，一个重要的原因就是，大规模的军事战争早已硝烟散尽，统一多民族国家的格局业已形成，西北各族也已经是完全臣属于清朝，西北马政逐渐废弛。应该说，这是大势所趋、自然而然，也折射出了清朝与西北各族关系的一种全新面貌。

另外，清代西北地区是多民族聚居区，大凡重大举措都会对民族关系造成影响，而民族关系处理得是否妥当，会直接影响到政治统治的稳定。应该说清代西北马政经营，减轻了各族人民的负担，从一定程度上融洽了民族关系。以绢马贸易而言，清与游牧民族双方互利。哈萨克等游牧民族逐水草而迁徙，其游牧经济需要同外界交换自己不生产而又必须的生活用品，比如茶，游牧民族以肉食为主，茶为生活所必需，"宁可一日无食，不可一日无茶"。而清政府由于平定叛乱和驻军屯田，需要大批马匹。于是通过贸易，哈萨克人获得了绢茶布，清政府则获得了急需的马匹。绢马贸易对清来说还起到了"羁縻"少数民族的作用，使少数民族对中央政权增加了政治向心力。

就清代西北的官马厂而言，游牧民族和农耕民族均受其益。游牧民族以牲畜为生，视牲畜为命根，官厂设立后，游牧民族就没有了官方强取的顾虑，有利于融洽清与游牧民族的关系，故审视有清一代，因强征马匹而滋生事端者鲜见。另一方面，官马厂也使一些民族得到实际利益。比如，伊犁官厂马匹交给厄鲁特、察哈尔等游牧各营牧放，成为生活的依托。清代迁到伊犁地区屯田的维吾尔农户得到过官厂拨给的耕田马匹。汉族农耕百姓也从官厂获取实利，如巴里坤马厂每届均齐要裁汰一批马匹，价格只有四五两，较为合理，散卖民间，用以耕作。官厂马匹还用作贩灾和对少数民族的怀柔。嘉庆九年（1804），赏给受灾群众。嘉庆十七年（1812），伊犁地震，压毙官马数千，晋昌又奏请给脱险男妇七十人，每人给马一匹，牛四头，羊五只。

马政还有力促进了畜牧业的发展，突出表现在官办马厂对优良马种的选育。这主要是因为，官办马厂具有私人和部落所不具备的选育条件。一方面，它可以集中不同的优良品种；另一方面，它对儿、骒马的搭配比例更为合理；三是它实行淘汰之制，汰弱留强。即以新疆为例，清代培育出三个优良马种——伊犁马、喀喇沙尔马和巴里坤马。在它们当中，伊犁马和巴里坤马即为官厂选育出来的。有人这样概括道：十八世纪的新疆比较安定，清代设立场务，"兴办牧政，尤其是马政，兴办了不少马厂、驼厂……促进了畜牧业的发展，因此有了较大的恢复。这个时期对于新疆现有的几个优良马种的形成是比较重要的"[1]，也正所谓"畜种于繁殖后，即以之广播民间，人民深受其益，赖以生存者匪鲜"[2]。

清初，由于西北地区政治形势、民族格局、民族政策非常复杂，清朝用经营西北马政来应付复杂的局势。通过贡马、租马、捐输马、绢马贸易、茶马互市等途径采办马匹，又在宁夏、甘肃、青海、新疆地区设置了很多马厂。同时，清朝前期厉行"均齐"之制和奖惩措施来管理马厂。到乾隆末年，清代西北马政达到了顶峰。然而，由于清朝国力的削弱、牧马兵丁的劳苦穷困、均齐制度的废弛、日趋尖锐的人地矛盾，作为清朝马政的一部分，清代西北马政在道光朝呈现了同样的颓势。不过，尽管它在晚清逐渐衰败，可在清中叶以前，于巩固西北边防和处理西北民族关系的过程中发挥了重大作用，这是不能也不应当忽视的。

明清西北马政，随政治、军事、经济和民族情状而生，又随政治、军事、经济和民族变化而更。说到底，它兴起、显盛、演变和走衰的历程，是由不同的历史条件造成的，即是说，这也是明清马政一种必然的历史走势。

---

[1] 中国科学院新疆综合考察队：《新疆畜牧业》，北京：科学出版社，1964年，第34页。
[2] 曾问吾：《中国经营西域史》，乌鲁木齐：新疆人民出版社，2014年，第450页。

附　　录

杨一清与西北马政

　　杨一清（1454—1530），明中期重臣，历仕成化、弘治、正德和嘉靖四朝。嘉靖初，官至首辅。杨一清熟谙国政，尤晓畅边事，深得时人推崇。在数十年宦海生涯中，杨一清多年为官西北，对巩固明朝西北边防多所策划筹理。弘治、正德年间，其对西北马政的整饬则尤显特出。

一

　　明初以来，为了对付退却到漠北的蒙古骑旅，朱明王朝既置九边重兵，缮葺北边长城，同时也积极筹措马政，以保障边镇官军骑操备御的急需。由于蒙古北据，从北边采办马匹非常有限，内地则不仅马匹甚少，而且多矮小瘦弱不适宜于戎战，加之担虑蒙藏两族交通联结等诸多方面的因素，明朝马政的重心逐渐移向西北。明初西北马政与内地不尽一致，总体说来，大致可分为官牧、孳生和市马、贡马数端。

　　洪武三十年（1397），明朝在陕西和甘肃分别设置行太仆寺，职掌是西北各卫所营堡官军马匹的驯养调拨，划定牧马草场，并且规定在边镇附近各封王不得将草场据为己有，对盗耕草场的人要依律问罪。陕西行太仆寺所属有平凉卫、庆阳卫、秦州卫及固原卫；甘肃行太仆寺所属有甘州五卫、永昌卫、庄浪卫、凉州卫、镇番卫、山丹卫、西宁卫、肃州卫及古浪、镇夷、庄浪三个千户所。①行太仆寺设卿一员（从三品），少卿一员（正四品），寺丞无定员（正六品），主簿一员（从七品）。②

　　永乐四年（1406），明朝在陕西和甘肃又各置苑马寺，职掌是西北各边监苑官马的牧养孳生。陕西苑马寺所属有长乐、灵武、同川、威远、熙春及顺宁六监，各监下辖四苑；甘肃苑马寺所属有甘泉、祁连、武威、安定、监川及宗水六监，各监下辖也是四苑③。苑马寺设置官员同行太仆寺例，各监设监正一员（正九品），

---

① 《明会典》卷122《行太仆寺》，《景印文渊阁四库全书》，台北：商务印书馆，1986年。
② 《明史》卷75《职官·行太仆寺》，北京：中华书局，1974年。
③ 《明会典》卷122《苑马寺》，《景印文渊阁四库全书》，台北：商务印书馆，1986年。

监副一员（从九品），录事一员，各苑设圉长一员（从九品）①，苑有五十夫，一夫牧马十匹②。

对行太仆寺和苑马寺官牧马匹，明初尚规定每年春秋两度差遣官员，阅视其增耗、齿色，三年一次差遣官员"稽比"（即核查马匹数额、比较前后壮瘦）。若是发现官牧马匹较原来瘦损，或者有倒失而不及原额的现象，寺监苑图各级官员下至牧夫，要依照兵部律例，受到不同程度的处罚，倒失官马数额要严格责令市买补足。③

明朝西北边镇各寺监苑官牧马匹，来源有采买近边民间种马、盐池中马、与番族易马和诸番贡马等项，其中主要来源于西北番族（即以藏族为主的西北少数民族）。还早在洪武初年，明朝就开始与西北番族互市，起初是用内地普遍通行的钱钞市马，但是当时西北番族的货币观念还比较淡漠，以至于"马之至者益少"④。鉴于这种情况，洪武八年（1375），明太祖遂命内使赵成用丝绸、绫绢、布帛和茶叶，前往河州等处招谕番人易马⑤，丝绸布帛特别是茶叶对从事畜牧、以肉酪为食的番人尤其必需，所以他们也就乐于以马换茶，这便揭开了明番双方大规模茶马互市的帷幕。

为保障西北边镇官军马匹的源源供给而大规模地与番族互市，洪武、永乐年间，明朝先后设置了河州、洮州、秦州、西宁、甘肃等茶马司，同时推行番族纳马"金牌勘合"制。据杨时乔《马政记》载，河州、洮州、西宁三卫所属番族皆颁给金牌信符。其中，河州二十一面，令纳马七千七百五十匹；洮州六面，令纳马三千零五十匹；西宁十六面，令纳马也是三千零五十匹。信符分上下号，下号颁给番族，上号藏于朝廷内府，规定"每三年一遣廷臣召各番合符，以应差马，交纳易茶"⑥。并且相应制定了茶马易例，洪武十六年，初定为上等马每匹给茶四十斤，中等马三十斤，下等马二十斤。稍后，规定上等马八十斤，中等马六十斤，下等马四十斤。洪武二十三年（1390），确定为上等马一百二十斤，中等马七十斤，下等马五十斤⑦，这一易例遂成明朝定制，以后再也没有多大变化了。"金牌勘合制"的推行，极大地促进了明番双边贸易，各茶马司易马数呈直线上升趋势。仅据《明实录》记载，洪武九年秦河二司易马止一百七十一匹，十二年则增至一千六百九十一匹，十三年单河州一处易马达二千零五十匹，二十五年河州等处易马额更升至一

---

① 《明史》卷75《职官·苑马寺》，北京：中华书局，1974年。
② 《明会典》卷122《苑马寺》，《景印文渊阁四库全书》，台北：商务印书馆，1986年。
③ 《明史》卷75《职官·行太仆寺》，北京：中华书局，1974年。
④ 《明太祖实录》卷100，洪武八年四月戊辰，台北："中央研究院"历史语言研究所，1962年。
⑤ 《明太祖实录》卷100，洪武八年四月戊辰，台北："中央研究院"历史语言研究所，1962年。
⑥ （明）杨时乔：《皇朝马政纪》卷12《茶马司》，《玄览堂丛书》，民国三十年（1941），上海影印本。
⑦ （明）杨时乔：《皇朝马政纪》卷12《茶马司》，《玄览堂丛书》，民国三十年（1941），上海影印本。

万零三百四十匹，三十一年曹国公李景隆再往西番易马一万三千五百余匹。①

除此之外，西番各族和寺院番僧也多向明廷贡马。西番分为生熟两种，一般地说，熟番即"属番"，令纳马中茶②，也鼓励贡马，生番则止令贡马。③明制：番酋及番僧朝贡，熟番"岁一朝贡"，生番则"三年一贡"。④贡马数额并没有明确的规定，或数匹，或数十匹，或百数匹乃至数百匹不等，这较之于前述"差发"纳马诚然微不足道，但是作为一种常例，却毕竟也是个非常可观的数目。据张雨《边政考》统计，西番四百余族竟有半数左右是贡马族。⑤加上熟番贡马，明朝通过贡马这种渠道得到马匹是不可低估的。贡马和"差马"一样，主要是供给延绥、宁夏、甘肃三边官军骑操备御，具体的做法是，骟马和多数儿马送行太仆寺，以随时保障各卫所营堡急时之需；骡马和部分儿马则送苑马寺，督促所属监苑配种孳生。

明朝初年，由于官牧机构健全，制度谨严，加之官得其人，以及番族纳马、贡马渠道的畅通，仆苑教养官马常年保持数万匹之多，西北马政确实呈现出仆苑两旺以致"足充边用"⑥的局面。

但宣德、正统以降，西北马政渐趋荒毁。究其弊端，大体有如次数宗：①寺监苑大量被裁革。洪永以来数十年西北各边的相对安宁无事，使明朝对马政筹理的热情多所降温，正统初起便陆续裁革了甘肃苑马寺及其所属全部六监二十四苑，陕西苑马寺所属也只剩下长乐和灵武二监，同川、威远、熙春、顺宁四监及其所属十六苑亦俱遭裁革。⑦②诸监牧马草场锐减。据杨一清奏称，陕西诸监草场原额十三万三千七百余顷，到弘治后期止存六万六千八百余顷⑧，确实是"存者已不及半"⑨。造成牧马草场锐减的直接原因，一是寺监苑大量裁革以致所属草场因之废弃，二是各边豪贵的强行侵占和百姓的随意耕垦。③寺监位卑，官不得人。杨一清说："数十年来，士大夫重内轻外，又见两寺衙门无权，多不乐为。用人者因而俯就之，凡遇缺员，苟取充数，积习既久，遂为迁入谪官之地，人人得而轻之。"⑩

---

① 《明太祖实录》卷110，洪武九年冬十月己卯；卷128，洪武十二年十二月壬辰；卷133，洪武十三年九月戊戌；卷217，洪武二十五年五月甲辰；卷256，洪武三十一年二月戊寅，台北："中央研究院"历史语言研究所，1962年。
② （明）茅瑞征：《皇明象胥录》卷8《西番》，《四库禁毁书丛刊》，北京：北京出版社，1997年。
③ （明）叶向高：《四夷考》卷4《西番考》，北京：中华书局，1985年。
④ 《明史》卷330《西域·西番诸卫》，北京：中华书局，1974年。
⑤ （明）张雨：《边政考》卷9《西羌族口》，《国立北平图书馆善本丛书》（1），民国二十六年（1937）影印本。
⑥ 《明史》卷92《兵志·马政》，北京：中华书局，1974年。
⑦ 《续文献通考》卷133《兵·马政》，杭州：浙江古籍出版社，1988年。
⑧ 《明经世文编》卷114《为修举马政事（杨一清）》，北京：中华书局，1962年。
⑨ 《明史》卷92《兵志·马政》，北京：中华书局，1974年。
⑩ 《明经世文编》卷114《为修举马政事（杨一清）》，北京：中华书局，1962年。

就是地方上的布按二司官员，也藐视仆苑二寺，"耻与之同事，不容并列"①。弘治朝兵部尚书刘大夏在谈及这方面弊端时，也说："在外寺监，近年各卿佐多用谪逐官及有过累者，府卫下僚多易视之，故自待亦轻，政务因以废弛。"②④倒损马匹日益增多。洪永时对倒失马匹严格责令"买补"，所以上至寺卿、寺丞，下至圉长、牧夫都不敢不慎守其职。遗憾的是，这种责任制在后来并没有得到很好地贯彻。宣德二年（1427）对倒失马匹"俱免陪补"③的诏谕，则更起了无异于鼓励玩忽职守的消极作用，以致官马倒损的恶化程度更为加剧。弘治六年至十三年，单是陕西各监苑官马倒死和亏欠孳生驹达一万九千四百余匹，弘治十三年至十六年又陆续倒失三千三百八十三匹，亏欠孳生驹三千七百七十三匹。④⑤"金牌"制坏，"纳马"寡至。永乐时曾停止金牌勘合，宣德十年（1435）一度恢复，正统十四年（1449）则最终废止。⑤造成金牌废止的原因，一是私茶泛滥而值低便宜，番人乐于同私茶商贩交易，这就严重削弱了官茶易马的垄断地位；二是茶马司常以"散茶给番族"，致使"番人抱憾，往往以羸马应"⑥，应纳"差马"随之日减；三是宣德末以来，番族屡屡遭到河套蒙古的侵扰，所持金牌大多在骚乱中散失，虽曾补给，但又随给随失，客观上造成金牌勘合纳马的阻断。

应该强调，上述各种弊端及其导致这些弊端的诸多因素，往往交织在一起相互作用和相互影响，从而引起一系列连锁反应，把西北马政推向愈益濒于荒毁的境地。特别是茶马司易马受阻，势必造成仆苑二寺马匹来源的萎缩，而仆苑缺马，则又势必导致无马可牧的监苑与草场，或遭裁革或被废弃，边镇官军骑操备御马匹的保障供给随之也就出现困难。到弘治后期，这种连锁性的反应愈演愈烈，致使"各边缺马，动辄来京奏讨"，弘治初年以来的十数年间，朝廷不得不送发各边购买马匹的马价银多至数十万两。⑦就在西北马政极不景气的时候，杨一清走马上任，肩负起全面整饬西北马政的重任。

二

弘治十五年（1502）冬十二月，由兵部尚书刘大夏举荐，明孝宗擢升南京太常寺卿杨一清以都察院右副都御史的身份，督理陕西马政。行前，孝宗叮嘱说："尔

---

① 《明经世文编》卷114《为修举马政事（杨一清）》，北京：中华书局，1962年。
② 龙文彬：《明会要》卷38《职官·行太仆寺》，北京：中华书局，1965年。
③ 《明会典》卷122《行太仆寺》，《景印文渊阁四库全书》，台北：商务印书馆，1986年。
④ 《明孝宗实录》卷182，弘治十四年十二月辛未，台北："中央研究院"历史语言研究所，1962年；《明经世文编》卷114《为修举马政事（杨一清）》，北京：中华书局，1962年。
⑤ 《明史》卷80《食货·茶法》，北京：中华书局，1974年。
⑥ （清）龙文彬：卷62《兵·马政》，北京：中华书局，1965年。
⑦ 《明经世文编》卷114《为处置马营城堡事（杨一清）》，北京：中华书局，1962年。

须查照兵部奏准事例，考究国初成法，亲历各监苑，督委都布按三司能干官员，踏勘牧马草场，果有侵占者，即令退还；查点养马军人，果有逃亡者，即令拨补；见在种儿骒马实有若干，设法增添，务足原额；倒死亏折马驹，随宜追补；量为分豁，布置已定，责令该管官员……如法点视比较，毋致倒失亏欠，尔不时往来提调稽考；各寺监等官，有阘茸不职者，尔即具奏黜罢或起送别用，另选才能以充任使，其有尽心职务功绩昭著者，具奏旌擢；其西宁等处各茶马司，茶易番马，甚济国用，近来亦渐亏耗，令并以付尔，尔须一新旧规，务令茶课充盈，私贩息绝，番人乐归，官市番马，充实厩牧。"①这番话非常重要，一来它实际上规定了整饬马政的大政方针，其基本点就是要恢复"国初成法"，痛革宿弊以根本改变西北马政的不景气局面；二来也反映了孝宗皇帝对西北马政的高度重视，赋予杨一清督委都布按三司的很大权力，这对全面整饬马政的顺畅进行起了一定的保障作用。

次年八月，杨一清赴陕西到任。在任期间，他恪遵孝宗皇帝的嘱托，整饬马政也就紧紧围绕下述几方面逐渐展开。

1. 清复牧马草场

杨一清莅陕后，清醒地认识到兴废补弊之初，改弦更辙之际，整饬马政"事多干涉军卫有司，必得委用都布按三司官员分理，乃能济事"②，于是，他会同陕西布政司右参政车霆，按察司副使王寅和都司都指挥佥事房怀等地方军政官员，亲临幸存的长乐、灵武二监及所属清平、万安、开城、安定、广宁、黑水六苑，清查被耕占的牧马草场，凡是发现有耕占草场者，即令退还监苑。由于杨一清的躬亲督理，加之有都布按三司的协同配合，牧马草场的清查恢复进行得相当顺利。到弘治十七年，仅仅用了一年左右的时间，便清查出荒熟牧地"十二万八千四百七十三顷"③，新开武安苑（原属威远监）草场"二千九百余顷"④，使陕西各监苑牧马草场大体恢复到原有数额。

2. 拨补恩队军人

明朝以恩军和队军专事牧马，恩军由各处有罪人犯充发组成，队军则由各卫所军人内选拔。明初西北马政最盛时，按当时定例估算，陕甘二苑马寺历届牧马恩队军人有两千四百名。寺监苑大裁革后，陕西苑马寺所属仍有"一千二百二十名"，但到弘治十六年却只剩"七百四十五名"⑤。杨一清考虑到随着茶马贸易的

---

① 《明孝宗实录》卷 194，弘治十五年十二月丙辰，台北："中央研究院"历史语言研究所，1962 年。
② 《明经世文编》卷 114《为修举马政事（杨一清）》，北京：中华书局，1962 年。
③ （明）雷礼：《国朝列卿记》卷 12《内阁行实》，台北：文海出版社，1981 年。
④ 《明史》卷 92《兵志·马政》，北京：中华书局，1974 年。
⑤ 《明经世文编》卷 114《为修举马政事（杨一清）》，北京：中华书局，1962 年。

修举和寺苑种马的孳生，牧马恩队军人的数额就得相对有所增添，否则"畜养乏人，难收蕃息之效"①。他同时考虑到三边卫所营堡防边备御尚且缺人，难能从中拨调，从内地腹里军卫中解补却又随到随逃的具体问题，所以他建议把各处逃往各监苑以避差役的流民编为牧马恩军。他说，这些流民"年久不当差役，又无官司管束查考，往往别生事端，及至被人告发，却行调躲，因无户籍，无所挨捉。岁复一岁，为数渐繁……今不为之所，将来恐贻他患。此等流民，论法俱该问罪发遣回还原籍当差，但念其故乡生计已失，无可复之业，而此地依栖既久，有可恋之资，必尽法处之，非死则散而为盗"②。他认为，将这些人编为恩军的好处是，"官有畜养之役，民无驱逐之苦。且其耐贫寒，习畜牧，比与新拨队军万万不同。公法私情，似为两便"③。不难从这里看出，他确实是深谋远虑，既考虑到解决恩队军人的缺员问题，又顾全到消除流民无羁所带来的隐患，这不能不说是非常高明的。在不到半年的时间里，杨一清招募流民并改编军人"二千三百余名"④，陆续拨补到各监苑，连同各苑旧有数额，牧马恩队军人超过了三千。

3. 择擢卿寺官员

针对寺监位卑权轻和官不得人的时弊，杨一清从"人存而后政举，任法不若任人"⑤的认识出发，把慎重选择卿寺官员看作是复兴马政最为紧要的事情。他认为，马政的荒废固然与寺监苑的大量裁革和牧马草场的急剧削减有关，但是，尚存的监苑和草场如果官得其入，牧养得法，那么保障各边征操备御所需官马仍然应该是不成问题的，遗憾的只是"监牧非入，牧养无法"⑥，以致马政坐待颓废。所以，他建议朝廷迅速改变那种把卿寺之官视若布按二司统属的做法，使"二司之于两寺，视如一体"⑦。再者，必须改变用迁入谪官充任卿寺官员的做法，凡遇卿寺缺员，少卿于各省参议佥事内，寺卿于各省参政副使和本寺少卿内推举有才能者升任。对那些牧养有方以致马政兴举的卿寺官员，要依照太仆寺卿并少卿事例擢升任用，"推举在京相应堂上官或巡抚都御史"⑧。即便是监苑较低级的官员，也要从出生于北方、年轻力壮并且素知养马的人中间选拔充任，他很有见地地说："昔以迁谪视之则其势自轻，今以推擢视之则其势自重。"⑨经他的一番努力，官得

---

① 《明经世文编》卷114《为修举马政事（杨一清）》，北京：中华书局，1962年。
② 《明经世文编》卷114《为修举马政事（杨一清）》，北京：中华书局，1962年。
③ 《明经世文编》卷114《为修举马政事（杨一清）》，北京：中华书局，1962年。
④ 《续文献通考》卷133《兵·马政》，杭州：浙江古籍出版社，1988年。
⑤ 《明经世文编》卷114《为遵成命重卿寺官员以修马政事（杨一清）》，北京：中华书局，1962年。
⑥ 《明史》卷92《兵志·马政》，北京：中华书局，1974年。
⑦ 《明经世文编》卷114《为遵成命重卿寺官员以修马政事（杨一清）》，北京：中华书局，1962年。
⑧ 《明经世文编》卷114《为遵成命重卿寺官员以修马政事（杨一清）》，北京：中华书局，1962年。
⑨ 《明经世文编》卷114《为遵成命重卿寺官员以修马政事（杨一清）》，北京：中华书局，1962年。

其人,职专其任的局面逐渐得以恢复。《国朝列卿记》称杨一清"择材任使,旌别淑慝",奏请罢黜了一些不称职的卿寺官员,明确迁贬赏罚,"故官劝政举,宿弊以革"①。

4. 添置马营城堡

明初以来,各监苑多不曾设置衙门城堡,以至于监苑官员多赖租赁民房居住,或者寄宿窑洞。各苑也不曾起筑营房马厩,以致所牧官马往往不论冬夏昼夜露野,官马在冬季因此而冻死损伤的情况相当严重。宣德来年以来,河套蒙古又长期侵扰各边,抢掠官马,杀掳军民,单是弘治十四年(1501),由于官马无处收避,被河套蒙古抢掠而去达三千九百余匹。②鉴于这种情况,杨一清认为添置马营城堡势在必行。他说:"筑城堡则人马有所保障,置马厩则马匹不至横伤,修营房则贫军有所依栖,建公廨则牧官可修职业……城堡既立,非惟监苑人马可保,或遇虏患,附近军民丁口头畜亦可收避。"③他还特别建议朝廷,将各苑队军中挑选精壮各一二百名,设为"操夫",给予弓矢盔甲,在无妨牧马的前提下,抽出闲暇时间操习武艺,专门用来防守马营城堡。他说这样做的好处是,"虽为牧马而设,亦可壮边域之声势,资紧急之应援"④,又说"练之既久,未必不为克敌之兵,是于牧马之中而得千军之用"⑤。这实际上就是自古以来"寓兵于农"思想的活用,用他自己的话来说就是"藏兵于马"⑥。在杨一清的躬亲督理下,二三年内起筑马营城堡十九处,修建苑监公署、仓廒、马厩、室宇四百一十余所。⑦这对于保障监苑官员、牧马军人安其居,乐其业,牧养官马免遭寒伤冻死和掳掠抢夺,危急之时附近军民有所收避,无疑是有积极意义的。

5. 稽考官军马匹

鉴于官军骑操马匹倒失严重,杨一清深入卫所认真查询,他认为官马倒失严重,首先主要是由于管军官员没有严厉督察军人用心喂养,其次是某些官员随意克扣应该支付给官马的粮食草料,再就是各处假公营私,对私人的买卖营运滥给官马应付的情况相当普遍。同时,洪武三十年所制定的行太仆寺专掌卫所营堡提调马匹,比较孳生,亏欠倒损勒令赔补的成法,久又废止,这就难能避免官马亏欠倒损日益严重的弊端。所以,杨一清建议朝廷迅速恢复洪武三十年定制,重申

---

① (明)雷礼:《国朝列卿记》卷12《内阁行实》,台北:文海出版社,1981年。
② 《明经世文编》卷114《为处置马营城堡事(杨一清)》,北京:中华书局,1962年。
③ 《明经世文编》卷114《为处置马营城堡事(杨一清)》,北京:中华书局,1962年。
④ 《明经世文编》卷114《为处置马营城堡事(杨一清)》,北京:中华书局,1962年。
⑤ 《明经世文编》卷114《为防御虏寇保障官马事(杨一清)》,北京:中华书局,1962年。
⑥ 《明经世文编》卷114《为处置马营城堡事(杨一清)》,北京:中华书局,1962年。
⑦ (清)傅维鳞:《明书》卷72《戎马·马政》,《丛书集成初编》,北京:中华书局,1985年。

行太仆寺的职掌与权限，依照太仆寺稽考京营骑操官马的则例，每年行太仆寺主要官员，不时亲赴各卫所营堡点视、比较官马，特别强调亏欠倒损官马严责赔补的做法，以保障各卫所营堡官军骑操马匹"实济边用"。如果地方及军卫官员敢有无理阻挠者，准允行太仆寺官员奏明朝廷，依律问罪。①他既奏准朝廷，即行着手纠正时弊，"孳牧之规，稽考之法粗皆就绪"②的局面很快出现了。

6. 修复茶马旧制

杨一清把"金牌"制坏以致"纳马"寡至，提高到坐失"制西番以控北虏之上策"③的高度来认识。他说这不但意味着各边缺马难能得以补充，而且也不能不担虑西番作为明朝防范蒙古的藩篱将无所依托。他认为造成"纳马"寡至的因素是多方面的，对待番人必须采取抚驭的稳妥政策，即便是那些长期拒不前来纳马中茶的番族，也绝不能感情用事地随意加之兵威，关键是在于必须严厉禁绝通番私茶商贩，使番人必需之茶只能从官府得到，这样就不难达到"系番人之心而制其命"④的目的。于是，他上奏朝廷，条陈修复茶马事宜。一是恢复"金牌勘合"制，具体的做法是清查金牌旧额，晓谕西番应纳差发马各族，使知朝廷修复旧制；先期组织运送官茶至各茶马司，以免番人前来纳马却无茶可偿而使番人失望；敦促各处兵备和守备官员核实西番土官，如果有长期不曾袭替的，奏请准允各袭原职；对前来纳马的番族，除依例给茶外，厚加赏劳，如果不足应纳马数则准次年补纳；对那些经再三抚谕仍然招调不来纳马的番族，适当调集汉土官军前往诛剿，目的是"以警其余"⑤。二是委任专门官员巡禁私茶，鉴于通番私茶商贩的猖獗，东起潼关，西极甘肃，南抵汉中，无处没有他们的活动，杨一清认为必须委任专门官员督理，否则巡禁私茶难收成效。所以，他奏准选择任用有魄力的能干官员常驻临洮府，专一往来各处巡视，严禁私茶，痛革私茶通番的积弊，巡禁官员一年一换。⑥三是重申私茶禁令，对偷越边境兴贩私茶和在腹里卖茶给朝贡番人者，发配南方烟瘴地方永远充军；在西宁、甘肃、河州、洮州贩卖私茶一百斤以上三百斤以下者，发配附近军卫充军，贩卖三百斤以上者则发配边卫永远充军；在腹

---

① 《明经世文编》卷114《为稽考官军骑操马匹事（杨一清）》，北京：中华书局，1962年。
② 《明经世文编》卷115《为总奏修理马政事（杨一清）》，北京：中华书局，1962年。
③ 《明经世文编》卷115《为修复茶马旧制以抚驭番夷安靖地方事（杨一清）》，北京：中华书局，1962年。
④ 《明经世文编》卷115《为修复茶马旧制以抚驭番夷安靖地方事（杨一清）》，北京：中华书局，1962年。
⑤ 《明经世文编》卷115《为修复茶马旧制以抚驭番夷安靖地方事（杨一清）》，北京：中华书局，1962年。
⑥ 《明经世文编》卷115《为修复茶马旧制以抚驭番夷安靖地方事（杨一清）》，北京：中华书局，1962年。

里府州县兴贩私茶五百斤以上者，发配附近军卫充军；军将官纵容兴贩和巡捕官员失职者，降职一级问罪，受贿赂者则从重论处。他说，严肃私茶禁令，使人人畏法，这样就可望遏制私茶泛滥，否则贻患将来，后果将是难以预料的。①

此外，杨一清还奏请在茶马贸易尚未畅顺之前，暂先支用太仆寺马价银四万二千两，于平凉、庆阳、临泾、巩昌等地收买种马七千匹，送苑马寺孳生②，以暂缓各监苑官牧马匹缺少的紧张状况，又奏请增开盐池中马则例，将商人领盐引所得银两，发送庆阳、固原等处官库寄放，遇各边缺马，酌量给发缺马卫所买马以应紧急。③

这些建议、奏请和措施同样也得到明朝政府的批准，推行实施也进行得相当顺利。杨一清赴陕到任四年间，招调番族纳马一万九千零七十余匹，增开灵州大小盐池课引五万九千余，得银二万零七百余两④，可用以买马三千五百匹。

三

综观杨一清对西北马政的全面整饬，措施是得当可行的，所以收效也就十分显著，西北马政确实呈现出"草场地复，牧军数增，城堡相望，苑厩罗列"⑤的兴旺景象；《明书》说这期间仆苑牧马常有三万匹，"足支陕西三边之用"⑥。由于杨一清整饬西北马政功绩卓著，正德初官进陕西三边总制，仍督理马政。

但是，杨一清数年艰辛经营所带来的西北马政的繁荣局面，并没有维持多长时间。武宗初宦官刘瑾弄权，他不附刘瑾，正德四年（1509），因为得罪刘瑾而削职落官并被投下"锦衣狱"，幸赖名盛当时的大学士李东阳等人的全力保释，他才得以幸免于难。然而，杨一清那些整饬马政行之有效的措施，再也没有得到很好的推行实施，西北马政重又伴随着明朝政治的愈益腐败而日趋荒毁了。

（原载《西北史地》1988年第4期）

---

① 《明经世文编》卷115《为修复茶马旧制以抚驭番夷安靖地方事（杨一清）》，北京：中华书局，1962年。
② 《明史》卷92《兵志·马政》，北京：中华书局，1974年。
③ 《明经世文编》卷114《为议增盐池中马则例疏（杨一清）》，北京：中华书局，1962年。
④ （清）傅维鳞：《明书》卷72《戎马·马政》，《丛书集成初编》，北京：中华书局，1985年。
⑤ 《明经世文编》卷115《为总奏修理马政事（杨一清）》，北京：中华书局，1962年。
⑥ （清）傅维鳞：《明书》卷72《戎马·马政》，《丛书集成初编》，北京：中华书局，1985年。

明代西北马政机构置废考

明代西北马政,是明朝经营西北特别是巩固西北边防的一个重要步骤。行太仆寺和苑马寺,是明代西北马政的主要机构。它们的职司虽各不同,却也相互配套,相得益彰,目的是保障西北各边官军骑征备御的需要和对官用马匹实行有效的管理。它们的设置与损益,是与明代西北边防的巩固和废弛相联系和相沉浮的,从一个重要的侧面反映了明朝对西北政治经营的当否。通过对这些机构的设置和损益的考察,也希望于西北地区的建置沿革研究有所补益。

一、陕西、甘肃行太仆寺

1. 行太仆寺的设置缘起

陕西、甘肃行太仆寺,洪武三十年(1397)置。关于行太仆寺的设置缘起,《明实录》说:"洪武三十年正月。置行太仆寺于山西、北平、陕西、甘肃、辽东。上虑西北边卫所畜马甚蕃息,而禁防疏阔,乃设行太仆寺以掌其政。"[1]明代西北边防东起东胜关和偏关,西至肃州和嘉峪关,约古明朝整个北部边防的三分之二,设置延绥、固原、宁夏、甘肃四个重要边镇。据嘉靖年间巡抚陕西的王纶统计,明朝初年四镇官军通计二十三万四千余人,马十一万五千余匹[2],大体沿长城及黄河布防,备御蒙古。西北又素宜孳牧,洪武初以来各边卫所马匹繁衍日益增多。所有这些,确实有必要设置专门机构,对西北各边卫所官军骑操马匹实行有效的管理。

鉴于西北边防"禁防疏阔"的特点,明朝分别设置陕西都司和陕西行都司两个地方最高军事机构。与此相应,设置陕西、甘肃两个行太仆寺,分别管理陕西都司和陕西行都司所属卫所官军骑操马匹。

2. 行太仆寺的职司、设员及俸禄

关于行太仆寺的职掌权限,如洪武三十年二月明太祖在召见五军都督府官员时所说:行太仆寺"职专提调马匹、比较孳生,但有作弊亏欠马匹,许令本寺举问。品职虽小,所掌事重,如同御史出巡按治。该管指挥、千百户、卫所镇抚首领官吏,务要将所养一应马骡尽数开报,听从本寺官员点视提督。敢有非礼抗拒,许本寺官奉闻拿问"[3]。从朱元璋的这段话中不难看出,行太仆寺是一个特设的专

---

[1] 《明太祖实录》卷249,洪武三十年春正月丁卯,台北:"中央研究院"历史语言研究所,1962年。
[2] (明)余继登:《典故纪闻》卷17,北京:中华书局,1974年。
[3] (明)杨时乔:《皇朝马政纪》卷12《行太仆寺》,《玄览堂丛书》,民国三十年(1941),上海景印本。

职沿边马政的重要曹司，寺官有如御史出巡按治一样的特权。

洪武三十年建寺之初，行太仆寺的主要官员设置颇简。陕西寺仅置少卿一人和寺丞三人，甘肃寺则仅置少卿和寺丞各一人，通常是选择那些致仕的指挥和千百户充任，后来陆续增设了卿、主簿等官。①

陕西行太仆寺衙门治平凉府（今甘肃平凉市），职掌陕西都司所属西安等二十八卫、凤翔等二十所、清水等七十四营堡官军骑马的提调，比较固原、平凉、庆阳、秦州四卫官马孳牧，印烙陕西苑马寺所属监苑牧马和陕西都司所属卫所官军骑操马。寺官设员通常是卿一员（从三品），为寺的主官，岁俸三百一十二石，柴薪隶银一百二十两，有门者四人，皂隶即仆役十四人，禁狱即狱吏四人，司库八人；少卿一员（正四品），为寺的副贰官，岁俸二百八十石，柴薪隶银七十二两，有门者二人，皂隶十二人；寺丞无定员（正六品），岁俸一百二十石，柴薪隶银四十八两，有门者二人，皂隶八人；主簿一员（从七品），岁俸八十四石，柴薪隶银二十四两，有门者一人，皂隶四人。少卿和寺丞皆"佐卿之治"，也就是协助寺卿处理日常事务，主簿则专门负责颁布和晓谕寺卿的政令。寺下设马政、承发、杂行三科。马政科为寺的主科，具体负责牧马草场、牧马军人、征收马价银等管理事务，置令史一人和典吏三人；承发科负责军马的承接和发运，亦置令史一人和典吏三人；杂行科则专门负责寺的勤杂事务，置典吏一人。令史岁俸二十四石，典吏岁俸十三石。陕西行太仆寺所有官员的俸禄，征于汉中府的城固和洋县，由平凉府的雄赡仓支给；柴薪隶银征于凤翔、岐山和扶风三县的徭银；门者、皂隶、禁狱等则从平凉、凤翔二府所属州县应当服差役的人中间征用。②

甘肃行太仆寺衙门治甘州卫（今甘肃张掖县），职掌陕西行都司所属凉州等十二卫、镇夷等三所官军骑操马的提调、比较、印烙等项事务。凡寺设员、官吏品秩、俸禄、杂役差使等项，一如陕西行太仆寺例。③

从官员的品秩和俸禄来看，陕西、甘肃行太仆寺皆如中央太仆寺，其主官行太仆寺卿已属堂上官。而众所周知，明前期的国子监祭酒，才为从四品官员，品秩低于行太仆寺少卿，这从一个侧面表明了明朝统治者颇重沿边马政的用意。

3. 明中后期行太仆寺的职官演变

陕西、甘肃行太仆寺设员，在明中后期有些看似细微的变化。先是弘治二年

---

① 《明太祖实录》卷249，洪武三十年春正月丁卯，台北："中央研究院"历史语言研究所，1962年。
② 《明史》卷92《兵志·马政》，北京：中华书局，1974年；（明）杨时乔《皇朝马政纪》卷12《行太仆寺》，《玄览堂丛书》，民国三十年（1941），上海景印本；《（嘉靖）平凉府志》卷1《官师》，兰州：甘肃人民出版社，1993年。
③ 《明史》卷92《兵志·马政》，北京：中华书局，1974年；（明）杨时乔《皇朝马政纪》卷12《行太仆寺》，《玄览堂丛书》，民国三十年（1941），上海景印本；《（嘉靖）平凉府志》卷1《官师》，兰州：甘肃人民出版社，1993年。

(1489),巡抚陕西右副都御史萧祯以行太仆寺"事简官繁"为由,请准裁减陕西寺少卿、寺丞各一员。然而,嘉靖初年以来河套蒙古屡屡犯边,使嘉靖君臣愈益认识到西北边防至关重要,而各边官军骑操马倒失又日甚一日,确实有必要加强行太仆寺对沿边官马的监督管理职能。所以,嘉靖三年(1524),御史陈讲又请准增设陕西、甘肃寺各少卿一员,分管延绥和宁夏二镇。①这样,嘉靖三年以后,陕西、甘肃寺各设少卿二员便成了定例。除上述分管延绥、宁夏的两名少卿外,陕西寺另一少卿,协助寺卿处理本寺事务并兼管固原镇;甘肃寺另一少卿,亦协助寺卿处理本寺事务并兼管甘肃镇。

最值得注意的是万历年间的变化。鉴于长期以来各边军卫及府州县官军无视行太仆寺的监督管理,致使它形同虚设和官马倒损严重的弊病,万历朝采取以行太仆寺官员兼任司道,带管兵备事务的做法,使他们身兼二任,自然也就提高他们的地位,扩大了他们的职掌权限,有利于对官军骑操马的监督管理。其具体做法是:陕西寺卿兼司道,总理中路马政,驻平凉府;少卿一员兼司道,分管东路,亦驻平凉;少卿一员兼司道,分管延绥,驻定边营(今陕西定边县);又以靖虏兵备司道员分管固原镇。甘肃寺也大体如此,寺卿兼司道,总理甘肃马政,驻甘肃卫;另以庄浪兵备司道员分管庄浪和西宁二卫,驻庄浪卫(今甘肃永登县)。②

明中后期特别是万历年间行太仆寺职官的这些变化,实际是这一时期西北官牧马政的日趋衰败和西北边备边防愈益废弛的反映。

二、陕西、甘肃苑马寺

1. 苑马寺的设置缘起

陕西、甘肃苑马寺,永乐四年(1406)置。关于二寺的设置缘起,《明实录》说:是年明成祖敕谕甘肃总兵宋晟、宁夏总兵何福,全权委托他们着手建立陕、甘两寺,下设监苑遍及陕甘宁青四省区。③朱棣之所以特别重视于行太仆寺之外又添置苑马寺,首先是出于单靠各边卫所官马的自身繁衍难能保障各边需要的考虑;其次与洪武年间以来西北番族纳马和贡马的源源而来有关,确实有必要借鉴前代特别是汉唐的经验,充分利用西北水草便利,宜于畜牧的得天独厚的自然条件,设苑牧马,以求繁衍蕃息,从而确保西北各边官军骑操马的源源供给。所以,苑马寺的设置,无疑又开辟了各边官军骑操马的另一重要来源。

2. 苑马寺的职司、设员及俸禄

陕西、甘肃苑马寺正式建于永乐四年九月。苑马寺由寺、监、苑三级机构组

---

① (清)龙文彬:《明会要》卷38《职官·行太仆寺》,北京:中华书局,1965年。
② (明)杨时乔:《皇朝马政纪》卷12《行太仆寺》,《玄览堂丛书》,民国三十年(1941),上海景印本。
③ 《明太宗实录》卷59,永乐四年九月壬戌,台北:"中央研究院"历史语言研究所,1962年。

成。寺置卿、少卿、寺丞、主簿等主要官员，其品秩、俸禄、杂役差使等项，俱视行太仆寺例。按明朝制度规定：寺统六监，监设监正一员（正七品）、监副二员（正八品）、录事一员（未入流）。监统四苑，苑设圉长无定员（从九品）。①另据《（嘉靖）平凉府志》卷一记载，各苑设圉长通常是一至三人不等。

从苑马寺主要官员的品秩和俸禄来看，完全与中央太仆寺并列无异，其地位也是相当高的。苑马寺作为一个特设的专职设苑牧马的曹司，和行太仆寺一样同属于兵部的派遣机构，直接受兵部的节制而非委属于地方军卫有司。不难看出，明朝统治者也是颇为重视设苑牧马之政的。

3. 陕西苑马寺所属监苑的设置与损益

陕西苑马寺衙门治平凉府，初于平凉卫指挥杜谅的宅院内治事。永乐十五年（1417）迁至府衙东侧，大致与陕西行太仆寺衙门相邻。该寺所属六监二十四苑并非设置于同时。据《明实录》说：永乐四年九月，先设长乐、灵武二监，各监又先设二苑，其中开城苑、安定苑隶属于长乐监，清平苑、万安苑隶属于灵武监。②另据《明会要》说：永乐六年八月，"增甘肃、平凉二寺监"③。这里的"平凉"，实指衙治在平凉的陕西苑马寺。据此推测，陕西寺所属的其余四监二十苑，大体即设置在永乐六年八月前后。

陕西苑马寺所属监苑，散布在平凉、庆阳、延安、巩昌和临洮五府境内，但其具体位置大多很难确切考定。兹据《明会典》《明实录》《明经世文编》等明代史籍，将陕西寺所属监苑的设置和隶属情况胪列如次：

长乐监　辖开城、安定、广宁、弼隆四苑。据弘治年间督理西北马政的杨一清说："长乐监广宁、开城、黑水三苑，俱在平凉府固原州地方……安定苑，坐落巩昌府通渭县地方。"④明固原州即今宁夏固原市。据此，长乐监设在今固原市境。其中开城苑，在今固原市开城乡，明朝曾于此设开城县，故名。安定苑，在今甘肃通渭县故安定监城。广宁苑，据《明实录》说："陕西苑马寺言开城县境乃长乐监所属故广宁苑。"⑤据此，广宁苑也设在今固原市开城乡。

灵武监　辖清平、万安、定边、庆阳四苑。据杨一清说："灵武监清平苑，坐落平凉府固原州地方；万安苑，坐落固原州及庆阳府环县地方。"⑥据此，灵武监设在今宁夏灵武县。其中清平苑，初设在今甘肃环县北，明朝曾于此设清平堡，

---

① 《明太宗实录》卷59，永乐四年九月壬戌，台北："中央研究院"历史语言研究所，1962年。
② 《明太宗实录》卷59，永乐四年九月壬戌，台北："中央研究院"历史语言研究所，1962年。
③ （清）龙文彬：《明会要》卷38《职官·苑马寺》，北京：中华书局，1965年。
④ 《明经世文编》卷114《为处置马营城堡事（杨一清）》，北京：中华书局，1962年。
⑤ 《明宣宗实录》卷86，宣德七年春正月甲申，台北："中央研究院"历史语言研究所，1962年。
⑥ 《明经世文编》卷114《为处置马营城堡事（杨一清）》，北京：中华书局，1962年。

故名。万安苑，初设在环县万安村。定边苑，在今陕西定边县境，明朝曾于此设定边营，故名。庆阳苑，在今甘肃华池县庆阳牧厂。鉴于清平、万安二苑紧靠河套，累被蒙古部族袭扰抢掠而不便牧养的缘故，正统四年（1439）三月，将灵武县南迁至今甘肃镇原县，清平苑和万安苑则迁至固原市开城乡。①

同川监 辖天兴、永康、嘉靖、安胜四苑。据杨一清说："同川监所辖天兴、永康、嘉靖、安胜四苑，在开城县及庆阳府安化县地方。"②明安化县即今甘肃庆阳市。据此，同川监设在今庆阳市同川里。天兴、永康、嘉靖、安胜四苑，大致分布在庆阳市至固原市一线。

威远监 辖武安、陇阳、保川、泰和四苑。据杨一清说：威远监武安等苑，"在平凉开城、隆德二县地方"③。明隆德县即今宁夏隆德县。大体可以断定，威远监不可能与长乐监同置一处，据此，威远监当是设在隆德县境。武安、陇阳、保川、泰和四苑，大致分布在固原市至隆德县一线。

熙春监 辖康乐、凤林、香泉、会宁四苑。原陕西苑马寺卿车霆说："先时创建本寺，原设有熙春监康乐等苑，在临洮府河州地面。"④另据杨一清说：熙春监康乐等苑，"在临巩二府陇西、会宁、狄道、金县地方"⑤。明河州卫治今甘肃临夏县，明陇西县即今甘肃陇西县，明会宁县即今甘肃会宁县，明狄道县即今甘肃临洮县，明金县即今甘肃榆中县。据此，熙春监设在临夏县或临洮县境。康乐苑，在甘肃康乐县境。北宋曾于此设康乐寨，元时置县，故名。会宁苑，在会宁县境。凤林苑和香泉苑，大致分别设在临洮县和榆中县。

顺宁监 辖云骥、升平、延宁、永昌四苑。据杨一清说：顺宁监云骥等苑，"在延安府保安县及庆阳府安化县地方。"⑥明保安县即今陕西志丹县，明安化县即今甘肃庆阳市。据此，顺宁监设在志丹县西北的高家湾，明朝曾于此设顺宁堡，故名。升平苑，在今陕西宜君县升平镇，北宋曾于此设升平县，故名。云骥、延宁、永昌三苑，大致分布在今志丹县和庆阳市之间的洛河上游、马莲河两岸。

正统年间，陕西诸监苑多所废损，通计裁撤了同川、威远、熙春、顺宁四监及其所属十六苑和长乐监所属的弼隆苑，灵武监所属的定边苑、庆阳苑，幸存下来的只有长乐、灵武二监及其所属的开城、安定、广宁、清平、万安五苑。

正统二年（1437），明朝裁撤甘肃苑马寺。成化年间将其牧马军人迁至黑水口

---

① 《明英宗实录》卷52，正统四年闰二月己丑，台北："中央研究院"历史语言研究所，1962年，第997页。
② 《明经世文编》卷114《为修举马政事（杨一清）》，北京：中华书局，1962年。
③ 《明经世文编》卷114《为修举马政事（杨一清）》，北京：中华书局，1962年。
④ 《明孝宗实录》卷220，弘治十八年正月丙午，台北："中央研究院"历史语言研究所，1962年。
⑤ 《明经世文编》卷114《为修举马政事（杨一清）》，北京：中华书局，1962年。
⑥ 《明经世文编》卷114《为修举马政事（杨一清）》，北京：中华书局，1962年。

（今宁夏清水河畔黑城镇），另设黑水苑，隶属于长乐监。弘治后期，杨一清又恢复了原属威远监的武安苑，隶属于灵武监。①至此形成了陕西苑马寺监苑设置的新格局，所属二监七苑基本上集中在固原镇和平凉府附近，这种格局一直保持到明朝末年。兹据《（嘉靖）平凉府志》，将明中后期陕西寺所属监苑的隶属、设员、官吏俸禄等情况胪列如次：

长乐监　辖开城、安定、广宁、黑水四苑。监设监正一员，柴薪隶银二十四两；录事一员，柴薪隶银十二两；各苑围长柴薪隶银二十四两。各苑有属吏二人，四苑通计八人。每年支给监苑官吏俸禄合计七百二十石，征于庆阳府固原州所属的会宁县。

开城苑　设围长三人。

安定苑　设围长二人。

广宁苑　设围长一人。

黑水苑　设围长二人。

灵武监　辖清平、万安、武安三苑。该监设员及监苑官吏柴薪隶银，与长乐监比同。各苑有属吏亦二人，三苑通计六人。每年支给监苑官吏俸粮合计四百五十六石，征于庆阳府固原州所属各县。

清平苑　设围长三人。

万安苑　设围长二人。

武安苑　设围长一人。

长乐、灵武二监官吏，每年支给的柴薪隶银通计五百零八两，俱征于凤翔府所属州县的徭银。②

4. 甘肃苑马寺所属监苑的设置与损益

甘肃苑马寺创建之初，衙门设在西宁卫治（今青海西宁市），旋即改置碾伯所（今青海乐都县），后迁往甘州卫治，与甘肃行太仆寺同置一城。该寺所属六监二十四苑亦非设置于同时。永乐四年九月，先设祁连、甘泉二监，各监又先设二苑，其中西宁苑、大通苑隶属于祁连监，广牧苑，麒麟苑隶属于甘泉监。③另据《明实录》说：永乐六年八月，增设武威、安定、临川、宗水四监及其所属十六苑；另添置古城苑、永安苑隶属于祁连监，温泉苑和红崖苑隶属于甘泉监。④

甘肃苑马寺所属监苑，散布在西宁、甘州、凉州、山丹、庄浪等卫境内，但其具体位置大多亦难确切考定了。不过，我们尚可利用《（万历）甘镇志》《明会

---

① 《明经世文编》卷114《为修举马政事（杨一清）》，北京：中华书局，1962年。
② 《明太宗实录》卷59，永乐四年九月壬戌，台北："中央研究院"历史语言研究所，1962年。
③ 《明太宗实录》卷59，永乐四年九月壬戌，台北："中央研究院"历史语言研究所，1962年。
④ 《明太宗实录》卷82，永乐六年八月丙申，台北："中央研究院"历史语言研究所，1962年。

典》等明代史籍的叙述，做些大致的推测。

《（万历）甘镇志》"兵防篇"说：甘肃苑马寺"辖六监二十四苑，一曰甘泉，广牧川东岸开署，辖四苑：广牧、麒麟、红崖、温泉；二曰祁连监，广牧川西岸开署，辖四苑：西宁、大通、永安、古城；三曰临川监，原拟西宁卫暖州开署，辖四苑：岔水、巴川、暖川、大河；四曰武威监，原拟山丹卫开署，辖四苑：和西、大川、宁番、洪水；五曰宗水监，原拟西宁卫三川里开署，辖四苑；永川、黑城、清水、美都；六曰安定监，原拟庄浪卫安远递运所开署，辖四苑：武胜、永宁、青山、大山。"

广牧川，明人张雨《边政考》卷四《西宁图》作"广木川"，即今青海互助县境内的沙塘川；暖州，明西宁卫有巴暖三川，史籍中的暖州即暖川，巴川即巴州，俱在今青海民和县境；宗水旧时亦称宗哥川，即今青海境内的湟水河；三川里，大致在今青海平安、乐都两县间的湟水以南；安远，明清曾于此设递运所，即今甘肃古浪县南安远镇。据此并《明会典》等明代史籍，我们推测甘肃寺所属监苑的设置处所大体如次：（附隶属关系）

甘泉监　治今青海互助县境，辖广牧、麒麟、温泉、红崖四苑。其中广牧苑，在互助县沙塘川东山乡；红崖苑，在互助县红崖子沟乡。

祁连监　治今青海互助县境，辖西宁、大通、永安、古城四苑。其中西宁苑，在今西宁市西川马坊；大通苑，在互助双树大通苑村；永安苑，在今青海大通县永安关古城；古城苑，在今青海门源县古城。

临川监　治今青海民和县境，辖岔山、巴川、暖川、大河四苑。其中巴川苑，在民和县巴州乡；暖川苑，在民和县官亭乡；大河苑，在民和县中川乡，可能是因为濒临黄河，故名。

武威监　治今甘肃山丹县境，辖和宁、大川、宁番、洪水四苑。其中和宁苑，在山丹县南和宁山口；大川苑，在山丹县西大河畔，明时称西大河为"大川"，故名；洪水苑，在今甘肃民乐县三堡乡，明朝曾于此设洪水三堡，故名。

宗水监　治今青海乐都县境，辖清水、美都、永川、黑水四苑。其中清水苑，在今青海隆务河口，明清时隆务河称"清水河"，故名；美都苑，在今青海民和县美都沟，《（乾隆）西宁府新志》卷五《地理志》也说："前明设美都监（苑）于此"。黑城苑，在今民和县中川黑城。

安定监　治今甘肃古浪县南安远镇，辖武胜、永宁、青山、大山四苑。其中武胜苑，在今甘肃永登县北庄浪河畔，明朝曾于此设武胜驿堡，故名；永宁苑，在今甘肃武威县永宁堡；青山苑，在今甘肃永昌和武威两县间的青山；大山苑，在今甘肃省天祝县境，可能是因为设苑于乌鞘岭大山而得名的。

正统二年（1437）二月，陕西右佥都御史罗亨信奏准朝廷，尽行裁撤了甘肃苑马寺及其所属监苑。①该寺从设置到裁撤，实际上只存在了三十年左右的时间。

正统年间陕西、甘肃苑马寺寺监苑大裁革，是明代西北马政中的大事件。探究寺监苑大裁革的原因，尽管由于史料阙如而存在着一定的难度，但有两点却是可以肯定的。一是由于宣德、正统年间以来西北边防日益松弛，部分监苑的设置又过于靠近沿边，经常遭到南犯蒙古部族的抢掠而不便牧养。以陕西诸监为例，弘治初兵部官员说得再明白不过了，兵部在给孝宗皇帝的奏疏中说："正统以后，边备渐弛，北虏知平凉饶马，屡入寇，掠马以去，马遂日耗。久之，遂裁革同川等四监、泰和等十九苑。"②二是由于明朝与西北番族间的茶马互市受阻，以致监苑牧马的来源急剧萎缩，势必造成许多监苑无马可牧的局面而坐待裁撤。正统元年（1436），由于许多监苑"事简官繁"，朝廷将甘肃寺各级官员裁减过半③，时隔一年，又将该寺寺监苑尽行裁撤，应该就是这种状况的反映。

经正统年间寺监苑两度大裁革，西北马政中的监苑牧马之政大逊于前，此后的近二百年间，西北各边官军骑操马的直接来源，主要仰仗于陕西苑马寺所属的长乐、灵武二监及其所属的开城、安定、广宁、黑水、清平、万安、武安七苑。

5. 明中后期苑马寺的职官演变

陕西、甘肃苑马寺设员，自建寺以来也有些类似行太仆寺职官的变化。先是正统元年，甘肃苑马寺少卿姜劳上奏朝廷说："本寺并所属监苑官吏五十六员名，事简官繁，乞量裁减。"经吏部讨论，决定寺官只保留卿、寺丞、主簿各一员，甘泉祁连二监各保留监正、录事各一员，广牧、麒麟、西宁、大通四苑各保留圉长一员，而裁减了少卿、寺丞、监副、圉长等寺监苑各级官吏三十余人。④次年裁撤甘肃寺，该寺各级官员使尽行调往他用了。至于陕西苑马寺，自正统年间监苑裁并以来，同样也存在事简官繁的问题。所以，弘治二年（1489），萧祯请准裁减少卿一员、寺丞三员，长乐、灵武二监监副各二员。这样，陕西寺一度不曾设少卿，而监副至此则永行废止了。弘治十七年（1504），杨一清督理西北马政，认为有必要添置官员以加强寺监苑的管理，所以重又恢复寺丞二员。大致正德、嘉靖年间复废寺丞，这一职官至此也就永行废止了。

最值得注意的，也是万历年间的变化。鉴于长期以来苑马寺政事多与地方有涉，地方官民往往无视禁令，肆意耕占监苑牧厂，盗卖、宰杀监苑牧马，而苑马寺难能纠治等弊病，采取了以行太仆寺官员兼任司道相类似的做法，以苑马寺官员兼按察司佥事职，来增强苑马寺对违犯官牧禁令的纠治权力。具体做法是：陕

---

① 《明英宗实录》卷27，正统二年二月戊子，台北："中央研究院"历史语言研究所，1962年。
② 《明孝宗实录》卷24，弘治二年三月丙寅，台北："中央研究院"历史语言研究所，1962年。
③ 《明英宗实录》卷13，正统元年春正月甲午，台北："中央研究院"历史语言研究所，1962年。
④ 《明英宗实录》卷13，正统元年春正月甲午，台北："中央研究院"历史语言研究所，1962年。

西寺卿兼佥事，总理本寺事务，驻平凉府；少卿亦兼佥事，分管东路监苑官牧。①

明中后期特别是万历朝苑马寺职官的这些变化，是伴随着西北监苑官牧的日益不景气而来的，透露出祖宗旧制渐废和监苑官牧日趋荒毁的端倪。

（原载《西北史地》1993 年第 3 期）

---

① （明）杨时乔：《皇朝马政纪》卷 12《苑马寺》，《玄览堂丛书》，民国三十年（1941），上海景印本。

试论明代西北马政的衰败原因

马政,是中国古代的一种特有制度,即国家对官用马匹的采办、牧养、使用等方面所实施的行政管理制度。自秦汉以降,迄于明清,它一直是历代兵制和财赋制度的重要组成部分。明代西北马政,是明朝政府经营西北特别是巩固西北边防的重要措施。明初以来的数十年间,由于仆苑官牧机构健全,制度谨严,官得其人,职专其任,以及采办马匹的多种渠道的畅通,监苑官马常年保持在数万匹之多,西北马政确实出现了仆苑两旺、足充边用的局面。但明中期以后,西北马政的弊端日滋,其景况大不如前了。弘治时杨廷和即说:"马政之弊,自京师以达于天下,在在有之,而陕之监牧为多,其弊尤甚。"[①]明代西北马政情况也确实如此。明代西北马政的日渐衰败,究其原因,突出地表现在如下几个方面。

一、寺监苑大量被裁革

明代西北各边卫所官军骑操马,多直接仰赖于苑马寺。明初设置陕西、甘肃苑马寺,其所属十二监四十八苑,遍及陕西、甘肃、宁夏、青海等地,幅跨两千余里。由于明初以来的数十年间西北各边相对安宁无事,使明朝对西北马政的筹理热情大大降温;也由于茶马互市制度的日渐生弊以至番族纳马渠道的阻滞不畅,难能保障监苑官马的源源供给;加之某些监苑的设置过于靠近沿边要冲,屡遭蒙古部酋入掠抢夺等方面的原因。从正统二年(1437)起,明朝使陆续裁撤了甘肃苑马寺及其所属全部六监二十四苑和陕西苑马寺所属的四监十八苑。弘治、正统以后,连同成化年间新添设的黑水苑和弘治后期恢复的武安苑,通计只剩陕西苑马寺及其所属的长乐、灵武二监七苑。[②]作为具体负责牧马的监苑两级机构,与明初相比已不及六分之一。明代中后期这种监苑设置的新格局,确是已非昔比,这时期的监苑牧马数也远逊于前。以陕西苑马寺为例,明初监苑牧马常年保持在数万匹,弘治后期减少至二千二百八十匹;嘉靖年间复增至一万四千三百六十匹,隆庆年间又减少为八千匹左右。"监苑之所牧,即官军之所给"[③],明代中后期监苑牧马的急剧减少,直接影响到各边官军骑操马的保障供给,严重威胁到西北边防的巩固。在这种情况下,迫使明朝政府不得不频繁地动用库银买马,从而又增加了财政负担。

---

① 《明经世文编》卷121《赠都御史邃菴杨公序(杨廷和)》,北京:中华书局,1962年。
② 姚继荣:《明代西北马政机构置废考》,《西北史地》1993年第2期。
③ 《明经世文编》卷115《为修复茶马旧制以抚驭番夷安靖地方事(杨一清)》,北京:中华书局,1962年。

二、仆苑位卑，官不得人

明朝士大夫向来重内轻外，都愿在朝中和内地腹里做官，由于行太仆寺和苑马寺皆设置在沿边．事虽重而权轻，人们多不乐于为官仆苑。一旦遇上仆苑官吏缺员，往往就以贬官谪宦苟且充数。天长日久，人们便把行太仆寺和苑马寺习惯地视为"迁人谪宦之地"，其结果是"人人得而轻之"①，为官仆苑者自己也觉得低人一等。地方上的军卫有司也蔑视仆苑官员，"耻与之同事，不容并列"②，自然也就谈不上相互间很好地协调和配合了。弘治年间，兵部尚书刘大夏在谈及这方面的弊端时也说："在外寺监，近年各卿佐多用谪逐官及有过累者，府卫下僚多易视之，故自待亦轻，政务因以废弛。"③这种状况直到嘉靖、隆庆和万历年间并没有得到多少改观。历仕嘉靖、隆庆和万历三朝的重臣高拱即说："今行太仆苑马寺专理马政，戎伍所资；盐运司专理盐政，国用所赖，皆系紧关要职，非闲局也。而近来视之甚轻，即卿与使皆以考不称职有物议者升之……夫考课贵严，果不称职有物议，直去之而已，独奈何以此等衙门为安置之所哉？既劣处之使之靦颜，又姑容之，使之尸位，遂致政务废弛。"④在成化年间及以后一个时期内，甚至将一向独立治事的仆苑二寺的政务委属于地方上的布政司和按察司，其结果是"使卿寺之官，若为二司统属……势分既轻，职任愈废，虽有才能，一就是职，终身不展"⑤，陡然增加了管理层次，职责混乱，管理效能也就大打折扣。常言说得好："人存而后政举，任法不若任人。"明代中后期仆苑位卑，官不得人的状况，已使仆苑管理陷入困境，而仆苑马政事务又多牵涉地方上的军卫有司，军卫有司非但不很好地协同配合，甚至反而为其设置障碍，仆苑马政自然也就难能得以修举了。

三、军卫和监苑草场锐减

明朝对行太仆寺所属各边卫所官军骑操马和苑马寺所属监苑官牧马匹，划拨有专门的牧放场所，称为牧马草场。明初北边军卫的牧马草场，大致是沿长城一线而分布于关内关外。其中，西北边"自东胜以西至宁夏、河西、察罕脑儿"，大体集中在河套内、宁夏与河西走廊。正统前后，西北边防日渐松弛，河套蒙古活动颇盛，明朝被迫退守长城，原来设置于河套内的草场也随之废弃了。而成化后期以来，为了解决边储特别是军粮和军饷匮乏的问题，又准许附近军民大量屯垦，迄于明代后期也就所剩无几了。至于苑马寺监苑草场，随着正统年间寺监苑的大

---

① 《明经世文编》卷114《为遵成命重卿寺官员以修马政事（杨一清）》，北京：中华书局，1962年。
② 《明经世文编》卷114《为遵成命重卿寺官员以修马政事（杨一清）》，北京：中华书局，1962年。
③ 《明孝宗实录》卷194，弘治十五年十二月丙辰，台北："中央研究院"历史语言研究所，1962年。
④ 《明经世文编》卷301《议处马政、盐政以责实效疏（高拱）》，北京：中华书局，1962年。
⑤ 《明经世文编》卷114《为遵成命重卿寺官员以修马政事（杨一清）》，北京：中华书局，1962年。

量被裁撤，大片草场也随之废弃，幸存下来的陕西苑马寺所属长乐、灵武二监七苑，草场数额亦呈日益递减的趋势。按照明朝的制度，牧马草场一般分为荒地和熟地两种，荒地牧马，熟地则由附近军民佃种，对熟地每年征收一定数量的地亩银，作为买马的价银。成化后期以降为缓解边储匮乏而大兴屯垦，亦殃及苑马寺牧马草场，熟地在草场中所占的比重日益增大，专供牧马的荒地则明显萎缩。陕西苑马寺所属长乐、灵武二监七苑草场原额为十三万三千七百余顷，弘治后期减少为六万六千八百余顷①，可见存者已不及半。弘治十七年（1504），左副都御史杨一清受命整饬西北马政，清复草场包括荒熟地共十二万八千四百余顷，其中荒地约占百分之九十三点五，熟地约占百分之六点五；嘉靖年间七苑草场虽增至十七万七千一百余顷，但其中熟地亦增至三万三千七百余顷，占草场总数的百分之十九左右，荒地则下降为百分之八十一左右；隆庆年间七苑草场又锐减至八万顷，其中熟地五万顷，占草场总数的百分之六十二点五，专供牧马的荒地急剧下降为百分之三十七点五。②明中后期为缓解边储匮乏而采取挖空仆苑马政的墙脚的做法，不能不影响到仆苑马政的发展，明朝政府在这个问题上也难免顾此失彼。

四、倒失、亏欠与日俱增

明中后期西北各边官军骑操马的倒失和种马孳驹的亏欠情况，尽管由于史料的阙如而无从确知，但从弘治年间以来各边节年向朝廷奏讨马价银买补战马的情况来看，肯定不在少数。例如，弘治初年以后的十数年间，明朝政府统计支给西北各边的马价银达数十万两③；而嘉靖、隆庆和万历年间，西北各边向朝廷奏讨的势头有增无减，各镇各年动辄逾万④。非是因为西北防边备御事关重大，而官马倒失和亏欠严重的话，明朝政府是不可能这样频繁地动用库银而穷于应付的。至于苑马寺所属监苑牧马的倒失和亏欠孳驹也与日俱增，据陕西苑马寺卿李克恭给朝廷奏疏中说：长乐、灵武监自弘治六年至十三年九月，倒失官马和亏欠孳驹通计一万九千四百余匹；而弘治十三年十月至十六年六月的不足三年时间，倒失和亏欠即达一万四千一百五十余匹。⑤隆庆年间，陕西巡按褚鈇在谈及当时监苑亏欠孳

---

① 《明经世文编》卷114《为遵成命重卿寺官员以修马政事（杨一清）》，北京：中华书局，1962年。
② 《明经世文编》卷114《为修举马政事（杨一清）》，北京：中华书局，1962年；《（嘉靖）平凉府志》卷1《官师》，兰州：甘肃人民出版社，1993年；《（万历）明会典》卷151《兵部·牧马草场》，北京：中华书局，1989年。
③ 《明经世文编》卷114《为处置马营城堡事（杨一清）》，北京：中华书局，1962年。
④ 《明世宗实录》卷43，嘉靖三年九月庚寅；卷45，嘉靖三年十一月戊辰；卷408，嘉靖三十三年三月丙辰，台北："中央研究院"历史语言研究所，1962年；《明穆宗实录》卷39，隆庆三年十一月己卯，台北："中央研究院"历史语言研究所，1962年；《明神宗实录》卷52，万历四年七月乙未，台北："中央研究院"历史语言研究所，1962年。
⑤ 《明经世文编》卷114《为修举马政事（杨一清）》，北京：中华书局，1962年。

驹的情况时也说："每年课驹，多不及十分之二。"①监苑见存牧马数则逐年递减，明初监苑牧马常年保持在数万匹，弘治后期减少至二千二百八十匹，嘉靖年间一度回升为一万四千三百余匹，隆庆年间又减少为八千匹左右。②造成官马倒失和亏欠孳驹日益严重的原因很多，其中，首先是因为明中后期明朝与活动于西北的蒙古间的冲突加剧，战事频仍，官军骑操马难免战伤走死；其次，蒙古特别是河套蒙古时常突入军卫和牧厂，掠马而去；再次，西北地处高寒，气候条件恶劣，仆苑又缺少营房马厩等基础设施，以致不论春夏秋冬官马昼夜露野，难免多冻伤病死，也影响了种马的受孕率和幼驹的成活率。此外，牧马军人不堪其苦没有用心喂养，甚或盗卖官马、官员肆意克扣食料、滥用官马假公营私等等，也是造成这种状况的重要原因。

值得注意的是，明中后期朝廷频繁地动用库银为西北各边买补战马，恰恰是在茶马互市受阻和仆苑马政不景气的时候，本身就是茶马制度和仆苑马政日生弊端、趋于荒毁的折射。

五、牧马军人颇多逃亡

在明朝，牧马军人系军籍，素来生活清苦，处境艰辛，西北边尤其如此。西北高寒，土地贫瘠，鲜收五谷，仆苑缺乏营房马厩，牧军牧马于荒山野岭之间，经常不得不借宿山崖洞窟。而按明初以来的制度，每人每月仅关支口粮六斗。自草场有荒熟之分以来，屯耕熟地的牧军时常困于少有收成而官府仍责成按亩纳银。成化年间又推行桩朋法，对官马倒失和亏欠孳驹，不问情由，概行追赔。按照桩朋出银的做法：一个普通的士兵或牧卒，若每年倒失或亏欠官马一匹，要责其出银一两八钱至二两三钱。③而一年倒失或亏欠数匹的情况并不少见，这对于那些普通的士兵和牧卒来说，确实是沉重的经济负担，难怪他们为此叫苦不迭。以弘治年间陕西苑马寺为例，弘治六年至十六年十年间，监苑牧军通常只有七八百人，而此期间倒失和亏欠却高达三万三千五百五十余匹，人均每年倒失和亏欠四点五匹，按例则人均每年要赔补桩朋银八至十两。经济能力本来就很脆弱的普通士兵和牧卒，何以能够承受如此沉重的负担？对此，成化、弘治年间名臣丘濬不无同情地说：他们"既出其资力以为国防寇，又责其出财以为官偿马，以每岁所赐之衣粮，犹不足以偿其递年倒失之马匹，况望饱暖其妻子哉"？又说："近时马政亦

---

① 《明经世文编》卷386《条议茶马事宜疏（褚鈇）》，北京：中华书局，1962年。
② 《明经世文编》卷114《为修举马政事（杨一清）》，北京：中华书局，1962年；《（嘉靖）平凉府志》卷1《官师》，兰州：甘肃人民出版社，1993年；《明经世文编》卷386《条议茶马事宜疏（褚鈇）》，北京：中华书局，1962年。
③ 《（万历）明会典》卷151《兵部·买补》，北京：中华书局，1989年。

有科钱买马之令,然所得未必良,而给之于军,遇有倒死,赔偿如故。而西北之边苦之尤甚,至有鬻子女而不能偿者。"①所以,对于那些在西北高原牧马的士兵和牧卒来说,生活条件艰苦难熬,甚至不能"饱暖其妻子",或"鬻子女而不能偿",也就唯有以逃亡抗争了。以陕西苑马寺为例,长乐、灵武二监牧军原额一千二百二十名,到弘治十六年只剩七百四十五名;经杨一清一番努力之后,嘉靖初虽曾一度增至三千三百六十九人,而隆庆初则又"逃亡过半"②。对此,杨一清也曾感叹地说:"马政废弛,亦多由此。"③

六、茶马互市渠道多所阻滞

明初在加强对西北边防军事控制的同时,厉行茶禁,推行番族即以藏族为主体的西北少数民族的纳马"金牌制",从而使官茶在茶马互市中占了绝对的垄断地位,番族纳马源源而来,仆苑官马的来源大体由此得到保障,故各边足用。但宣德以后,茶马互市渠道时常阻滞不畅,各茶马司易马数逐年下降,和明初"岁至万余之多"相比,相形见绌。以宣德七年(1432)为例,河州番族例应纳马七千七百零五匹,是年茶马司仅易马六千五百余匹,西宁番族理应纳马三千二百九十六匹,是年茶马司也仅易马二千三百余匹。④弘治年间的情况更糟,"自弘治十年至十五年,茶易番马五千四十三匹,而边马乏,军买马大困"⑤。伴随着明中后期西北边防的日渐松弛,西北番族愈益受到入据青海的蒙古的侵扰和裹胁,明朝对西北番族的控制能力严重削弱,则进一步加剧了这一态势。以隆庆年间为例,通常每年易马亦不过六千匹上下。⑥

应该看到,金牌制的推行,曾经极大地促进了明番间的茶马互市,而番族纳马的急剧减少又紧随着金牌制的废止而来,这就自然而然地使明朝君臣把茶马互市的受阻归咎于金牌制的废止,而把金牌制的废止又归咎于私茶的泛滥。但问题的关键症结在于:即便在商品经济极不发达的地方,既然有交换关系的存在,这种交换关系的特有规律即价值规律就必然要发生作用。明番间的茶马互市。尽管带有强制性的色彩,但它终究还体现着一种交换关系,自然也不例外。明朝政府

---

① (明)黄训:《皇明名臣经济录》卷14《牧马之政(丘濬)》,台北:文海出版社,1984年;《明经世文编》卷294《马政议(归有光)》,北京:中华书局,1962年。
② 《明经世文编》卷114《为修举马政事(杨一清)》,北京:中华书局,1962年;《(嘉靖)平凉府志》卷1《官师》,兰州:甘肃人民出版社,1993年;《明经世文编》卷386《条议茶马事宜疏(褚鈇)》,北京:中华书局,1962年。
③ 《明经世文编》卷114《为修举马政事(杨一清)》,北京:中华书局,1962年。
④ 《明宣宗实录》卷97,宣德七年十二月丁亥,台北:"中央研究院"历史语言研究所,1962年。
⑤ (清)傅维鳞:《明书》卷72《戎马·马政》,《丛书集成初编》,北京:中华书局,1985年。
⑥ 《明经世文编》卷386《目击番房情状疏(褚鈇)》,北京:中华书局,1962年。

长期以来一直死守洪武二十三年的茶马比价，在通番私茶的不断冲击下，这种冻结了的官方比价变得越来越不合理，而私茶的比价则相对为高。交易的形式也更为灵活自由，番人自然乐与私茶商贩交易，这就难能遏止私茶的泛滥，从而严重削弱了官茶易马的垄断地位。这是明番闽茶马互市渠道长期阻滞不畅的根本原因。"茶马之所易，即监苑之所牧；监苑之所牧，即官军之所给。"①茶马互市渠道的长期阻滞不畅，直接导致了仆苑官马来源的急剧萎缩，而仆苑缺马则又加剧了边镇乏用的局势，西北边防也就岌岌可危了。

《明史》在议论明代马政时说："盖明自宣德以后，祖制渐废，军旅特甚，而马政其一云。"②综观明代西北马政的始盛终衰也是如此。不过，我们还是觉得，如果囿于旧史家的这种分析，难免陷于肤浅。因为，明代西北马政始盛终衰的发展过程，说到底是与明朝政治的清明和腐败相联系和相沉浮的。

明朝对西北的经营，其重心是处理同西北少数民族的关系。明初对西北民族政策的出发点，是以控御西北，巩固新兴的大明王朝为目标，采取了对故元宗室的战略性军事打击，同时辅以对西北各族尤其是藏族的怀柔招抚、分化瓦解的政策。明太祖朱元璋从"法汉武创河西四郡隔羌胡之意，建重镇于甘肃，以北拒蒙古，南捍诸番，俾不得相合"③的指导思想出发，着力实现了阻断蒙藏两族交通联结的意图，把以藏族为主体的西北番族基本上置于明朝的军事控御之下，并大规模地与西北番族进行以茶马互市为中心的经济活动。这种"分而治之"的政策和手段，一方面削弱了元朝残余势力，减轻了其对西北边防的压力；另一方面客观上也加强了明朝与西北其他各族的经济联系和文化交流。所以，从总体上看，明初对西北民族政策的指导思想和相应措施，其主流还是有积极作用的。在这种大背景下，明朝热心西北马政的筹理，给西北马政带来了繁盛的局面。而西北马政的繁盛，反过来又对保障西北边镇官军骑征备御和巩固西北边防起了重要作用。

但是，明代中后期对西北民族政策变得越来越保守。这一时期，明朝对西北民族地区基本上采取了以退却和防御为指导思想的消极政策，并往往辅之以经济封锁，为西北区域间和民族间的经济联系和文化交流设置了人为的障碍，从而暴露了这种政策的致命弱点。明初数十年间，西北的相对安宁和稳定，使明朝统治者"居安"而不能"思危"，对西北马政的热情也大大降温了，于是制度渐废，弊端迭出。对于蒙古，明朝的政策依然故我，一方面重兵相抗，一方面闭关禁市，这就越发激起了蒙古的反抗，而终究冲破了明朝所设置的人为障碍。对于番族，

---

① 《明经世文编》卷115《为修复茶马旧制以抚驭番夷安靖地方事（杨一清）》，北京：中华书局，1962年。
② 《明史》卷92《兵志·马政》，北京：中华书局，1974年。
③ 《明史》卷330《西域·西番诸卫》，北京：中华书局，1974年。

明朝又总是力图强制性地将其纳马完全纳入定期定量的赋役轨道，而忽视了茶马互市毕竟体现着的一种交换关系，顽固地死守不合理的易例比价；同时始终执行着"抑商绝私"的政策，缺乏一种官、商、私自由合理的竞争意识和机制，一味强调以抑商绝私来保障官茶贸易的垄断地位，这就难能遏止民族间贸易的浪潮不断冲击明朝的禁令堤防，以致所谓"私茶屡禁不尽，通番屡禁不绝"。明番间茶马互市渠道阻滞不畅，对于西北马政的影响是直接的和致命的，无异于自塞其源，这完全是明朝所推行的偏颇政策所造成的。所有这些，昭示着明代西北马政已走向穷途末路，而明朝对西北的政治经营的大溃败也势所必然了。

（原载《青海社会科学》1994年第3期）

明代西北马市述略

历史上的"马市",系指在指定地点用钱钞或实物与少数民族交换马匹的定期互市。明代,马市的对象主要是蒙古族和女真族,尤其是蒙古族。因而,对马市的研究,实际也是民族经济研究的一个重要内容。马市又是明朝采办官用马匹的重要途径之一。就明代西北市而言,它既事关西北地区蒙汉民族经济关系,又是明代西北马政的重要内容,因此而决定了这一研究的意义与价值。

一

明代的马市大体沿长城而设,从地域上划分,它包括辽东、宣大和西北马市。辽东马市始置于永乐三年(1405),宣大马市始置于正统三年(1438),而西北马市始置于隆庆五年(1571)。在一些史籍中,也有西北马市始置于嘉靖三十年(1551)的说法。例如《明史》即说:是年春,"开市大同,次及延、宁"①。这里的"延"是指延绥镇,"宁"是指宁夏镇。但我们所能检索的史籍中,并没有延绥、宁夏在这个时期有马市贸易的任何迹象。实际情况可能是这样的:嘉靖三十年宣府新开口堡、大同镇羌堡马市初置不久,蒙古俺答部即大举进攻明朝北部边防,明朝因此不得不中止尚不及设置的延、宁马市计划。

明代西北马市较之辽东、宣大马市,其出现要晚近得多,究其原因,主要有以下三个方面:一方面,蒙古北据,始终对明朝构成威胁,而西北边东起东胜关,西至嘉峪关,约占整个明朝北部边防的三分之二,其间虽设有"九边"中的延绥、固原、宁夏、甘肃四个重要军镇,无奈禁防疏阔,防御力量显得捉襟见肘。其中固原、宁夏一线面临蒙古部落频繁活动的河套,素来就是整个北部边防中弱不禁风的细腰。所以,明朝长期以来不敢轻言在西北沿边与蒙古部落发生往来联系。另一方面,西北辽远,民族复杂,难以控制,西北番族又多与蒙古交融渗透,这使明朝在处理同西北各族关系的问题上颇为棘手。出于戒备心理,明朝也就相应采取了限制朝贡和互市的政策。例如洪武二十四年(1391),哈玛尔请开马市于延安、绥安、平凉等卫。明太祖即明令拒绝说:"番人黠而多诈,互市之求,安知非借以觇我?利其马而不虞其害,所丧必多,宜勿听。"②此外,为了备御擅长鞍马骑射的蒙古部落,明朝确需大量可供骑操征战的军马,与蒙古部落通马市似可解决一些这方面的问题,但明初以来的百余年间,明朝与藏族为主体的西北番族的茶马互市渠道基本畅顺,大体保障了西北边官军的骑征之用,故而在明朝看来,

---

① 《明史》卷327《外国·鞑靼》,北京:中华书局,1974年。
② (清)龙文彬:《明会要》卷57《食货·马市》,北京:中华书局,1965年。

完全不必另设马市。况且，明朝君臣一向把茶马互市视为羁縻西北番族、安定西北边防的重要措施，即所谓"以茶易马，固番人心，且以强中国"①，进而逐步将其纳入相对定期定量的赋役轨道。不能因设马市而妨碍茶马互市，这是明朝君臣大体一贯的共识。所以，即使到了万历初年，朝中上下对开设马市仍有"如互市一开，则番人惊扰，有妨茶马之利，边计日驰"②的忧虑。不难看出，明初以来的二百年间，明朝一直封边锁关，对西北地区开设马市从来都是慎而又慎。

隆庆以前，尽管明朝不曾于西北专设马市，但并没有能够阻止蒙古时常往返于甘州、凉州、兰州和宁夏等地，与汉族进行随来随市的贸易活动。永乐六年（1408），明成祖在给甘肃总兵何福的敕谕中就透露了这方面的情况，敕谕说："凡回回、鞑靼来鬻马者，若三五百匹，止令鬻于甘州、凉州；如及千匹，听于黄河迤西兰州、宁夏等处交易，勿令过河。"③从行文上看，这里的"鞑靼"，应该是当时活动于河西的蒙古的泛称。永乐七年，明朝册封蒙古瓦剌部马哈木、太平、把秃孛罗分别为顺宁王、贤义王、安乐王，准许他们的部族在甘州、凉州沿边贸易。永乐十一年（1413），明成祖又敕令甘肃军政官员："别失八里王马哈麻敬事朝廷，遣使来贡。如至，可善待之，其市易者听自便。"④从这些情况的分析来看，客观地讲这些贸易活动还是相当零星的，既无固定地点，亦无规定时间，说明洪武至隆庆初的二百年间，西北地区尚无严格意义上的马市。

二

明朝沿长城所设的"九边"军事防务和对漠北地区的严密经济封锁，使蒙古族游牧经济对内地农业经济的依存关系受到严重的阻断和破坏。在宣大、蓟辽一线长期遭受明朝的抗御和打击下，天顺年间以降，蒙古鞑靼部逐渐将其存在和发展的眼光，转向素称土地富饶、水草丰美的河套地区。明朝西北边防东段的延绥至宁夏一线，系河套南沿，地近中原，游牧文明与农业文明实仅一墙之隔，贸易渠道对长期从事游牧的蒙古族具有强烈的吸引力。所以，当俺答部崛起勃兴之时，他们也就极力要求在这些地区开设马市。俺答汗几乎"无岁不求贡市"，发誓"东西不犯我塞，以结永好"⑤，同时还保证"边内种地，边外

---

① 《明史》卷 80《食货·茶法》，北京：中华书局，1974 年。
② 《明神宗实录》卷 32，万历二年十二月壬子，台北："中央研究院"历史语言研究所，1962 年。
③ 《明太宗实录》卷 77，永乐六年七月壬戌，台北："中央研究院"历史语言研究所，1962 年。
④ 《明太宗实录》卷 141，永乐十一年秋七月丙午，台北："中央研究院"历史语言研究所，1962 年。
⑤ 《明世宗实录》卷 364，嘉靖二十九年八月甲申，台北："中央研究院"历史语言研究所，1962 年；瞿九思：《万历武功录》卷 7《俺答列传上》，台北：艺文印书馆，1980 年。

牧马，夷汉不相害"①。在其请求遭到明朝拒绝后，嘉靖二十九年（1550）发生了俺答汗进逼北京的"庚戌之变"，明朝被迫接受了宣大督抚苏祐、大同总兵仇鸾在宣、大、延、宁四镇开设马市的建议。嘉靖三十年三月，明朝先开宣府新开口堡和大同镇羌堡马市，由于次年俺答部扰掠沿边，使一向对蒙古神经紧张的明王朝，急忙收回成命，不仅在积极筹措中的延、宁马市计划因此而流产了，而且宣、大马市也于次年被迫关闭了。这样一来，使在西北地区游牧和农业两大文明本可以进行的有益交流，却因此而又一次失之交臂。

　　隆庆、万历年间，明蒙间的尖锐对峙局面逐渐有所缓解，双方由矛盾冲突进入到通贡和好的时期。这一方面，是由于蒙古在经济上与内地有着十分密切的依存关系，蒙古贵族逐渐认识到采取战争发难，不断扰掠明朝边境，反倒不如与明朝和好通市对自己更为有利。另一方面，明朝统治者在与蒙古的长期接触中，也比较清楚地意识到和好通市，对于化解双方的积怨和矛盾、缓和沿边紧张局势也有好处。尤其是蓟辽、宣大尚不安宁，防御河套的延绥至宁夏一线又屡出破绽，而正德年间入据青海的右翼蒙古部落时常扰掠、威胁西宁、甘州、凉州，西北边防事实上已趋废弛，使明王朝手忙脚乱，应接不暇。宣大总督王崇古和巡抚方逢时极力主张对俺答等部"因与为市"②，得到了大学士高拱、张居正等朝臣的支持，明朝这才开始修正对蒙古的封锁政策。隆庆五年，明朝陆续开设了宣府张家口、大同新平、守口、得胜口、山西水泉营、延绥洪山寺堡、宁夏中卫、清水营、平房卫及甘肃高沟寨、洪水、扁都口等十二处马市。③其中，属于西北马市者有延绥、宁夏、甘肃三镇的七处马市。

　　明代西北马市，与辽东、宣大马市一样，大多设置在沿长城边墙附近。但明末清初以来，长城边墙的防御作用逐渐减弱甚至于消失了，以致明朝于沿边的许多建置名称也随之消逝了，这就给我们考察西北马市的处所带来了困难。嘉靖年间张雨巡按陕西，亲历西北沿边，并根据其经历著有《边政考》一书，详细叙述了西北沿边卫所营堡的设置，并附有较为明细的边卫图，可资我们的考察。此外，梁份《秦边纪略》一书系清初西北舆地的重要著作，对明代西北沿边建置有较多的追述，亦可供我们参考。兹据《边政考》和《秦边纪略》，对隆庆五年所设西北马市的具体位置考察如次：

　　　洪山寺堡　《秦边纪略》作"红山市"，并说"南由榆林四十里，至常乐堡"④，

---

① 《明世宗实录》卷322，嘉靖二十六年四月己酉，台北："中央研究院"历史语言研究所，1962年。
② 《明史》卷222《王崇古传》，北京：中华书局，1974年。
③ （明）杨时乔：《皇朝马政纪》卷5《互市夷马》，《玄览堂丛书》，民国三十年（1941），上海景印本。
④ （清）梁份：《秦边纪略》卷5《延绥边堡》，西宁：青海人民出版社，1987年。

可知应在榆林北。据《边政考》附图，明朝曾于榆林北边墙设红山墩台。①在明代，墩和堡皆为边防哨所，而堡大于墩，又往往大时称堡，小时称墩。常乐堡在榆林南，而红山，今名犹存，在榆林北十里。据此，洪山寺堡马市在今陕西榆林市北头道河子。

中卫　明朝曾设宁夏中卫于今宁夏中卫县治。从明朝设马市于长城边墙的通常情况看，中卫马市约当在今中卫县胜金关至迎水桥一线附近。

清水营　明朝曾设清水营于今宁夏灵武县境。据《边政考》附图，明朝又紧邻清水营东设横城堡和红山堡。②今灵武县北有横山堡，似应为原横城堡和红山堡合并省称而得名。据此，清水营马市在今灵武县横山堡沿边墙附近。

平虏卫　明朝曾筑平虏城于今宁夏平罗县治，后改置平虏守御千户所。从明朝设马市于长城边墙的通常情况看，平虏卫马市约当在今平罗县东黄河畔沿边墙附近。

高沟寨　《秦边纪略》作"高沟堡"，并说"凉州在西五十里，边墙在东五里，镇番在北一百六十里"③，可知应在凉州东，凉州即今甘肃武威市，镇番即今甘肃民勤县。据此，高沟寨马市在今武威市东红河畔高沟村。

洪水、扁都口　杨时乔《马政纪》作"洪水扁都口"④，视为一处，而《明会典》则分列为两处马市⑤，洪水因发源于祁连山北麓的洪水河得名，明朝曾设洪水三堡于河畔。今洪水河畔的甘肃民乐县三堡乡，似因为原洪水三堡的省称而来的。扁都口即古"大斗拔谷"，在今民乐县境甘青两省交界处，素为青海通河西的要冲。据此，从明朝设马市于长城边墙的通常情况看，洪水马市应在今民乐县三堡乡；而扁都口马市即因地而设，亦因地而名。洪水河与扁都口相距不过一、二十公里，若依杨时乔把它们作为一处马市的说法，其实也就在洪水河畔与扁都山口间较为狭窄的地区。

对隆庆年间开设的马市，明朝做了时间限制，规定"市各二日，月中复有小市"⑥。即是说，每月可不止一次开市，但每次开市不超过两天。另据《秦边纪略》追述：红山马市"正月望后开，间日一市。往市者烟、茶、梭布、棉布、草缎、盐，所禁者军器、米、麦；夷所至者，马、骡、驴、羊各皮毛"⑦。这也说明蒙汉

---

① （明）张雨：《边政考》卷2《榆林图》，《国立北平图书馆善本丛书》（1），民国二十六年（1937）影印本。
② （明）张雨：《边政考》卷3《宁夏图》，《国立北平图书馆善本丛书》（1），民国二十六年（1937）影印本。
③ （清）梁份：《秦边纪略》卷2《凉州卫》，西宁：青海人民出版社，1987年。
④ （明）杨时乔：《皇朝马政纪》卷5《互市夷马》，《玄览堂丛书》，民国三十年（1941），上海景印本。
⑤ 《（正德）明会典》卷43《礼部·朝贡》，《景印文渊阁四库全书》，台北：商务印书馆，1986年。
⑥ （明）杨时乔：《皇朝马政纪》卷5《互市夷马》，《玄览堂丛书》，民国三十年（1941），上海景印本。
⑦ （清）梁份：《秦边纪略》卷5《延绥边堡》，西宁：青海人民出版社，1987年。

双方贸易物品范围较宽，某些地方开市也较频繁。

我们同时也注意到，隆庆五年西北马市占明朝在沿边开设马市的大半。这是因为这一时期鞑靼蒙古主体西移并稳固地占据河套地区的缘故，双边关系的重心随之移向这一地区。

隆庆至万历年间，西北边外，河西走廊和青海等地，到处散布着蒙古部落，其中尤以俺答之子丙兔和宾兔两个部落的势力最强。丙兔占据西海（今青海湖畔），宾兔住牧松山（今甘肃天祝县境）。明朝长期以来对蒙古的军事防御和经济封锁，事实上已经不能阻止他们与内地和其他少数民族间愈益密切的联系与交往。他们越来越迫切地要求冲破明朝人为设置的阻碍以扩大这种联系与交往，所以，万历初年，丙兔和宾兔请求于河西增开马市。但万历君臣唯恐增开马市，势必惊扰西北番族，妨碍明番间的茶马互市之利。因此，明朝以"已定于宁夏中卫为市，河西无为市之地，亦无为市之物"①为由，武断地拒绝了丙兔和宾兔的请求。

然而，明朝的明令禁止毕竟还是执拗不过民族间的正常交往，散布于西北各处的蒙古部落仍然我行我素地进行着各种贸易活动。这使万历君臣逐渐清楚地认识到，与其坐待其无所羁束，还不如顺其意愿，增开马市，而将其贸易活动限制在定时定地的范围内更为有利。所以，万历三年（1575）十月，陕西总督石茂华请准增开甘州（今甘肃张掖市）、庄浪（今甘肃永登县）马市，规定丙兔部每年赴甘州互市一次，宾兔每年赴庄浪互市一次。②万历六年二月起，又陆续增开岔口、红山、铧尖墩等处马市。③岔口、红山、铧尖墩马市，仍为丙兔、宾兔部落而设，仍应在该两部频繁活动的祁连山东段甘青交界处，尤其是这些地方沿边墙附近，兹将其具体位置考察如次：

岔口 《秦边纪略》作"岔口堡"，又说武胜驿"西北五十里至岔口"④，可知应在武胜驿西北。按：明朝曾设武胜驿于今甘肃永登县与天祝县间的庄浪河畔，另据《边政考》附图，武胜驿在今永登县中堡与富强堡之间。今永登、天祝两县交界处有岔口驿，应为明代的岔口堡，它确实也在原武胜驿西北的数十里处。据此，岔口马市在今永登、天祝两县交界处的岔口驿乡。

红山 《秦边纪略》作"红山堡"，又说"红山川，西大通南二十里，红山堡南一里"，可知红山堡因红山川得名，在西大通南。又说"西大通堡，宋王韶所建，盖庄、湟之交也。西即大通河，因以名堡"⑤。西大通即西大通堡，《边政考》附

---

① 《明神宗实录》卷32，万历二年十二月壬子，台北："中央研究院"历史语言研究所，1962年。
② 《明神宗实录》卷29，万历二年九月甲申，台北："中央研究院"历史语言研究所，1962年。
③ 《明神宗实录》卷72，万历六年二月壬午，台北："中央研究院"历史语言研究所，1962年。
④ （清）梁份：《秦边纪略》卷2《庄浪卫》，西宁：青海人民出版社，1987年。
⑤ （清）梁份：《秦边纪略》卷2《庄浪卫》，西宁：青海人民出版社，1987年。

图又作"西大通河驿堡"①，即今大通河下游的永登县河桥驿。据此，红山马市在今永登县河桥驿与红古乡之间。

  铧尖墩　《边政考》附图作"铧尖堡"，并标识在武胜驿与南大通山口驿递之间。②按：明朝曾设南大通山口驿递于庄浪河畔的南大通山口堡，即今永登县大通乡。据此，铧尖墩马市大致在今永登县中堡乡与大通乡之间的沿边墙附近。

  到万历后期，从西北沿边至宣大地区达到了所谓"无地无市"③的程度。天启中，凉州附近又出现了大草滩堡和水磨川堡马市，其所设具体位置亦考察如次：

  大草滩堡　《秦边纪略》说：高古城，"后魏之焉支城也……永昌在东九十里"。又说："饮马牧羊于侧者，则大草滩也"④。按：明朝曾设高古城堡于故高古城，又设新城堡于高古城堡东南附近。新城堡，即今甘肃永昌县新城乡。据此，大草滩堡马市大致在今永昌县的新城乡西北附近。

  水磨川堡　《秦边纪略》说：水磨川堡，"东至永昌二十里"⑤。水磨川发源于祁连山冷龙岭，由南向北经永昌城注入昌宁湖。水磨川堡因水磨川得名，而今有水磨关，平行向东二十里即至永昌城，似应为原水磨川堡。据此，水磨川堡马市在今永昌县水磨关乡。

  从隆庆经万历到天启年间的半个多世纪，整个西北沿边开设马市计有十四处，从开设马市的数量上和马市贸易活动的规模上，都超过了辽东马市和宣大马市，是明代马市贸易的极盛期。但随着明季各种社会矛盾的加剧，明朝穷于应付来自关外女真族的压力和农民战争风暴的冲击，再也无暇西顾。从崇祯初年起，西北沿边蒙古部落与官方的马市贸易活动中止了，代之而起的，是西北各族之间无所拘束的也是更为广泛的民间自由贸易活动。

三

  明朝自朱元璋起，从"法汉武创河西四郡隔羌胡之意，建重镇于甘肃，以北拒蒙古，南捍诸番，俾不得相合"⑥的指导思想出发，长期对活动在西北沿边的蒙古部落实行军事和经济封锁。在西北，明初以来的二百年间，一道长城边墙和明朝的封锁政策，阻隔了区域间和民族间的经济的正常往来。明朝的各个时期，蒙古部落从未停止过开通互市渠道的要求，这是游牧经济对农业经济依存关系的客

---

① （清）梁份：《秦边纪略》卷2《庄浪卫》，西宁：青海人民出版社，1987年。
② （明）张雨：《边政考》卷4《庄浪图》，《国立北平图书馆善本丛书》（1），民国二十六年（1937）影印本。
③ 《明神宗实录》卷29，万历二年九月甲申，台北："中央研究院"历史语言研究所，1962年。
④ （清）梁份：《秦边纪略》卷2《凉州卫》，西宁：青海人民出版社，1987年。
⑤ （清）梁份：《秦边纪略》卷2《凉州卫》，西宁：青海人民出版社，1987年。
⑥ 《明史》卷330《西域·西番诸卫》，北京：中华书局，1974年。

观反映。明朝对蒙古的封锁政策，实际上造成了对这种依存关系的人为破坏，因此它也就成为所谓蒙古对明朝沿边"寇抄不已"的重要原因。蒙古这种所谓"寇抄不已"的行为，事实上造成明朝西北边备的废弛；当占有西海的右翼蒙古"役属众番"事实上造成明朝与西北番族之间茶马互市渠道阻滞不畅的时候，明朝也就不得不放弃其一贯所坚持的偏颇的封锁政策。应该说，隆庆以来西北各处马市的出现，是西北各民族为促进相互间联系与交流而进行的长期反封锁不懈斗争的结果。

从明朝开设马市的本义讲，即所谓"国家初与虏为市，本为羁縻之术"①，并非从经济交流需要的角度考虑，其初衷在于维护边防，客观上却也促进了区域间和民族间的经济联系与文化交流。一方面，通过马市贸易，蒙古获得了丝绸、布帛、米粮、茶盐、铜铁等游牧生活的必需品，极大丰富了蒙古社会物质生产和生活的实际内容。在辽东关外、宣大邻边尤其是河套及河西地区，由于中原汉族地区的影响，越来越多的人开始了农业定居生活，这与明蒙间的马市贸易活动多少都是有所关系的，因而它也或多或少起到了推动蒙古社会进步的客观作用。另一方面，尽管马市不能与鼎盛时期的明番间的茶马互市相比，但它仍不失为明朝采办马匹的又一重要途径，特别是在明中后期茶马互市渠道阻滞不畅的情况，就显得尤其重要了。通过马市，易马的源源而来，在一定程度上缓解了沿边官军缺马骑征和中原地区畜力紧张的矛盾。从这个意义上说，正所谓"互市马货，利在中国"②。此外，马市一开，也缓解了明蒙间长期的矛盾，例如隆庆五年宣大、西北马市一开，即出现了"边鄙稍宁"③的局面。而万历年间增开河西马市，以至于"西镇之不用兵殆二十年"④。所有这些，说明历史上民族间的联系与交流从来都是双向的，利益也是双边的，其结果就会化干戈为玉帛。

（原载《青海民族学院学报》1995年第2期）

---

① 《明世宗实录》卷383，嘉靖三十一年三月丁亥，台北："中央研究院"历史语言研究所，1962年。
② 《续文献通考》卷26《市籴》，杭州：浙江古籍出版社，1988年。
③ （明）罗曰褧：《咸宾录·北虏志》卷1《鞑靼》，北京：中华书局，1983年。
④ 《明神宗实录》卷294，万历二十四年二月癸丑，台北："中央研究院"历史语言研究所，1962年。

明代西北官牧制度中的"马价"问题

明代马政按其牧养形式，一般分为官牧和民牧两种类型：①行太仆寺和苑马寺所属官马，由国家划拨专门的牧厂，抽调卫所军人组成"队军"，或发充有罪人犯组成"恩军"等，集中组织牧养，这种牧养形式称为官牧。②南北两京太仆寺所属官马，则借鉴宋代"户马法"和"保马法"，即所谓蓄之于民的做法，由南北直隶、鲁豫、两淮及江南民户领养，这种牧养形式称为民牧。官牧和民牧马匹用途各有不同，按照明朝的制度，"官牧给边镇，民牧给京军"[①]，即是说官牧马用于防边备御，民牧马则用于拱卫京师。明代西北马政，按其牧养形式划分，属于官牧的范畴。无论是在官牧制度还是在民牧制度中，"马价"问题都是明代马政研究者所不能忽视的重要问题。

所谓马价，简言之，就是专门用于买马的价银，它最早出现于明宪宗成化年间。鉴于南北两畿、鲁豫特别是两淮及江南一带"民牧"地方，大多并不适宜于养马，所产马匹往往矮小羸弱，也颇不适合供骑征和驿传之用，所以，从成化二年（1466）起，明朝政府一改过去对领养种马的民户征收本色马匹的做法，而是折征银两，每匹征银十两，称为"折色"。成化四年兵部所属太仆寺相应建立起"常盈库"，专门收贮这项折色银两，作为各处奏讨买补马匹的专项价银，称为"马价银"[②]。明代西北马政则不然，由于不存在"民牧"马匹，所以其马价的来源也就有所不同。在明代西北官牧制度中，其马价的来源主要有二：一是地亩银，二是桩朋银。

一

明朝对行太仆寺所属各边卫所官军骑操马和苑马寺所属监苑官牧马匹，划拨有专门的牧放场所，称为牧马草场。《明史》说："官牧之地曰草场，或为军民佃种曰熟地，岁征租佐牧人市马。"[③]具体来说，到成化后期，明朝将牧马草场划分为荒地和熟地两种。荒地牧马，熟地则由附近军民屯垦佃种，对熟地每年征收一定量的银两，作为买马的专项价银。由于是按佃种的地亩数征银，因此这种专项价银就被称为"地亩银"。《明会典》即说："南北两太仆寺及京营各边挚牧马匹，皆有牧马草场，其后场地多为豪强所侵。成化末，乃以不堪种者牧马，堪种者征租。"[④]这

---

① 《明史》卷92《兵志·马政》，北京：中华书局，1974年。
② （明）杨时乔：《皇朝马政纪》卷3《寄养马》，《玄览堂丛书》，民国三十年（1941），上海景印本；龙文彬：《明会要》卷38《职官·太仆寺》，北京：中华书局，1965年。
③ 《明史》卷92《兵志·马政》，北京：中华书局，1974年。
④ 《（万历）明会典》卷151《兵部·牧马草场》，北京：中华书局，1989年。

一记载表明,牧马草场有"堪种"和"不堪种"的荒熟之分,开始于成化后期。关于明代西北牧马改中"地亩银"的征收数额和征收办法,正德年间兵部尚书兼陕西三边总制王琼回忆说:"成化年间,兵部奏准事例:每屯田二顷,除该纳子粒外,加征银一钱,随屯粮带征,以备本卫官军买马之用,名为买马地亩银。"①这些做法同样也适应于苑马寺所属的监苑草场。明中后期对监苑草场中的熟地征收地亩银的数额稍有变化,通常是每屯田一顷征银一钱。

明初西北边军卫草场,"自东胜以西至宁夏、河西、察汗脑儿"②。东胜即今内蒙古托克托,河西指的是河西走廊,察汗脑儿即今内蒙古乌审旗。据此,可知明代西北各边军卫草场,大致集中在河套内、宁夏和河西走廊。正统年间前后,西北边防渐松弛,明朝被迫退守长城,原来设在河套内的草场,逐渐成了由黄河北徙牧而来的蒙古部族的牧地了。

对陕西、甘肃行太仆寺所属军卫草场中的熟地征收地亩银的情况,多无从确切查考了。而对苑马寺所属监苑草场中的熟地征收地亩银,由于是出现在寺监苑大裁革之后,所以仅涉及幸存的陕西苑马寺所属的长乐、灵武二监及其开城、安定、广宁、黑水、清水、万安、武安等七苑。这里,兹将明中后期对部分军卫和长乐、灵武二监七苑草场中的熟地征收地亩银和管理使用的情况简述如下:

弘治后期七苑草场共荒熟地十二万八千四百余顷,其中熟地八千三百一十六顷,每年通计征收地亩银八百三十一两六钱。③

嘉靖年间七苑草共荒熟地十七万七千一百余顷,其中熟地三万三千七百六十顷,每年通计征地亩银三千三百七十六两。④

隆庆年间七苑草场锐减至八万顷,其中熟地五万顷,每年通计征收地亩银五千两。⑤

成化年间以来对熟地征收地亩银,作为军卫和监苑买补马匹的专项价银,形成了一种一贯的制度,一般是不许挪作他用的。但嘉靖年间以后,这种一贯的做法被破坏了。嘉靖十五年(1536),陕西苑马寺卿贾启奏准朝廷,用本寺所属监苑熟地的地亩银收入,作为寺监苑维持日常事务的所谓"公需百役"的支出⑥,开了地亩银挪作他用的先例。

特别值得注意的是隆庆年间的变化。隆庆初年以来,西北各边军饷极度紧张,明朝为此采取了准允沿边军民有计划地耕垦草场和征收屯粮地租折银和地亩银的

---

① (明)张萱:《西园闻见录》卷70《马政前·王琼》,台北:文海出版社,1984年。
② 《(万历)明会典》卷151《兵部·牧马草场》,北京:中华书局,1989年。
③ 《明经世文编》卷386《乞勘新增牧地银两疏(褚鈇)》,北京:中华书局,1962年。
④ 《(嘉靖)平凉府志》卷1《官师》,兰州:甘肃人民出版社,1993年。
⑤ 《(万历)明会典》卷151《兵部·牧马草场》,北京:中华书局,1989年。
⑥ 《(嘉靖)平凉府志》卷1《官师》,兰州:甘肃人民出版社,1993年。

做法，力图以这些收入来弥补军饷的不足。隆庆五年（1571），令陕西苑马寺除保留专供牧马的草场三万顷外，其余五万顷则分别划为川地、坡地和山地三等，予民耕种，每年征银四万五千两（包括地租折银和地亩银，按当时制度计算，其中地租折银四万两，地亩银五千两）。这部分收入由固原兵备道收贮，作为固原镇官军的饷银。隆庆六年，又下令勘实宁夏草场，将其中的一千四百四十余顷划归庆阳府，连同平虏千户所（治今宁夏平罗县）的二千八百九十余顷，共四千三百三十余顷，亦分别划为川地、坡地、山地三等，予民耕种，并明确规定川地每顷征银一两五钱，坡地征银一两，山地征银五钱。如果折中为每顷征银一两，则每年通计征银四千三百三十余两（亦包括地租折银和地亩银，按当时制度计算，其中地租折银约三千八百九十七两，地亩银四百三十三两），以这项收入作为宁夏镇官军饷银的一部分。①往后的万历年间，西北各边军卫和监苑草场，每年通计征收地亩银一万零七百七十九两。②这部分收入也是沿袭隆庆年间的做法，由各处兵备道收贮，作为各镇官军饷银的一部分。不难看出，地亩银作为买马专项价银，从成化末到嘉靖间，实际上只存在了五十年左右的时间。

二

明朝对倒失官马、专欠孳驹有一套较完整的责成赔偿的办法，这种办法被称为"买补"。明初以来的百余年间，西北马政中的买补制度尚未完备起来，基本上是沿用洪武年间所制定的办法，即仅对倒失孳牧种马，责成领养官兵买补还官。洪武年间的这种买补办法，长期以来不及倒失骑操马和亏欠孳驹，其结果是牧养军人和军卫官兵不着力孳驹和精心喂养，以致倒失骑操马和亏欠孳驹日盛一日。为了改变这种状况，成化年间相继制定了一系列相应的制度。

先是，成化二年规定：各边军卫官军骑操马，凡遇倒失，一律责成三个月以内买补还官。③这就将赔补范围，从倒失孳牧种马扩大到了各边卫所官军用于骑征备御的所有战马。

特别是成化十三年（1477）所制定的"桩朋法"，对倒失官马的赔补办法做了严格而详尽的规定，并且被一直沿用下来。桩朋法的一个突出特点，就是强调对官马管理的责任，是一种对倒失官马责成官兵分别出银赔补的办法。这种由官兵分别出银专供买补倒失官马的价银，称为"桩朋银"。

关于桩朋银的征收数额和征收办法，《明会典》说："成化十三年奏准，京营倒失官马，其马主系都指挥者出银三两，指挥二两五钱，千百户、镇抚二两，旗

---

① 《（万历）明会典》卷151《兵部·牧马草场》，北京：中华书局，1989年。
② 《（万历）陕西通志》卷10《马政·马价》，北京图书馆藏万历三十九年（1611）刊本。
③ 《（万历）明会典》卷151《兵部·买补》，北京：中华书局，1989年。

军一两五钱，走失、彼盗者各加五钱，谓之桩头。又令各营马队官军每岁朋合出银，岁以六个月为率，每月都指挥、指挥出银一钱，千百户、镇抚七分，旗军五分，遇马倒失，贴助马补。在外各边，悉照此例。"①按照这个规定，无论官马倒失与否，官兵每年都要朋合出银；如果倒失官马，当事者也就是主要责任者要另出桩银。官兵每年朋合出银分别为：都指挥、指挥六钱，千百户、镇抚四钱二分，旗军三钱。以一年内倒失官马一匹计，当事者系都指挥者，要出桩银三两和朋合银六钱，共三两六钱，系指挥者，要出桩银二两五钱和朋合银六钱，共三两一钱；系千百户或镇抚者，要出桩银二两和朋合银四钱二分，共二两四钱二分；系旗军者也就是普通士兵，要出桩银一两五钱和朋合银三钱，共一两八钱。如果属于失职以致官马走失或被人盗走，主要责任者还要另加桩银五钱。以一个普通士兵为例，遇上这种情况，走失或被人盗走一匹马，他就要承担桩朋银合计二两三钱。

"在外各边，悉照此例"，说明桩朋法同样也适用于行太仆寺所属各边军卫骑操马和苑马寺所属监苑牧马。所以就西北官牧制度而言，对倒失官马和亏挚驹，成化十三年始行的桩朋法，是西北官牧制度中的"买补"制度开始完备的标志。

明中后期对监苑牧军倒失官马、亏欠挚驹而责成赔补的规定，有日益严厉的趋势。从正德三年（1508）起，督理西北马政的三边总制杨一清奏准朝廷，实行监苑牧军倒失种马或亏欠挚驹一匹而令赔银三两的做法②，并成为定例被肯定下来。嘉靖十五年（1536），即强调对倒失官马，"仍照旧严追桩银收贮以备买补"③。隆庆六年（1572），陕西巡按褚鈇认为这样也还不能遏制倒失和亏欠的增长势头，所以他奏准朝廷，规定今后牧军再有倒失和亏欠，一律要追赔本色，不许纳银了事。④

成化十三年实行桩朋法以来，西北各边军卫和监苑征收桩朋银的具体情况，史籍中记述甚少，所以我们无法了解得更为详尽。据《（万历）陕西通志》记载，万历年间西北各边军卫和监苑，每年通计征收桩朋银一万四千九百五十八两。⑤有一点我们是清楚的，那就是征收桩朋银，而力图以此减少倒失和亏欠的实际效果，并不怎么理想。嘉靖以前，对于官军骑操马，无论是临阵对敌，还是出于其他哪种原因倒死的，一律要追收桩朋银买补。这种不加分别的处置办法，未免失之笼统。其结果是制度虽严，而牧军不堪赔偿的重累，纷纷逃亡，以致"人马两失"。鉴于此，嘉靖后期做了某些变通，嘉靖四十年（1561），规定确系临阵对敌走伤倒死，免追桩朋银；出哨在路途中突然倒死者，酌量追收肉脏银五钱。这样一来，

---

① 《（万历）明会典》卷151《兵部·买补》，北京：中华书局，1989年。
② 《明经世文编》卷386《条议茶马事宜疏（褚鈇）》，北京：中华书局，1962年。
③ 《（万历）明会典》卷151《兵部·买补》，北京：中华书局，1989年。
④ 《（万历）明会典》卷151《兵部·买补》，北京：中华书局，1989年。
⑤ 《（万历）陕西通志》卷10《马政·马价》，北京图书馆藏万历三十九年（1611）刊本。

军卫官军对倒失官马的赔补负担，较先前是大大减轻了。尽管如此，按制度应该追收的部分，长期以来不能如期兑现。以固原镇为例，至隆庆二年（1568），该镇拖欠了八年之久的桩朋银尚未追收，而十年以前所拖欠的桩朋银也不得不概免追收了。① 至于监苑官马，据陕西苑马寺卿李克恭给朝廷的奏疏中说：长乐、灵武监所属监苑自弘治六年至十三年九月，倒失和亏欠共达一万九千四百余匹；而弘治十三年十月至十六年六月的不足三年时间，倒失和亏欠达一万四千一百五十余匹。② 到隆庆年间，陕西巡按褚鈇在谈及监苑马地欠的情况时也说："每年课驹，多不及十分之二。"③

三

明代西北仆苑官牧制度的发展演变，从总体上说，基本上是一个失败的探索过程。即以"马价"问题为例，也已经露出了这方面的端倪。

就地亩银而言。明朝为军卫和监苑设置牧马草场，并非一开始就有荒熟的区别，只是专为牧马而设，所以明初并没有对熟地征收地亩银的制度。成化后期，草场有荒熟的划分以及相应的地亩银的出现，是有其特殊的历史背景的。明代"九边"，西北即有其四：延绥、固原、宁夏、甘肃，直接承受着强大的右翼蒙古部落的巨大压力，明朝在西北边长期布置重兵二十余万。西北边又地僻险远，交通不便，解决西北边镇官军粮饷供给，是始终困扰着明朝君臣的棘手问题。正统年间以来这方面的问题显得更加突出了，明朝统治者自然也就把眼光放在沿边军卫就近解决粮饷上。所以，成化后期将草场中那些宜于耕种的部分划为熟地，由附近军民佃种。其中由军卫士兵和监苑牧卒耕种者属军屯，收获充公，衣粮由国家供给；由附近民户佃种者属民屯，则向国家交纳地租。由于草场本为牧马而设，所以明朝又规定从佃种熟地的收获中征收一定量的地亩银，作为军卫和监苑买补马匹的专项价银，即所谓取诸于马而用诸于马。说起来，草场被划分为荒熟地以及地亩银的出现，确实也是当时不得已而为之的权宜之计。

然而，我们也注意到，明中后期西北各边军卫和监苑草场数额呈日益减少的下降趋势，且熟地在草场中所占的比重日益增大，专供牧马的荒地则明显萎缩。以前述陕西苑马寺为例，弘治后期熟地占草场总数的百分之六点五左右，嘉靖年间上升为百分之十九，而隆庆年间高达百分之六十二点五。而且，从熟地中征收的地亩银，长期以来又被挪作他用，特别是用来补充军饷。可见，"地亩银"之所

---

① 《（万历）明会典》卷151《兵部·买补》，北京：中华书局，1989年。
② 《明孝宗实录》卷182，弘治十四年十二月辛未，台北："中央研究院"历史语言研究所，1962年；《明经世文编》卷114《为修举马政事（杨一清）》，北京：中华书局，1962年。
③ 《明经世文编》卷386《条议茶马事宜疏（褚鈇）》，北京：中华书局，1962年。

谓取诸于马而用诸于马,实际成了一句空话。所以说,明中后期特别是隆庆年间的做法,既反映了西北各边边储的极度匮乏,以至于不得不用耕垦草场以征收地租折银和地亩银的办法来补充军饷,其结果又使仆苑草场急剧锐减,从而导致仆苑马政的愈不景气,直接影响到确保西北各边官军骑征备御的需要和西北边防的巩固,确实无异于挖肉补疮。

就桩朋银而言,明中后期的"买补"之法有愈益严厉苛重的趋势。正德三年,杨一清推行倒失和亏欠一匹而责成牧军赔银三两的做法,对于普通的旗军牧卒来说,较之成化十三年始行的桩朋出银的通常办法,已属严厉,而六七十年后的隆庆年间则更有过之。按照明朝马匹的通常价格,每匹约值白银八至十两。所以,隆庆六年以后对倒失和亏欠一律追赔本色的做法,就意味着牧军为此要承担八至十两左右的赔补负担,较之正德年间要高出三倍左右,较之成化年间则要高出四至五倍。而往往一年倒失和亏欠数匹的情况并不少见,这对于那些经济能力本来就很脆弱的普通士兵和牧卒来说的确是沉重的经济负担,难怪他们为之叫苦不迭。对此,成化、弘治年间名臣丘濬不无同情地说:他们"既资其出力以为国防寇,又责其出财以为官偿马,以每岁所赐之衣粮,犹不足以偿其递年倒死之马匹,况望饱暖其妻子哉?"又说:"近时马政亦有科钱买马之令,然所得者未必良,而给之于军,遇有倒死,赔偿如故。而西北之边苦之尤甚,至有鬻子女而不能偿者。"① 成化、弘治年间即已如此,嘉靖、隆庆以来赔补负担加重,那些牧马军人的处境更是可想而知了。在西北高原防边牧马,生活条件既艰苦难熬,而又到了不能"饱暖其妻子"甚或"鬻子女而不能偿"的这般田地,也就唯有以逃亡抗争了。仅以陕西苑马寺为例,长乐、灵武二监牧马军人原额一千二百二十名,到弘治后期止剩七百四十五名;嘉靖年间虽曾一度增至三千三百六十九人,而隆庆初年则又"逃亡过半"②。对此,杨一清也曾感叹地说:"马政废弛,亦多由此。"③

"马政莫详于明,亦莫弊于明。"④制度是为杜绝弊端而制定的,往往制度愈是详尽,则也往往表明其弊端愈是丛集。从明代西北仆苑官牧制度的"马价"问题来看,也是如此。

(原载《西北史地》1996 年第 4 期)

---

① 黄训:《皇明名臣经济录》卷 14《牧马之政(丘濬)》,台北:文海出版社,1984 年;《明经世文编》卷 294《马政议(归有光)》,北京:中华书局,1962 年。
② 《明经世文编》卷 114《为修举马政事(杨一清)》,北京:中华书局,1962 年;《明经世文编》卷 386《乞勘新增牧地银两疏(褚鈇)》,北京:中华书局,1962 年;《(嘉靖)平凉府志》卷 1《官师》,兰州:甘肃人民出版社,1993 年。
③ 《明经世文编》卷 114《为修举马政事(杨一清)》,北京:中华书局,1962 年。
④ 《四库全书总目》卷 82《〈马政纪〉提要》,北京:中华书局,1965 年。

明代茶马互市中的"勘合制"问题

明朝为了巩固西北边防，积极筹理马政，以保障西北各边卫所官军骑征备御的需要。明代西北边防所需官用马匹，其来源主要是采取以茶易马的形式，也就是通常所说的茶马互市，所谓"茶马之所易，即监苑之所牧；监苑之所牧，即官军之所给"[①]。为保证茶马互市渠道的顺畅，明初推行番族纳马"金牌制"，嘉靖以后又推行番族纳马"勘合制"，从而将明代茶马互市分为前后两个时期：即金牌制时期和勘合制时期。

金牌制的推行始于洪武二十六年（1393），废于正统十四年（1449）。洪武二十六年以前的茶马互市，随意性较强，西北番族以马易茶，在时间上和数量上并没有强制性的限定，完全取决于他们的意愿。但随着明朝对西北地区的军事控制日益加强，其茶马互市也就明显地带上强制性的色彩。洪武二十六年二月，明太祖遣使前往洮州、河州、西宁等处，敕谕各番族部落："往者朝廷或有所需于尔，必以茶货酬之，未尝暴有征也。近闻边将无状，多假朝命扰害尔等，使不获宁居。今特制金铜信符，族颁一符，遇有使者征发，比对相合，始许承命。"[②]这里就规定了茶马互市的方式。具体地说，就是朝廷差遣专门官员召集番族比对金牌字号，即所谓"合符"，验讫后番族赴就近茶马司纳马易茶。接着，明朝又规定了"每三年一次"的互市时间，以及洮州、河州、西宁等处番族的纳马数量。[③]明太祖的敕谕及后来的相关规定，看似针对边卫将吏贪利侵渔和扰害藏族而下的，而其真实用意却是力图通过颁发金牌给番族，规定以马易茶的方式、时间和数量，让番族承担在"互市""交易"形式掩盖下的国家义务，而将茶马互市逐渐纳入相对定期定量的赋役轨道。

金牌制推行以来的数十年间，明朝与藏族间的茶马互市基本保持着旺盛的势头，特别是洪武、永乐时期，各茶马司的易马数呈直线上升的趋势。嘉靖初户部官员梁材曾不无向往地追述说："当时茶法通行，而无阻滞之患。番马茂盛，岁至万余之多。"[④]但正统以降，茶马互市制度在执行中的失误逐渐暴露出来，严重影响了茶马互市的顺畅进行，金牌制再也难以推行下去了。究其原因，主要有三。

一是金牌制明显地带有强制性的色彩，从而决定了茶马互市事实上是一种不

---

① 《明经世文编》卷115《为修复茶马旧制以抚驭番夷安靖地方事（杨一清）》，北京：中华书局，1962年。
② 《明太祖实录》卷225，洪武二十六年二月癸未，台北："中央研究院"历史语言研究所，1962年。
③ 《明史》卷80《食货·茶法》，北京：中华书局，1974年。
④ 《明经世文编》卷106《议茶马事宜疏（梁材）》，北京：中华书局，1962年。

等价交换的贸易。洪武十六年（1383）初定茶马易例：每匹上马给茶四十斤，中马三十斤，下马二十斤。稍后定为上马八十斤，中马六十斤，下马四十斤。洪武二十三年（1390）确定为上马一百二十斤，中马七十斤，下马五十斤。[①]这一易例遂成明朝定制，以后再也无多大变化。正德十年（1515），鉴于番人不辨称衡，巡茶御史王汝舟请准朝廷，改为"订篦中马"，即以篦为计量单位，每一千斤装成三百三十篦，每篦重六斤四两，其中正茶三斤，篦、绳即皮重三斤四两。[②]订篦中马，仍遵洪武二十三年的易例。按照明朝通常的马匹价格，每匹约值白银八至十两。而当时，百八十斤茶叶无论如何也是值不了八至十两白银的。茶叶虽为长期从事游牧经济的西北番族所必需，但茶马易例比价的过分悬殊，终归还是打击了番族赴官纳马易茶的积极性。明朝又长期死守这种不合理的易例比价，明番间茶马互市渠道的阻滞不畅也就在所难免。从这个角度上看，明朝政府在茶马互市问题上始终坚持不等价交换政策，其结果无异于自塞其源。

二是由于私茶的泛滥和官茶质量的下降，动摇了官茶贸易的垄断地位。明朝实行茶监专卖的制度，严令禁止私茶贸易，明初以来就有"以私茶出境者斩，关隘不觉察者处极刑"[③]的规定。但由于私茶贸易能够获得重利，所以，纵有禁令，私茶商贩甚至国家官员、边防军人在厚利的驱使下，不惜冒禁而为。私茶增多，并且价格也较官茶为低，藏族自然乐于同私茶商贩交易。这就严重削弱了官茶贸易的垄断地位，以致"番人上驷尽入奸商，茶司所市者中下也"[④]。此外，由于私茶贸易的冲击，茶马司所储备的官茶因库存增多，时日一长，多积久腐烂，质量不断下降，致使前来纳马易茶的"番人抱憾，往往以羸马应"[⑤]。所以，即便是还有一部分藏族赴茶司马纳马易茶，也只不过是迫于明朝政府的压力，而以"中下"等马和"羸马"应付应付罢了。真正自愿前来纳马易茶的藏族却日益减少，有的部族甚至以逃往别处的方式拒绝与之交易。

三是藏族因受自然灾害以及相互间的抢占掠夺，也影响到金牌制的正常实施。西北藏族生活在自然条件相对恶劣的环境中，生产和生活时常受到自然灾害的严重威胁，生存尚属困难，更不用说要完成朝廷所规定的纳马数额了。以宣德七年（1432）为例，河州卫各番族当年按例应纳马七千七百余匹，而实际只完成六千五百余匹；西宁卫各番族当年按例应纳马三千二百余匹，而实际只完成二千三百余匹。原因就是镇守该处都督同知刘昭所说的："缘今年畜牧多疫死，且西番苦寒，

---

① 杨时乔：《皇朝马政纪》卷12《茶马司》，《玄览堂丛书》，民国三十年（1941），上海影印本；《明太祖实录》卷156，洪武十六年八月丙戌，台北："中央研究院"历史语言研究所，1962年。
② 《（乾隆）西宁府新志》卷17《田赋·茶马》，西宁：青海人民出版社，1988年。
③ 《（雍正）陕西通志》卷42《茶马》，《景印文渊阁四库全书》，台北：商务印书馆，1986年。
④ 《明史》卷80《食货·茶法》，北京：中华书局，1974年。
⑤ （清）龙文彬：《明会要》卷62《兵·茶马》，北京：中华书局，1965年。

请俟来年征。"①番族间的相互抢占掠夺也增多，使茶马互市制度的顺利推行受到一定程度的破坏。以正统五年（1440）为例，史籍记载说："罕东、安定二卫，合众侵申藏族，掠其马牛杂畜以万计。禅师汪束巴卒儿加诉于边阃，且言畜产一空，岁贡金牌马匹无从办纳。"②此外，随着明朝对西北番族的控制减弱，一部分番族首领故去后，"后生不知法度，强硬生构，不肯前来中马"③。

在上述种种因素的影响下，金牌制渐渐走向了衰落，永乐四年（1406）就曾一度停止金牌信符，宣德十年（1435）重又恢复，但好景不长，仅隔十数年，到正统十四年而最终废止。所以，金牌制实际存在只有二十八九年的时间。

勘合制的推行始于嘉靖三十年（1551），废于万历后期。金牌制废止后，明朝同藏族间的茶马互市并没有中断，但其境况已非昔比了。以弘治年间为例，《明书》记载说："自弘治十年至十五年，茶易番马五千四十三匹，而边马乏，军买马大困。"④明中后期，与西北边外的蒙古之间的冲突有所加剧，战事的频仍，官军骑操马大量走伤倒死，边镇卫所急切地要求补充马源。鉴于此，明朝一方面频繁地动用府库为各边买补战马，以救边镇官军防边备御的燃眉之急；另一方面则特别致力于茶马互市的修举，以求保障官马来源的长久之计。明初以来金牌制的推行，曾经极大地促进了明朝与藏族间的茶马互市，而藏族纳马的急剧减少又紧随金牌制的废止而来，这就自然而然地使明朝君臣把茶马互市的受阻归于金牌制的废止。因此，从金牌制的废止迄于嘉靖朝的百余年间，那些素来关注西北边防、马政的边将和朝臣，如李东阳、刘大夏、杨一清、刘仑、王以旗等人，颇多重新确立番族纳马制度的建议，尤其是极力主张恢复金牌制。

弘治年间的大学士李东阳说："金牌制废，私茶盛行……宜严敕陕西官司，揭榜招谕，复金牌之制，严收良茶，颇增马直，则得马必蕃。"⑤除了倡复金牌制而外，李东阳还注意到影响茶马互市至关重要的易例比价问题，这是十分可贵的。提出"颇增马直"，实际上就是建议改变长期以来那种不合理的易例比价。遗憾的是，李东阳的这种真知灼见并未引起朝廷的重视。

弘治、正德之交督理西北马政的杨一清，把金牌制的废止以致纳马寡至，提高到坐失"制西番以控北虏之上策"的高度来认识，向朝廷条陈修复茶马事宜的三个措施，即恢复番族纳马金牌制、委任专门官员巡禁私茶、严格通番私茶的禁

---

① 《明宣宗实录》卷97，宣德七年十二月丁亥，台北："中央研究院"历史语言研究所，1962年。
② 《明英宗实录》卷66，正统五年夏四月戊子，台北："中央研究院"历史语言研究所，1962年。
③ 《明经世文编》卷115《为修复茶马旧制以抚驭番夷安靖地方事（杨一清）》，北京：中华书局，1962年。
④ （清）傅维鳞：《明书》卷72《戎马·马政》，《丛书集成初编》，北京：中华书局，1985年。
⑤ （清）龙文彬：《明会要》卷62《兵·茶马》，北京：中华书局，1965年。

令。①他还认为："西人以畜牧为生，要在不亏其直，自然乐售。"②在茶马互市问题上，提出对番族"要在不亏其直"，说明杨一清也认识到不等价交换是影响茶马互市顺畅进行的关键，可惜也未被朝廷采纳。

嘉靖二十八年（1549），巡茶御史刘仑建议：象洮州卫列市、河州卫子刚巴、西宁卫昝哑等族，族大马蕃，应颁给金牌。同时建议：象冲卜、鸾车等十七族，族小马少，则颁给勘合③，刘氏首倡实行勘合制。按照万历年间右参议李维桢的解释，刘仑是建议对新来归附的藏族实行勘合制，"以补金牌之缺"④。时隔两年，刘仑的建议引起了总督尚书王以旂的注意，并上奏朝廷，兵部经过讨论后在给世宗皇帝的表章中说："国初制金牌信符，每副二面，颁降西番诸族，令钤制其党，纳差拨马匹，给以茶引。其后，西海为北虏所据，套虏又岁加侵掠，诸番所领金牌散失，渐复迁徙内地，密迩三卫，遂不复有赍符比号之事。今番族变诈不常，北虏抄掠无已，时脱，给而再失，失而又给，而又失之，如国体何？夫金牌给番，本为纳马，番人纳马，意在得茶耳。各番以茶为命，不得茶病且死矣。诚严私贩之禁，则不抚自顺，虽不给金牌，马可集也。若私贩盛行，则在我无以系其心而制其命，虽给金牌，马亦不至。今称各番告给，宁以勘合与之，每岁以是为验，使彼族属无统者，易于号召，而文移则革去交易之名，使各效差拨之诚，以正体统。"⑤明世宗批准了兵部的表章，嘉靖三十年，勘合制就在这种背景下出笼了。

关于纳马"勘合"，明代史籍对其语焉不详，迄今也未曾有任何实物例证的发现，所以我们不知其质地和形制等方面的情况，可能类似于现在常见的有骑缝印章的官方证明。从前述兵部给明世宗的表章来看，勘合所颁给的对象，不仅仅是刘仑所建议的新来归附的番族，而是所有明朝能够控制的新老番族。与过去实行的金牌制相比，勘合制的随意性相对明显。主要表现在：一是朝廷不再差遣专门官员赴番族聚居地召集番族合符，验讫后番族再赴各茶马司纳马易茶，而是听任藏族持朝廷颁给的凭证即勘合，直接赴茶马司比验，纳马易茶。明朝对茶马互市的管理层次显然是减少了。二是对番族纳马数额在后来的具体实践中虽仍有规定，但不再拘泥于过去那种三年一度的纳马旧制，而是放宽了时间上的限制。茶司马每年都定期开市，听任番族在互市期间纳马易茶。隆庆年间，茶司互市时间定为每年的六至七月。⑥

---

① 《明经世文编》卷115《为修复茶马旧制以抚驭番夷安靖地方事（杨一清）》，北京：中华书局，1962年。
② （明）张萱：《西园闻见录》卷72《茶法·杨一清》，台北：文海出版社，1984年。
③ 《明世宗实录》卷369，嘉靖三十年正月庚子，台北："中央研究院"历史语言研究所，1962年。
④ 《明经世文编》卷466《覆议召新番中马（李维桢）》，北京：中华书局，1962年。
⑤ 《明世宗实录》卷369，嘉靖三十年正月庚子，台北："中央研究院"历史语言研究所，1962年。
⑥ 《明经世文编》卷386《条议茶马事宜疏（褚鈇）》，北京：中华书局，1962年。

勘合制较之金牌制，其随意性之所以增强，主要是由于所谓的"北虏抄掠无已"，而使西北番族愈益受到蒙古的侵扰和裹胁，明朝对西北番族的控御能力严重削弱。终有明一代，西北番族的纳马，向来是依据明朝在近番地区的政治实力的消长和军事控御程度的紧弛而定的，西北诸番事实上与明朝始终保持着一种若即若离的臣属关系。明初对元残余力量进行的战略性军事打击，使蒙古元气大伤。而明朝这个新生政权正处在它的上升期，对西北番族的政治、军事威慑和控御能力，总的说来还是较为强有力的。明中期以后，形势就急转而下了。早在天顺六年（1462）以来，蒙古毛里孩、罗阿出，孛罗忽三部开始大批由黄河北徙牧于河套地区，双方间的战争摩擦增多了。成化年间，孛罗忽之子达延汗频繁征战各地，势力大增，其鄂尔多斯部已稳固地占据了整个河套地区，对明朝西北边防造成严重的威胁。到正德四年（1509），蒙古亦不刺部终于将明朝西北边防撕开一道口子，于河套突入青海，突破了明朝阻止河套蒙古南进的防线，明朝西北边防从此一蹶不振。往后，河套蒙古近乎自由地穿梭于大漠和青海之间，河西走廊东段的甘凉地区成为其随进随出的通道。明中后期蒙古大批进入青海，给明朝的甘、凉、洮、岷造成巨大的压力和破坏，对西海周围包括甘、凉、洮、岷以及青海东部地区的番族也带来不小的威胁和灾难。蒙古据青海而"役属众番"的另一个重要后果，就是极大地影响明番间茶马互市的顺畅进行。在这种形势下，明朝对西北番族也就不可能有过多的苛求了，勘合制下的茶马互市就其强制性而言也明显减弱了。

出于抵御大批南进而长于鞍马骑射的蒙古的需要，明朝统治者有一点认识是比较清醒的，那就是更需要从番族那里取得防边备御的马匹，认为茶马互市是"制西番以控北虏之上策"①，因此是断不能坐失这种一举兼得之利的。不过，在明朝看来，由于"番族变诈不常，北虏抄掠无已"，过去颁给番族的纳马金牌，本来是那么严肃正式地体现着所谓"国体""体统"，却总是有意无意被一而再地丢失了，岂不是有伤于"国体""体统"了么？所以，明朝也就不那么严肃正式地颁给番族以纳马勘合。而这种相对地不那么严肃正式，在一定程度上也意味着勘合制下的茶马互市的强制性减弱和随意性增强了。

勘合制较之于金牌制，尽管其强制性相对减弱，随意性有所增强，但二者并没有什么本质的不同。其目的依然是力图以此将茶马互市纳入相对定期定量的赋役轨道，确保官军骑征备御和巩固西北政治经营的需要。洪武十六年，明太祖在给西北地方军政官员的敕谕中即说："西番之民归附已久，而未尝责其贡赋。闻其地多马，宜计其地之多寡以出赋，如三千户三户则共出马一匹，四千户则四户出

---

① 《明经世文编》卷115《为修复茶马旧制以抚驭番夷安靖地方事（杨一清）》，北京：中华书局，1962年。

马一匹,定为土赋。庶使其知尊君亲上、奉朝廷之礼也。"①这道敕谕表明在金牌制推行以前,朱元璋早有责成番族计户纳马充赋的用意。事隔十年,金牌制的正式推行,是番族承担国家所摊派和所强征的赋税负担的标志。杨一清后来说得更加明白,他说:"至我朝纳马,谓之差发,如田之有赋,身之有庸。"②这里的"差发",和嘉靖三十年明世宗批准的兵部表章中所谓的"差拨",即征调、赋敛意。尽管由于明朝皆"酬以茶偿"而使它属于交换性的征调和赋敛,实质上却是国家赋役的代名词。需要强调的是无论是金牌制下还是勘合制下的差发或差拨纳马,与通常所说的赋税,既有本质上的相同之处,也有形式上的一定差异。所谓赋税,是农民对国家人身依附关系的经济体现,它既是强制性的,也是绝对无偿的。而番族纳马则不然,它表现为有偿性地承担赋税,即番族纳马完赋,明朝则酬以茶偿,遂使其带上"互市""交易"的外部特征。所以,番族纳马实际上是"互市""交易"形式掩盖下的而由西北番族所承担的赋税。其所以如此,是因为明朝虽然基本上把西北番族聚居地区置于自己的政治管理和军事控御之下,但这种管理和控御还远远谈不上是十分稳固的,生活在这些地区的番族同明朝之间保持着一种若即若离的关系,明朝因此也就不能完全照搬其对内地的管理方式,而是根据民族地区的不同特点,采取适宜的管理方式,从而使这种义务的覆行在"互市""交易"的名目和形式下自然而然地进行。可以说,自明初以来的200多年时间,明朝统治者一直是在朝这个方向努力的。但可惜的是,无论在金牌制时期还是在勘合制时期,明朝统治者忽视了在客观形势下的茶马互市所必然具有的交换关系与特征,在茶马互市问题上始终坚持那种不等价交换的偏颇政策。嘉靖三十年明世宗所批准的兵部的那道表章,甚至强调"于文移则革去交易之名",力图人为地抹去这种交换关系与特征,其结果只能是明朝统治者的一厢情愿,也只能是自欺欺人。

应该看到,勘合制看似没有金牌制那样正式,却比金牌制的做法更加简化和灵活了。尤其值得注意的是明朝后期规定的各茶马司年易马数,例如隆庆年间规定洮州、河州、西宁、甘州四茶马司每年统计易马六千五百匹③;万历二十九年(1601),陕西巡按毕三才奏请定各茶马司易马数:洮州一千八百匹,甘州三千四百匹,西宁三千二百匹,甘州一千匹,庄浪八百匹,岷州一百六十匹,朝廷议准上述六司每年通计易马九千六百匹④;天启年间规定在万历年间的基础上各茶马司增中二千四百匹,六司每年通计易马一万二千匹⑤。从明朝后期规定的各茶马司年

---

① 《明太祖实录》卷151,洪武十六年春正月辛酉,台北:"中央研究院"历史语言研究所,1962年。
② 《明经世文编》卷115《为修复茶马旧制以抚驭番夷安靖地方事(杨一清)》,北京:中华书局,1962年。
③ 《明经世文编》卷386《条议茶马事宜疏(褚鈇)》,北京:中华书局,1962年。
④ 《明神宗实录》卷356,万历二十九年二月辛卯,台北:"中央研究院"历史语言研究所,1962年。
⑤ 《明史》卷80《食货·茶法》,北京:中华书局,1974年。

易马数额来看，勘合制下的茶马互市的规模，较诸明朝前期金牌制下每三年一次定例易马一万四千零五十一匹①来说，似呈现出日益扩大的趋势，但其效果究竟如何，限于史料缺如尚难确知。

勘合制下的茶马互市规模，呈现出日益扩大的趋势，可以肯定地说，与明中后期西北局势紧张而急需大量补充防边备御官用马匹，以及明朝政府部分调整茶马互市政策特别是易例比价有着直接的关系。隆庆五年（1571）规定"每篦重不过七斤"，万历十九年（1591）规定为"八至十一斤而止"，万历二十三年（1595）确定为"连篦俱以十一斤为准"②。茶马易例的一定程度的提高，应该是刺激茶马互市稍呈扩大趋势的关键所在。这大概也就是勘合制要比金牌制的实际寿数更长一些，而能够维持六十多年的重要原因之一。

但也必须强调的是，明朝与西北番族的茶马互市，尽管其带有强制性的色彩，它终究还体现着一种交换关系，因此，即便是在商品经济极不发达的地方，这种交换关系所特有的价值原则就必然要发生作用。然而，明中后期的统治者没有也不可能从根本上改变其在茶马互市问题上不等价交换的偏颇政策，所以勘合制的推行，也就并没有从根本上消除阻碍茶马互市的痼疾。伴随实际意味着民间贸易加强的所谓私茶泛滥的冲击，以及明朝对西北地区政治经营的进一步削弱，到万历后期，勘合制也不得不退出历史舞台。

（原载《青海民族学院学报》1994年第3期）

---

① 《明经世文编》卷115《为修复茶马旧制以抚驭番夷安靖地方事（杨一清）》，北京：中华书局，1962年。

② （明）徐彦登：《历代茶马奏议》，上海：上海古籍出版社，1988年。

明代西北马政中的中盐马制度

与历代王朝一样，明朝也实行对盐的国家专卖。盐政是国家财赋制度的重要组成部分，榷盐收入作为国家财政的重要来源，通常主要是用于支付官俸、贴助军饷以及赈济灾荒等方面。而将榷盐收入专门用于采办官用马匹，即推行所谓的中盐马制度，却是一个特例。它仅仅只是在明朝从正统到嘉靖年间实行过一百多年，推行区域局限以宁夏盐池为辐射中心的陕甘宁毗邻地区。

一

明代西北产盐地方分散，规模趋小，为官府控制的仅有灵州大小盐池、花马池（今宁夏盐池县）、漳县（今甘肃漳县）、西和（今甘肃西和县）等处。洪武初年以来，上述各处每年产盐通计三百五十万斤左右，主要在陇南的巩昌府、临洮府、河州卫等地行销，榷盐收入作为边储和军饷的一部分，轮年支给延绥、固原、宁夏三个边陲重镇。西北各处产盐地方，以灵州大小盐池最为著名，其产量约占百分之八十以上，明朝为此特设灵州盐课司于灵州千户所（今宁夏灵武），专司榷盐。灵州盐课司常设官员为：大使一人（正九品）、副使一人（从九品），其行政管理隶属于陕西布政司。①

中盐纳马成为明朝采办官用马匹的一种途径，最初出现于正统三年（1438）。明朝之所以推行中盐马制度，是年三月宁夏总兵史昭在给朝廷的奏折中说得比较清楚。他说：宁夏镇官兵缺少战马骑操备御，而沿边的延安、平凉、庆阳等府州县民间养马甚多。他建议朝廷"宜出榜招之，令将马匹赴官中盐，验马以定引数"②，以此来缓解官军缺马骑操的矛盾，加强边镇的防边备御能力。的确，西北各边官所需战马的来源，一直主要仰仗于设在沿边各地的监苑，但正统初年以来，河套蒙古屡屡犯边，战事频仍，官军骑操马大量战死走伤，沿边监苑牧马又屡遭蒙古部族抢掠，监苑牧马的急剧萎缩，很难保障各边官军的战马补充。显然，史昭的建议是针对官军缺马骑操、边备日渐松弛而提出来的，目的在于救边镇官军防边备御的燃眉之急。明廷对史昭的建议非常重视，很快就批复下来。户部会同兵部就此还讨论了中盐纳马的具体做法，规定："上马一匹与盐百引，中马一匹与盐八十引，听于陕西地方籴之。其马匹送总兵官都督史昭、参赞军务右佥都御史金濂处，公同验收。"③朝廷批复一到，史昭、金濂迅速着手实施。这是商人中盐纳马

---

① 《明史》卷75《职官·太仆寺》，卷80《食货·盐法》，北京：中华书局，1974年。
② 《明英宗实录》卷38，正统三年春正月癸卯，台北："中央研究院"历史语言研究所，1962年。
③ 《明英宗实录》卷38，正统三年春正月癸卯，台北："中央研究院"历史语言研究所，1962年。

即推行中盐马制度的开始。至此，中盐马制度的确立，作为西北各边采办军用马匹的一条新的途径，从而成为明代西北马政制度的一个重要组成部分，对于保障西北各边官军骑征备御的需要以及西北边防的巩固，具有举足轻重的作用。

二

所谓"引"，是指官府发给商人的运销货物的凭证，类似现在的营业执照和提货发票，亦指由官府规定的运销货物的重量单位。明代的盐引有大小之分，一般是"大引四百斤，小引二百斤"，灵州盐课司实行小引制。①明朝各个时期根据商人行销地区的不同，规定的中盐引数也不一致，通常是依照正统三年的成例：即上等马给盐一百引，中等马给盐八十引。对边远地区的商人则给予适当的优惠照顾。例如，正统十年（1445）宁夏总兵黄真奏准朝廷，给定边（今陕西定边）等僻远地区各递增二十引。景泰六年（1455），又规定对河州（今甘肃临夏）等地各增二十五引和二十引。②这对于鼓励边远地区商人赴官中盐，以及缓解边远地区的食盐供需矛盾，都是很富有实效的。

如前所述，中盐马制度推行之初，目的在于解决宁夏镇官军战马补充的燃眉之急，事实上西北其他三个重镇（延绥、固原、甘肃）同样存在类似情况。所以，正统四年（1439）五月，镇守陕西都督同知郑铭奏准朝廷，改变以前要求商人只于宁夏镇交纳马匹的做法，而是直接送往陕西布政所属各府监理通判处交收，各边缺马则可于就近各府给之。③这年十月，郑铭又请准朝廷，具体规定了中盐商人的行销范围：即"中西路大小盐池者，于庆阳、平凉诸处鬻之；中东路花马池者，于延安、西安府鬻之"④。这里所规定的行销范围，大体上相当于现在的陕甘宁三省区的毗邻地区。到弘治、正德年间，行销范围又进一步扩展到陕南的凤翔、汉中等地。

中盐马制度中的官商经济联系，实际上是一种商品交换关系。在中盐马制度推行过程中，先后出现了中盐纳马和纳银两种交换方式。正统年间实行中盐纳马，采取的是物物交换的低级交换形式，这种做法极不便于商品交换。因为按照这种做法，商人首先得从各地养马民户那里交换来马匹，然后赴官交收，取得凭证后，再往盐课司照盐。这就既多了交换层次，又费时费事，以致商人多不乐为。所以，大约在景泰、天顺年间，明朝将中盐纳马改为纳银⑤，变物物交换为货币交换形式。

---

① 《明史》卷80《食货·盐法》，北京：中华书局，1974年；《明经世文编》卷114《为议增盐池中马则例疏（杨一清）》，北京：中华书局，1962年。
② 《明英宗实录》卷252，景泰六年夏四月庚子，台北："中央研究院"历史语言研究所，1962年。
③ 《明英宗实录》卷55，正统四年五月辛酉，台北："中央研究院"历史语言研究所，1962年。
④ 《明英宗实录》卷60，正统四年冬十月壬寅，台北："中央研究院"历史语言研究所，1962年。
⑤ 《（万历）陕西通志》卷8《盐法》，北京图书馆藏万历三十九年（1611）刊本。

其具体做法是：商人先在各府监理通判处交付银两，即可取得凭证，然后直接赴盐课司照盐。各府代为收贮的中盐银，作为专项开支，以备就近官军急需时买马支用。中盐纳马改为纳银是中盐马制度的重要变革，它减少了交换层次，即便于商，也就利于鼓励商人赴官中盐，使官盐开中的规模呈现出日益扩大的势头，从而也刺激了灵州盐业生产的发展以及行盐地区商品关系的活跃。明朝曾于庆阳和固原设置盐厂，实际上是灵州盐课司下设的"批发部"。即以固原为例，弘治后期的固原，正如时人所称："盐商云瀹，盐厂山积，固原荒凉之地，变为繁华。"①然而遗憾的是，委托陕西布政司所属各府代为收贮的中盐银，却日渐被挪作他用，"宗禄、屯粮、修边、赈济展转支销，以致银尽而马不至"②。所以景泰、天顺以来的四五十年间，中盐马制度事实上几乎是形同虚设、寝废不止。

三

对于明朝来说，推行中盐马制度实属一种尝试。针对中盐马制度推行过程中存在的问题和弊端，明朝也曾多方面努力加以整饬。先是成化十六年（1480），陕西巡抚阮勤奏准朝廷：募人在环县、庆阳、靖虏（今甘肃靖远县）、固原等地，召商"纳马一匹，给盐百引，听于行盐地方鬻之"③。这显然是针对景泰、天顺以来中盐银被挪作他用，以致"银尽而马不至"的弊端，重又恢复了正统年间中盐纳马的过时做法。这种违背交换规律的作法，由于受到商人的普遍抵制，并没有收到多少实际效果。时隔不久，到弘治九年（1496）明朝被迫仍改为纳银。这年，兵部根据宁夏都指挥佥事傅钊的建议，规定灵州盐课"不必收中马匹，止收价银"，商人中盐百引，折收价银十五两。弘治十八年（1505），明朝进一步明令重申：中盐银作为采办军用马匹的专项收入"不许别项奏讨"。这对于长期以来地方官府随意动用中盐银，起到了明显的抑制作用。之后，又改行中盐纳银新则例，规定每引折收现银四钱五分，准许商人照盐五至六石。④按此新则例计算，商人中盐百引，折收现银四十五两，准许商人照盐五百至六百石，较之弘治九年的规定要宽泛一些，进一步刺激了商人赴官中盐的积极性。弘治年间的上述做法，集中注意杜绝中盐银的随意滥用和调动商人赴官中盐的积极性，收到了比较明显的实效。

尤其值得一提的是，正德初年督理西北马政的都御史杨一清对灵州盐课的整饬。他认为灵州盐资源极为丰富，大小盐池即使于"常课之外，虽增十倍，似亦可办"，特别是小池地近内腹里地区，便于召商开中，而其原额偏少，更应该增加

---

① 《明经世文编》卷114《为议增盐池中马则例疏（杨一清）》，北京：中华书局，1962年。
② 《明史》卷80《食货·盐法》，北京：中华书局，1974年。
③ （明）杨时乔：《皇朝马政纪》卷5《中盐马》，《玄览堂丛书》，民国三十年（1941），上海景印本。
④ （明）杨时乔：《皇朝马政纪》卷5《中盐马》，《玄览堂丛书》，民国三十年（1941），上海景印本。

盐课。但考虑到灵州盐课增加过多，势必会影响到黄河以东腹里地区盐法的正常推行。所以，正德元年（1506），杨一清一方面适当增加灵州盐课，其中大池增盐一万五千引，连同旧课共二万六千二百三十二引；小池增盐三万引，连同旧课共三万三千一百零五引。大小盐池新旧课通计五万九千三百三十七引，比弘治年间盐课原额增加了四倍多。同时，进一步放宽政策，给商人以实惠，规定商人中盐一引，折收现银三钱五分，准许照盐六石。按照这个规定计算，商人中盐百引，仅收现银三十五两，准许照盐六百石，较之弘治年间的政策显然要宽惠得多，实际上"商得厚利"，中盐马制度的顺利推行也就有了切实的保障。仅此一项，官府每年可得中盐银二万零七百六十余两。这项收入仍由庆阳、固原等处收贮，以备各边官军贴助买马专项支用。①杨一清整顿灵州盐课，公私兼利，备受时人称道。正德年间兵部武选司郎中何孟春即说："近该总制边务马政都御史杨一清，于额外奏讨盐引，召商纳银，商贾云集。近日买马数目，助益边方实多。"②至此，灵州官盐开中达到鼎盛。

但这种局面并没有维持多久，两三年后，杨一清去任离陕，明朝因财政紧张、军费困难，将商人照盐数削减过半，规定每百引只许照盐三百石，打击了商人中盐的积极性，赴官中盐的商人明显减少了。正德五年（1510），杨一清因奉命平定宁夏安化王谋反，重返西北。途经固原、盐池等地，了解到盐法不振、商人积怨，不禁令他大为伤感。他后来在其《西征目录》中追述这次行程时写道八月十七日，过盐池，商入遮道诉称："公昔掌盐法时，每引一百道，许载盐六百石，车脚填委，商得厚利。今拘以禁例，每引止许载三百石，车脚不至，群商坐视无可为者。又言前此捞盐极多，运输不及，辄为暴雨所冲。予叹天地自然之利，官不善取而自弃之，顾为私贩之资，是诚可惜。……许为具奏议处。"③但这年九月，杨一清被擢升为户部尚书，旋即进京赴任，他所许下的重振盐法的承诺，再也没有能够兑现，中盐马制度至此也一蹶不振。

明初西北各处官盐本来用于边储特别是贴助军饷，因各边官军缺马骑操，正统以降始行中盐马制度。鉴于嘉靖中叶，西北各边"边饷方缺"，尤其是甘肃镇河西走廊一带米价涌贵，为了解决西北各边军粮的供需急难问题，户部奏准停止中马，而改为纳米中盐。④这样，正统初以来通过召商中盐以采办军用马匹的做法即中盐马制度即告结束。

纵观中盐马制度推行的全过程，尽管它不过是明朝为缓解西北各边军用马匹

---

① 《明经世文编》卷114《为议增盐池中马则例疏（杨一清）》，北京：中华书局，1962年。
② （明）黄训：《皇明名臣经济录》卷14《陕西马政三（何孟春）》，台北：文海出版社，1984年。
③ 《纪录汇编》卷41《西征日录（杨一清）》，北京：中华全国图书馆文献缩微复制中心，1994年。
④ 《明史》卷80《食货·盐法》，北京：中华书局，1974年。

供需矛盾的权宜之计，对明朝政治经营西北的影响也远远谈不上是至关重要的。但也应该看到，灵州盐池素以盐业为重，中盐马制度的推行，把该地区开发利用盐资源的水平大大提高了一步，同时也刺激了该地区和邻近地区商品经济的活跃。所以，尽管明朝推行中盐马制度的主观目的，在于保障西北各边官军骑征备御以巩固西北边防的政治方面，客观上却也促进了西北地区区域间的经济联系，特别是陕甘宁毗邻地区商品关系的发展。

（原载《宁夏大学学报（社会科学版）》1997年第1期）

明代西北仆苑官牧制度及其演变

明代西北马政是明朝马政的重心所在。明朝于西北设陕西、甘肃行太仆寺及陕西、甘肃苑马寺,作为西北马政的主要机构。行太仆寺与苑马寺的职司虽各不同,仆苑马政却同属于官牧制度的范畴。明朝对官用马匹的管理十分严格,制定了多方面的管理和奖惩制度。就西北仆苑官牧而言,这些制度涉及牧马草场、牧马军人、马价、营卫放牧、仆苑孳牧、印烙、比较、买补和禁约等诸多方面。

一、牧马草场

明朝对行太仆寺所属各边卫所官军骑操马和苑马寺所属监苑官牧马匹,划拨有专门的牧马场所,称为牧马草场,《明史》说:"官牧之地曰草场,或为军民佃种曰熟地,岁征租佐牧人市马。"①按照明朝的制度,牧马草场一般分为荒地和熟地两种。荒地牧马,熟地则由附近军民佃种,对熟地每年征收一定量的地亩银,作为买马的价银。

洪武三十年(1397),初定北边牧马草场,即"自东胜以西至宁夏、河西、察罕脑儿;东胜以东至大同、宣府、开平;又东南至大宁,又东至辽东,又东至鸭绿江;又北去不止几千里而南至各卫分守地;又自雁门关外,西抵黄河,渡河至察罕脑儿;又东至紫荆关,又东至居庸关及古北口,又东至山海卫"②。据此,明初北边卫所的牧马草场,大致是沿长城一线而分布于关内关外,其中西北边"自东胜以西至宁夏、河西、察罕脑儿"。东胜即今内蒙古托克托,河西即今银川、兰州一线黄河以西,察罕脑儿即今内蒙古乌审旗。所以,明代西北各边卫所草场,大致集中在河套内、宁夏及河西走廊。正统年间,西北边防日渐松弛,河套蒙古地区活动颇盛,明朝被迫退守长城,原设置于河套内的草场也就随之废弃了。

永乐年间,对新设置的苑马寺,明朝亦划拨草场,设苑牧马。由于史料的阙如,明初陕、甘苑马寺所属监苑草场的情况已经不甚明晰。经正统时寺监苑大裁革后,幸存下来的只有陕西苑马寺所属长乐、灵武二监,以及开城、安定、广宁、黑水、清平、万安六苑,牧马草场原额十三万三千七百顷,弘治末减少为六万六千八百顷;嘉靖时增至十七万七千一百顷,而隆庆时又减至八万顷。③

明朝为卫所和监苑设置的草场,并非一开始就有荒熟的区别,只是专为牧马

---

① 《明史》卷92《兵志·马政》,北京:中华书局,1974年。
② 《(万历)明会典》卷151《兵部·牧马草场》,北京:中华书局,1989年。
③ 《明经世文编》卷114《为修举马政事(杨一清)》,北京:中华书局,1962年;《(嘉靖)平凉府志》卷1《官师》,兰州:甘肃人民出版社,1993年;《(万历)明会典》卷151《兵部·牧马草场》,北京:中华书局,1989年。

而设。所以，明初并没有对熟地征收地亩银的制度。荒熟地的划分和对熟地征收地亩银，始于成化后期。这种划分的出现，主要是为了解决正统年间以来卫所和监苑粮饷不济的问题。具体做法是：将草场中那些宜于耕种的部分划为熟地，由附近军民耕种；不宜耕种的部分划为荒地，依旧牧马。对熟地的佃种又有军民之分。由卫所士兵和监苑牧卒耕种者属军屯，收获充公，衣粮由国家供给；由附近民户佃种者属民屯，则向国家交纳地租。由于草场本为牧马而设，所以明朝规定要从佃种熟地的收获中征收一定量的地亩银，作为卫所和监苑买补马匹的专项价银，即所谓取诸于马而用诸于马。

对于各边牧马草场，明朝严厉禁止私自耕占。洪武三十年即规定："在边所封之王，不得占为己场。"①对各边封王尚且如此，沿边军民自然也是不许随意耕占草场的。成化十年（1474），明朝又明令榆林等处勘实草场，重申禁令，对敢有违禁盗耕草场者，要依律问罪和处以罚银。其中官吏违例者，要降职并调往他处；甘肃各卫军民违例者，籍贯属外地的要发配榆林充军，籍贯系本地者要发配甘肃充军。②

明中后期．西北各边卫所和监苑草场数额呈下降趋势。特别是成化末自有荒熟地的划分以来，熟地在草场中所占的比重日益增大，专供牧马的荒地则明显萎缩。弘治十七年（1504），杨一清受命整饬西北马政，清复长乐、灵武二监草场十二万八千四百顷，其中熟地八千三百顷，占监苑草场总数的百分之六点五左右；嘉靖年间草场增至十七万七千一百顷，其中熟地则增至三万三千七百顷，占监苑草场总数的百分之时就左右；而隆年间草场锐减至八万顷，其中熟地则增至五万顷，占监苑草场总数的比重高达百分之六十二点五。③

二、牧马军人

明朝对仆苑，所属官用马匹，划拨有专门的牧马军人。关于这些牧马军人，《明史》说："牧之人，曰恩军，曰队军，曰改编军，曰充发军，曰抽发军。"④所谓恩军，《明实录》说："凡以罪谪充军者，名为恩军"⑤，就是那些因轻罪而充军发配的人。所谓队军，就是由各处卫所抽调部分士卒组成的牧马军人。一般地说，行太仆寺所属官军骑操马，多由各卫所抽调士卒组成的队军牧养；苑马寺所属监苑官马，则多由各处有罪人犯充发组成的恩军牧养。不过，这也并非绝对的整齐划

---

① 《（万历）明会典》卷151《兵部·牧马草场》，北京：中华书局，1989年。
② 《（万历）明会典》卷151《兵部·牧马草场》，北京：中华书局，1989年。
③ 《明经世文编》卷114《为修举马政事（杨一清）》，北京：中华书局，1962年；《（嘉靖）平凉府志》卷1《官师》，兰州：甘肃人民出版社，1993年；《（万历）明会典》卷151《兵部·牧马草场》，北京：中华书局，1989年。
④ 《明史》卷92《兵志·马政》，北京：中华书局，1974年。
⑤ 《明太祖实录》卷232，洪武二十七年三月癸酉，台北："中央研究院"历史语言研究所，1962年。

一。譬如宣德七年（1432），明朝就令法司和陕西布按二司，将那些应该充军的有罪人犯，发配至陕西行太仆寺养马。①恩军的来源也是如此，并非尽然是有罪人犯，弘治末杨一清督理西北马政期间，就曾招募大量流民，将其改编为恩军。

陕、甘行太仆寺的牧马军人，在明朝各个时期的人数已无从查考。据吴晗对永乐、万历时各边军马数的考证：延绥镇分别为八万零一百九十六人和五万三千二百五十四人，马分别为四万五千九百四十匹和三万二千一百三十三匹；宁夏镇分别为七万一千六百九十三人和二万七千九百三十四人，马分别为二万二千一百八十二匹和一万四千六百五十七匹；固原镇分别为十二万六千九百一十九人和九万零四百一十二人，马三万二千二百五十匹和三万三千八百四十二匹；甘肃镇九万一千五百七十一人和四万六千九百零一人，马二万九千三百一十八匹和二万一千六百六十四。②这应该是很能够说明问题的。明代西北边防长期布置有二三十余万重兵，官军骑操马常年保持在十数万匹之多，除在营上哨的官军照料喂养外，专事牧马的军人肯定不是个小数目。

陕、甘苑马寺的牧马军人，按永乐四年（1406）的制度，以各苑设圉长二人，一圉长率五十夫计算，陕、甘二寺所属四十八苑，统计有牧马军人四千八百人左右。③不过，明中后期监苑的情况下明初制度的规定往往大相径庭。正统年间寺监苑大裁革后，幸存的陕西苑马寺所属长乐、灵武二监六苑牧马军人有一千二百二十人，苑均二百零三人；弘治后期减少至七百四十五人，苑均一百二十四人；经杨一清招募流民二千三百余人，连同旧额，正德初七苑（加上新添的武安苑）计有三千零五十人左右，苑均四百三十六人左右。④

牧马军人系军籍，素来生活清苦，处境艰辛，西北边尤其如此。西北地处高寒，土地瘠薄，鲜收五谷。弘治年以前，仆苑缺少营房马厩，牧军牧马于荒山野岭之间，经常不得不借宿山崖洞窟。而按明初以来的制度，每人每月仅关支口粮六斗。⑤自草场有生熟之分以来，屯耕熟地的牧军时常苦于少有收成而官府仍责成按亩纳银。凡遇官马倒失和亏欠孳驹，不问情由，一律严厉责成牧军依例赔补。成化二十二年（1486），巡抚延绥的黄绂"出见士卒妻衣不蔽体"，悲叹道："健儿

---

① （明）杨时乔：《皇朝马政纪》卷12《行太仆寺》，《玄览堂丛书》，民国三十年（1941），上海景印本。
② 吴晗：《读史札记·明代的军兵》，95页，天津：天津人民出版社，1956年。
③ 《明太宗实录》卷59，永乐四年九月壬戌，台北："中央研究院"历史语言研究所，1962年。
④ 《明经世文编》卷114《为修举马政事（杨一清）》，北京：中华书局，1962年；《（嘉靖）平凉府志》卷1《官师》，兰州：甘肃人民出版社，1993年；（清）傅维鳞：《明书》卷72《戎马·马政》，《丛书集成初编》，北京：中华书局，1985年；《续文献通考》卷133《马政》，杭州：浙江古籍出版社，1988年。
⑤ 《明经世文编》卷114《为修举马政事（杨一清）》，北京：中华书局，1962年；《（嘉靖）平凉府志》卷1《官师》，兰州：甘肃人民出版社，1993年；（清）傅维鳞：《明书》卷72《戎马·马政》，《丛书集成初编》，北京：中华书局，1985年；《续文献通考》卷133《马政》，杭州：浙江古籍出版社，1988年。

家贫至是，何面目临其上？"①而沿边牧军的情形只会比这更糟，不会比这更好。弘治后期，杨一清在谈到监苑的情况时就说："各苑天气高寒，地土硗燥，生理素少。又鲜有居室，多在崖窟堡洞住坐。腹里军人解补者，随到随逃，不安其业。马政废弛，亦多由此。"②

三、马价

所谓马价，简言之，就是专门用于买马的价银。关于此项，《西北史地》1996年第3期，刊有《明代西北官牧制度中的"马价"问题》一文可为参考，今文从略。

四、营卫放牧

明初规定：官军骑操马所需草料，每年按例从民间征用。所以，驻军附近的民户要额外负担草料的交纳。洪武二十五年（1392），为宽舒民力，减轻民户的负担，遂罢民间纳草的旧例，规定"凡军官马令自养，军士马令管马官择水草丰茂之所，屯营放牧"③。此即营卫放牧之始。随后，明朝为京营及各边卫所划拨草场，营卫放牧便有了专门的场所。

对于各边卫所骑操马的放牧，永乐十一年（1413）规定：每年四月中旬下场放牧，九月初回营收饲。④这样，每年各边卫所骑操马在营收饲的时间长达八个月，需要大量的过冬草料，通常由卫所士兵采办。正统年间，又增开纳草赎罪则例。兹分述如次：

1. 军卫采草

明初规定西北各边卫所凡是轮班在营的士兵，每年要组织起来采集秋草，为回营收饲的马匹准备充足的过冬饲料。但正统年间以来，西北各边卫所"罔知边务马重，不督军士采草，以致缺用"。而延安、绥德、庆阳等卫一度改拨民间草束支用。镇守陕西右副都御史陈镒认为，这样"岁以为常，民力不堪"。所以，正统三年（1438）四月，他奏请朝廷，晓谕各边卫所督促官军，趁时采草，广积备用。⑤成化二年（1466）十一月，陕西布政司右参政余子俊又奏准明确官军采草数额，规定在营官军每人每年采草一百二十束，各于所在卫所营堡官仓交纳收讫。⑥至此，这也成为定例。

---

① 《明史》卷185《黄绂传》，北京：中华书局，1974年。
② 《明经世文编》卷114《为修举马政事（杨一清）》，北京：中华书局，1962年。
③ 《（万历）明会典》卷151《兵部·营卫放牧》，北京：中华书局，1989年。
④ 《（万历）明会典》卷151《兵部·营卫放牧》，北京：中华书局，1989年。
⑤ 《明英宗实录》卷41，正统三年夏四月甲子，台北："中央研究院"历史语言研究所，1962年。
⑥ 《明宪宗实录》卷36，成化二年十一月丁酉，台北："中央研究院"历史语言研究所，1962年。

2. 纳草赎罪

所谓纳草赎罪，顾名思义．是针对有罪人犯而言的，即交纳一定量的草料而折赎刑罚的办法。纳革赎罪则例，始于正统三年。这年八月，陈镒令延安、庆阳等府卫"流徙以下"的轻罪人犯，于各边纳草赎罪。①次年四月，他又请准朝廷，令陕西府卫"贪赃、笞杖、流徙"等轻罪人犯，"俱照兰县（今甘肃兰州市）纳米例"纳草，粮一石折谷草十五束，束重十五斤，运赴各营堡交收，差遣陕西都司都指挥王祯、按察司副使周廉等人往来督察，每年具数造册并上报朝廷。②成化二年三月，明朝重定陕西纳草则例，规定"杂犯死罪"一千束，"三流"五百束，"五徙"自四百束递减五十束。③纳革赎罪，在保障各边卫所官马过冬所需草料方面起了一定的作用，因而明中后期也就一直被沿袭下来。

五、仆苑孳牧

所谓仆苑孳牧，是指卫所和监苑种马的孳生繁衍。《明会典》说："凡在京在外卫所，俱有孳牧马匹，以给官军骑操。在京及南北直隶卫所，属两京太仆寺；在外属各该行太仆寺、苑马寺及都司委官提督。每卫指挥一员，所千百户一员专管孳牧，其搭配、科驹、起解、比较等项，悉照民间事例。"④明代西北官牧制度中的"孳牧"，大体是参照南北两京太仆寺所属南北直隶、鲁豫、两淮及江南民牧制度的做法。兹分述如次：

1. 搭配

所谓搭配，是指种马的牝牡搭配。《尔雅·释畜》郝懿行义疏云："牡为儿马，牝为骒马。"洪武二十八年（1395）规定：凡养儿马一匹，配骒马四匹为一群，以便孳生繁衍。每群立群头一人，五群立群长一人。群长选用二三人专习医药，负责官马的治伤疗疾。⑤

2. 科驹

所谓科驹，是指对牧养种马定期定量科取马驹。洪武二十八年规定：对搭配成群的儿、骒马，每群两年纳驹一匹。成化元年（1465）改为每三年纳驹一匹，而成化三年重又恢复洪武时的定例。⑥

而所谓起解，是指每年从各处孳牧马匹中征调一定量解送京师，以备不时之

---

① 《明英宗实录》卷45，正统三年八月戊午，台北："中央研究院"历史语言研究所，1962年。
② 《明英宗实录》卷54，正统四年夏四月壬辰，台北："中央研究院"历史语言研究所，1962年。
③ 《明宪宗实录》卷27，成化二年三月己未，台北："中央研究院"历史语言研究所，1962年。
④ 《（万历）明会典》卷150《兵部·军卫孳牧》，北京：中华书局，1989年。
⑤ 《（万历）明会典》卷150《兵部·民间孳牧》，北京：中华书局，1989年。
⑥ 《（万历）明会典》卷150《兵部·民间孳牧》，北京：中华书局，1989年。

需。起解，始于正统十四年（1449）。由于西北边防任务重，官军骑操马尚难保障供给，加之距京师路道遥远，不便解送，所以起解一项并没有在西北实行。

至于比较，不独涉及仆苑孳牧马匹，还适用于各边卫所的官军骑操马，容后一并叙述。

六、印烙

所谓印烙，是指在牲畜或器物上烫火印。明朝对于官用马匹一律加印烙标记，目的是加强对官马的管理，以杜绝作奸舞弊。明初的做法相当讲究，即由兵部请旨差遣公、侯、伯或附马一人，会同兵部委官一员主持印烙。自景泰年间起，废除旧例，改差遣御史二员，会同太仆寺分管寺丞主持印烙。自此，印烙官马遂成为都察院御史的外差。成化初年定制：每年九月中旬差遣御史二员，会同太仆寺或行太仆寺分管寺丞主持印烙。①而明代西北官马的"印烙"，通常是在朝廷差遣的御史督察下，陕西都司所属卫所官军骑操马和孳牧马匹，以及陕、甘苑马寺所属监苑孳牧马匹的印烙，由陕西行太仆寺负责；陕西行都司所属卫所官军骑操马和孳牧马匹的印烙，则由甘肃行太仆寺负责。

明朝对印烙官马还规定有特殊的规格、字样和方法。洪武年间对官马一律用"云"字印，较之于现役骑操马、孳生驹用小印，孳牧种马用大印。嘉靖朝对那些不堪做种，又不宜给军骑操的老疾和矮小马匹，烫"退"字火印，就地变卖。官牧和民牧马匹的印法亦有区别，系民牧者印左，系官牧者印右。弘治四年（1491），朝廷重申官马印烙旧例，并规定京营和各边官军骑操马若无右印，即认定为盗买民间官马，要追究问罪。②

七、比较

所谓比较，是指对官马数量和质量的定期核实和检查，包括官马的齿色、壮羸、增损等项。《明会典》说："国初比较，止于孳牧马驹，以例失、亏欠行罚。其后各府寄养、京边骑操之马，皆有稽查，事悉领于太仆寺。"③此后，苑马寺所属监苑牧马也逐渐纳入"比较"的轨道。陕、甘行太仆寺所属官军骑操马和孳牧马匹，以及陕、甘苑马寺所属监苑孳牧马匹，通常是三年比较一次。

西北各边卫所官军骑操马和孳牧马匹的比较，始于永乐三年（1405）。当时的做法是：各卫所官军骑操马和孳牧马匹，每三年一次造册，详细登记官马的当前情况，由各卫所管马官员执册赴京上报。成化二年（1466），考虑到各卫所管马官

---

① 《（万历）明会典》卷152《兵部·印俵》，北京：中华书局，1989年。
② 《（万历）明会典》卷152《兵部·印俵》，北京：中华书局，1989年。
③ 《（万历）明会典》卷153《兵部·比较》，北京：中华书局，1989年。

员赴京的烦琐费事,所以改差太仆寺少卿,或委托巡抚等官员负责比较。西北各边一般是委属于巡抚,如遇官马倒失而不及原额,督令三个月内赔补还官。①

弘治年间以后,更明确了比较仆苑官马的制度,并逐渐改由行太仆寺负责此事。从弘治四年(1491)起,陕西苑马寺所属监苑牧马,每三年一次,由朝廷差遣专门官员点阅;陕、甘行太仆寺则于内府关领文簿,详细记录各卫所官马的当前情况,报送兵部,并由内府收藏存档。嘉靖十五年(1536)规定:陕、甘行太仆寺主管官员每年春秋两度赴各边卫所,点视官军骑操马匹,如遇倒失,即时追收桩朋银买补,并将倒失马匹和追收桩朋银、买补还官等情况,详细造册,上报兵部查考。各寺分管官员如不按季点视,对倒失官马追补数少,准允该处巡抚或巡按俱实奏明朝廷,年终由兵部依例究治,并经吏部考察核实后,在朝觐之年予以免官罢黜。隆庆元年(1567)则规定陕西苑马寺监苑牧马,如孳驹亏欠五分,倒失种马又多过一分,不但要责令照例买补,而且还要对寺、监、苑各级分管官员分别给予罚俸的处分。其中,对孳生数多而亏欠数少者,即使尚未买补,亦酌情免罚;对孳生数少而亏欠数多者,即使已经买补,仍要依例究治。这样,孳驹和倒失的多少,成了考察寺监苑官员吏治政绩的标准之一。②

八、买补

所谓买补,是指对倒失官马、亏欠孳驹而责成赔偿的办法。明初以来的百余年间,西北马政中的"买补"制度尚未完备起来,基本上是沿用洪武时的做法,对倒失种马,责成领养官兵买补还官。洪武时的这种买补办法,不及倒失骑操马和亏欠孳驹,结果是牧养军人不精心喂养,对孳驹也不尽心,以致倒失和亏欠日甚一日。为了改变这种状况,成化年间先后制定了一系列相应的措施。成化二年规定:各边卫所官军骑操马,凡遇倒失,一律责成三个月内买补还官。③特别是成化十三年(1477)实行"桩朋法",对倒失官军骑操马和孳牧种马,责成官兵分别出银赔补。此法规定:"京营倒失官马,其马主系都指挥者出银三两,指挥二两五钱,千百户、镇抚二两,旗军一两五钱,走失、被盗者各加五钱,谓之桩头。又令各营马队官军每岁朋合出银,岁以六个月为率,每月都指挥、指挥出银一钱,千百户、镇抚七分,旗军五分,遇马倒失,贴助买补。在外各边,悉照此例。"④桩朋法的推行,是西北马政中的"买补"制度开始完备的标志。

嘉靖以前,对于官军骑操马,无论是临阵对敌,还是出于其他原因倒死的,

---

① 《(万历)明会典》卷153《兵部·比较》,北京:中华书局,1989年。
② 《(万历)明会典》卷153《兵部·比较》,北京:中华书局,1989年。
③ 《(万历)明会典》卷152《兵部·买补》,北京:中华书局,1989年。
④ 《(万历)明会典》卷152《兵部·买补》,北京:中华书局,1989年。

一律要追收桩朋银买补。这种不加分别的处置办法,未免失之笼统。其结果是制度虽严,而军人不堪赔补的重累,纷纷逃亡,以致"人马两失"。鉴于此,嘉靖后期做了某些变通。嘉靖四十三年(1564),规定确系临阵对敌走伤倒死,免追桩朋银;出哨在路途中突然倒死者,酌量追收肉脏银五钱。这样一来,卫所官军对倒失官马所承担和赔补的负担,较先前就大大减轻了。①

桩朋法同样也适用于苑马寺所属的监苑牧马军人,并有日益严厉的趋势。正德三年(1508),杨一清奏准朝廷,实行倒失种马或亏欠孳驹一匹责令赔银三两的做法②,对于普通的旗军牧卒已属严厉,而隆庆年间则更有过之。譬如隆庆三年(1569)规定:监苑老病不堪的种马,查明确系牧军没有精心喂养,要责成其出三分之二的赎银,苑马寺出三分之一价银,另买膘壮马匹。按明朝通常的马匹价格,以每匹约八至十两计算,牧军为此就得承担约六两的赔补负担,比正德时要高出一倍。隆庆六年(1572),陕西巡按褚鈇又奏准朝廷,规定对倒失种马或亏欠孳驹,一律要追赔本色,不许纳银了事。③追赔本色,意味着牧军为此就得承担八至十两的赔补负担,较之正德时要高出两至三倍。

除此而外,明中后期以赃罚、地亩、茶课等项价银购买种马,或变卖不堪做种者而另买种马的作法,亦属"买补"的范畴。如嘉靖三十一年(1552),支给陕西苑马寺赃罚银等项四万两买补种马。嘉靖三十九年(1560),陕西苑马寺请准朝廷,将各监苑那些既不堪做种,又不宜官军骑操的老疾、矮小马匹,一律烫"退"字火印,每三年一次就地变卖,另买膘壮种马。又如万历二年(1574),陕西苑马寺请准将库贮茶课等项价银,每年支给固原镇二千两,由官军购马骑操;同时,每年从应给固原镇二千匹官马中回扣二百匹,留在苑马寺做种孳生。④

九、禁约

所谓禁约,是指对官用马匹管理的有关禁令条文或规定。明代西北官牧制度中的"禁约",涉及私用官马、盗卖官马、中卖官马、克扣草料等方面。

在明代,私用官马是违禁的。宣德四年(1429)规定:官马闲置时,不许带鞍骑乘、驮载物件、两人共骑,亦不许妇女骑乘,违者要送交司法机关治罪,并罚马一匹。成化六年(1470)又规定:不许私自将官马借给他人使用,或赁给他人牟利,违者也要问罪制裁,并罚马一匹。弘治十年(1497),更明确制定了对违禁私用官马的处罚办法:"管军官拨借车马驮载、围猎者,五匹以下罚马一匹,以上罚马二匹,十匹以上罚三匹;伤死者,五匹以下降一级,六匹以上降二级,马

---

① 《(万历)明会典》卷152《兵部·买补》,北京:中华书局,1989年。
② 《明经世文编》卷386《乞勘新增牧地银两疏(褚鈇)》,北京:中华书局,1962年。
③ 《(万历)明会典》卷152《兵部·买补》,北京:中华书局,1989年。
④ 《(万历)明会典》卷152《兵部·买补》,北京:中华书局,1989年。

各抵数追偿。"弘治十三年（1500），既重申宣德四年禁例，又规定赁借他人者，要枷号示众半个月，并仍要罚马一匹。嘉靖二十三年（1544），对上述违禁情况的处罚，规定一依先前旧例。所不同的是，从该年起不再追罚本色，而是改折追银，如应罚马一匹者，折银十两。①

明朝对盗卖官马的处罚是十分严厉的。宣德四年即规定：凡盗卖官马一匹，追罚马二匹；知情不报，伙同宰杀盗来官马者，各罚马一匹。相反，对上述违禁行为，首先告发于官者，则要从人犯的名下追罚五千贯作为赏钱。嘉靖二年（1523）的规定尤为严厉，对盗卖官马的人犯，要籍没和变卖其全部家产，买马还官；对确系贫穷的盗马人犯，虽可幸免追罚，但本人却要永远充军。系军籍的人犯要调往边卫永远充军，系民籍的人犯则要在附近卫所永远充军，即使遇上大赦之年也不宽恕。②

所谓中卖官马，通常是指由于受私情、索私贿而擅自廉价变卖官马，或擅自购买民间私马而多支官价的行为。中卖官马论情节虽不及盗卖官马严重，但亦属违禁行为。弘治五年（1492）规定：凡违禁者，系军籍的要发配边卫，系民籍的要发配附近卫所充军，相互伙同作弊的则要枷号示众一个月。③

克扣官马草料，一向也是明令禁止的。成化年间的做法是：擅自私卖草料以致官马瘦死的，要缉拿问罪，买主也要受罚。弘治年间的规定更加明确了，其中把总等官员克扣草料，要发配边卫；私买草料达十石以上的买主，亦要充军；负责关支草料的官员，如果纵容盗卖草料，则与把总等官员克扣草料同罪。④

综上所述，明代西北仆苑官牧制度可谓繁芜，亦有愈益详尽的趋势。从明代西北马政的全过程来看，前期制度虽省而仆苑官牧却颇为兴旺，中后期制度虽严而仆苑官牧却日渐荒毁。一种好的制度的形成有一个不断的探索过程，但明代西北仆苑官牧制度的演变，基本上是一个失败的探索过程。仆苑官牧多牵涉地方军卫有司，但仆苑事虽重而权力轻，仆苑官牧制度对其很少有实际的约束力。明朝对仆苑官员的任用又不甚审慎，而多以贬官谪宦苟且充数。所以，明中后期以来，地方军卫有司无视仆苑对马政的管理，而仆苑官员消极颓废，不尽职守，其结果是使这些制度多流于形式，几如一纸空文。伴随着明中后期牧马草场的急剧减少，买马价银特别是地亩银一再被挪作他用，牧马军人不堪重累而竟相逃亡，仆苑官牧制度愈不可问，漫无稽考，西北仆苑官牧无可奈何地踏上了日益衰败的下坡路。

（原载《青海师范大学学报（哲学社会科学版）》2000年第3期）

---

① 《（万历）明会典》卷152《兵部·禁约》，北京：中华书局，1989年。
② 《（万历）明会典》卷152《兵部·禁约》，北京：中华书局，1989年。
③ 《（万历）明会典》卷152《兵部·禁约》，北京：中华书局，1989年。
④ 《（万历）明会典》卷152《兵部·禁约》，北京：中华书局，1989年。

参 考 文 献

《明史》，北京：中华书局，1974 年版
（清）傅维鳞：《明书》，《四库全书存目丛书》，济南：齐鲁书社，1996 年版
（明）雷礼：《国朝列卿记》，《续修四库全书》，上海：上海古籍出版社，2002 年版
《清史列传》，北京：中华书局，1987 年版
《明实录》，台北："中央研究院"历史语言研究所，1962 年版
《清实录》，北京：中华书局，1986 年版
《清通典》，杭州：浙江古籍出版社，1988 年版
《续文献通考》，杭州：浙江古籍出版社，1988 年版
《清文献通考》，杭州：浙江古籍出版社，1988 年版
《清续文献通考》，杭州：浙江古籍出版社，1988 年版
（清）龙文彬：《明会要》，《续修四库全书》，上海：上海古籍出版社，2002 年版
《（弘治）明会典》，《景印文渊阁四库全书》，台北：商务印书馆，1986 年版
《（万历）明会典》，《续修四库全书》，上海：上海古籍出版社，2002 年版
《清会典》，《景印文渊阁四库全书》，台北：商务印书馆，1986 年版
《清会典则例》，《景印文渊阁四库全书》，台北：商务印书馆，1986 年版
《清会典事例》，《续修四库全书》，上海：上海古籍出版社，2002 年版
（明）徐学聚：《国朝典汇》，《四库全书存目丛书》，济南：齐鲁书社，1996 年版
《皇朝政典类纂》，《近代中国史料丛刊续编》，台北：文海出版社，1983 年版
《理藩院则例》，北京：中国藏学出版社，2016 年版
《八旗通志》，《景印文渊阁四库全书》，台北：商务印书馆，1986 年版
《明经世文编》，《续修四库全书》，上海：上海古籍出版社，2002 年版
《清经世文编》，北京：中华书局，1992 年版
《清经世文续编》，北京：中华书局，1992 年版
（明）张萱：《西园闻见录》，《续修四库全书》，上海：上海古籍出版社，2002 年版
（明）黄训：《皇明名臣经济录》，台北，文海出版社，1984 年版
（清）顾祖禹：《读史方舆纪要》，《续修四库全书》，上海：上海古籍出版社，2002 年版
（清）梁份：《秦边纪略》，西宁：青海人民出版社，2016 年版

《(万历)陕西通志》,北京:国家图书馆出版社,2017年版
《(乾隆)甘肃通志》,兰州:兰州大学出版社,2018年版
《(光绪)甘肃新通志》,扬州:江苏广陵古籍刻印社,1989年影印本
《(民国)甘肃通志稿》,《中国西北稀见方志》,中华全国图书馆文献缩微复制中心,1994年版
程大昌:《甘省便览》,北京:民族文化宫图书馆,1981年影印本
(清)袁大化:《新疆图志》,《续修四库全书》,上海:上海古籍出版社,2002年版
(清)徐松:《新疆识略》,《续修四库全书》,上海:上海古籍出版社,2002年版
(清)和宁:《三州辑略》,台北:成文出版社,1968年版
《(万历)延绥镇志》,上海:上海古籍出版社,2012年版
《(嘉靖)平凉府志》,《四库全书存目丛书》,济南:齐鲁书社,1996年版
《(光绪)洮州厅志》,台北:成文出版社,1970年版
《(嘉靖)河州志》,兰州:甘肃文化出版社,2004年版
《(乾隆)甘州府志》,兰州:甘肃文化出版社,1995年版
《(乾隆)重修肃州新志》,酒泉:酒泉县博物馆,1984编印本
《(宣统)固原州志》,银川:宁夏人民出版社,1985年版
《(乾隆)西宁府新志》,西宁:青海人民出版社,1988年版
《(光绪)西宁府续志》,西宁:青海人民出版社,1985年版
《(顺治)西宁志》,西宁:青海人民出版社,2020年版
《(乾隆)循化厅志》,西宁:青海人民出版社,2016年版
(明)张雨:《边政考》,《续修四库全书》,上海:上海古籍出版社,2002年版
(明)罗曰褧:《咸宾录》,北京:中华书局,1983年版
(明)茅瑞征:《皇明象胥录》,《四库禁毁书丛刊》,北京:北京出版社,1997年版
(明)余继登:《典故纪闻》,北京:中华书局,1974年版
(明)瞿九思:《万历武功录》,《续修四库全书》,上海:上海古籍出版社,2002
(明)王世贞:《弇山堂别集》,北京:中华书局,1985
(清)魏源:《圣武记》,《续修四库全书》,上海,上海古籍出版社,2002年版
慕寿祺:《甘宁青史略》,兰州:俊华印书馆,民国二十五年(1936)刊本
(清)永保:《乌鲁木齐事宜》,民国三十二年(1943),吴江吴氏刊本
(清)永保:《塔尔巴哈台事宜》,《边疆丛书续编》,1989年吴江吴氏刊本
(清)长庚:《乌鲁木齐守城纪略》,中央民族学院图书馆,1978年油印本
(明)徐彦登:《历代茶马奏议》,上海:上海古籍出版社,1988年版
(清)廖攀龙:《历代茶马奏议》,《续修四库全书》,上海:上海古籍出版社,2002年版
(明)杨时乔:《皇朝马政纪》,《玄览堂丛书》,民国三十年(1941),上海景印本
(清)蔡方炳:《历代马政志》,《续修四库全书》,上海:上海古籍出版社,2002年版

吴晗：《读史札记》，天津：天津人民出版社，2018年版
罗尔纲：《绿营兵志》，北京：中华书局，1984年版
顾颉刚、史念海：《中国疆域沿革史》，北京：商务印书馆，2015年版
马汝珩、马大正：《清代的边疆政策》，北京：中国社会科学出版社，1994年版
宋仲福、邓慧君：《甘肃通史》，兰州：甘肃人民出版社，2009年版
陈育宁：《宁夏通史》，银川：宁夏人民出版社，2008年版
崔永红、张得祖、杜常顺：《青海通史》，西宁：青海人民出版社，2017年版
李寰：《新疆研究》，成都：四川文献研究社，1977年版
曾问吾：《中国经营西域史》，上海：商务印书馆，1936年版
李清凌：《西北经济史》，北京：人民出版社，1997年版
李清凌：《甘肃经济史》，兰州：兰州大学出版社，1996年版
徐安伦、杨旭东：《宁夏经济史》，银川：宁夏人民出版社，1998年版
崔永红：《青海经济史（古代卷）》，西宁：青海人民出版社，1998年版
蔡家艺：《清代新疆社会经济史纲》，北京：人民出版社，2006年版
王希隆：《清代西北屯田研究》，兰州：兰州大学出版社，1990年版
谢成侠：《中国养马史》，北京：科学出版社，1959年版
乜小红：《唐五代畜牧经济研究》，北京：中华书局，2006年版
陈宁：《秦汉马政研究》，北京：中国社会科学出版社，2015年版
马俊民、王世平：《唐代马政》，西安：西北大学出版社，1995年版
[日]谷光隆：《明代马政研究》，京都：东洋史研究会，1972年版

后　　记

　　金秋十月，丹桂飘香，时尚的蓉城本是最美的季节，但不知为何？天就像漏了一样，时不时倾泄下带有情意的玄液，是对河南七月滂霈的呜咽？还是对山西十月白雨的啜泣？抑或是对晚舟晚归的控诉？万物相通，万物有灵。"当前中国处于近代以来最好的发展时期，世界处于百年未有之大变局，两者同步交织、相互激荡"，这是对当今时代形势作出的一个重大战略判断，为此，吾辈定当铭记"国之大者"。而作为冷兵器时代关系封建王朝兴衰的马政，其在国防军备方面的重要性备受统治者高度重视，将其作为一项重要的边政战略内容来推行，达到了巩固西北边防、促进经济社会发展和处理西北民族关系之效，这无疑对今天我们坚持走中国特色强军之路，全面推进国防和军队现代化具有重要的启示意义。

　　西北广袤无垠，边域辽阔，所以，自马政产生伊始，直至晚清、民国，西北马政在中国马政史上始终占有十分突出的地位。我对边政的关注，始于二十多年前，当时风华正茂，幸得大学恩师继荣先生的引领，荣幸拜在文固先生门下，三年如沐春风，接受了严苛的史学思维训练，毕业后，兜兜转转，终究满怀信心踏上了现在的工作岗位。迨至2012年，竟然侥幸评上了高级职称，完成了从学生到教师的蜕变，一度沉浸在喜悦之中，两三年不知作文为何物？偶然机缘，继荣先生荣退，引进到成都一高校，在与先生小酌于陋巷小馆时，先生见我此番气象，有恨铁不成钢之气，为了吆起早已躺平的我，居然不顾其愚钝，毫无保留地将一肚子学问倾囊相授，并将"史眼"、"史笔"和"史魂"加持于我。

　　事非经过不知难，像我这种已熟稔内卷，乐于躺平的学生，莫要说不可能做好这个题目，即便仅剔耙梳理，收集资料，也是难上加难。幸得继荣先生恩赐，师恩师德，高山仰止！幸得四川师范大学副校长王川教授谆谆教诲，获益甚多，铭感五衷。幸得四川师范大学历史文化与旅游学院院长王洪亮教授和李峻杰博士大力支持，以及暨南大学干雪敏硕士研究生学妹、四川大学刘鹏乐博士研究生学弟、四川师范大学姜东苑硕士研究生学妹和杨羽航硕士研究生学弟的帮助，我无不怀有深深的谢意！当然，拙著能有机会面世，还有幸得到了四川师范大学人文社科处和发展规划与学科建设处学术著作出版基金的大力支持，对人文社科处的陈佑松处长、李建平老师和发展规划与学科建设处的汪必琴处长、罗文强副处长、

后　记

谭英雄老师以及哲学学院雷勇副院长等的厚情盛意，特上寸心，以申谢忱！

在本书即将付梓的时候，还要特别感谢科学出版社，由于未能及时完成修订工作而屡屡爽约，在此我要表示深深的歉意，对于杨静老师的严谨和厚爱、王媛老师的辛勤和认真，以及科学出版社的宽宥和厚谊，我抱着同样的感激和感谢。

感荷高情，非只语片言所能鸣谢！我谂知，本书依然存有不济之处，恕诠才末学，心余力绌，且落笔迟缓，自知难以尽美，在作文掩卷沉思之余，诚祈方家和各界学友不吝指教，我当虚己受人。此外，诚期本书的出版能不负所有师长、朋友及同事们对我的关怀、鼓励与支持；同时，也希望能够和学友一起继续关注西北马政的研究，使其在不断完善和发展中日渐系统化，成为边政研究中一朵常开常新的雪莲。为文期合古，作事不因人，是为记。

何　毅

2021 年晚秋于成都